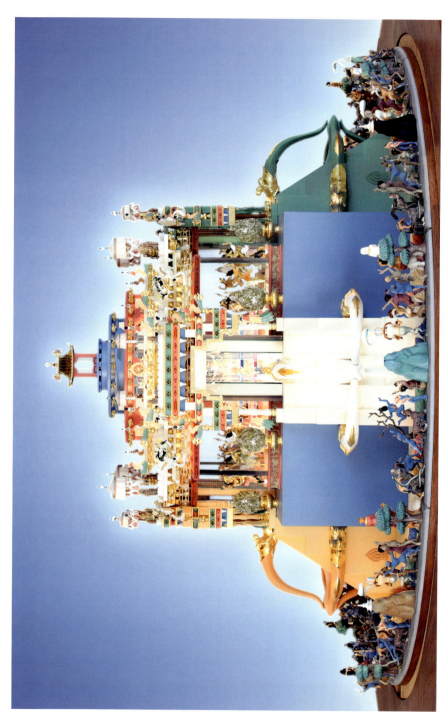

*O mandala de Buda Heruka no Templo Budista Kadampa
no Centro de Meditação Kadampa Brasil*

ESSÊNCIA DO VAJRAYANA

Ordem sugerida de estudo ou de leitura dos livros
de Venerável Geshe Kelsang Gyatso Rinpoche

Como Transformar a sua Vida
Como Entender a Mente
Caminho Alegre da Boa Fortuna
Novo Coração de Sabedoria
Budismo Moderno
Solos e Caminhos Tântricos
Novo Guia à Terra Dakini
Essência do Vajrayana
As Instruções Orais do Mahamudra
Grande Tesouro de Mérito
Novo Oito Passos para a Felicidade
Introdução ao Budismo
Como Solucionar Nossos Problemas Humanos
Contemplações Significativas
O Voto Bodhisattva
Compaixão Universal
Novo Manual de Meditação
Viver Significativamente, Morrer com Alegria
Oceano de Néctar
Joia-Coração
Clara-Luz de Êxtase
Mahamudra-Tantra

Este livro é publicado sob os auspícios do
Projeto Internacional de Templos da NKT-IKBU,
e o lucro recebido com a sua venda está direcionado para
benefício público através desse fundo.
[Reg. Charity number 1015054 (England)]
Para mais informações:
tharpa.com/br/beneficie-todos

Venerável Geshe Kelsang
Gyatso Rinpoche

Essência do Vajrayana

A PRÁTICA DO TANTRA IOGA SUPREMO
DO MANDALA DE CORPO DE HERUKA

1ª edição

Tharpa Brasil

São Paulo, 2017

© Geshe Kelsang Gyatso e Nova Tradição Kadampa

Primeira edição em língua inglesa em 1997
Reimpresso em 2003
Segunda edição em inglês, revista e reformulada pelo autor, em 2017

Primeira edição no Brasil em 2017

Título original:
Essence of Vajrayana: The Highest Yoga Tantra Practice of Heruka Body Mandala

Imagem da capa: Buda Vajrasattva
Imagens coloridas no frontispício: Mandala de corpo de Heruka
e a mansão celestial

Tradução do original autorizada pelo autor

Tradução, Revisão e Diagramação   Tharpa Brasil

Dados Internacionais de Catalogação na Publicação (CIP)

Kelsang, Gyatso (Geshe), 1932-
   Essência do vajrayana: a prática do tantra ioga supremo do mandala de corpo de Heruka /
Geshe Kelsang Gyatso; tradução Tharpa Brasil – 1. ed. – São Paulo: Tharpa Brasil, 2017.
   620p.

   Título original em inglês: Essence of vajrayana: the highest yoga tantra practice of Heruka body mandala

   ISBN 978-85-8487-061-5

   1. Budismo 2. Carma 3. Meditação I. Título.
   05-9278   CDD-294.3

Índices para catálogo sistemático:
1. Budismo: Religião 294.3

2017

Todos os direitos desta edição reservados à
EDITORA THARPA BRASIL
Rua Artur de Azevedo 1360, Pinheiros
05404-003 - São Paulo, SP
Fone: 11 3476-2328
www.tharpa.com/br
contato.br@tharpa.com

Sumário

Ilustrações ix
Agradecimentos xi
Nota do Tradutor xiii
Prefácio xv

PARTE UM: Estágio de Geração
Explicação Preliminar 3
Treinar as Práticas Básicas. 19
O Ioga do Guru. 37
Trazer os Três Corpos para o Caminho 79
A Meditação de Examinar o Mandala e Heruka-Base 93
Gerar o Mandala e as Deidades do Mandala de Corpo 103
A Meditação Propriamente Dita do Estágio de Geração 143
As Práticas Finais 161

PARTE DOIS: Estágio de Conclusão
Explicação Preliminar 193
As Cinco Etapas do Estágio de Conclusão 199
Dedicatória 222

Apêndice I – O Sentido Condensado do Comentário 223
Apêndice II – Sadhanas
   Prece Libertadora 235
   O Ioga de Buda Heruka. 237
   Nova Essência do Vajrayana. 253
   Essência do Vajrayana. 287
   Assembleia de Boa Fortuna 347

Joia Preliminar ao Retiro de Heruka 365
Oferenda Ardente do Mandala de Corpo de Heruka 375
União-do-Não-Mais-Aprender 443

Apêndice III – *O Tantra-Raiz de Heruka e Vajrayogini* 487

Apêndice IV – *Jornada de Êxtase:*
Como Fazer um Retiro-Aproximador do Mandala de Corpo de Heruka. 495

Apêndice V – Diagramas e Ilustrações
Quadro das Deidades 519
Letras-sementes 525
Objetos Rituais. 533

Glossário 541
Bibliografia 565
Programas de Estudo do Budismo Kadampa. 571
Escritórios da Editora Tharpa no Mundo. 577
Índice Remissivo. 579
Leituras Recomendadas. 597

Ilustrações

Ilustrações ao longo do Comentário:
Heruka de Doze Braços 2
Vajrayogini. 18
Saraha. 38
Nagarjuna 44
Shawari. 52
Luyipa. 60
Darikapa. 80
Dingkiwa 92
Ghantapa 104
Dzalandharapa 112
Krishnapada. 120
Tilopa. 128
Naropa 144
Malgyur Lodro Drag. 160
Je Tsongkhapa 176
Je Phabongkhapa. 188
Vajradhara Trijang Rinpoche. 192
Vajra unidentado. 208
HAM, HUM e AH-curto 216
Dorjechang Kelsang Gyatso Rinpoche 220
   (incluído a pedido de seus discípulos devotados)

Ilustrações nas sadhanas:
Buda Shakyamuni 234
Objetos de compromisso tântricos: oferenda interior
  no kapala, vajra, sino, damaru e mala 238
Guru Sumati Buda Heruka 240
Vajrasattva Pai e Mãe 258
Heruka de Doze Braços 260
Nada e HUM 268
Heruka de Dois Braços 280
Vajrasattva Pai e Mãe 292
Heruka de Doze Braços 294
Heruka de Dois Braços 328
Dorje Shugden 338
Khandarohi 370
Deidade-Fogo 384

Diagramas e Ilustrações:
Quadro das Deidades 519
Letras-sementes 525
Objetos rituais 533

Agradecimentos

Este livro, *Essência do Vajrayana*, é uma explicação completa e fidedigna da prática de Tantra Ioga Supremo do mandala de corpo de Heruka, um método poderoso para realizar a plena iluminação nesta vida.

O autor, Venerável Geshe Kelsang Gyatso Rinpoche, trabalhou incansavelmente por vários anos preparando este texto profundo, transmitindo para as suas páginas o benefício inestimável de sua vasta erudição e experiência de meditação. Do fundo do nosso coração, agradecemos sua inconcebível paciência e bondade em dar-nos este precioso comentário, o qual, pela primeira vez, abre os segredos desta prática sublime para os praticantes ocidentais.

Agradecemos também a todos os dedicados estudantes sêniores que assistiram o autor com a versão do texto em inglês e que prepararam o manuscrito final para publicação.

Roy Tyson,
Diretor Administrativo,
Manjushri Kadampa Meditation Centre,
Junho de 1997..

Nota do Tradutor

As palavras de origem sânscrita e tibetana, como *Bodhichitta, Bodhisattva, Dharma, Geshe, Sangha* etc., foram grafadas como aparecem na edição original deste livro, em língua inglesa, em respeito ao trabalho de transliteração previamente realizado e por evocarem a pureza das línguas originais das quais procedem.

Em alguns casos, contudo, optou-se por aportuguesar as palavras já assimiladas à língua portuguesa (Buda, Budeidade, Budismo, carma) em vez de escrevê-las de acordo com a sua transliteração (*Buddha, karma*).

Prefácio

O assunto principal deste livro, *Essência do Vajrayana*, é o treino nas etapas do caminho do Tantra Ioga Supremo. A obtenção de autênticas realizações dos caminhos incomuns do Tantra budista depende de treinar os caminhos comuns dos ensinamentos de Sutra de Buda, tais como as 21 meditações das etapas do caminho. Isso está explicado nos livros *Caminho Alegre da Boa Fortuna* e *Novo Manual de Meditação*.

Para começar, precisamos compreender o que é a meditação e a importância da meditação para a aquisição da felicidade temporária desta vida e das vidas futuras, bem como da felicidade última da libertação e da plena iluminação. Meditação é uma percepção mental que se concentra num objeto virtuoso. Ela é, necessariamente, uma percepção mental, e não uma percepção sensorial. As percepções sensoriais de um Buda são virtuosas, ao passo que as percepções sensoriais dos seres sencientes são sempre neutras. Por exemplo, embora nossas ações físicas possam ser virtuosas ou não virtuosas na dependência da nossa motivação, nossa percepção física é, em si mesma, sempre neutra. Do mesmo modo, as ações da nossa percepção visual podem ser virtuosas ou não virtuosas, mas a nossa percepção visual, em si mesma, é sempre neutra. Portanto, como a meditação é, necessariamente, uma mente virtuosa, ao passo que as nossas percepções sensoriais são necessariamente neutras, segue-se que não podemos meditar com as nossas percepções sensoriais.

Outra razão pela qual não podemos meditar com as nossas percepções sensoriais é que, para nós, o objeto direto de meditação é a imagem genérica de um objeto, e as nossas percepções sensoriais não podem perceber imagens genéricas. Além disso, embora as percepções visual, auditiva, olfativa, gustativa e tátil possam se focar em formas, sons, odores, sabores e objetos táteis respectivamente, elas não podem se lembrar deles. Visto que meditação envolve recordar, ou manter com contínua-lembrança (*mindfulness*), o objeto por um período extenso, o único tipo de percepção com o qual podemos meditar é a percepção mental.

Meditação é uma ação mental, ou carma mental, que faz com que experienciemos paz mental. No início, não importa se nossa meditação é bem-sucedida ou não, porque, por simplesmente gerar uma boa motivação e tentar meditar, estamos criando a causa para paz mental futura. Como seres humanos, precisamos de certas condições básicas, como comida, roupas, moradia e dinheiro; mas se essas coisas irão ou não nos trazer felicidade depende da nossa paz mental. Se nossa mente não estiver em paz, não seremos felizes, mesmo que tenhamos as melhores condições externas.

A meditação é a fonte de toda a paz mental e felicidade. É verdade que pessoas que não meditam, e até mesmo animais, experienciam ocasionalmente paz mental, mas isto é apenas o resultado do carma mental virtuoso que criaram através da meditação, em vidas anteriores. Por treinarmos meditação, podemos alcançar a cessação permanente das delusões e, assim, experienciar a paz interior permanente da libertação, ou nirvana. Precisamos alcançar a libertação porque, enquanto permanecermos presos no samsara, o ciclo vicioso de morte e renascimento descontrolado, nunca encontraremos paz e felicidade verdadeiras.

Podemos alcançar a paz última da iluminação por meio de treinar as meditações explicadas neste livro. Precisamos alcançar a iluminação para que possamos beneficiar todos os seres vivos. No momento presente, nossa mente está obscurecida pela escuridão interior da ignorância, que nos impede de ver a verdadeira natureza de todos os fenômenos; mas, por treinarmos em sabedoria e compaixão, podemos remover completamente essa escuridão interior. Uma vez que tenhamos feito isso, nosso corpo, fala e mente muito sutis irão se tornar luz interior, a natureza da sabedoria onisciente. Isto é iluminação, ou Budeidade. Tendo dissipado toda a escuridão da nossa mente, iremos nos tornar um Buda e poderemos ver todos os fenômenos do passado, presente e futuro, direta e simultaneamente. Estaremos, então, na condição de beneficiar todos os seres vivos, sem exceção, através de conceder bênçãos, de emanar o que quer que eles precisem e de guiá-los pelos caminhos espirituais.

PREFÁCIO

Para nos encorajarmos a treinar as etapas do caminho à iluminação, devemos relembrar continuamente as três características principais da nossa vida humana: sua liberdade e dote, sua raridade e seu grande significado. Devido às limitações do seu corpo e mente, aqueles que renasceram como animais, por exemplo, não têm oportunidade de compreender ou praticar o caminho à libertação. Apenas os seres humanos estão livres de tais impedimentos e têm todas as condições necessárias, conhecidas como "dotes", para se empenharem nos caminhos espirituais, que são os únicos que conduzem à felicidade permanente. Essa liberdade e dote são a primeira característica especial que torna a nossa vida humana tão preciosa.

A segunda característica especial da nossa vida humana é sua raridade. Embora existam muitos seres humanos neste mundo, cada um de nós tem apenas uma vida. Uma pessoa pode ter muitos carros e casas, mas até mesmo a pessoa mais rica do mundo não pode ter mais do que uma vida e, quando essa vida chegar ao fim, ela não poderá comprar, pedir emprestado ou fabricar outra. Quando perdermos esta vida, será muito difícil encontrar, no futuro, outra vida humana qualificada semelhante a esta. Nossa vida humana é, por essa razão, muito rara.

A terceira característica especial da nossa vida humana é o seu grande significado. Se usarmos nossa vida humana para alcançar realizações espirituais, nossa vida humana será imensamente significativa. Ao utilizá-la desse modo, realizaremos nosso pleno potencial e progrediremos, do estado de um ser comum e deludido, para o estado de um ser plenamente iluminado, o mais elevado de todos os seres; e, quando tivermos feito isso, teremos o poder de beneficiar todos os seres vivos, sem exceção. Assim, por usar nossa vida humana para o desenvolvimento espiritual, podemos solucionar todos os nossos problemas humanos e satisfazer todos os nossos próprios desejos e os desejos dos outros. O que poderia ser mais significativo do que isso?

Por contemplar essas três características, chegamos então à seguinte determinação:

Não desperdiçarei minha vida humana, pois ela é muito preciosa, rara e extremamente significativa. Em vez disso, eu a usarei da maneira mais benéfica.

Mantemos essa determinação como nosso objeto de meditação, sem esquecê-la, e meditamos estritamente focados nele pelo maior tempo possível.

Tendo desenvolvido esse desejo profundo de tornar nossa vida humana significativa, então perguntamos para nós mesmos: "Qual é o significado essencial de uma vida humana?". Encontrar boas condições exteriores não pode ser seu significado essencial, pois até mesmo animais podem fazer isso. Muitos animais são muito habilidosos em encontrar comida, proteger suas famílias, destruir seus inimigos, e assim por diante; essas habilidades não são exclusivamente humanas. No entanto, apenas os seres humanos têm a oportunidade de alcançar a iluminação para o benefício de todos os seres vivos. Este é o verdadeiro significado da nossa vida humana. Com esta compreensão, podemos extrair o significado pleno da nossa vida humana por meio de receber a iniciação e o comentário do mandala de corpo de Heruka e, depois, colocar as instruções em prática.

Em geral, o Vajrayana é o caminho rápido efetivo à iluminação, mas se alcançarmos ou não a iluminação rapidamente através da prática Vajrayana depende da nossa fé, motivação e entendimento. Em particular, obter as realizações do mandala de corpo de Heruka, a verdadeira essência do Vajrayana, depende de termos forte fé nas instruções e uma compreensão clara do seu significado. Então, com uma motivação pura, livre de intenção egoísta, devemos praticar estas instruções sincera e continuamente, até alcançarmos nossa meta final.

Geshe Kelsang Gyatso,
Dallas, Texas,
Março de 1997.

PARTE UM

Estágio de Geração

Heruka de Doze Braços

Explicação Preliminar

O COMENTÁRIO à prática do Tantra Ioga Supremo do mandala de corpo de Heruka é apresentado a partir de três tópicos principais:

1. A explicação preliminar;
2. A explicação da prática;
3. Dedicatória.

A EXPLICAÇÃO PRELIMINAR

Este tópico tem cinco partes:

1. As preeminentes qualidades de Heruka;
2. A origem destas instruções;
3. Os benefícios de praticar estas instruções;
4. Exemplos de praticantes do passado que alcançaram realizações através destas instruções;
5. As qualificações de um praticante sincero de Heruka.

AS PREEMINENTES QUALIDADES DE HERUKA

A palavra sânscrita "Heruka" é composta de três sílabas: "He", "ru" e "ka". "He" ensina a vacuidade dos fenômenos, em geral, e "ru" ensina a vacuidade de pessoas, em particular; juntas, elas revelam a vacuidade de todos os fenômenos. "Ka" refere-se à união da mente de grande êxtase de Heruka com a vacuidade de todos os fenômenos. Essa união é o Corpo-Verdade de Heruka. Um *eu*, ou *self*, designado a esse Corpo-Verdade é

Heruka definitivo, a natureza verdadeira de Buda Heruka. Isso pode ser visto apenas pelos Budas.

Outro termo para Heruka é "Chakrasambara". "*Chakra*" significa "roda" e, neste contexto, refere-se à "roda" de todos os fenômenos. "*Sambara*" significa o êxtase supremo, que é denominado "grande êxtase espontâneo". Juntos, "*Chakra*" e "*sambara*" revelam que, por praticar o Tantra de Heruka, obtemos uma profunda realização que experiencia todos os fenômenos como *uma* natureza com a nossa mente de grande êxtase. Essa realização remove diretamente as aparências duais sutis da nossa mente e, devido a isso, tornamo-nos rapidamente Heruka definitivo.

Para conduzir discípulos afortunados ao estado de Buda Heruka em uma única vida, Buda Vajradhara manifestou sua compaixão sob a forma de Heruka interpretativo, que tem um corpo azul, quatro faces e doze braços, e que está unido-em-abraço com sua consorte, Vajravarahi. Alcançar o estado de Buda Heruka depende de abandonarmos os doze elos dependente-relacionados do samsara por meio de obtermos as realizações das quatro portas da libertação, e, em particular, depende de realizarmos a união de grande êxtase e vacuidade. O abandono dos doze elos dependente-relacionados do samsara, as realizações das quatro portas da libertação e a união de grande êxtase e vacuidade são simbolizados, respectivamente, pelos doze braços de Heruka, suas quatro faces e por sua união com Vajravarahi.

É possível que aqueles que não compreendem o significado profundo dos ensinamentos Vajrayana de Buda se sintam desconfortáveis com o aspecto irado de Heruka. Tais praticantes precisam compreender que todos os fenômenos são iguais no que diz respeito a carecerem de existência inerente. Na verdade última, a vacuidade, não existem aspectos irados ou pacíficos, pois todos os fenômenos são *uma* natureza. Portanto, aqueles que possuem um conhecimento profundo da verdade última não têm base para desenvolver sentimentos desagradáveis ao perceberem objetos não atrativos, pois eles compreendem que, do ponto de vista último, não existem objetos atrativos ou não atrativos verdadeiramente existentes.

Por exemplo, embora o longo colar de cabeças humanas que Heruka usa possa parecer real, na verdade, ele é uma manifestação da sabedoria onisciente de Heruka. Todas as diversas características do corpo de Heruka são, meramente, manifestações de sua sabedoria onisciente e não existem fora de sua mente. No entanto, para praticantes sinceros, visualizar o aspecto irado de Heruka é um método poderoso para receber rapidamente suas bênçãos e proteção. É por essa razão, bem como para mostrar, numa forma visível, como progredir por todo o caminho do Sutra e do Tantra, que Buda Vajradhara emanou a Deidade irada Heruka.

Buda Vajradhara, Buda Shakyamuni e Buda Heruka são a mesma pessoa, diferindo apenas no aspecto. Quando Buda girou a Roda do Dharma de Sutra, ele apareceu sob a forma de uma pessoa ordenada; quando girou a Roda do Dharma de Tantra, em geral, Buda apareceu sob a forma de Vajradhara; e quando girou a Roda do Dharma do *Tantra de Heruka*, em particular, ele apareceu sob a forma de Heruka.

Heruka é a mente de compaixão de Buda manifestada como forma. Apenas os Budas têm a habilidade de mostrar suas mentes como forma. Nós, os seres sencientes, somos incapazes de fazer isso, porque nossa mente e nosso corpo são naturezas diferentes, mas a mente e o corpo de um Buda são a mesma natureza e, portanto, aonde quer que suas mentes vão, seus corpos também vão. Nós sempre percebemos um hiato, ou distância, entre nossa mente e seu objeto. Isso é uma percepção equivocada, ou aparência equivocada. Tendo abandonado completamente essa percepção equivocada, os Budas têm a habilidade de mostrar suas mentes como forma, tais como as formas dos seres vivos e de objetos inanimados. Por essa razão, é dito que as emanações dos Budas preenchem o universo inteiro.

A mente de sabedoria onisciente de um Buda possui 37 partes, conhecidas como suas "trinta e sete realizações conducentes à iluminação". Essas 37 realizações aparecem na forma das 37 Deidades do mandala de Heruka. Normalmente, dizemos que existem 62 Deidades no mandala de Heruka, mas, se contarmos cada união de Pai e Mãe como uma Deidade, há 37 Deidades. As *trinta e sete realizações conducentes à iluminação* dos Bodhisattvas são caminhos causais, e as *trinta e sete realizações* dos Budas são caminhos resultantes. Uma explicação geral dessas 37 realizações pode ser encontrada no livro *Oceano de Néctar*.

A ORIGEM DESTAS INSTRUÇÕES

Estas instruções foram ensinadas originalmente por Buda a pedido de Vajrapani e Vajravarahi. Buda ensinou três Tantras-Raiz e cinco Tantras explicativos de Heruka. Os três Tantras-Raiz são: o *Tantra-Raiz Extenso*, que possui trezentas mil estrofes; o *Tantra-Raiz Mediano*, que possui cem mil estrofes; e o *Tantra-Raiz Condensado*, que possui 51 capítulos. Destes, apenas o último foi traduzido do sânscrito para o tibetano. Os cinco Tantras explicativos, que são comentários ao *Tantra-Raiz Condensado*, são: *Tantra Vajradaka, Tantra Abhicharya, Tantra Mukha, Tantra Sarwacharya* e *Tantra Pequeno Sambara*.

Mais tarde, grandes mestres budistas indianos – como Luyipa, Ghantapa e Krishnapada – escreveram comentários a esses Tantras-Raiz e Tantras explicativos, assim como muitos mestres tibetanos subsequentes. Em particular, Je Tsongkhapa escreveu um comentário muito abençoado e conceituado ao *Tantra-Raiz de Heruka*, intitulado *Clara Iluminação de Todos os Significados Ocultos*, e um comentário à sadhana de Heruka, intitulado *Dö jo*, que significa "satisfação dos desejos". Posteriormente, outros lamas, incluindo Je Phabongkhapa, também escreveram comentários especiais, com base nos comentários indianos e tibetanos anteriores. Este comentário, *Essência do Vajrayana*, escrito especialmente para praticantes contemporâneos, está fundamentado nas instruções de Je Tsongkhapa e do meu Guru-raiz, Vajradhara Trijang Rinpoche.

Tradicionalmente, há três sistemas para praticar as instruções do *Tantra de Heruka*: o sistema de acordo com Luyipa, o sistema de acordo com Krishnapada, e o sistema de acordo com Ghantapa. O sistema de Ghantapa possui duas instruções: a instrução sobre o mandala exterior das Cinco Deidades de Heruka e a instrução sobre o mandala interior das 62 Deidades do mandala de corpo de Heruka. Este comentário, *Essência do Vajrayana*, está fundamentado neste último. A linhagem destas instruções está completamente intacta.

OS BENEFÍCIOS DE PRATICAR ESTAS INSTRUÇÕES

O *Tantra-Raiz Condensado* louva as qualidades especiais dos praticantes de Heruka. Ele diz que todos os Heróis e Heroínas que residem nos 24 lugares, tais como Puliramalaya e Dzalandhara, entram no corpo dos praticantes sinceros, abençoam seus canais, gotas e ventos, e fazem com que eles obtenham realizações do grande êxtase espontâneo – o caminho rápido efetivo à iluminação. Porque esses Heróis e Heroínas são emanações de Heruka e Vajravarahi, seus corpos são da mesma natureza que suas mentes e, por isso, podem ir aonde quer que suas mentes vão, sem serem obstruídos por objetos físicos. Assim, incontáveis Heróis e Heroínas podem, efetivamente, entrar no corpo de praticantes sinceros e abençoar seus canais, gotas e ventos. De fato, Heruka, ele próprio, sempre permanece no coração de praticantes sinceros, concedendo-lhes grandes poderes de corpo, fala e mente.

No *Tantra-Raiz Condensado* está dito que, por apenas ver um praticante sincero de Heruka, purificamos nossas negatividades e alcançamos a libertação; por apenas ouvir ou ser tocado por um praticante como esse, recebemos bênçãos e somos curados de doenças; e por apenas estar na presença de um praticante como esse, nossa infelicidade, perturbações mentais, delusões e outros obstáculos são dissipados. Por que isso acontece? A razão é que as Deidades de Heruka, elas próprias, residem no corpo do praticante e, portanto, ver o praticante não é diferente de ver o próprio Heruka. No Tibete, há muitas histórias que relatam os efeitos de que meramente ver um lama especial ou usar um cordão recebido de um lama como esse e por ele abençoado são causas de libertação. Je Phabongkhapa disse: "Eu não sei se esses ditados são verdadeiros ou não, mas ver ou tocar um praticante de Heruka é uma causa verdadeira de libertação".

À medida que os tempos tornam-se espiritualmente mais degenerados, é mais difícil receber as bênçãos de outras Deidades tântricas, tais como Yamantaka ou Guhyasamaja; e, conforme o número de Gurus da linhagem aumenta, torna-se mais demorado receber aquisições. No entanto, com Heruka, acontece o oposto. Vajradhara Trijang Rinpoche diz, em sua prece ritual de Heruka:

À medida que os tempos tornam-se cada vez mais impuros,
Teu poder e bênçãos crescem continuamente,
E cuidas de nós rapidamente, tão veloz quanto o pensamento;
Ó Chakrasambara Pai e Mãe, a ti eu me prostro.

À medida que os tempos tornam-se mais impuros, as bênçãos de Heruka tornam-se mais poderosas e as recebemos mais facilmente; e quanto maior for o número de Gurus na linhagem, mais rapidamente recebemos aquisições. Por que isso acontece? Quando Buda revelou outros Tantras, como o *Tantra Guhyasamaja* ou o *Tantra Yamantaka*, ele emanou as Deidades e seus mandalas e, então, reabsorveu-os após o discurso; mas, quando Buda ensinou o Tantra de Heruka, ele não reabsorveu os mandalas. Existem 24 lugares, em particular, tais como Puliramalaya e Dzalandhara, onde os mandalas de Heruka ainda permanecem. Praticantes com carma puro são capazes de ver esses mandalas e Deidades. As pessoas deste mundo, portanto, têm uma conexão muito próxima com Heruka e, se praticarmos as instruções puramente, podemos receber grandes resultados fácil e rapidamente.

Os praticantes de Heruka podem alcançar a Terra Pura de Keajra, a Terra Dakini, sem abandonar o corpo que têm. Mesmo que sejam muito idosos, no momento em que alcançam essa Terra Pura seus corpos se transformam num corpo de dezesseis anos de idade. Em Keajra, eles podem receber iniciações e ensinamentos diretamente de Heruka e Vajrayogini e, enquanto vivem com Heróis e Heroínas e desfrutam os cinco objetos de desejo, eles podem alcançar facilmente a Budeidade. Se, devido à sua compaixão, eles desejam visitar mundos comuns, eles podem fazê-lo a qualquer momento através do poder de emanação.

Em outras Terras Puras, não é possível praticar o Tantra Ioga Supremo e, por esse motivo, não é possível alcançar a Budeidade rapidamente. Em geral, para praticar o Tantra Ioga Supremo, precisamos de seis elementos: carne, pele e sangue (que vêm da mãe), e osso, tutano e esperma (que vêm do pai). Bodhisattvas em outras Terras Puras, tais como Sukhavati, não possuem esses elementos e, por isso, eles rezam para renascer como seres humanos, para que possam praticar o Tantra Ioga Supremo. Na Terra Pura de Heruka, entretanto, os praticantes podem ter esses seis elementos. Muitos praticantes alcançaram a Terra Pura de Heruka, Keajra, sem abandonar seus corpos humanos e, por causa disso, eles têm uma grande oportunidade para continuar com sua prática do Tantra Ioga Supremo.

De um ponto de vista prático, todas as práticas essenciais de Guhyasamaja e Yamantaka estão incluídas nestas instruções do mandala de corpo de Heruka e, portanto, não precisamos praticar Guhyasamaja e Yamantaka separadamente da prática de Heruka. Devemos integrar as práticas de todas as demais Deidades na prática de Heruka Pai e Mãe e, desse modo, progrediremos em nossa prática do Tantra Ioga Supremo.

Devemos lembrar o conselho de Atisha ao tradutor tibetano Rinchen Sangpo, que está explicado no livro *Novo Guia à Terra Dakini*.

Se contemplarmos esses benefícios, nós nos sentiremos extremamente afortunados por ter encontrado estas instruções preciosas de Heruka e desenvolveremos um desejo genuíno de praticá-las puramente.

EXEMPLOS DE PRATICANTES DO PASSADO QUE ALCANÇARAM REALIZAÇÕES ATRAVÉS DESTAS INSTRUÇÕES

Por contemplar estes exemplos de praticantes do passado, nossa fé nas instruções de Heruka aumentará enormemente. Se estudarmos as biografias dos 84 mahasiddhas da Antiga Índia, veremos que a maior parte deles alcançou a iluminação por confiar em Heruka como sua Deidade pessoal. Seguem-se agora breves histórias de vida de alguns praticantes de Heruka que obtiveram realizações por confiar nestas instruções.

SARAHA

Saraha foi um dos primeiros mahasiddhas e foi grandemente admirado pelos mahasiddhas posteriores. Por confiar em Heruka e praticar as etapas do caminho de Heruka, Saraha alcançou a Terra Pura de Keajra sem abandonar seu corpo humano.

NAGARJUNA

Nagarjuna foi um dos discípulos de Saraha e alcançou a iluminação em uma única vida através de confiar em Heruka. A vida e as obras de Nagarjuna foram profetizadas várias vezes por Buda. Numa passagem bem conhecida do *Sutra "Ida para Lanka"*, Buda é perguntado sobre quem manteria a doutrina após seu falecimento. Buda respondeu:

> Na região sul, na Terra das Palmeiras,
> O monge Shriman, de grande renome,
> Conhecido pelo nome "Naga",

Refutará os extremos da existência e da não existência.
Tendo proclamado ao mundo meus ensinamentos –
O Grande Veículo insuperável –
Ele realizará o solo Muito Alegre
E partirá para a Terra de Êxtase.

Como havia sido predito, quatrocentos anos após o falecimento de Buda, um filho nasceu numa próspera família brâmane que vivia numa região no sul da Índia, conhecida como Bedarwa, ou "Terra das Palmeiras". Um oráculo predisse que a criança viveria sete dias apenas, mas que seu tempo de vida poderia ser aumentado em mais sete dias se presentes fossem concedidos a uma centena de pessoas comuns; por mais sete meses, se oferendas fossem feitas a uma centena de brâmanes; ou por mais sete anos, se oferendas fossem feitas a uma centena de monges. No entanto, o oráculo não conhecia nenhum método para aumentar sua vida além disso. Portanto, seus pais fizeram oferendas a uma centena de monges, e, como resultado, foram capazes de viver felizes com seu filho por sete anos.

Como o sétimo aniversário da criança se aproximava, eles a enviaram numa peregrinação com vários dos seus criados, pois não poderiam suportar o testemunho de sua morte. Guiados por uma manifestação de Avalokiteshvara, o grupo dirigiu-se para o Monastério de Nalanda, onde encontraram o grande professor Saraha. Eles explicaram a Saraha a má situação do menino, e ele lhes disse que a criança poderia evitar a morte prematura ficando em Nalanda e recebendo a ordenação como monge. Ele deu ao menino uma iniciação, ou transmissão de bênçãos, à prática de longa vida de Buda Amitayus e incentivou-o a praticar extensivamente esse ioga. Na véspera do seu sétimo aniversário, o menino recitou sem interrupção o mantra de Amitayus e, como resultado, evitou a morte prematura. No dia seguinte, foi ordenado monge e lhe foi dado o nome "Shrimanta". Ele permaneceu em Nalanda onde, sob a proteção de Manjushri, foi capaz de estudar todos os Sutras e Tantras. Em pouco tempo, ele se tornou um professor e erudito plenamente realizado e sua reputação se espalhou amplamente. Por fim, foi nomeado abade de Nalanda.

A vida de Nagarjuna compreende três grandes períodos de feitos auspiciosos que correspondem às três giradas da Roda do Dharma por Buda, motivo pelo qual Nagarjuna é frequentemente chamado de "o Segundo

Buda". O primeiro período corresponde ao seu mandato como abade de Nalanda. Infelizmente, a disciplina moral dos monges havia se degenerado desde o tempo em que Buda deu os votos pela primeira vez, e Nagarjuna foi muito ativo em restaurar a pureza da disciplina. Ele esclareceu muitos pontos de disciplina moral em ensinamentos extensos e escreveu diversas obras sobre conduta pura. Esses escritos, conhecidos como *Coleção de Conselhos*, incluem obras como *Guirlanda Preciosa*, *Carta Amigável*, *Árvore de Sabedoria*, *Uma Centena de Sabedorias* e *Gotas para Curar os Seres*. Essas atividades estão relacionadas com a primeira girada da Roda do Dharma por Buda.

No entanto, Nagarjuna é mais lembrado pelos trabalhos do segundo período. Pouco tempo após o falecimento de Buda, os *Sutras Perfeição de Sabedoria*, os principais ensinamentos mahayana, desapareceram deste mundo. Diz-se que a razão disso é que alguns nagas que haviam recebido esse ensinamento de Buda levaram as escrituras *Perfeição de Sabedoria* extensas para o seu próprio mundo, a fim de guardá-las em segurança. Restaram somente poucos praticantes que podiam compreender esses ensinamentos, e a maioria deles manteve secreta sua prática. Os únicos ensinamentos de Buda que continuaram a se difundir amplamente foram os ensinamentos hinayana e, como resultado, muitas pessoas presumiram que esses ensinamentos fossem os únicos que Buda havia dado. Algum tempo depois, os nagas convidaram Nagarjuna para visitá-los e devolveram as escrituras *Perfeição de Sabedoria* para ele. Nagarjuna trouxe as escrituras para o mundo humano e propagou-as amplamente. Devido ao seu relacionamento especial com os nagas e porque ele curou muitos deles de doenças por meio de preces rituais especiais, foi dado a Nagarjuna o nome "Protetor dos nagas". "Arjuna" foi acrescentado ao seu nome porque Nagarjuna difundiu os ensinamentos mahayana do mesmo modo que o legendário arqueiro Arjuna desferia flechas com seu arco – com grande rapidez e exatidão. Por essa razão, ele finalmente se tornou conhecido como "Protetor Nagarjuna".

Por ter uma mente muito lúcida e grande sabedoria, Nagarjuna era perfeitamente capaz de compreender os *Sutras Perfeição de Sabedoria* e explicá-los para os outros. Ele difundiu amplamente esses ensinamentos, fomentando um grande reflorescimento da doutrina mahayana neste mundo. Nagarjuna apresentou um sistema de raciocínio que, por tê-lo direcionado por um caminho perfeito entre os dois extremos da existência e não existência, tornou-se conhecido como "a Filosofia do Caminho do Meio", ou "Madhyamaka". Ele escreveu muitos comentários aos *Sutras Perfeição de Sabedoria* que elucidam a visão madhyamaka. Esses tratados, conhecidos como *Coleção de Raciocínios*, incluem o famoso *Sabedoria Fundamental do Caminho do Meio* e seus quatro membros: *Sessenta Raciocínios, Setenta Vacuidades, Finamente Entrelaçado* e *Refutação das Objeções*. Ele também escreveu *Compêndio de Sutras, Cinco Etapas do Estágio de Conclusão de Guhyasamaja* e muitos outros comentários aos Sutras e aos Tantras. Essas atividades estão relacionadas à segunda girada da Roda do Dharma por Buda.

O terceiro período de feitos auspiciosos de Nagarjuna aconteceu próximo ao fim de sua vida. Agindo sob os conselhos de Tara, ele retornou ao sul da Índia e residiu num lugar chamado Monte Esplendor, onde deu mais ensinamentos extensos sobre os Sutras e os Tantras e escreveu muitos outros textos. Esses escritos, conhecidos como *Coleção de Louvores*, incluem trabalhos como *Louvor do Dharmadhatu, Louvor do Supramundano, Louvor do Inconcebível* e *Louvor do Supremo*. Essas atividades estão relacionadas à terceira girada da Roda do Dharma por Buda.

Não é possível, num relato tão breve, sequer começar a fazer justiça à vida e às obras de Nagarjuna. Por toda a sua vida, ele se devotou totalmente a reviver o Dharma Mahayana e a manter a Sangha Mahayana. Para esse fim, deu numerosos ensinamentos, escreveu muitos livros sobre o Sutra e o Tantra e executou outros incontáveis feitos excelentes. Como mencionado no *Sutra "Ida para Lanka"*, Nagarjuna alcançou a realização do primeiro solo do Bodhisattva, chamado "Muito Alegre". Depois, avançando ainda mais, alcançou, por fim, a terra do êxtase supremo da iluminação.

SHAWARI

Shawari foi um discípulo de Nagarjuna. Do ponto de vista da aparência comum, ele foi um caçador, mas recebeu de Nagarjuna a iniciação e os ensinamentos da prática de Heruka e praticou-os sinceramente no Monte Esplendor, onde alcançou a iluminação. É dito que, mesmo nos dias de hoje, aqueles que têm carma puro podem ver Shawari ali.

LUYIPA

O príncipe Luyipa foi o principal discípulo de Shawari. No décimo dia de cada mês, ele costumava ir a um solo sepulcral para meditar. Um dia, quando chegou ali, ele viu um grupo de homens e mulheres fazendo um piquenique. Uma das mulheres deu-lhe um pedaço de carne e, quando Luyipa comeu a carne, sua mente foi abençoada e purificada instantaneamente de aparências comuns. Luyipa recebeu uma visão de Heruka e Vajrayogini e realizou que aqueles homens e mulheres eram, na verdade, Heróis e Heroínas. Enquanto permaneceu no solo sepulcral, recebeu ensinamentos diretamente de Heruka. Porque Luyipa era um praticante de Heruka, ficou sob o cuidado dos Heróis e Heroínas, e alcançou grandes resultados simplesmente por provar o pedaço de carne dado a ele por uma emanação de Vajrayogini.

DARIKAPA

O rei Darikapa recebeu a iniciação e os ensinamentos da prática de Heruka diretamente de Luyipa, que predisse que, se Darikapa abandonasse seu reino e aplicasse grande esforço na prática de Heruka e Vajrayogini, alcançaria a iluminação rapidamente. Darikapa deixou imediatamente seu palácio e vagou de um lugar a outro como um mendigo, praticando meditação em todas as oportunidades. Numa cidade no sul da Índia, ele conheceu uma rica cortesã, que era uma emanação de Vajrayogini. Essa mulher possuía uma grande mansão, na qual ele trabalhou como um criado por doze anos. Durante o dia, Darikapa executava tarefas domésticas dentro e nas proximidades da casa e, à noite, praticava as instruções de Luyipa. Após doze anos, ele alcançou a quinta etapa do estágio de conclusão, a união-que-precisa-aprender. É dito que Darikapa e todo o séquito da cortesã, composto de quatorze mil pessoas, alcançaram a Terra Pura de Keajra. A razão é que Darikapa era um praticante puro de Heruka e, portanto, todos que vissem Darikapa ou tocassem nele criavam a causa para renascer na Terra Pura de Heruka.

DINGKIWA

Um dos ministros do rei Darikapa, Dingkiwa, também recebeu a iniciação e os ensinamentos da prática de Heruka diretamente de Luyipa, que predisse que ele conheceria uma vendedora de vinho que era uma emanação de Vajrayogini. Quando a conheceu, Dingkiwa viveu com ela e trabalhou para ela durante dez anos e, como resultado das bênçãos que recebeu dela, alcançou a iluminação naquela vida. É dito que até mesmo os insetos que viviam no local onde Dingkiwa alcançou a iluminação renasceram na Terra Pura de Heruka.

GHANTAPA

O primeiro detentor da linhagem destas instruções do mandala de corpo de Heruka foi o grande iogue Ghantapa. Ele recebeu as iniciações e instruções do mandala de corpo de Heruka diretamente de Heruka. Ghantapa vivia nas profundezas da floresta de Odivisha (a atual Orissa), na Índia, onde se empenhava em intensa meditação em Heruka e Vajrayogini.

Por viver em um lugar tão isolado, sua dieta era pobre e o seu corpo ficou extremamente magro. Um dia, o rei de Odivisha estava caçando na floresta quando se deparou com Ghantapa. Vendo quão magro e fraco ele se encontrava, o rei perguntou a Ghantapa porque vivia na floresta com uma dieta tão pobre, e encorajou-o a retornar com ele à cidade, onde poderia proporcionar-lhe comida e abrigo. Ghantapa respondeu que, assim como um grande elefante não pode ser conduzido para fora de uma floresta por um fino fio de barbante, ele também não poderia ser tentado a deixar a floresta pelas riquezas de um rei. Enraivecido pela recusa de Ghantapa, o rei retornou ao seu palácio ameaçando vingança.

Tamanha era a raiva do rei que ele convocou várias mulheres da cidade e lhes falou sobre o arrogante monge na floresta. O rei ofereceu grandes riquezas para qualquer uma delas que conseguisse seduzir o monge, forçando-o a quebrar seus votos de celibato. Uma das mulheres, uma vendedora de vinho, vangloriou-se de que conseguiria fazer isso e partiu para a floresta à procura de Ghantapa. Quando finalmente ela o encontrou, perguntou-lhe se poderia se tornar sua empregada. Ghantapa não precisava de uma empregada, mas compreendeu que ambos tinham uma forte relação oriunda de vidas anteriores e, por isso, permitiu que ela ficasse. Ghantapa deu-lhe instruções espirituais e iniciações, e tanto ele quanto a mulher se empenharam sinceramente em meditação. Após doze anos, ambos alcançaram a União-do-Não-Mais-Aprender, a plena iluminação.

Um dia, Ghantapa e a antiga vendedora de vinho decidiram encorajar as pessoas da cidade a desenvolverem maior interesse pelo Dharma. Assim, a mulher retornou ao rei e relatou que ela havia seduzido o monge. A princípio, o rei duvidou da veracidade da história, mas quando a mulher explicou que Ghantapa e ela tinham agora duas crianças, um filho e uma filha, o rei se deliciou com essa notícia e disse-lhe para trazer Ghantapa à cidade, num determinado dia. Ele, então, emitiu uma proclamação desmerecendo Ghantapa e ordenou aos seus súditos que se reunissem no dia marcado para insultar e humilhar o monge.

Quando esse dia chegou, Ghantapa e a mulher deixaram a floresta com as crianças, o filho à direita de Ghantapa e a filha à sua esquerda. Assim que entraram na cidade, Ghantapa começou a andar como se estivesse bêbado, segurando uma vasilha dentro da qual a mulher despejava vinho. Todas as pessoas que estavam reunidas riam e zombavam dele, lançando-lhe ofensas e insultos: "Há muito tempo", provocavam, "nosso rei te convidou para vires à cidade, mas tu recusaste o convite, arrogantemente. Agora, chegas bêbado e com uma vendedora de vinho. Que mau exemplo de um budista e de um monge!". Quando terminaram, Ghantapa pareceu ficar zangado e lançou sua vasilha ao chão. A vasilha afundou na terra, partindo o chão e fazendo aparecer uma nascente de água. Ghantapa se transformou imediatamente em Heruka, e a mulher, em Vajrayogini. O menino se transformou em um vajra, que Ghantapa segurou na mão direita, e a menina, em um sino, que ele segurou na mão esquerda. Então, Ghantapa e sua consorte se uniram em abraço e voaram para o céu.

As pessoas ficaram assombradas e imediatamente desenvolveram um profundo arrependimento pelo desrespeito que tiveram. Elas se prostraram a Ghantapa, implorando para que ele e a emanação de Vajrayogini retornassem. Ghantapa e sua consorte recusaram, mas disseram às pessoas que, se o arrependimento delas fosse sincero, elas deveriam fazer uma confissão a Mahakaruna, a corporificação da grande compaixão de Buda. Devido ao profundo remorso do povo de Odivisha e à força de suas preces, uma estátua de Mahakaruna surgiu da nascente de água. As pessoas de Odivisha se tornaram praticantes de Dharma extremamente devotadas, e muitas obtiveram realizações. A estátua de Mahakaruna pode ser vista ainda nos dias de hoje.

Devido à prática pura de Heruka e Vajrayogini que Ghantapa executava na floresta, Vajrayogini compreendeu que aquele era o momento certo para que ele recebesse suas bênçãos e, por isso, ela se manifestou como a vendedora de vinho. Por viver com ela, Ghantapa alcançou o estado de iluminação.

KRISHNAPADA

Krishnapada recebeu a iniciação e os ensinamentos da prática de Heruka diretamente do mahasiddha Dzalandarapa. Ele alcançou a iluminação no estado intermediário, após ter alcançado a clara-luz-exemplo última durante a clara-luz da morte. Antes de morrer, ele alcançou poderes miraculosos extraordinários por meio de confiar no estágio de geração de Heruka. Ele podia fazer com que animais selvagens ou agressores ficassem paralisados apenas fitando-os, e podia domar animais selvagens com um olhar. Krishnapada podia fazer os frutos de uma árvore caírem apenas olhando para eles, e podia andar sem tocar o chão. Quando queria atravessar um rio, ele simplesmente tirava a parte superior de sua roupa e flutuava sobre ela, sentado em postura vajra.

Todos os Gurus-linhagem, desde Ghantapa até meu Guru-raiz, Vajradhara Trijang Losang Yeshe Rinpoche, são exemplos verdadeiros de praticantes que alcançaram a união de Buda Heruka através da prática do mandala de corpo de Heruka. As instruções neste livro são as instruções dadas diretamente por Heruka a Ghantapa. Se as praticarmos sinceramente, podemos alcançar todas as aquisições e nos tornar um ser sagrado puro, assim como mahasiddha Ghantapa.

AS QUALIFICAÇÕES DE UM PRATICANTE SINCERO DE HERUKA

Por praticar os estágios de geração e de conclusão de Heruka, podemos alcançar a iluminação em uma vida. No entanto, para que isso aconteça, precisamos ser um praticante sincero, com as seguintes cinco qualificações:

(1) Ter experiência de renúncia, bodhichitta e da visão correta da vacuidade;
(2) Ter recebido a iniciação de Heruka;

(3) Manter nossos votos e compromissos puramente;
(4) Ter uma compreensão clara e inequívoca de como praticar os estágios de geração e de conclusão de Heruka;
(5) Ter fé indestrutível na Deidade Heruka e no Guia Espiritual de quem recebemos a iniciação e o comentário à prática.

Qualquer pessoa que possua essas cinco qualificações e que medite continuamente no estágio de geração e de conclusão de Heruka alcançará, definitivamente, a iluminação em uma vida. Se ainda não possuímos essas qualidades, devemos nos empenhar gradualmente para obtê-las.

Uma vez que tenhamos recebido a iniciação, temos um compromisso de meditar nos dois estágios e, se falharmos em fazer isso, perderemos a bênção da iniciação. Além disso, nosso progresso será dificultado se não colocarmos também esforço em alcançar as outras quatro qualificações. E o mais importante, precisamos desenvolver fé profunda e inabalável em Heruka e em nosso Guia Espiritual. Devemos tentar superar a aparência comum do nosso Guia Espiritual e desenvolver fé nele ou nela. Desse modo, alcançaremos grandes resultados. Mesmo que ofereçamos um presente caro ao nosso Guia Espiritual, se não tivermos fé nele ou nela, o presente não terá significado. Por outro lado, se desenvolvermos fé pura em nosso Guia Espiritual, estaremos fazendo uma grande oferenda a ele, mesmo se nunca lhe dermos presentes. Sem fé, somos como uma semente queimada; assim como uma semente queimada não pode produzir nenhum fruto, um praticante tântrico sem fé não pode alcançar nenhum resultado.

Realizações tântricas dependem de fé e imaginação. Não importa o quanto investiguemos, é difícil provar que nosso Guia Espiritual é um Buda; portanto, em vez de desenvolver dúvidas, devemos usar nossos poderes de imaginação para considerar nosso Guia Espiritual como um Buda e cultivar uma mente pura de fé nele ou nela. Gradualmente, nossa mente irá se tornar cada vez mais pura, até, por fim, vermos diretamente nosso Guia Espiritual como um Buda.

Vajrayogini

Treinar as Práticas Básicas

Estas instruções são explicadas a partir de dois tópicos:

1. Estágio de geração;
2. Estágio de conclusão.

A efetividade da prática do mandala de corpo de Heruka depende de receber a iniciação. Há duas maneiras de receber a iniciação do mandala de corpo de Heruka. A primeira é uma instrução comum, e a segunda, uma instrução oral. De acordo com a primeira instrução, os praticantes recebem primeiramente a iniciação das cinco Deidades do mandala exterior e, depois, recebem a iniciação do mandala de corpo de Heruka. De acordo com a segunda instrução, os praticantes recebem a iniciação do mandala de corpo de Heruka sem receberem a iniciação das cinco Deidades do mandala exterior. Essa instrução oral é a intenção principal do mahasiddha Ghantapa.

Em geral, Buda explicou quatro mandalas – o mandala de areia, o mandala desenhado, o mandala de corpo e o mandala concentração – nos quais os praticantes recebem as iniciações. No entanto, mahasiddha Ghantapa disse que os dois primeiros mandalas (o mandala de areia e o mandala desenhado) não são mandalas propriamente ditos, mas apenas criações. A razão pela qual Buda os explicou foi para beneficiar temporariamente aqueles que acreditam que esses dois mandalas são muito importantes.

ESTÁGIO DE GERAÇÃO

A explicação do mandala de corpo de Heruka baseia-se na sadhana *Essência do Vajrayana*, que pode ser encontrada no Apêndice II. Esta explicação tem duas partes:

1. Como praticar durante a sessão de meditação;
2. Como praticar durante o intervalo entre as meditações.

COMO PRATICAR DURANTE A SESSÃO DE MEDITAÇÃO

Este tópico tem três partes:

1. As práticas preliminares;
2. A prática propriamente dita do estágio de geração;
3. As práticas finais.

AS PRÁTICAS PRELIMINARES

Antes de dar início à sessão de meditação, preparamos oferendas diante do nosso altar, que deve ter estátuas ou figuras de Buda Shakyamuni, Je Tsongkhapa, Heruka, do nosso Guru-raiz e do Dharmapala Dorje Shugden. Buda Shakyamuni é o fundador do Budismo Mahayana. Je Tsongkhapa e Dorje Shugden são manifestações da sabedoria de todos os Budas, e Heruka é a manifestação da compaixão de todos os Budas. Manter fé nesses seres sagrados faz com que nossa sabedoria e compaixão aumentem, as quais são as práticas mais importantes do Budismo Mahayana. Fé em nosso Guia Espiritual é a raiz de todas as realizações espirituais.

Dispomos três tormas, que podem ser feitas da maneira tradicional (de acordo com a ilustração na página 534) ou que podem consistir simplesmente de qualquer alimento limpo e fresco, como mel ou bolos. Os formatos das tormas tradicionais simbolizam o desenvolvimento de realizações espirituais. A torma central é para as Deidades principais (Heruka Pai e Mãe e as Quatro Ioguines) que, juntas, são conhecidas como "as Deidades da roda do grande êxtase". A torma à esquerda da torma central (nossa direita) é para os séquitos supramundanos de Heruka, e a torma à direita da torma central (nossa esquerda) é para os séquitos mundanos de Heruka.

Diante das tormas, dispomos três fileiras de oferendas. A primeira fileira, mais próxima do altar, é para as Deidades supramundanas geradas-em-frente, e a segunda fileira é para os Dakas e Dakinis mundanos. Essas duas fileiras começam do lado esquerdo do altar (nossa direita) e são compostas de água para beber, água para banhar, flores, incenso, luzes, perfume e alimentos. Não é colocado nada para a oferenda de música, pois música não é um objeto visual. A terceira fileira, que é para as Deidades autogeradas, começa do lado direito do altar (nossa esquerda) e é composta de água para beber, água para banhar, água para boca, flores, incenso, luzes, perfume e alimentos. Sobre uma mesa pequena, diante do nosso assento de meditação, dispomos, da esquerda para a direita, nossa oferenda interior, vajra, sino, damaru e mala. Diante deles, colocamos nossa sadhana. Depois, com uma motivação pura e uma mente feliz, damos início às práticas preliminares.

As práticas preliminares serão agora explicadas a partir de seis tópicos:

1. Buscar refúgio e gerar bodhichitta;
2. Receber bênçãos;
3. Purificar nossa mente, nosso corpo e nossa fala *próprios* (residente-contínuos);
4. Purificar os outros seres, o ambiente e prazeres;
5. Purificar não virtudes, quedas morais e obstáculos;
6. Guru-Ioga.

BUSCAR REFÚGIO E GERAR BODHICHITTA

Este tópico tem quatro partes:

1. As causas de buscar refúgio;
2. Visualizar os objetos de refúgio;
3. A maneira de buscar refúgio;
4. Gerar a bodhichitta aspirativa e a de compromisso.

AS CAUSAS DE BUSCAR REFÚGIO

Nossa meta final é alcançar a iluminação, o refúgio último, com o objetivo de beneficiar incontáveis seres-mães. No entanto, precisamos, neste exato momento, realizar um refúgio que nos impeça de cair para os reinos inferiores. Sem essa proteção interior, se simplesmente nos empenharmos nas meditações do Tantra Ioga Supremo esperando alcançar a iluminação rapidamente, seremos como alguém que se esforça para escalar uma montanha alta e perigosa sem equipamento de segurança.

A hora da nossa morte é muito incerta. Pode ser que morramos hoje, pode ser que morramos amanhã – não temos nenhuma ideia de quando iremos morrer. Se morrermos sem refúgio, perderemos todo o progresso espiritual que tivermos feito. Na morte, esqueceremos tudo o que aprendemos durante a nossa vida e perderemos tudo o que desenvolvemos. Após a morte, experienciaremos, sem escolha alguma, outro renascimento samsárico, com todos os seus sofrimentos associados. Não nos lembrando de nada de nossas vidas anteriores, seremos incapazes de manter o *continuum* da nossa prática espiritual. Por algum milagre, conseguimos obter esta preciosa vida humana, com todas as condições necessárias para a prática espiritual; mas, a não ser que realizemos a proteção interior do refúgio básico, não encontraremos outro renascimento dotado como este, e esta maravilhosa oportunidade para o desenvolvimento espiritual será perdida para sempre.

Para nos protegermos do perigo de um renascimento inferior e para criar a oportunidade especial para manter o *continuum* da nossa prática espiritual vida após vida, precisamos buscar refúgio nas Três Joias, evitar ações não virtuosas e praticar o dar, disciplina moral, paciência, esforço, concentração e sabedoria. Se praticarmos o Tantra Ioga Supremo sobre a fundação firme dessa proteção interior básica, então, mesmo se não obtivermos realizações elevadas nesta vida, poderemos, ao menos, levar nossa prática através da morte e do estado intermediário até nossa vida futura. Morreremos felizes, com confiança. Para nós, a morte será como sair de férias.

Como nos preparamos para as nossas vidas futuras? Por praticar disciplina moral, criamos a causa para um renascimento elevado; por praticar o dar, ou generosidade, criamos a causa para riqueza futura; por praticar paciência, criamos a causa para beleza; por aplicar esforço em nossa prática de Dharma, criamos a causa para obter realizações espirituais com facilidade; por praticar concentração, ou meditação, criamos a causa para experienciar paz mental; e por aumentar nossa sabedoria, criamos a causa para alcançar libertação permanente do sofrimento. Devemos integrar essas práticas básicas em nossa vida diária.

Embora seja obviamente essencial nos protegermos do renascimento inferior, nossa motivação principal para buscarmos refúgio – como praticantes mahayana e, especialmente, como praticantes de Tantra Ioga Supremo – deve ser compaixão. Para gerar compaixão, podemos começar considerando a possibilidade de que podemos morrer precisamente hoje, e nos concentramos no sentimento que isso evoca. Após a morte, onde quer que renasçamos no samsara, teremos de experienciar sofrimento incalculável. Contemplando e meditando desse modo, cultivamos um forte medo de renascer no samsara, em geral, e nos reinos inferiores, em particular. Se, depois, trocarmos o foco da nossa contemplação de nós mesmos para os outros, acharemos difícil suportar seus sofrimentos, e compaixão surgirá naturalmente. Medo do renascimento samsárico e compaixão por todos os que estão presos no samsara são as duas primeiras causas do refúgio mahayana. Quando desenvolvermos uma mente que não consegue suportar os sofrimentos do renascimento samsárico, tanto o nosso quanto o de todos os seres sencientes-mães, buscaremos naturalmente uma fonte segura de refúgio.

A Joia Dharma, as realizações das etapas do caminho vasto e do caminho profundo, é o nosso refúgio efetivo, verdadeiro; a Joia Buda é a fonte do nosso refúgio; e a Joia Sangha, a assembleia de seres superiores, são aqueles que já realizaram o refúgio. Por estabelecer a Joia Dharma em nossa mente, tornamo-nos uma Joia Sangha e, por fim, uma Joia Buda. Estaremos, então, na condição de proteger não apenas nós mesmos, mas todos os seres vivos do renascimento nos reinos inferiores, em particular, e do renascimento no samsara, em geral. Quando compreendermos claramente que somente as Três Joias são objetos de refúgio perfeitos e infalíveis, surgirão fé e convicção profundas no seu poder de proteger todos os seres vivos do sofrimento. Esta é a terceira causa do refúgio mahayana.

Resumindo, as causas do refúgio Mahayana são: medo de ter um renascimento samsárico, compaixão por todos os seres vivos e fé nas Três

Joias. Cultivar estas três causas em nossa mente encoraja-nos a buscar refúgio nas Três Joias e a evitar ações não virtuosas.

VISUALIZAR OS OBJETOS DE REFÚGIO

Visualizamos os objetos de refúgio – a Joia Buda, a Joia Dharma e a Joia Sangha – como segue. Com forte convicção, imaginamos que, no espaço à nossa frente, está o Abençoado Buda Shakyamuni aparecendo na forma do glorioso Heruka Pai e Mãe, rodeado pela assembleia de Gurus, Yidams, Budas, Bodhisattvas, Heróis, Dakinis e Protetores do Dharma. No começo, devemos ficar satisfeitos com apenas uma imagem aproximada; o mais importante é acreditar que os seres sagrados estão realmente presentes à nossa frente. Imaginando que o objeto principal de refúgio, Guru Heruka, está rodeado por todos os demais seres sagrados, como a lua rodeada pelas estrelas, reconhecemos que os Gurus, Yidams e Budas são a Joia Buda; os Bodhisattvas, Heróis, Dakinis e Protetores do Dharma são a Joia Sangha; e as realizações interiores das etapas dos caminhos vasto e profundo de todos esses seres sagrados são a Joia Dharma. Refletindo que somente as Três Joias têm o poder de proteger todos os seres vivos dos perigos do renascimento inferior, do renascimento samsárico e de todo o sofrimento, geramos profunda fé nas Três Joias.

A MANEIRA DE BUSCAR REFÚGIO

Primeiro, relembramos o sentimento de medo de renascer no samsara, em geral, e nos reinos inferiores, em particular, e, depois, por compreender que incontáveis seres sencientes-mães estão exatamente na mesma situação que a nossa, geramos compaixão. Depois, desenvolvemos uma profunda convicção de que somente as Três Joias têm o poder de nos proteger desses perigos. Com estas três causas de refúgio – medo, compaixão e fé – geramos uma forte determinação, do fundo do nosso coração:

> *Eu vou sempre confiar em Buda, Dharma e Sangha, e vou realizá-los como meu refúgio último.*

Enquanto nos concentramos nessa determinação, recitamos a prece de refúgio que está na sadhana:

**Eternamente, vou me refugiar
Em Buda, Dharma e Sangha.**

Essas duas linhas e as duas linhas seguintes sobre a bodhichitta são muito abençoadas e foram extraídas das escrituras tântricas de Buda Vajradhara.

GERAR A BODHICHITTA ASPIRATIVA E A DE COMPROMISSO

Bodhichitta é uma mente primária que, motivada por compaixão e amor por todos os seres vivos, deseja espontaneamente alcançar a iluminação. A maneira de gerar bodhichitta de acordo com o Tantra Ioga Supremo é superior à maneira de gerá-la de acordo com o Sutra. Na prática do Tantra de Heruka, por exemplo, a bodhichitta é uma mente primária, motivada por grande compaixão, que deseja espontaneamente tornar-se Buda Heruka. Essa bodhichitta somente pode ser gerada por praticantes de Tantra Ioga Supremo que compreendem claramente como eles podem se tornar Buda Heruka através da prática dos estágios de geração e de conclusão do Tantra de Heruka. Quando desenvolvemos essa bodhichitta, ingressamos no caminho do Tantra Ioga Supremo de Heruka.

Devemos saber a diferença entre ingressar pela porta do Tantra Ioga Supremo e ingressar no caminho do Tantra Ioga Supremo. Ingressamos pela porta do Tantra Ioga Supremo ao receber uma iniciação, mas, para ingressar no caminho do Tantra Ioga Supremo, precisamos desenvolver a bodhichitta incomum do Tantra Ioga Supremo. Inicialmente, geramos bodhichitta fabricada incomum e depois, através de treino contínuo, ela se transforma na bodhichitta espontânea incomum. Quando recebemos a iniciação do mandala de corpo de Heruka, ingressamos pela porta do Tantra Ioga Supremo do mandala de corpo de Heruka. Somente através de receber essa iniciação é que temos a oportunidade de estudar e praticar estas instruções.

Há dois tipos de bodhichitta: bodhichitta aspirativa e bodhichitta de compromisso. Na prática de Heruka, a bodhichitta aspirativa é uma bodhichitta que simplesmente aspira a se tornar Buda Heruka. Podemos gerar essa bodhichitta por meio de contemplar o significado das seguintes palavras:

Para o bem de todos os seres vivos,
Vou me tornar Heruka.

A bodhichitta de compromisso é mais do que a mera aspiração de se tornar Buda Heruka; é a determinação sincera de se empenhar no caminho efetivo que conduz ao estado de Buda Heruka. Podemos gerar essa bodhichitta por meio de contemplar o significado das seguintes palavras:

Para conduzir todos os seres vivos-mães ao estado de felicidade
última,
Vou alcançar o mais rapidamente possível, ainda nesta vida,
O estado da União de Buda Heruka.
Com esse propósito, vou praticar as etapas do caminho de Heruka.

RECEBER BÊNÇÃOS

As práticas explicadas acima incluem gerar as três causas de refúgio, visualizar a assembleia de refúgio, buscar refúgio nas Três Joias e gerar a bodhichitta incomum – a determinação de se empenhar no caminho efetivo que conduz ao estado da União de Buda Heruka, a união do seu Corpo-Verdade e Corpo-Forma. Essas práticas são métodos poderosos para deleitar todos os seres sagrados. Estamos agora prontos para receber suas profundas bênçãos.

Imaginamos que todos os demais seres sagrados se convertem em luz e se dissolvem no objeto principal de refúgio, Guru Buda Heruka. Por deleite, ele vem até a coroa da nossa cabeça, diminui até ficar do tamanho de um polegar, entra pelo nosso chakra da coroa e se dissolve em nossa mente, no centro do nosso chakra do coração. Sentimos que nossa mente e Heruka (a síntese de todos os objetos de refúgio) se tornaram um só e que recebemos suas profundas bênçãos.

PURIFICAR NOSSA MENTE, NOSSO CORPO E NOSSA FALA *PRÓPRIOS*

A bodhichitta incomum tem duas intenções: a intenção de conduzir todos os seres-mães ao estado de Buda Heruka e a intenção de nós mesmos alcançarmos o estado da União de Buda Heruka. A primeira intenção é a causa da bodhichitta, e a segunda é a causa auxiliar da bodhichitta. Satisfazer essas duas intenções depende de purificarmos nossa mente, corpo e fala *próprios* (residente-contínuos) e transformá-los na mente, corpo e fala de Heruka através de confiar na prática conhecida como "o ioga das três purificações".

A prática do estágio de geração e do estágio de conclusão do mandala de corpo de Heruka, o corpo principal das práticas explicadas neste livro, é uma prática extensa das três purificações. Precisamos integrar a prática inteira do estágio de geração e do estágio de conclusão na prática das três purificações e, para indicar isso, praticamos um breve ioga das três purificações neste ponto. Essa prática também nos lembra que nossa motivação para estudar e praticar o mandala de corpo de Heruka deve sempre ser a de bodhichitta última. Com essa motivação, todo o nosso estudo e prática irão se tornar métodos poderosos para satisfazer as duas intenções da bodhichitta incomum.

Purificar nossa mente, nosso corpo e nossa fala *próprios* (residente-contínuos) tem três partes:

1. Purificar nossa mente *própria*;
2. Purificar nosso corpo *próprio*;
3. Purificar nossa fala *própria*.

PURIFICAR NOSSA MENTE *PRÓPRIA*

Buda Heruka, o principal objeto de refúgio, é uma manifestação do grande êxtase de todos os Budas. Porque Buda Heruka se dissolveu em nossa mente e nossa mente e ele se tornaram *um*, devemos agora desenvolver a convicção de que nossa mente é da natureza de grande êxtase. Imaginamos que estamos experienciando grande êxtase espontâneo e meditamos brevemente nessa sensação. Relembramos, então, que nada existe do seu próprio lado, que tudo é da natureza da vacuidade, e meditamos brevemente nessa compreensão. Sentimos que nossa mente de grande êxtase misturou-se com a vacuidade, como água misturada com água, e acreditamos firmemente que nossa mente se tornou a união de grande êxtase e vacuidade de Heruka. Meditamos nessa união por algum tempo. Essa meditação é denominada "o ioga da mente-vajra". Ela atua como uma causa para purificar nossa mente e transformá-la na mente-vajra de Heruka, a união inseparável de grande êxtase e vacuidade.

PURIFICAR NOSSO CORPO *PRÓPRIO*

Enquanto meditamos na união de grande êxtase e vacuidade, nossa mente de grande êxtase não percebe nada além que vacuidade. Então, pensamos:

> *Do estado de êxtase e vacuidade, como uma nuvem surgindo de um céu vazio, eu apareço instantaneamente como Buda Heruka, com um corpo azul, uma face e duas mãos, segurando vajra e sino e unido--em-abraço a Vajravarahi. Estou em pé, com minha perna direita estendida. Eu sou Buda Heruka.*

Meditamos nessa Deidade autogerada por algum tempo. Essa meditação é denominada "o ioga do corpo-vajra". Ela atua como uma causa para purificar nosso corpo e transformá-lo no corpo-vajra de Heruka.

PURIFICAR NOSSA FALA *PRÓPRIA*

Enquanto mantemos o forte orgulho divino que pensa "Eu sou Buda Heruka", recitamos o mantra-essência de Heruka: OM SHRI VAJRA HE HE RU RU KAM HUM HUM PHAT DAKINI DZALA SHAMBARAM SOHA. Pensamos que nossa fala é purificada e que se transformou no mantra de Heruka, que tem o poder de satisfazer os desejos de todos os seres vivos, e meditamos nesse reconhecimento especial por algum tempo. Essa meditação é denominada "o ioga da fala-vajra". Ela atua como uma causa para purificar nossa fala e transformá-la na fala-vajra de Heruka.

A prática do ioga das três purificações indica que devemos executar todas as nossas ações diárias com os três reconhecimentos: (1) que a nossa mente *própria* é a mente do Dharmakaya de Heruka; (2) que o nosso corpo *próprio* é o corpo-divino de Heruka; e (3) que a nossa fala *própria* é o mantra de Heruka. Por praticar desse modo, purificamos nossas aparências e concepções comuns.

Quando formos dormir à noite, devemos tentar manter o primeiro reconhecimento, considerando nossa mente como a mente do Dharmakaya de Heruka experienciando a união de grande êxtase e vacuidade. Quando acordarmos pela manhã: imaginamos que surgimos, do estado de grande êxtase e vacuidade, como Heruka; recitamos o mantra-essência; e empenhamo-nos, então, no ioga de experienciar néctar e assim por diante. O ioga de experienciar néctar está explicado no livro *Novo Guia à Terra Dakini*. Para além dos momentos que estamos treinando nos caminhos comuns, tais como buscar refúgio e purificar negatividades, devemos tentar manter os três reconhecimentos ao longo do dia e da noite.

PURIFICAR OS OUTROS SERES, O AMBIENTE E PRAZERES

Esta prática é um método poderoso para satisfazer nossa intenção principal de conduzir todos os seres vivos à iluminação tão rapidamente quanto possível. Para mostrar que precisamos manter essa intenção ao longo da nossa prática e para satisfazê-la tão rapidamente quanto possível, trazemos agora os feitos resultantes de um Buda para o caminho. Desse modo, criamos uma causa poderosa para alcançar nossa meta final de conduzir todos os seres-mães à felicidade última da iluminação.

Imaginamos que, da letra HUM no coração de nós mesmos gerados como Heruka, infinitos raios de luz-sabedoria emanam para todas as direções, purificando todos os mundos e os seres que habitam neles. Os mundos tornam-se a Terra Pura de Heruka, e todos os seres tornam-se Heróis e Heroínas. Tudo se torna imaculadamente puro, completamente preenchido com um vasto conjunto de oferendas, da natureza da excelsa sabedoria, e que concede êxtase incontaminado. Acreditamos firmemente que cumprimos as duas intenções da nossa bodhichitta e desenvolvemos um sentimento de alegria. Meditamos nesse sentimento por algum tempo. Essa meditação atua como uma causa poderosa para despertar nossa natureza búdica. Gradualmente, nossa natureza búdica irá se transformar na iluminação efetiva e seremos então, verdadeiramente, capazes de conduzir todos os seres vivos à felicidade da iluminação.

PURIFICAR NÃO VIRTUDES, QUEDAS MORAIS E OBSTÁCULOS

Este tópico tem duas partes:

1. Por que precisamos purificar ações não virtuosas e quedas morais;
2. A prática propriamente dita de purificação.

POR QUE PRECISAMOS PURIFICAR AÇÕES NÃO VIRTUOSAS E QUEDAS MORAIS

Nos *Sutras Vinaya*, Buda diz:

> Abandonar ações não virtuosas,
> Praticar ações virtuosas,
> E controlar a mente;
> Isto é o Budadharma.

Neste contexto, "Budadharma" refere-se ao refúgio efetivo que protege diretamente os seres vivos do sofrimento. Alcançamos essa proteção por meio de abandonar ações não virtuosas, praticar ações virtuosas e controlar nossa mente.

Primeiro, precisamos desenvolver as realizações interiores que nos protegem diretamente do renascimento inferior. Como mencionado anteriormente, sem essa proteção básica, somos como alguém se esforçando para escalar uma montanha traiçoeira sem equipamento de segurança. A causa principal de todo o sofrimento, incluindo o renascimento inferior, é a não virtude, ou ações negativas. Uma vez que entendamos isto, podemos gradualmente parar de criar as causas de sofrimento futuro.

No entanto, já acumulamos infinitas ações não virtuosas nesta vida e em nossas incontáveis vidas passadas e, se não purificarmos essas ações, elas irão, definitivamente, arremessar-nos em um reino inferior, onde será impossível continuarmos com nossa prática de Dharma. Mesmo agora, essas ações não virtuosas e quedas morais estão obstruindo seriamente a satisfação dos nossos desejos e o progresso na nossa prática de Dharma. É vital que as purifiquemos sem demora. Essa capacidade de purificar nossas ações não virtuosas é uma das vantagens principais de um renascimento humano. Os animais têm pouquíssima capacidade de se empenharem em ações virtuosas e executam naturalmente muitas ações negativas, tais como matar; mas os seres humanos têm a liberdade de não apenas se abster de não virtude, mas também de purificar as potencialidades de todo o seu carma negativo acumulado anteriormente.

A PRÁTICA PROPRIAMENTE DITA DE PURIFICAÇÃO

Este tópico tem quatro partes:

1. O poder do arrependimento;
2. O poder da confiança;
3. O poder da força oponente;
4. O poder da promessa.

Eles são conhecidos como "os quatro poderes oponentes" porque têm o poder de purificar completamente toda a não virtude que temos acumulado desde tempos sem início. Toda ação não virtuosa dá surgimento a quatro efeitos diferentes: o efeito amadurecido, o efeito que é uma experiência similar à causa, o efeito que é uma tendência similar à causa, e o efeito ambiental. A ação de matar, por exemplo, tem como seu efeito amadurecido renascer em um dos três reinos inferiores: o reino animal, o reino dos espíritos famintos ou o reino do inferno. A experiência que é semelhante à causa de matar é que, nos renascimentos subsequentes, sofreremos de dor física, saúde debilitada e uma vida curta. A tendência similar à causa de matar é que teremos, vida após vida, uma forte propensão a matar. Este é o pior efeito, porque ele nos aprisiona num círculo vicioso de matar. Por fim, o efeito ambiental de matar é que o lugar onde vivemos é impuro, tornando difícil encontrar alimentos, ar, água e assim por diante que não sejam contaminados, o que, por sua vez, faz com que soframos de problemas de saúde.

O poder do arrependimento purifica o potencial para o efeito que é uma experiência similar à causa; o poder da confiança purifica o potencial para o efeito ambiental; o poder da força oponente purifica o potencial para o efeito amadurecido; e o poder da promessa purifica o potencial para o efeito que é uma tendência similar à causa. Por nos empenharmos em purificação sincera utilizando os quatro poderes oponentes, podemos destruir as potencialidades para os quatro efeitos de todas as ações não virtuosas, alcançando assim liberdade permanente do sofrimento físico e mental e, especialmente, de renascer nos três reinos inferiores. Desse modo, podemos extrair a verdadeira essência da nossa preciosa vida humana. Que maravilhoso!

O PODER DO ARREPENDIMENTO

Se engolíssemos mesmo que uma minúscula gota de veneno, ficaríamos aterrorizados do seu efeito iminente, mas o nosso terror dos efeitos das nossas ações negativas passadas deveria ser muito maior. Veneno exterior pode fazer com que fiquemos doentes ou até mesmo causar a nossa morte, mas ele pode nos prejudicar apenas nesta vida. Por outro lado, o veneno interior do carma negativo passado prejudica-nos em todas as nossas vidas, causando dor física e mental sem-fim e impedindo-nos de alcançar um renascimento elevado e realizações espirituais. Visto que esse veneno já está em nosso *continuum* mental, precisamos desenvolver forte arrependimento e tomar a determinação de purificar os potenciais das nossas ações negativas o mais rapidamente possível. Tendo meditado nessa determinação, nós a colocamos então em prática.

O PODER DA CONFIANÇA

Através de confiar sinceramente nas Três Joias, podemos purificar completamente todas as nossas ações não virtuosas e realizar o refúgio último da Budeidade. Portanto, neste ponto, precisamos buscar refúgio por meio de confiar sinceramente em Buda, Dharma e Sangha. Este é o significado do poder da confiança.

Primeiramente, visualizamos os objetos de refúgio. Sobre um lótus e um assento de lua, acima da nossa coroa, senta-se Vajrasattva, que é inseparável de Guru Heruka. Ele tem um corpo branco, uma face e duas mãos, segura vajra e sino e está unido-em-abraço com sua consorte. Seu corpo é a síntese de todas as Joias Sangha, sua fala é a síntese de todas as Joias Dharma, e sua mente é a síntese de todas as Joias Buda. Acreditamos firmemente que o Buda vivo Heruka está realmente presente acima da nossa coroa no aspecto de Vajrasattva e, com forte fé nas Três Joias, contemplamos:

> *Por confiar em Buda, Dharma e Sangha, purificarei todas as minhas ações não virtuosas e realizarei a Joia Buda, para que eu possa beneficiar todos os seres vivos, sem exceção.*

Meditamos nessa intenção por alguns instantes.

O PODER DA FORÇA OPONENTE

Enquanto os outros três poderes oponentes são como membros que sustentam um corpo, o poder da força oponente é como o próprio corpo, pois ele é o oponente direto a todos os efeitos negativos das nossas ações não virtuosas.

Para praticar o poder da força oponente de acordo com a sadhana, visualizamos como segue. No centro de um assento de lua no coração de Vajrasattva, que está acima da nossa coroa, está uma letra HUM branca, que é da natureza da Deidade principal Heruka. Em posição vertical, formando um círculo no sentido anti-horário ao redor da letra HUM, está o mantra de cem letras, de cor branca, que é da natureza da centena de Deidades emanadas por Heruka para pacificar as não virtudes, quedas morais e obstáculos dos praticantes. Em nosso coração, visualizamos as potencialidades de todas as nossas ações negativas no aspecto de uma massa escura e, com uma mente de forte arrependimento, pedimos a Vajrasattva:

> **Ó Guru Vajrasattva, por favor, ouve-me.**
> **Há grande perigo de que eu possa morrer antes de purificar minhas negatividades.**
> **Por isso, com a água da tua compaixão,**
> **Por favor, purifica todas as minhas não virtudes e quedas morais.**

Enquanto nos concentramos no significado desse pedido, recitamos o mantra de cem letras de Heruka Vajrasattva tantas vezes quanto possível. Pensamos:

> *Como resultado de fazer esses pedidos, luzes-sabedoria e néctares fluem do* HUM *e do rosário de mantra no coração de Vajrasattva. Eles entram em meu corpo através da minha coroa, alcançam o meu coração e destroem completamente a massa de escuridão – os potenciais de todo o meu carma negativo – assim como a luz do sol destrói a escuridão da noite.*

Repetimos essa recitação e visualização muitas vezes em cada sessão.

O PODER DA PROMESSA

A definição de ação não virtuosa é qualquer ação de corpo, fala e mente que seja a causa principal de sofrimento. Visto que desejamos evitar sofrimento, precisamos parar de criar suas causas. Com esse pensamento, primeiro desenvolvemos e mantemos a intenção de nos abster de todas as ações não virtuosas de corpo, fala e mente até estarmos, por fim, prontos para fazer a promessa de nos abstermos delas completamente.

O poder da promessa depende da força da nossa determinação de nos abstermos de ações negativas. Se nossa determinação for forte e inabalável, estaremos prontos para fazer essa promessa, mas, se for fraca, ainda não podemos fazê-la. Portanto, primeiro praticamos o poder da promessa por meio de desenvolver a intenção de não mais cometer nenhuma ação não virtuosa. Depois, precisamos treinar nessa intenção até que ela se torne estável; nesse ponto, teremos então alcançado o efetivo poder da promessa.

Para gerar o poder da promessa, contemplamos como toda ação não virtuosa dá origem aos quatro tipos de efeito. Desse modo, desenvolveremos profundo arrependimento por todas as ações negativas que cometemos no passado, e uma forte determinação de nos abster de cometê-las no futuro surgirá naturalmente. Se, com essa determinação virtuosa, nos abstivermos então de nos envolver em ações não virtuosas, isso é a prática de disciplina moral, que nos protege diretamente de sofrimento futuro. Sem fazer e manter a promessa de nos abstermos de ações negativas futuras, é impossível purificar completamente as ações negativas que cometemos no passado.

Em resumo, para purificar nossas ações não virtuosas, primeiro desenvolvemos forte arrependimento por as termos criado, lembrando que elas são a causa principal de todos os nossos sofrimentos presentes e futuros, problemas e desejos não satisfeitos. Então, pensamos:

> *Visto que somente Buda, Dharma e Sangha têm o poder para proteger os seres vivos do sofrimento e de suas causas, preciso confiar neles do fundo do meu coração e, por meio de receber suas bênçãos, purificar completamente todas as minhas não virtudes.*

Tendo gerado essa motivação, praticamos o poder da força oponente e, ao final de cada sessão, desenvolvemos a forte determinação ou, pelo menos, a intenção de nos abstermos de todas as ações não virtuosas de corpo, fala e mente no futuro.

O Ioga do Guru

A **PRÁTICA DO** Guru-Ioga é apresentada a partir de dois tópicos principais:

1. Uma explicação geral;
2. A prática propriamente dita do Guru-Ioga.

UMA EXPLICAÇÃO GERAL

Guru-Ioga é uma maneira especial de confiar em nosso Guia Espiritual. "Guru" refere-se a qualquer Guia Espiritual que nos dá instruções inequívocas sobre como iniciar, fazer progressos e completar o caminho espiritual e que nos mostra um bom exemplo para seguirmos. Neste contexto, o termo "ioga" revela uma maneira especial de confiar em nosso Guia Espiritual, a qual é um método poderoso para acumular mérito e receber as bênçãos de todos os Budas.

No momento presente, porque nossa mente é impura – obstruída pela ignorância e carma negativo – não podemos perceber diretamente seres puros, tais como os Budas. Vemos apenas seres impuros que, como nós mesmos, experienciam problemas, tais como doenças, envelhecimento e morte. No entanto, por praticar Guru-Ioga, podemos nos comunicar com todos os seres iluminados através do nosso Guia Espiritual; através dele (ou dela), os seres iluminados aceitam nossas oferendas, respeito e devoção e nos concedem suas poderosas bênçãos, proteção e cuidados. Nos ensinamentos de Lamrim, está dito:

Sempre que um discípulo confia em seu Guia Espiritual,
Todos os seres iluminados, sem que precisem ser convidados,

Saraha

Ingressam e permanecem no corpo do Guia Espiritual,
Aceitando oferendas e concedendo bênçãos.

Mahasiddha Ghantapa, por exemplo, alcançou o estado da União de Buda Heruka por meio de receber as bênçãos de todos os Budas através do seu Guia Espiritual, uma mulher que era uma emanação de Vajrayogini. Todos os Gurus-linhagem das instruções do mandala de corpo de Heruka, desde Ghantapa até Vajradhara Trijang Losang Yeshe Rinpoche, alcançaram a iluminação por meio de receber as bênçãos de todos os Budas através dos seus Guias Espirituais.

Nestes tempos impuros, é somente através de receber as bênçãos dos seres iluminados que podemos manter a paz mental que é a raiz da nossa felicidade diária. Podemos ver claramente, apenas por esta razão, que a prática de confiar no Guia Espiritual é supremamente importante.

Durante a sessão de meditação, os praticantes do mandala de corpo de Heruka visualizam seu Guru-raiz no aspecto de Heruka e convidam todos os Budas, no aspecto de Heruka, a se dissolverem no corpo dele. Com o forte reconhecimento de que seu Guru é a síntese de todos os Budas, eles fazem prostrações, oferendas e pedidos, e recebem suas bênçãos. Esses praticantes, então, integram essa maneira especial de confiar no Guia Espiritual na sua vida diária por meio de recordar que ele é uma manifestação de Buda Heruka e se empenham em ações para deleitá-lo, tais como prostrações, oferendas, pedidos de bênçãos e, em particular, praticando sinceramente seus ensinamentos de Lamrim e de Tantra Ioga Supremo.

Para tais praticantes, o Guru-Ioga é o caminho rápido efetivo à iluminação porque, sempre que eles se empenham em qualquer ação para deleitar seu Guia Espiritual, o mérito que criam é multiplicado pelo número de seres iluminados. Visto que existem infinitos seres iluminados, a virtude de qualquer ação feita para agradar seu Guia Espiritual é, também, infinita. Por essa razão, um momento de Guru-Ioga pode acumular tanto mérito quanto é acumulado em muitos éons através de outras práticas. Além disso, a aquisição da Budeidade, que leva éons para ser alcançada através de outras práticas, pode ser obtida em uma vida através da prática de Guru-Ioga. Isso foi demonstrado por Dromtonpa, o discípulo-coração de Atisha, e por Khedrubje, o discípulo-coração de Je Tsongkhapa.

Geshe Potowa diz:

Se o nosso Guia Espiritual é precioso ou não
Depende de nós, e não do nosso Guia Espiritual.

Se virmos nosso Guia Espiritual como um Buda, receberemos as bênçãos de um Buda; se virmos nosso Guia Espiritual como um Bodhisattva, receberemos as bênçãos de um Bodhisattva; e se virmos nosso Guia Espiritual como um ser comum, não receberemos nada. Saber isto é muito útil porque, enquanto nossa mente permanecer impura, será impossível perceber diretamente quem quer que seja, incluindo nosso Guia Espiritual, como um Buda real. Portanto, nossa tarefa no momento presente é usar nossa imaginação e os muitos raciocínios válidos explicados no livro *Caminho Alegre da Boa Fortuna* para treinar o reconhecimento de que nosso Guia Espiritual é um Buda vivo. Por treinarmos continuamente este reconhecimento, nossa fé aumentará e nossa mente irá se tornar cada vez mais pura até, por fim, percebermos diretamente nosso Guia Espiritual como um Buda real. Ghantapa viu seu Guia Espiritual como Buda Vajrayogini; Dromtonpa viu seu Guia Espiritual, Atisha, como Buda Amitabha; e Khedrubje viu seu Guia Espiritual, Je Tsongkhapa, como o Buda da Sabedoria Manjushri.

A PRÁTICA PROPRIAMENTE DITA DO GURU-IOGA

Este tópico tem seis partes:

1. Visualizar os seres-de-compromisso do Campo de Mérito e convidar e absorver os seres-de-sabedoria;
2. Oferecer a prática dos sete membros;
3. Oferecer o mandala;
4. Receber as bênçãos das quatro iniciações;
5. Fazer pedidos aos Gurus-linhagem;
6. Realizar grande êxtase espontâneo por meio de dissolver o Guru em nós.

VISUALIZAR OS SERES-DE-COMPROMISSO DO CAMPO DE MÉRITO E CONVIDAR E ABSORVER OS SERES-DE-SABEDORIA

Este tópico tem duas partes:

1. Visualizar os seres-de-compromisso do Campo de Mérito;
2. Convidar e absorver os seres-de-sabedoria.

VISUALIZAR OS SERES-DE-COMPROMISSO DO CAMPO DE MÉRITO

Este tópico tem três partes:

1. Visualizar Guru Heruka-base;
2. Visualizar Guru Heruka do mandala de corpo;
3. Visualizar os demais seres sagrados.

VISUALIZAR GURU HERUKA-BASE

No espaço à nossa frente, na altura das nossas sobrancelhas e à distância de aproximadamente o comprimento de um braço, está um alto, vasto e precioso trono. Seu formato é quadrado e está adornado com joias tais como diamantes, esmeraldas e lápis-lazúli. Sobre ele, estão cinco tronos menores – um deles, no centro, encontra-se mais elevado que os demais, e os outros quatro tronos estão, cada um, nas quatro direções cardeais. Os tronos são sustentados por dois leões-das-neves em cada canto.

Sobre um lótus e sol, no trono central, pisando em Bhairawa e Kalarati, está nosso Guru-raiz, Heruka. Ele tem um corpo azul-escuro semelhante a uma montanha de lápis-lazúli. Ele tem quatro faces que, em sentido anti-horário, são azul-escura, verde, vermelha e amarela. Ele tem doze braços. Suas duas mãos principais abraçam Vajravarahi e seguram um vajra e um sino. Ele tem duas mãos segurando uma pele de elefante, duas mãos segurando um damaru e um khatanga, duas mãos segurando um machado e uma cuia de crânio com sangue, duas mãos segurando uma faca curva e um laço-vajra, e duas mãos segurando um tridente e uma cabeça de Brahma com quatro faces.

Ele exibe os nove estados de ânimo de um Herói e usa seis ornamentos-mudra de osso. Sua coroa está adornada com uma meia-lua e um vajra cruzado. Ele usa um colar longo de cinquenta cabeças humanas, da natureza de sabedoria, e, na parte inferior do seu corpo, veste uma pele de tigre. Ele está em pé, com sua perna direita estendida, no centro de uma massa de fogo ardente. Vajravarahi é vermelha e está adornada com cinco ornamentos-mudra. Ela segura uma faca curva e uma cuia de crânio, e está entrelaçada em união com Heruka. Essa visualização de Guru Heruka é denominada "Guru Heruka-base" porque as partes densas e sutis do seu corpo são a base para realizar o mandala de corpo sustentador e sustentado de Guru Heruka.

VISUALIZAR GURU HERUKA DO MANDALA DE CORPO

Este tópico tem duas partes:

1. Visualizar o Principal;
2. Visualizar os séquitos.

VISUALIZAR O PRINCIPAL

As partes densas do corpo de Guru Heruka-base simbolizam as várias partes do mandala de Heruka. Suas duas pernas descrevendo o formato de um arco simbolizam o mandala de vento; o triângulo no seu lugar secreto simboliza o mandala de fogo; seu abdômen redondo simboliza o mandala de água; seu peito quadrado simboliza o mandala de terra; sua coluna simboliza o Monte Meru; os 32 canais na sua coroa simbolizam o lótus; e o tronco do seu corpo (cujas partes superior e inferior são iguais em tamanho) simboliza a mansão celestial.

Dentro do seu chakra do coração, no centro do corpo de Guru Heruka-base, sua efetiva gota indestrutível branca e vermelha aparece como Heruka e Vajravarahi. Ambos, Pai Heruka e Mãe Vajrayogini, têm o mesmo aspecto de Guru Heruka-base Pai e Mãe.

VISUALIZAR OS SÉQUITOS

Este tópico tem três partes:

1. Visualizar as Quatro Ioguines da essência;
2. Visualizar os Heróis e Heroínas dos 24 lugares;
3. Visualizar as Oito Heroínas dos portais.

VISUALIZAR AS QUATRO IOGUINES DA ESSÊNCIA

Visualizamos como segue. As quatro pétalas-canais no coração de Guru Heruka-base, que são os caminhos para os ventos dos quatro elementos, aparecem como as Quatro Ioguines. No leste, está Vajradakini, que é uma manifestação de Lochana, a consorte de Buda Vairochana; no norte, está Vajralama, que é uma manifestação de Tara, a consorte de Buda Amoghasiddhi; no oeste, está Khandarohi, que é uma manifestação de Benzarahi, a consorte de Buda Amitabha; e no sul, está Vajrarupini, que é uma manifestação de Mamaki, a consorte de Buda Ratnasambhava.

VISUALIZAR OS HERÓIS E HEROÍNAS DOS 24 LUGARES

Os 24 lugares do corpo de Guru Heruka-base são: (1) o contorno do couro cabeludo; (2) a coroa; (3) a orelha direita; (4) a nuca; (5) a orelha esquerda; (6) o ponto entre as sobrancelhas; (7) os dois olhos; (8) os dois ombros; (9) as duas axilas; (10) os dois mamilos; (11) o umbigo; (12) a ponta do nariz; (13) a boca; (14) a garganta; (15) o coração (o ponto bem no meio entre os dois mamilos); (16) os dois testículos; (17) a ponta do órgão sexual; (18) o ânus; (19) as duas coxas; (20) as duas panturrilhas; (21) os oito dedos das mãos, exceto os polegares, e os oito dedos dos pés, exceto os dedões; (22) o dorso dos pés; (23) os dois polegares e os dois dedões dos pés; e (24) os dois joelhos. Eles são da natureza dos 24 lugares de Heruka.

Os canais dos 24 lugares aparecem como as 24 Heroínas, e as gotas dentro desses canais aparecem como os 24 Heróis. Assim, no lugar do contorno do seu couro cabeludo, Puliramalaya, estão Herói Khandakapala, que é a mesma pessoa que Bodhisattva Samantabhadra, com a

Nagarjuna

Heroína Partzandi como sua consorte. No lugar da sua coroa, Dzalandhara, estão Herói Mahakankala, que é a mesma pessoa que Bodhisattva Manjushri, e sua consorte, Heroína Tzändriakiya. No lugar da sua orelha direita, Odiyana, estão Herói Kankala, que é a mesma pessoa que Bodhisattva Avalokiteshvara, e sua consorte, Heroína Parbhawatiya. No lugar de sua nuca, Arbuta, estão Herói Vikatadamshtri, que é a mesma pessoa que Bodhisattva Ksitigarbha, e sua consorte, Heroína Mahanasa. No lugar da sua orelha esquerda, Godawari, estão Herói Suraberi, que é a mesma pessoa que Bodhisattva Vajrapani, e sua consorte, Heroína Biramatiya. No lugar do ponto entre suas sobrancelhas, Rameshöri, estão Herói Amitabha, que é a mesma pessoa que Bodhisattva Maitreya, e sua consorte, Heroína Karwariya. No lugar dos seus dois olhos, Dewikoti, estão Herói Vajraprabha, que é a mesma pessoa que Bodhisattva Akashagarbha, e sua consorte, Heroína Lamkeshöriya. No lugar dos seus dois ombros, Malawa, estão Herói Vajradeha, que é a mesma pessoa que Bodhisattva Akashakosha (Tesouro do Espaço), e sua consorte, Heroína Drumatzaya. Estas dezesseis Deidades da roda-coração são chamadas "os Heróis e Heroínas da Família da Mente-Vajra", porque são uma manifestação da mente de todos os Budas.

No lugar das suas axilas, Kamarupa, estão Herói Ankuraka, que é a mesma pessoa que Bodhisattva Sarvanivaranaviskambini, e sua consorte, Heroína Airawatiya. No lugar dos seus dois mamilos, Ote, estão Herói Vajrajatila, que é a mesma pessoa que Bodhisattva Gadze Dhupe (Incenso de Elefante), e sua consorte, Heroína Mahabhairawi. No lugar do seu umbigo, Trishakune, estão Herói Mahavira, que é a mesma pessoa que Bodhisattva Lodro Mitsepa (Sabedoria Inesgotável), e sua consorte, Heroína Bayubega. No lugar da ponta do seu nariz, Kosala, estão Herói Vajrahumkara, que é a mesma pessoa que Bodhisattva Yeshe Tog (Excelsa Sabedoria Suprema), e sua consorte, Heroína Surabhakiya. No lugar da sua boca, Kalinga, estão Herói Subhadra, que é a mesma pessoa que Bodhisattva Monpa Kunjom (Dissipador de Toda Escuridão), e sua consorte, Heroína Shamadewi. No lugar da sua garganta, Lampaka, estão Herói Vajrabhadra, que é a mesma pessoa que Bodhisattva Powa Tseg (Confiança Que Realiza), e sua consorte, Heroína Suwatre. No lugar do seu coração, Kancha, estão Herói Mahabhairawa, que é a mesma pessoa que Bodhisattva Ngensong Kunden (Libertando Todos os Reinos

Inferiores), e sua consorte, Heroína Hayakarna. No lugar dos seus dois testículos, Himalaya, estão Herói Virupaksha, que é a mesma pessoa que Bodhisattva Drawa Chenkyiö (Rede de Luz), e sua consorte, Heroína Khaganana. Estas dezesseis Deidades da roda-fala são chamadas "os Heróis e Heroínas da Família da Fala-Vajra", porque são uma manifestação da fala de todos os Budas.

No lugar da ponta do seu órgão sexual, Pretapuri, estão Herói Mahabala, que é a mesma pessoa que Bodhisattva Daö Shönnu (Luar Juvenil), e sua consorte, Heroína Tzatrabega, que é uma manifestação da Bodhisattva Gyenpung (Ornamento do Ombro). No lugar do seu ânus, Grihadewata, estão Herói Ratnavajra, que é a mesma pessoa que Bodhisattva Dorje Ö (Luz Vajra), e sua consorte, Heroína Khandarohi, que é uma manifestação da Bodhisattva Sordang (Libertadora Individual). No lugar das suas duas coxas, Shauraktra, estão Herói Hayagriva, que é a mesma pessoa que Bodhisattva Nyimi Ökyi Nyingpo (Essência da Luz do Sol), e sua consorte, Heroína Shaundini, que é uma manifestação da Bodhisattva Macha Chenmo (A Grande Poderosa). No lugar das suas duas panturrilhas, Suwanadvipa, estão Herói Akashagarbha, que é a mesma pessoa que Bodhisattva Dorje Öser (Raios de Luz Vajra), e sua consorte, Heroína Tzatrawarmini, que é uma manifestação da Bodhisattva Logyonma (A Que se Veste com Folhas). No lugar dos seus oito dedos das mãos, exceto os polegares, e dos oito dedos dos pés, exceto os dedões, Nagara, estão Herói Shri Heruka, que é a mesma pessoa que Bodhisattva Tuchen Tog (Aquisição Poderosa), e sua consorte, Heroína Subira, que é uma manifestação da Bodhisattva Dorje Lukugyü (Círculo Contínuo de Vajras). No lugar do dorso dos seus pés, Sindhura, estão Herói Pemanarteshvara, que é a mesma pessoa que Bodhisattva Norsang (Riqueza Excelente), e sua consorte, Heroína Mahabala, que é uma manifestação da Bodhisattva Chirdog Chenmo (Grande Pacificadora). No lugar dos seus dois polegares e dos dois dedões dos pés, Maru, estão Herói Vairochana, que é a mesma pessoa que Bodhisattva Sangden (Cuidador Excelente), e sua consorte, Heroína Tzatrawartini, que é uma manifestação da Bodhisattva Tsugtor Kharmo (Ushnisha Branca). No lugar dos seus dois joelhos, Kuluta, estão Herói Vajrasattva, que é a mesma pessoa que Bodhisattva Lodro Gyatso (Oceano de Sabedoria), e sua consorte, Heroína Mahabire, que é uma manifestação da Bodhisattva Dorje Jigma (Vajra Irado). Estas dezesseis Deidades da roda-corpo são chamadas "os Heróis e Heroínas da Família do Corpo-Vajra", porque são uma manifestação do corpo de todos os Budas.

Os 24 Heróis e as 24 Heroínas listados acima diferem apenas por seu aspecto e função. Em essência, todas essas Deidades são uma manifestação de Heruka definitivo e não são diferentes do próprio Heruka.

VISUALIZAR AS OITO HEROÍNAS DOS PORTAIS

As oito portas dos sentidos são: (1) a raiz da língua; (2) o umbigo; (3) o órgão sexual; (4) o ânus; (5) o ponto entre as sobrancelhas; (6) as duas orelhas; (7) os dois olhos; e (8) as duas narinas. O canal da raiz da sua língua aparece como Kakase, a manifestação da Bodhisattva Kaouri, que é a consorte de Aparajita, uma das dez Deidades iradas. O canal do seu umbigo aparece como Ulukase, a manifestação da Bodhisattva Tzowri, que é a consorte da Deidade irada Amritakundalini. O canal na porta do seu órgão sexual aparece como Shönase, a manifestação da Bodhisattva Bukase, que é a consorte da Deidade irada Hayagriva. O canal na porta do seu ânus aparece como Shukarase, a manifestação da Bodhisattva Petali, que é a consorte da Deidade irada Yamantaka. O canal no ponto entre suas sobrancelhas aparece como Yamadhati, a manifestação da Bodhisattva Kamari, que é a consorte da Deidade irada Niladanda. Os canais nas suas duas orelhas aparecem como Yamaduti, a manifestação da Bodhisattva Shawati, que é a consorte da Deidade irada Takkiraja. Os canais nos seus dois olhos aparecem como Yamadangtrini, a manifestação da Bodhisattva Dzandali, que é a consorte da Deidade irada Achala. Os canais nas suas duas narinas aparecem como Yamamatani, a manifestação da Bodhisattva Tombini, que é a consorte da Deidade irada Mahabala. Estas Heroínas diferem apenas no seu aspecto e função; em essência, elas não são diferentes do próprio Heruka.

As Quatro Ioguines da essência e a Deidade central Heruka Pai e Mãe são as Deidades da roda do grande êxtase. Estas, juntamente com as dezesseis Deidades da roda-coração, as dezesseis Deidades da roda-fala, as dezesseis Deidades da roda-corpo e as oito Deidades da roda-compromisso (as Oito Heroínas dos portais) são as 62 Deidades do mandala de corpo. Todas elas aparecem dentro do corpo de Guru Heruka-base, o que indica que Guru Heruka é a síntese de todos os Budas.

VISUALIZAR OS DEMAIS SERES SAGRADOS

Do coração de Guru Heruka, luz irradia-se à sua direita, onde ele se emana como Maitreya sentado em um trono, lótus e disco de lua. Maitreya está no aspecto do Corpo-de-Deleite, adornado com ornamentos e vestes de seda, e senta-se em meia-postura vajra. Seu corpo é laranja, com uma face e duas mãos, mantidas na altura do seu coração no gesto de girar a Roda do Dharma. Entre o polegar e o dedo indicador de cada mão, ele segura o caule de uma árvore naga. Ao lado de sua orelha direita, a flor de um dos caules desabrocha e sustenta uma roda dourada. Ao lado de sua orelha esquerda, a flor do outro caule desabrocha e sustenta um vaso de gargalo longo.

Sobre um lótus e disco de lua, diante de Maitreya, senta-se Arya Asanga. Suas pernas estão cruzadas de tal maneira que sua perna esquerda se estende por debaixo de sua coxa direita, com a sola do seu pé voltada para fora, e sua perna direita, cruzada sobre a esquerda, estende-se vários centímetros para além do seu joelho esquerdo. Sua mão direita está no gesto de expor o Dharma, e sua mão esquerda, no gesto do equilíbrio meditativo. Ele usa as três vestes de uma pessoa ordenada e um chapéu de Pândita. À sua esquerda, encontra-se um vaso esférico. Todos os Gurus-linhagem do caminho vasto formam um círculo, que começa com Asanga e continua no sentido horário ao redor da figura central de Maitreya.

Do coração de Guru Heruka, luz irradia-se à sua esquerda, onde ele se emana como Manjushri sentado em um trono, lótus e disco de lua. Seu corpo é da mesma cor que o de Maitreya, e ele está na mesma postura, exceto que, em vez de segurar caules de árvores naga, ele segura os caules de flores upali. A flor que desabrocha ao lado de sua orelha direita sustenta uma espada-sabedoria, e a flor que desabrocha ao lado de sua orelha esquerda sustenta um texto do *Sutra Perfeição de Sabedoria em Oito Mil Versos*. Essa postura é conhecida como "Manjushri Girando a Roda do Dharma".

Diante de Manjushri, senta-se Nagarjuna, em meia-postura vajra, usando as vestes de uma pessoa ordenada. Suas mãos estão no gesto de expor o Dharma. Ele tem uma pequena protuberância na coroa e, arqueado sobre sua cabeça e sem tocá-la, está um dossel de sete serpentes. Todos os Gurus-linhagem do caminho profundo formam um círculo, que começa com Nagarjuna e continua no sentido anti-horário ao redor da figura central de Manjushri.

À direita dos Gurus-linhagem do caminho vasto, sentam-se os Gurus-linhagem do Lamrimpa Kadam, e, à esquerda dos Gurus-linhagem do caminho profundo, sentam-se os Gurus-linhagem do Shungpawa Kadam. Atrás dos Gurus-linhagem do caminho vasto, sentam-se os Gurus-linhagem do Menngagpa Kadam. Cada um desses Gurus Kadampa senta-se sobre um lótus e disco de lua.

Do coração de Guru Heruka, luz irradia-se para trás dele, onde ele se emana como Buda Vajradhara, que, em essência, é nosso Guru-raiz, sentado em um trono, lótus e disco de lua e sol. Ao redor dele, estão todos os Gurus-linhagem do mandala de corpo de Heruka, desde Ghantapa até Vajradhara Trijang Losang Yeshe Rinpoche.

Do coração de Guru Heruka, luz irradia-se diante dele, onde ele se emana como nosso Guia Espiritual principal, sentado em um trono. Nós o visualizamos (ou a ela) como sendo radiante e juvenil, sem nenhuma imperfeição física. Sua mão direita está no gesto de expor o Dharma, indicando que ele dissipa a ignorância dos seus discípulos. Sua mão esquerda está no gesto do equilíbrio meditativo segurando um vaso-vida, indicando que ele destrói o poder que a morte tem sobre seus discípulos. Estas duas, ignorância e morte, são os maiores obstáculos ao nosso desenvolvimento espiritual. A ignorância impede-nos de compreender o Dharma, especialmente as instruções sobre a visão superior, que é o antídoto à ignorância; e a morte destrói nossa própria vida, que é a base para praticar o Dharma. Ao redor do nosso Guia Espiritual principal, visualizamos todos os demais Guias Espirituais que nos ensinaram diretamente o puro Dharma nesta vida.

Diante desses grupos de Gurus, visualizamos as Deidades do Tantra Ioga Supremo. À direita, está a assembleia de Vajrabhairava; à esquerda, a assembleia de Guhyasamaja; e, no centro, a assembleia de Heruka. Diante delas, em fileiras sucessivas, estão: as Deidades do Tantra Ioga (tais como a assembleia de Sarvavid, a Deidade principal do Tantra Ioga); as Deidades do Tantra Performance (tais como a assembleia das Deidades Vairochana);

as Deidades do Tantra Ação (tais como Amitayus, Tara Verde e Tara Branca); os Budas do Sutra (tais como os Mil Budas deste Éon Afortunado), os Trinta e Cinco Budas Confessionais e os sete Budas da Medicina; as Sanghas do Sutra (incluindo Bodhisattvas, tais como os Oito Grandes Filhos; Realizadores Solitários Emanação, tais como os Doze Realizadores Solitários; e Ouvintes Emanação, tais como os Dezesseis Destruidores de Inimigos); as Sanghas do Tantra (tais como os Heróis e Heroínas dos 24 lugares auspiciosos), e Protetores do Dharma supramundanos (tais como Mahakala, Dharmaraja, Dorje Shugden, Vaishravana e Kalindewi).

Devemos acreditar que todos esses seres sagrados estão realmente presentes diante de nós e que eles são a manifestação de Heruka definitivo. Eles são chamados "o Campo de Mérito" porque são como um campo do qual podemos colher as safras interiores de mérito e realizações.

No início, não devemos ter expectativa de perceber o Campo de Mérito claramente ou em detalhe. Devemos ficar satisfeitos com perceber simplesmente uma imagem geral de toda a assembleia de seres sagrados. Por meditar no Campo de Mérito com forte fé, muitas e muitas vezes, nossa fé e mérito irão crescer e receberemos as bênçãos dos seres sagrados. Como resultado, nossa mente irá se tornar pura e, quando a nossa mente for muito pura, poderemos receber uma visão direta desses seres iluminados. Não teremos, então, nenhuma dúvida de que também poderemos nos tornar um ser puro.

Neste ponto, podemos praticar três meditações especiais: (1) meditação na assembleia das Oito Heroínas dos portais nos lugares das oito portas sensoriais de Guru Heruka; (2) meditação na assembleia dos 24 Heróis e Heroínas dos 24 lugares do corpo de Heruka; (3) meditação na assembleia das Deidades da roda do grande êxtase. Para fazer essas meditações, simplesmente concentramo-nos nas assembleias de Deidades enquanto relembramos seu significado. A primeira meditação é especialmente auspiciosa para reunir interiormente os ventos que fluem pelos canais das oito portas sensoriais. A segunda meditação é especialmente auspiciosa para reunir interiormente os ventos que fluem pelos canais dos 24 lugares. A terceira meditação é especialmente auspiciosa para todos os ventos interiores reunirem-se no coração e dissolverem-se em nossa gota indestrutível. Quando isso acontece, experienciamos a clara-luz de êxtase. Na prece dedicatória extensa que está na sadhana, está dito:

Por meditar nas Deusas dos portais nas portas dos sentidos,
Que eu reverta os ventos através das portas dos sentidos;
Por meditar nos Heróis e Heroínas nos vinte e quatro lugares,
Que eu reúna os ventos nos vinte e quatro canais;

Por meditar nas Deidades da roda do grande êxtase nas pétalas da Roda do Dharma,
Que eu reúna os ventos nos oitos canais
Das direções cardeais e intermediárias no meu coração
E, então, que eu os reúna no meu canal central no coração.

CONVIDAR E ABSORVER OS SERES-DE-SABEDORIA

Os três lugares dos seres sagrados estão marcados como segue. A coroa (o lugar do corpo) está marcada por uma letra OM branca, a semente do corpo de todos os Budas; a garganta (o lugar da fala) está marcada por uma letra AH vermelha, a semente da fala de todos os Budas; e o coração (o lugar da mente) está marcado por uma letra HUM azul, a semente da mente de todos os Budas. Isso indica que cada ser no Campo de Mérito é a síntese de todos os Budas.

Da letra HUM no coração de Guru Heruka, infinitos raios de luz irradiam-se e convidam todos os Budas para virem de suas moradas naturais, o Dharmakaya, cada um no aspecto da assembleia do Campo de Mérito inteiro. Quando recitamos "DZA", uma assembleia inteira de seres-de-sabedoria vem acima da coroa de cada ser-de-compromisso; quando recitamos "HUM", elas se dissolvem nos seres-de-compromisso; quando recitamos "BAM", elas se fundem com os seres-de-compromisso; e quando recitamos "HO", os seres-de-sabedoria ficam deleitados em permanecer com os seres-de-compromisso.

Os praticantes tântricos têm um compromisso de visualizar o Campo de Mérito e, por essa razão, o Campo de Mérito visualizado é chamado "o ser-de-compromisso". O Campo de Mérito que convidamos para vir das Terras Puras é chamado "o ser-de-sabedoria". O primeiro é um Campo de Mérito imaginado, e o segundo, um Campo de Mérito naturalmente permanente.

Shawari

OFERECER A PRÁTICA DOS SETE MEMBROS

Um dos principais propósitos de visualizar o Campo de Mérito é acumular mérito, purificar negatividades e receber bênçãos. Fazemos isso através de praticar os sete membros. Os sete membros são: (1) prostração; (2) oferenda; (3) confissão; (4) regozijo; (5) rogar ao Guia Espiritual que não morra; (6) pedir que a Roda do Dharma seja girada; e (7) dedicatória. Eles são denominados "membros" porque eles dão suporte à meditação, o corpo principal da nossa prática. Assim como nosso corpo é impotente se não for sustentado pelos braços e pernas, nossa meditação não tem poder para produzir realizações de Dharma autênticas a menos que seja sustentada pela acumulação de mérito, purificação de negatividades e bênçãos.

PROSTRAÇÃO

A prática de prostração é um método poderoso para purificar carma negativo, doenças e obstáculos, e para aumentar nosso mérito, nossa felicidade e nossas realizações de Dharma. Temporariamente, as prostrações melhoram nossa saúde física e, em última instância, fazem com que alcancemos o Corpo-Forma de um Buda. Gerar fé nos seres sagrados é uma prostração mental, recitar preces a eles é uma prostração verbal, e mostrar-lhes respeito com o nosso corpo é uma prostração física. Podemos fazer prostrações físicas prostrando respeitosamente todo o nosso corpo no chão; ou tocando respeitosamente nossas palmas, joelhos e testa no chão; ou juntando respeitosamente as palmas das nossas mãos na altura do coração, com as pontas dos dedos tocando-se e os polegares dobrados para dentro, de modo que nossas mãos tenham o formato de uma joia.

Para fazer prostrações ao nosso Guru-raiz, começamos por contemplar suas preeminentes qualidades e bondade e, com uma mente de fé de almejar, recitamos a seguinte prece:

> **Detentor do Vajra, meu Guru, que és como uma joia,**
> **Por cuja bondade posso realizar**
> **O estado de grande êxtase num instante,**
> **A teus pés de lótus, humildemente me prostro.**

Embora nosso Guia Espiritual seja comparado a uma joia, não importa quão preciosas as joias externas possam ser, elas não têm nenhum poder para nos dar felicidade verdadeira ou nos proteger do sofrimento. Não há nada no mundo exterior que possa ser comparado com o nosso Guia Espiritual. Na sadhana, as palavras "Guru, que és como uma joia" simplesmente revelam que nosso Guia Espiritual é muito precioso. "Detentor do Vajra" significa que ele (ou ela) é uma manifestação de Buda Vajradhara.

Comparada com a vida dos seres nos reinos dos deuses, uma vida humana é muito breve, como um instante. No entanto, se confiarmos sinceramente em nosso Guia Espiritual, podemos, através da sua bondade, realizar o grande êxtase de Buda Heruka e nos tornarmos um ser iluminado nesta breve vida humana.

De acordo com o Tantra Ioga Supremo, colocar as palmas das nossas mãos juntas, na altura do coração, quando nos prostramos, mostra que queremos experienciar grande êxtase por meio de dissolver os dez ventos interiores no canal central no nosso coração. Neste contexto, nossos dez dedos simbolizam nossos dez ventos interiores, ao passo que colocar os dedos juntos e dobrar os polegares para dentro simboliza a reunião interior dos dez ventos interiores. Tocar o ponto ao nível do coração simboliza a dissolução dos dez ventos interiores no canal central no nosso coração, e o formato semelhante a uma joia simboliza o grande êxtase da Budeidade. É com o propósito de receber essas aquisições que nos prostramos ao nosso Guru-raiz.

Para fazer uma prostração especial a Guru Heruka Pai e Mãe, começamos contemplando suas preeminentes qualidades por meio de nos concentrarmos no significado da seguinte prece:

À medida que os tempos tornam-se cada vez mais impuros,
Teu poder e bênçãos crescem continuamente,
E cuidas de nós rapidamente, tão veloz quanto o pensamento;
Ó Chakrasambara Pai e Mãe, a ti eu me prostro.

Agora, fazemos prostrações a toda a assembleia do Campo de Mérito, concentrando-nos no significado da seguinte prece:

Aos Gurus que residem nos três tempos e nas dez direções,
Às Três Joias Supremas e a todos os demais objetos de prostração,

> Eu me prostro com fé e respeito, um coro melodioso de louvor
> E corpos emanados, tão numerosos quanto os átomos existentes
> no mundo.

Geramos profunda fé que deseja sinceramente alcançar o grande êxtase experienciado por todos os seres sagrados, que surge através da dissolução dos ventos interiores no canal central no coração. Imaginamos então que, de cada poro do nosso corpo, emanamos outro corpo, e que, de cada poro desses corpos, emanamos ainda mais corpos, até que nossos corpos emanados preencham o mundo inteiro. Enquanto recitamos a prece que está na sadhana, acreditamos fortemente que todos esses incontáveis corpos fazem prostrações ao nosso Guru-raiz, que é inseparável da assembleia de Guru Heruka e de todos os Gurus-linhagem, Yidams, Budas, Bodhisattvas, Dakas, Dakinis e Protetores do Dharma.

OFERENDA

Este tópico tem cinco partes:

1. Oferendas exteriores;
2. Oferenda interior;
3. Oferenda secreta;
4. Oferenda da talidade;
5. Oferecer nossa prática espiritual.

OFERENDAS EXTERIORES

Este tópico tem duas partes:

1. As oito oferendas exteriores;
2. Oferecer os cinco objetos de desejo.

AS OITO OFERENDAS EXTERIORES

As oito oferendas exteriores são: água para beber, água para banhar os pés, flores, incenso, luzes, perfume, alimentos e música. O propósito de fazer essas oferendas aos Gurus, Yidams, Budas e Bodhisattvas é aumentar a nossa coleção de mérito – ou boa fortuna – e, desse modo, criar a causa principal para que nossos desejos sejam satisfeitos. Em particular, por oferecer alimentos e néctar, obteremos libertação do sofrimento da pobreza e experienciaremos os prazeres dos Budas. Por oferecer água de banhar e perfume, ficaremos livres dos renascimentos samsáricos e obteremos o Corpo-Forma de um Buda. Por oferecer belas flores, ficaremos livres de doenças, envelhecimento e demais enfermidades físicas, e obteremos os atributos especiais do corpo de um Buda. Por oferecer incenso, criamos a causa para manter disciplina moral pura e para alcançar concentração pura. Por oferecer luzes, ficaremos livres da escuridão interior da ignorância e alcançaremos sabedoria onisciente. Por oferecer linda música, criamos a causa para que nunca tenhamos de escutar sons desagradáveis, mas ouvir unicamente sons agradáveis (em especial, o som do Dharma), e também criamos a causa para receber somente boas notícias. Oferecer música também é uma causa para obter a fala de um Buda. Conhecendo estes benefícios, devemos tentar fazer oferendas exteriores todos os dias, ao menos mentalmente.

Para fazer oferendas de água, imaginamos que todos os rios, lagoas, lagos e oceanos que existem em todos os infinitos mundos aparecem sob o aspecto de água para beber, água para banhar e perfume. À medida que fazemos essas oferendas, relembramos que elas são manifestações de sua vacuidade, sua natureza última, inseparável da sabedoria de grande êxtase incontaminado; que sua função é fazer os seres sagrados experienciarem grande êxtase espontâneo; e que o seu aspecto é o de cada uma das substâncias oferecidas. De modo semelhante, quando oferecemos todas as flores, incenso, luzes, alimentos e música que existem em todos os infinitos mundos, mantemos o mesmo reconhecimento de sua natureza, função e aspecto. Com esse conhecimento especial, fazemos as oito oferendas exteriores.

Da letra HUM em nosso coração, emanamos infinitos deuses e deusas oferecedores, que são da natureza da excelsa sabedoria de grande êxtase incontaminado e vacuidade. Eles fazem infinitas oferendas de água para beber, água para banhar os pés, flores, incenso, luzes, perfume, alimentos e música à assembleia de Guru Heruka e a todos os demais seres sagrados no Campo de Mérito.

OFERECER OS CINCO OBJETOS DE DESEJO

Oferecemos essas oferendas especiais por meio de nos concentrarmos no significado das estrofes da sadhana, começando com:

> Todas as formas que existem por todos os infinitos reinos
>   transformam-se numa vasta assembleia de Deusas Rupavajra
> Que preenchem todo o espaço, com faces sorridentes e lindos
>   corpos.
> A vós eu as ofereço, Guru Pai e Mãe, e a toda a assembleia
>   de Deidades;
> Por favor, aceitai, e por força de todas as formas que existem
>   aparecendo como Rupavajras,
> Que eu e todos os seres vivos recebamos grande êxtase imutável
> E completemos a concentração suprema da união de grande
>   êxtase e vacuidade.
> OM RUPA BENZ HUM HUM PHAT

Recordamos que nem mesmo o menor átomo relativo à forma existe do lado do objeto e, por nos concentrarmos neste firme conhecimento, dissolvemos todas as aparências relativas à forma na vacuidade, a natureza última da forma. Do mesmo modo, relembramos que todos os sons, odores, sabores e objetos táteis não existem do seu próprio lado e, por nos concentrarmos neste firme conhecimento, dissolvemos todas as aparências de sons, odores, sabores e objetos táteis na vacuidade, sua natureza última.

Imaginamos então que a natureza última de todas as formas que existem por todos os infinitos mundos aparece sob o aspecto de incontáveis Deusas Rupavajra – Deidades femininas de cor branca, nascidas da sabedoria onisciente completamente misturada com a natureza última de todas as formas, segurando espelhos que refletem o universo inteiro. O espaço inteiro é preenchido por essas belas Deusas e as oferecemos à assembleia de Guru Heruka e a todos os seres sagrados no Campo de Mérito.

Imaginamos então que a natureza última de todos os sons que existem por todos os infinitos mundos aparece sob o aspecto de incontáveis Deusas Shaptavajra – Deidades femininas de cor azul, que nascem da sabedoria onisciente completamente misturada com a natureza última de todos os sons, segurando flautas que produzem espontaneamente música encantadora. O espaço inteiro é preenchido por essas belas Deusas, e as oferecemos à assembleia de Guru Heruka e a todos os demais seres sagrados.

Imaginamos então que a natureza última de todos os odores que existem por todos os infinitos mundos aparece sob o aspecto de incontáveis Deusas Gändhavajra – Deidades femininas de cor amarela, nascidas da sabedoria onisciente completamente misturada com a natureza última de todos os odores, segurando belos recipientes adornados com joias e repletos com perfumes especiais cuja fragrância preenche o mundo inteiro. O espaço inteiro é preenchido por essas belas Deusas, e as oferecemos à assembleia de Guru Heruka e a todos os demais seres sagrados.

Com a mesma compreensão, oferecemos infinitas oferendas de Deusas Rasavajra – Deidades femininas de cor vermelha, que nascem da sabedoria onisciente completamente misturada com a natureza última de todos os sabores, segurando preciosos recipientes repletos de néctar que possui três qualidades: néctar medicinal, que cura todas as doenças; néctar-vital, que supera a morte; e néctar-sabedoria, que destrói as delusões. Oferecemos então infinitas oferendas de Deusas Parshavajra – Deidades femininas de cor verde, nascidas da sabedoria onisciente completamente misturada com a natureza última de todos os objetos táteis, segurando vestimentas preciosas.

Essas oferendas têm cinco funções. Elas nos fazem: (1) acumular grande mérito; (2) aumentar nosso conhecimento da visão profunda da vacuidade e, assim, acumular uma grande coleção de sabedoria; (3) desenvolver e aumentar o grande êxtase; (4) purificar aparências e concepções comuns; e (5) obter a realização do estágio de conclusão do corpo-isolado.

Praticantes qualificados de Tantra Ioga Supremo têm experiência dos caminhos comuns da renúncia, bodhichitta e da visão profunda da vacuidade. Se tivermos um conhecimento profundo da vacuidade, a natureza última dos fenômenos, não será difícil oferecer essas oito oferendas exteriores e os cinco objetos de desejo. Mesmo se, neste momento, não somos qualificados, podemos, ainda assim, treinar essas práticas continuamente, de modo que, cedo ou tarde, iremos nos tornar um praticante qualificado.

Embora essa maneira de acumular mérito seja uma prática elevada muito especial, não é um bom sinal se, apesar do fato de estarmos fazendo essas oferendas mentais e verbais, continuarmos a ter uma atitude mesquinha ou avarenta em relação ao nosso dinheiro e posses, agarrando-nos firmemente a eles e não tendo a intenção de usá-los para acumular mérito. Precisamos ter a intenção de usar nosso dinheiro e posses para acumular mérito para o benefício dos outros e, todos os dias, se possível, oferecer efetivamente água para beber, água para banhar, flores, incenso, luzes, perfume, alimentos e música. Devemos sempre dedicar todas as nossas atividades à felicidade de todos os seres vivos.

OFERENDA INTERIOR

Emanamos, do nosso coração, incontáveis Deusas Rasavajra e imaginamos que, da vasta cuia de crânio que contém o néctar interior, tão vasto quanto um oceano, elas extraem néctar com suas cuias de crânio e o oferecem aos incontáveis seres sagrados no Campo de Mérito. Simultaneamente, recitamos a prece de oferecimento que está na sadhana: OM GURU HERUKA VAJRAYOGINI SAPARIWARA OM AH HUM. Seguramos o recipiente da oferenda interior com a nossa mão direita, mais ou menos na altura da nossa testa, e então, quando dissermos OM AH HUM, molhamos nosso dedo anular esquerdo no néctar, espargimos uma gota no espaço à nossa frente e imaginamos que Guru Heruka Pai e Mãe e todo o Campo de Mérito experienciam grande êxtase espontâneo.

OFERENDA SECRETA

Fazemos essa oferenda concentrando-nos no significado essencial da seguinte prece:

> **E ofereço os mais atraentes e ilusórios mudras,**
> **Uma hoste de mensageiras nascidas em lugares, nascidas de mantra e espontaneamente nascidas,**
> **Com esbeltos corpos, peritas nas sessenta e quatro artes do amor**
> **E com o esplendor da beleza juvenil.**

Luyipa

Por fazer essa oferenda, criamos a causa para gerarmos grande êxtase espontâneo no futuro por meio de confiar em uma consorte, ou mudra. A essência do Mantra Secreto é gerar grande êxtase espontâneo por dissolver os ventos interiores no canal central. Até certo ponto, isso pode ser feito exclusivamente por meio de meditação, mas, para completar a prática nesta vida, precisamos aceitar um mudra-ação. Através da meditação do estágio de conclusão, podemos afrouxar completamente os nós nas rodas-canais da coroa, garganta, umbigo e lugar secreto; e, por confiar na recitação vajra, podemos afrouxar parcialmente os nós na roda-canal do coração. No entanto, não podemos afrouxar completamente esses nós exclusivamente através de meditação. Esses nós irão se afrouxar naturalmente por completo na hora da morte, mas, se o praticante desejar que isso aconteça antes da morte, ele (ou ela) precisa aceitar um mudra-ação. Por força dos dois canais centrais juntando-se durante a união, o vento descendente de esvaziamento da consorte entrará no canal central do praticante, fazendo com que os nós na roda-canal do coração se afrouxem completamente. O praticante poderá, então, completar o caminho à iluminação nessa mesma vida.

O momento correto para confiar em um mudra-ação é após termos obtido a experiência de dissolvermos alguns dos ventos interiores no canal central, na roda-canal do coração. Quando, através dessa prática, formos capazes de perceber claramente os oito sinais de dissolução, desde a aparência miragem até a clara-luz, e tivermos alcançado a experiência do corpo-isolado, da fala-isolada e da mente-isolada, este será o momento apropriado para entrar em união com um mudra-ação.

Um mudra é denominado "mensageiro" porque ele (ou ela) realiza os nossos desejos por meio de proporcionar grande êxtase. Existem três tipos de mensageiro: exterior, interior e secreto. Eles são explicados em detalhe no livro *Novo Guia à Terra Dakini*. Neste contexto, um mensageiro exterior é uma consorte-conhecimento. A estrofe da sadhana menciona três tipos de mensageira exterior: as nascidas em lugares, as nascidas de mantra, e as espontaneamente nascidas. O primeiro tipo são as Dakinis dos 24 lugares sagrados de Heruka, o segundo tipo são mensageiras com realizações do estágio de geração ou das primeiras etapas do estágio de conclusão, e o terceiro tipo são mensageiras com uma realização da união da clara-luz e do corpo-ilusório que é ou a união-que--precisa-aprender ou a União-do-Não-Mais-Aprender.

Visualizamos incontáveis mudras-ação de todos os três tipos emanando do nosso coração, fundindo-se em um só e dissolvendo-se em Vajravarahi, que está unida-em-abraço com Pai Heruka. Imaginamos que, por força dessa oferenda, nosso Guru gera grande êxtase espontâneo. Do seu lado, nosso Guru não tem necessidade dessa oferenda, pois ele (ou ela) já permanece, de modo imutável, num estado de grande êxtase; o propósito de fazer essa oferenda é o de criar a causa para gerarmos grande êxtase espontâneo no futuro.

Devemos visualizar todas as mulheres-conhecimento como jovens e extremamente atraentes. De acordo com as palavras da sadhana, essas consortes são "peritas nas sessenta e quatro artes do amor". Nos Sutras, Buda explica 64 artes relacionadas com esportes, tais como tiro com arco, mas, nos Tantras, Buda explica 64 artes de amor como métodos para induzir grande êxtase espontâneo. Existem oito artes básicas: abraçar, beijar, mordiscar, arranhar, andar sedutor, assobiar, executar as ações de um homem, e deitar por cima. Cada uma dessas artes pode ser executada de oito maneiras diferentes, totalizando 64 artes ao todo.

No *Tantra de Guhyasamaja*, Vajradhara enfatiza quão importante é, para os praticantes tântricos, fazer os quatro tipos de oferenda todos os dias, e ele dá ênfase especial à oferenda secreta como um método para gerar grande êxtase.

OFERENDA DA TALIDADE

Fazemos esta oferenda concentrando-nos no significado essencial da prece que está na sadhana:

> **E ofereço a ti a suprema bodhichitta última,**
> **Uma perfeita, excelsa sabedoria de êxtase espontâneo, livre de obstruções,**
> **Inseparável da natureza de todos os fenômenos, a esfera livre de elaboração,**
> **Sem esforço e além de palavras, pensamentos e expressões.**

"Talidade" é a vacuidade, a natureza última de todos os fenômenos. Estritamente falando, não oferecemos a vacuidade, mas a bodhichitta última, que é a mente de grande êxtase espontâneo misturada inseparavelmente com a vacuidade. Imaginamos que Guru Heruka gera essa mente como resultado de entrar em união com o mudra oferecido a ele durante a oferenda secreta. Embora nosso Guru já possua a bodhichitta última, imaginamos que ele (ou ela) gera novamente essa bodhichitta, como uma causa auspiciosa para obtermos essa realização no futuro.

No Mantra Secreto, as gotas vermelhas e brancas que fluem pelos canais são, algumas vezes, denominadas "bodhichittas" porque são a base para desenvolver a bodhichitta última efetiva, o grande êxtase espontâneo que realiza diretamente a vacuidade. Sem essas gotas, não teríamos meios de obter qualquer realização do estágio de conclusão, menos ainda a bodhichitta última.

De acordo com as palavras da sadhana, a excelsa sabedoria do grande êxtase espontâneo de Guru Heruka é "livre de obstruções", o que significa que esse grande êxtase espontâneo abandonou, por completo, tanto as delusões-obstruções quanto as obstruções à onisciência. Nem todo grande êxtase espontâneo é livre de obstruções. Quando, pela primeira vez, geramos grande êxtase espontâneo, nossa mente ainda está encoberta pelas obstruções, mas, por treinar as cinco etapas do estágio de conclusão, essas obstruções são gradualmente removidas. Quando a mente é, por fim, liberta de ambas as obstruções, obtemos a iluminação. Assim, as palavras da sadhana indicam que Guru Heruka é um Buda porque sua bodhichitta última é livre de obstruções.

A frase "Inseparável da natureza de todos os fenômenos, a esfera livre de elaboração" é muito profunda e difícil de ser compreendida sem alguma experiência do Mantra Secreto. O termo "esfera" refere-se à vacuidade, e o termo "elaboração" refere-se à existência inerente; portanto, o significado é que a bodhichitta última é inseparável da vacuidade, ou ausência de existência inerente. Quando tivermos uma compreensão aproximada sobre a vacuidade, devemos tentar gerar grande êxtase espontâneo por meio de treinar na meditação do estágio de conclusão. Quando nossos ventos interiores estiverem reunidos e dissolvidos no canal central em nosso coração, nossas mentes densas irão cessar e a mente muito sutil da clara-luz irá se manifestar. Essa mente é muito pacífica e livre de concepções distrativas. Ela é centenas de vezes mais poderosa que a concentração descrita nos ensinamentos de Sutra. Quando essa mente medita na vacuidade, ela se mistura facilmente com a vacuidade, como água misturada com água, e percebe o sujeito (nossa mente de clara-luz) e seu objeto (a vacuidade) como tendo se tornado completamente *um*.

A razão pela qual a mente de clara-luz pode se misturar tão facilmente com a vacuidade é que essa mente é totalmente livre de distração conceitual. Quando os ventos interiores são completamente reunidos e dissolvidos no canal central, os ventos interiores densos estão absorvidos e, devido a isso, as mentes densas, que dependem desses ventos, param de funcionar. Se não há mentes densas, não há objetos densos; assim, para a mente de clara-luz, objetos densos não existem. Isso se assemelha a quando adormecemos. Nesse momento, porque as mentes densas do estado da vigília se absorveram, todos os objetos que apareciam a essas mentes desaparecem. Tanto para a mente do sono quanto para a mente onírica, os objetos do nosso estado habitual da vigília não existem. Sendo completamente livre dos objetos densos, a mente de clara-luz funde-se com a vacuidade em equilíbrio meditativo semelhante-ao-espaço. Em relação a essa mente, todos os fenômenos são *um só sabor* na vacuidade semelhante-ao-espaço. Assim, é dito que essa mente é inseparável da natureza última de todos os fenômenos.

Nos Sutras, a mente que é descrita como a bodhichitta última não é uma bodhichitta última verdadeira, pois ela ainda possui aparências duais sutis. Por essa razão, para alcançarmos a bodhichitta última verdadeira, precisamos nos empenhar nas práticas do Mantra Secreto. Quando tivermos compreendido como a mente de bodhichitta última é inseparável da natureza de todos os fenômenos, compreenderemos a verdadeira natureza do Guru. O Guru efetivo é Vajradhara definitivo, ou Heruka definitivo. Vajradhara é, algumas vezes, denominado *"kyab dag"* em tibetano, que significa "que permeia todas as naturezas". Isso significa que a bodhichitta última, que é o Corpo-Verdade de Guru Vajradhara, é inseparável da natureza de todos os fenômenos. Para apreciar isso plenamente, precisamos compreender também como as duas verdades são a mesma natureza. Isso é mais difícil de compreender que a própria vacuidade, pois é muito mais difícil abandonar a mente que se aferra às duas verdades como sendo entidades separadas do que abandonar o agarramento ao em-si. Por exemplo, os Bodhisattvas que alcançaram a união da clara-luz-significativa e do corpo-ilusório abandonaram o agarramento ao em-si, mas não abandonaram o aferramento às duas verdades como sendo entidades separadas. Somente os Budas são completamente livres de se aferrarem às duas verdades como entidades separadas.

De acordo com a sadhana, a bodhichitta última está "além de palavras, pensamentos e expressões". A razão é que a bodhichitta última é, necessariamente, uma experiência direta da vacuidade, livre de conceitualização. É dito que alguém que tenha uma experiência direta da vacuidade não pode descrever adequadamente essa experiência em palavras, mas somente consegue indicá-la por meio de analogias. Mesmo assim, grandes seres, como Je Tsongkhapa, são capazes de dar descrições muito claras sobre a vacuidade. Assim, Changkya Rolpai Dorje louva Je Tsongkhapa com as seguintes palavras:

> É dito que a vacuidade é inexprimível, mas tu a descreveste de modo tão claro como algo que é visto com os olhos.

OFERECER NOSSA PRÁTICA ESPIRITUAL

A oferenda que mais deleita nosso Guia Espiritual é colocar suas instruções em prática, razão pela qual oferecer nossa prática espiritual é chamada "uma oferenda insuperável". Sempre que praticamos o Lamrim, o Lojong e os caminhos vajrayana de Heruka e Vajrayogini, estamos fazendo uma oferenda suprema.

Existem sete práticas espirituais especiais, apresentadas em muitas sadhanas tântricas, que contêm a verdadeira essência dos ensinamentos de Buda. Elas são: (1) purificação; (2) acumular mérito; (3) bodhichitta última; (4) refúgio mahayana; (5) bodhichitta aspirativa; (6) bodhichitta de compromisso; e (7) dedicatória. Lembrando que essas práticas são a oferenda suprema, devemos integrá-las em nossa vida diária.

Podemos fazer essas sete oferendas ao nosso Guia Espiritual com a prece que está na sadhana:

Busco refúgio nas Três Joias
E confesso todas e cada uma das minhas ações negativas.
Regozijo-me nas virtudes de todos os seres
E prometo realizar a iluminação de um Buda.

**Até que eu me torne um ser iluminado, vou buscar refúgio
Em Buda, no Dharma e na Suprema Assembleia,
E, para cumprir todas as metas, as minhas e as dos outros,
Vou gerar a mente de iluminação.**

**Tendo gerado a mente de suprema iluminação,
Chamarei todos os seres sencientes para serem meus convidados
E irei me empenhar nas agradáveis, supremas práticas da iluminação.
Que eu alcance a Budeidade para beneficiar os migrantes.**

Essas estrofes aparecem em muitas sadhanas rituais, tanto dos Tantras inferiores quanto dos superiores. A explicação a seguir sobre o significado dessa prece é dada de acordo com o Tantra Ioga Supremo. Essa prece inclui as práticas essenciais necessárias para fazermos progressos em nosso treino mahayana.

O significado dos dois primeiros versos é que precisamos purificar nossas negatividades por meio de confiar nas Três Joias. O terceiro verso indica que precisamos acumular mérito por meio de nos regozijarmos em todas as realizações e ações virtuosas especiais dos Budas, Bodhisattvas e outros seres. Com o quarto verso, prometemos realizar o efetivo caminho rápido à iluminação – a bodhichitta última, o grande êxtase espontâneo que realiza diretamente a vacuidade – que é a verdadeira essência do Tantra Ioga Supremo.

Para nos empenharmos com sucesso nas práticas avançadas para gerar bodhichitta última, a clara-luz-significativa, precisamos primeiro estabelecer a fundação firme dos caminhos comuns. Esses caminhos são ensinados nas duas próximas estrofes. As duas primeiras linhas da segunda estrofe, "Até que eu me torne um ser iluminado, vou buscar refúgio em Buda, no Dharma e na Suprema Assembleia" revelam o refúgio mahayana. As duas próximas linhas, "E, para cumprir todas as metas, as minhas e as dos outros, vou gerar a mente de iluminação", revelam a bodhichitta aspirativa. A terceira estrofe revela a bodhichitta de compromisso. Para realizar a bodhichitta última e a grande iluminação, precisamos então nos empenhar nas meditações do estágio de geração e do estágio de conclusão.

Com a terceira estrofe, prometemos que, tendo gerado e mantido a bodhichitta, iremos nos empenhar nas agradáveis e supremas práticas da iluminação – as práticas das seis perfeições; e que, tendo concluído esse treino, convidaremos todos os seres vivos à nossa Terra Búdica para desfrutarem a felicidade da libertação. Quando fazemos essa promessa, estamos gerando a bodhichitta de compromisso e tomando os votos bodhisattva. Desse momento em diante, devemos praticar as seis perfeições sinceramente e dedicar todas as nossas atividades diárias para a felicidade dos outros. A prática da dedicatória é revelada pelo último verso da prece. Rezamos então constantemente, todos os dias, as seguintes palavras da sadhana:

Que cada um seja feliz,
Que cada um se liberte da dor,
Que ninguém jamais seja separado de sua felicidade,
Que todos tenham equanimidade, livres do ódio e do apego.

Uma explicação detalhada dos demais membros da prece dos sete membros – confissão, regozijo, rogar ao Guia Espiritual que não morra, pedir que a Roda do Dharma seja girada, e dedicatória – pode ser encontrada em outros livros, como *Caminho Alegre da Boa Fortuna* e *Joia-Coração*.

OFERECER O MANDALA

A prática de oferendas de mandala é muito popular entre os praticantes do Budismo Mahayana e é considerada como uma prática muito importante. É dito que aqueles que sinceramente fazem oferendas de mandala nunca experienciarão pobreza nesta vida ou nas vidas futuras. Através de sua prática de fazer oferendas de mandala a Avalokiteshvara, a monja plenamente ordenada Bhikshuni Palmo recebeu uma visão direta do Buda da Compaixão. Através da prática de oferendas de mandala, Atisha recebeu as bênçãos e uma visão direta de Arya Tara, e Je Tsongkhapa recebeu visões diretas de todos os seres iluminados do Campo de Mérito do Lamrim. Após a morte de Je Tsongkhapa, Khedrubje recebeu cinco vezes uma visão direta de Je Tsongkhapa através da sua prática de fazer oferendas de mandala a ele. Esses eventos demonstram que a prática de oferendas de mandala é um método poderoso para purificar nossa mente.

No *Tantra de Guhyasamaja*, Vajradhara diz:

Aqueles que desejam realizações
Devem, mental e habilidosamente, preencher este universo
Com os sete objetos preciosos.
Por oferecê-los todos os dias,
Seus desejos serão satisfeitos.

Essa estrofe ensina a oferenda de mandala. Embora, explicitamente, mencione apenas sete pontos, implicitamente ela se refere ao mandala completo de 37 pontos.

É importante, para os praticantes, obter um conjunto tradicional de mandala, que consiste de uma base, três anéis e uma joia, utilizada para ser colocada no topo do mandala. A base e os anéis são utilizados como suportes para os pequenos montes de arroz ou de qualquer outro grão, os quais representam as diversas características do mandala. Coisas tão simples quanto essas podem parecer inúteis ou sem valor para aqueles que não conhecem seu significado, mas podem ser extremamente preciosas nas mãos de um praticante que sabe como usá-las para acumular uma vasta coleção de mérito.

Para construir o mandala de 37 pontos, primeiramente pegamos um pouco de arroz com nossa mão esquerda e, com ela, seguramos a base do mandala. Com nossa mão direita, pegamos outro tanto de arroz e espalhamos um pouco sobre a base. Com a parte de dentro do nosso punho direito, esfregamos a base três vezes em sentido horário, simbolizando a purificação do solo universal. Como resultado, todos os solos rochosos, irregulares e acidentados tornam-se macios e planos, e todas as nossas delusões são purificadas. Depois, esfregamos a base três vezes em sentido anti-horário, e imaginamos que todas as bênçãos do corpo, fala e mente de todos os Budas se dissolvem em nós. Contemplamos que o solo por inteiro foi abençoado e recitamos o mantra para abençoar o solo: OM VAJRA BHUMI AH HUM. Depois, espalhamos sobre a base o restante do arroz que ficou em nossa mão direita e visualizamos que o solo por inteiro, por todo o universo, transformou-se num solo dourado puro.

Enquanto recitamos OM VAJRA REKHE AH HUM, colocamos o anel mais largo sobre a base e despejamos, em sentido horário, arroz no seu interior, simbolizando a preciosa cerca de ferro. Depois, colocamos um punhado de arroz no centro do anel, que simboliza o Monte Meru, visualizado como uma imensa montanha feita de joias preciosas. Colocamos, então, outro punhado de arroz no leste (a parte da base do mandala mais próxima de nós), para simbolizar o continente leste. Prosseguindo ao redor do anel, no sentido horário, colocamos um punhado de arroz em cada uma das três direções cardeais restantes, simbolizando os continentes sul, oeste e norte.

Colocamos, então, oito pequenos montes de arroz simbolizando os oito subcontinentes. Começando do continente leste e prosseguindo em sentido horário, colocamos um pequeno monte à esquerda e outro à direita de cada continente.

Depois, colocamos um pequeno monte de arroz interiormente ao continente leste e fazemos o mesmo para os continentes sul, oeste e norte, simbolizando a montanha de joias, a árvore-que-concede-desejos, a vaca-que-concede-desejos e a colheita não semeada, respectivamente. Imaginamos que há incontáveis continentes e subcontinentes, cada um com sua própria profusão especial de recursos e riquezas.

Em seguida, dispomos o segundo anel sobre o arroz do primeiro anel e colocamos, no sentido horário, pequenos montes de arroz em cada direção cardeal (leste, sul, oeste e norte) para simbolizar a preciosa roda, a preciosa joia, a preciosa rainha e o precioso ministro, respectivamente. Depois, colocamos pequenos montes de arroz no sentido horário em cada uma das direções intermediárias (sudeste, sudoeste, noroeste e nordeste) para simbolizar o precioso elefante, o precioso supremo cavalo, o precioso general e o grande vaso-tesouro, respectivamente. Imaginamos um número incontável de cada uma dessas oferendas preenchendo todo o espaço. Novamente, colocamos, no sentido horário, pequenos montes de arroz em cada uma das quatro direções cardeais (leste, sul, oeste e norte) para simbolizar a deusa da beleza, a deusa das grinaldas, a deusa da música e a deusa da dança; e então, no sentido horário e em cada uma das quatro direções intermediárias (sudeste, sudoeste, noroeste e nordeste) para simbolizar a deusa das flores, a deusa do incenso, a deusa da luz e a deusa do perfume. Imaginamos que, preenchendo todo o espaço, há incontáveis deusas e deuses oferecedores.

Em seguida, dispomos o terceiro anel sobre o arroz do segundo anel e colocamos um pequeno monte de arroz no leste (simbolizando o Sol), no oeste (simbolizando a Lua), no sul (simbolizando o precioso guarda-sol), e no norte (simbolizando o estandarte da vitória). Imaginamos que todo o espaço está preenchido com inumeráveis objetos preciosos.

Quando colocamos a joia, que é a última coisa a ser colocada no mandala, imaginamos uma profusão de diversas joias preciosas e de recursos desfrutados por seres humanos e deuses. No espaço acima do Monte Meru, estão os ambientes dos deuses do reino do desejo e, acima destes, estão os reinos da forma. Esses reinos divinos se transformam em Terras Puras, e os prazeres dos deuses se transformam em prazeres puros.

Tendo construído o mandala, pegamos agora um pouco de arroz com nossa mão direita e seguramos a base com ambas as mãos. Imaginamos que todos os inumeráveis sistemas planetários e tudo o que existe neles foram totalmente transformados em Terras Puras e prazeres puros. Imaginamos que tudo isso está presente na base que seguramos em nossas mãos, ainda que a base não tenha aumentado de tamanho e tampouco o universo tenha diminuído. Assim como um espelho pode refletir imensas montanhas, ou uma pequena tela de televisão pode mostrar imagens de cidades inteiras, podemos imaginar que o mandala em nossas mãos contém o universo inteiro. Concentramo-nos estritamente focados nesses incontáveis mundos, prazeres e seres puros e, com firme fé, oferecemos tudo isso aos nossos Gurus e aos Budas.

Enquanto construímos o mandala, recitamos a prece de oferecimento que está na sadhana. Quando tivermos concluído a recitação da prece longa de oferecimento do mandala, podemos, enquanto ainda seguramos a base, continuar e oferecer o mandala de 23 pontos. Não precisamos construir um novo mandala, pois os 23 objetos preciosos estão incluídos entre os objetos preciosos do mandala de 37 pontos. Os 23 objetos preciosos são: Monte Meru, os quatro continentes, os oito subcontinentes, os sete objetos preciosos (desde a preciosa roda até o precioso general), o vaso-tesouro, o Sol e a Lua.

Para oferecer o mandala de 23 pontos, recitamos a estrofe que está na sadhana:

Ó Tesouro de Compaixão, meu Refúgio e Protetor,
Ofereço a ti a montanha, continentes, objetos preciosos, vaso-
   -tesouro, Sol e Lua,

**Os quais surgiram dos meus agregados, fontes e elementos,
Como aspectos da excelsa sabedoria de êxtase espontâneo
e vacuidade.**

Com essa estrofe, fazemos as oferendas do mandala exterior, interior, secreto e da talidade. Oferecemos o mandala exterior por meio de visualizar a montanha, continentes, objetos preciosos, vaso-tesouro, Sol e Lua. Oferecemos o mandala interior por meio de transformarmos mentalmente nossos agregados e elementos na forma do mandala exterior. Oferecemos o mandala secreto e o mandala da talidade por meio de imaginarmos que a nossa mente de êxtase e vacuidade indivisíveis se transforma no mandala. Do ponto de vista de que o mandala possui a natureza de grande êxtase, o mandala é o mandala secreto; e do ponto de vista de ele ser uma manifestação da vacuidade, o mandala é o mandala da talidade. Se desejarmos coletar mandalas de 23 pontos como um dos *grandes guias preliminares*, podemos construí-los utilizando a base, com ou sem os anéis, e recitar essa estrofe.

Oferecer o mandala é o melhor método para nos libertarmos da pobreza futura e para criar a causa de renascer na Terra Pura de um Buda. Por fazer oferendas de mandala, reduzimos nosso apego às posses e prazeres mundanos e acumulamos uma vasta coleção de mérito. Como resultado, experienciamos um aumento gradual de nossos prazeres, riqueza e boas condições. Nossos desejos temporários são satisfeitos e, por fim, alcançaremos nossa meta última, a plena iluminação. Se tivermos o desejo de experienciar esses benefícios, devemos nos familiarizar com a prática de oferecer o mandala.

Je Tsongkhapa foi um ser iluminado e, por essa razão, não precisava acumular mérito; porém, para mostrar um bom exemplo aos demais praticantes, ofereceu um milhão de mandalas durante um de seus longos retiros no sul do Tibete Central, na caverna chamada Ölga Cholung. Para a base do mandala, Je Tsongkhapa utilizou uma pedra plana e lisa, e, por oferecer uma grande quantidade de mandalas, chegou a esfregar tantas e tantas vezes o seu punho contra a pedra que ele ficou em carne viva e sangrando.

Se formos fortemente apegados a alguém ou a algo, podemos imaginar o objeto do nosso apego sobre a base do mandala, transformá-lo em um objeto puro e, então, oferecê-lo enquanto rezamos "Que eu seja libertado de todo apego". De modo semelhante, podemos oferecer todos os objetos da nossa ignorância, raiva, inveja, orgulho, e assim por diante. Enquanto recitamos a estrofe que está na sadhana, podemos oferecer todos os objetos das nossas delusões, ou aflições mentais, e rezar para nos libertarmos dessas delusões.

Para fazer oferendas de mandala como um dos *grandes guias preliminares*, coletamos cem mil oferendas de mandala. No início de cada sessão, oferecemos um mandala de 37 pontos e, depois, coletamos mandalas de sete pontos. Para fazer oferendas de mandala de sete pontos e contá-las, seguramos, com os dedos da mão esquerda, um mala com as contas frouxamente enfileiradas, pegamos um pouco de arroz com essa mão e, então, seguramos a base do mandala com ela. Depois, pegamos um punhado de arroz com nossa mão direita e recitamos as preces de refúgio e bodhichitta enquanto construímos o mandala. Para isso, espalhamos um pouco de arroz sobre a base e, com a parte de dentro do nosso punho direito, esfregamos a base três vezes em sentido horário e três vezes em sentido anti-horário. Depois, colocamos um punhado de arroz no centro da base, no leste, no sul, no oeste e no norte, simbolizando Monte Meru e os quatro continentes. Depois, colocamos um punhado de arroz no leste, simbolizando o Sol, e um punhado de arroz no oeste, simbolizando a Lua. Por fim, pegamos um pouco de arroz com nossa mão direita e seguramos a base com ambas as mãos, enquanto recitamos a seguinte prece de oferecimento do mandala:

> *O chão espargido com perfume e salpicado de flores,*
> *A Grande Montanha, quatro continentes, Sol e Lua,*
> *Percebidos como Terra de Buda e assim oferecidos,*
> *Que todos os seres desfrutem dessas Terras Puras.*

IDAM GURU RATNA MANDALAKAM NIRYATAYAMI

Após recitarmos a prece, derrubamos o arroz em nossa direção, sobre um tecido em nosso colo. Isso é contado como uma oferenda de mandala e, portanto, movemos uma conta do nosso *mala*. Fazemos quantas oferendas de mandala desejarmos durante cada sessão. Ao final da sessão, fazemos uma oferenda do mandala longo de 37 pontos e, depois, dedicamos nosso mérito.

RECEBER AS BÊNÇÃOS DAS QUATRO INICIAÇÕES

Por receber as bênçãos das quatro iniciações todos os dias, podemos purificar nossos votos e compromissos tântricos quebrados e manter as bênçãos especiais que recebemos diretamente do nosso Guru quando ele (ou ela) concedeu a iniciação. Através disso, nossa meditação no estágio de geração e no estágio de conclusão progredirá com sucesso.

Primeiro, pedimos a Guru Heruka que conceda as bênçãos das quatro iniciações; fazemos isso por meio de recitar três vezes a estrofe que está na sadhana:

Ó Guru Heruka, a natureza do Corpo-Verdade,
Não busco outro refúgio além de ti.
Por favor, purifica todas as negatividades das minhas três portas
E abençoa-me para que eu alcance os quatro corpos de grande êxtase.

As bênçãos últimas das quatro iniciações são a aquisição dos quatro corpos de um Buda: os dois Corpos-Forma (o Corpo-Emanação e o Corpo-de-Deleite) e os dois Corpos-Verdade (o Corpo-Natureza e o Corpo-Verdade-Sabedoria). Essas aquisições dependem de progredirmos nas meditações do estágio de geração e do estágio de conclusão, o que, por sua vez, depende de recebermos e mantermos as bênçãos especiais das quatro iniciações.

Receber as bênçãos das quatro iniciações tem quatro partes:

1. Receber a iniciação-vaso;
2. Receber a iniciação secreta;
3. Receber a iniciação mudra-sabedoria;
4. Receber a iniciação da preciosa palavra.

RECEBER A INICIAÇÃO-VASO

Imaginamos que, devido ao nosso pedido, Guru Heruka emana, do seu coração, Vajravarahi e as Quatro Ioguines, que seguram vasos preciosos repletos com néctar-sabedoria. Elas nos concedem a iniciação-vaso, derramando o néctar através da nossa coroa. Nosso corpo é preenchido com néctar-sabedoria, e isso purifica todas as máculas e obstruções do nosso corpo. Imaginamos que estamos experienciando grande êxtase e, assim, recebemos as bênçãos da iniciação-vaso.

Se experienciarmos ainda que a mais leve sensação de êxtase através de imaginarmos os néctares-sabedoria vertendo dos vasos preciosos através da nossa coroa, esse êxtase é a efetiva iniciação-vaso. Esta iniciação faz com que alcancemos as realizações do estágio de geração e o Corpo-Emanação de um Buda. Ela é denominada "iniciação-vaso" porque é concedida utilizando-se um vaso.

RECEBER A INICIAÇÃO SECRETA

Imaginamos que, assim que Guru Heruka Pai e Mãe entram em união, todos os Heróis (os Budas tântricos masculinos) entram no corpo de Heruka através de sua boca e se dissolvem na sua bodhichitta branca, as gotas brancas; e todas as Heroínas (os Budas tântricos femininos) entram no corpo de Vajravarahi através de sua boca e se dissolvem na sua bodhichitta vermelha, as gotas vermelhas. Essas gotas brancas e vermelhas unificam-se na ponta do órgão sexual de Guru Heruka, e Guru Heruka então coloca essas gotas em nossa língua. Por provar essa substância secreta, que é da natureza de todos os Heróis e Heroínas, todas as máculas e obstruções da nossa fala são purificadas. Em particular, nossos canais, gotas e ventos interiores são purificados. Imaginamos que estamos experienciando grande êxtase e, assim, recebemos as bênçãos da iniciação secreta.

Se experienciarmos ainda que a mais leve sensação de êxtase através de imaginarmos que provamos as bodhichittas brancas e vermelhas de Guru Heruka Pai e Mãe, esse êxtase é a efetiva iniciação secreta. Esta iniciação faz com que alcancemos a realização do estágio de conclusão do corpo-ilusório, denominada "a realização da verdade convencional", e que alcancemos também o Corpo-de-Deleite de um Buda. Ela é denominada "iniciação secreta" porque é concedida utilizando-se uma substância secreta.

RECEBER A INICIAÇÃO MUDRA-SABEDORIA

Imaginamos que uma mulher-conhecimento, que é uma emanação de Vajravarahi, aparece à nossa frente. Guru Heruka apresenta-a a nós, dizendo:

> Esta é uma consorte-conhecimento supremamente qualificada para ti. Por confiar nela, deves alcançar a União de Buda para o benefício de todos os seres vivos.

Prometemos fazer isso, e a mulher-emanação fica deleitada. Recordamos que nenhum fenômeno existe do seu próprio lado e, concentrando-nos nesse firme conhecimento, dissolvemos todas as nossas aparências comuns na vacuidade. Do estado de vacuidade, geramo-nos como Heruka, com um corpo azul, quatro faces e doze braços, unido-em-abraço com nossa consorte, Vajravarahi, que tem um corpo vermelho, uma face e dois braços, e entramos em união. Por meio disso, nossa bodhichitta derrete. À medida que desce da nossa coroa para a nossa garganta, experienciamos *alegria*; à medida que desce da nossa garganta para o nosso coração, experienciamos *suprema alegria*; à medida que desce do nosso coração para o nosso umbigo, experienciamos *extraordinária alegria*; e, à medida que desce do nosso umbigo para a extremidade do nosso órgão sexual, imaginamos que estamos experienciando grande êxtase espontâneo inseparável da vacuidade. Neste ponto, recebemos as bênçãos da iniciação mudra-sabedoria.

Se experienciarmos qualquer uma das quatro alegrias através de nos concentrarmos do modo descrito acima, isso é a efetiva iniciação mudra-sabedoria. Esta iniciação purifica todas as máculas e obstruções da nossa mente e faz com que alcancemos a realização do estágio de conclusão da clara-luz-significativa, denominada "realização da verdade última", e alcançamos também o Corpo-Verdade de um Buda. Ela é denominada "iniciação mudra-sabedoria" porque é concedida por meio do nosso Guru dar-nos um mudra-sabedoria. Neste contexto, o termo "mudra" significa "consorte tântrica". Um mudra-sabedoria é uma consorte tântrica que é uma manifestação da sabedoria onisciente, ao passo que uma mulher-sabedoria (*rigma*, em tibetano) é uma mulher que é uma consorte tântrica.

RECEBER A INICIAÇÃO DA PRECIOSA PALAVRA

Nesta iniciação, Guru Heruka dá-nos uma instrução especial sobre o que é a União-do-Não-Mais-Aprender e como alcançá-la. Imaginamos que estamos ouvindo diretamente as seguintes palavras:

> *Quando recebeste a terceira iniciação, a iniciação mudra-sabedoria, geraste teu corpo como o corpo de Heruka. Ele é um corpo-divino imaginado. Geraste também tua mente como a mente de Heruka, uma mente-Deidade imaginada. Por fim, através da prática contínua desta meditação, alcançarás o corpo e mente efetivos de Heruka, a união resultante do corpo-ilusório e da mente de grande êxtase e vacuidade de um Buda. Essa é a União-do-Não-Mais-Aprender, a meta final.*

Por ouvir essas palavras, imaginamos que estamos experienciando grande êxtase e, através disso, recebemos as bênçãos da iniciação da preciosa palavra.

Se experienciarmos uma sensação de alegria através de imaginar que estamos ouvindo as palavras de Guru Heruka, isso é a efetiva iniciação da palavra. Esta iniciação purifica todas as máculas e obstruções do nosso corpo, fala e mente tomados em conjunto, e faz com que alcancemos a união do corpo e mente de Buda Vajradhara. Ela é denominada "iniciação da palavra" porque é concedida por meio de instruções em forma de palavras.

FAZER PEDIDOS AOS GURUS-LINHAGEM

Nas preces auspiciosas da sadhana, está dito:

Que haja a auspiciosidade de um grande tesouro de bênçãos
Surgindo dos excelentes feitos do Guru-raiz e de todos os
   Gurus-linhagem,

**Que realizaram a suprema aquisição de Buda Heruka
Por confiarem no excelente caminho secreto do Rei dos Tantras.**

Como mencionado acima, essa prece revela que todos os Gurus-linhagem destas instruções, desde Ghantapa até Vajradhara Trijang Losang Yeshe Rinpoche, são exemplos efetivos de praticantes que alcançaram a União de Buda Heruka através da prática do mandala de corpo de Heruka. Regozijamo-nos, agora, profundamente com suas vidas e realizações e geramos uma forte determinação de seguir seu exemplo. Com forte fé, recitamos as preces de pedidos que estão na sadhana, pedindo, em particular, aos Gurus-linhagem que concedam suas bênçãos para que possamos também alcançar a União do corpo e mente sagrados de Buda Heruka e, assim, beneficiar todos os seres vivos, sem exceção.

REALIZAR GRANDE ÊXTASE ESPONTÂNEO POR MEIO DE DISSOLVER O GURU EM NÓS

Como resultado dos nossos pedidos sinceros, imaginamos que todos os demais seres sagrados no Campo de Mérito convertem-se em luz, reúnem-se a partir das bordas e se dissolvem em nosso Guru-raiz Heruka, o Principal do Campo de Mérito. Devido à sua afeição por nós, nosso Guru-raiz desenvolve o desejo de unificar-se conosco, e nós, do nosso lado, também desejamos intensamente que isso aconteça. Imaginamos então que Guru Heruka se torna cada vez menor, a partir de baixo e de cima, diminui até ficar do tamanho de um polegar, entra pela coroa da nossa cabeça e desce por nosso canal central até o nosso coração, onde se funde inseparavelmente com a nossa mente-raiz. Visto que a essência de Guru Heruka é a sabedoria de grande êxtase espontâneo, pensamos: "Por fundir minha mente-raiz com Guru Heruka, minha mente se transforma em grande êxtase espontâneo". Meditamos estritamente focados nessa experiência de grande êxtase espontâneo pelo maior tempo possível.

Trazer os Três Corpos para o Caminho

A PRÁTICA PROPRIAMENTE DITA DO ESTÁGIO DE GERAÇÃO

Este tópico tem seis partes:

1. O que é o estágio de geração?;
2. Trazer os três corpos para o caminho;
3. A meditação de examinar o mandala de Heruka e Heruka-base;
4. Gerar o mandala e as Deidades do mandala de corpo;
5. Adornar nosso corpo com as Deidades-armadura, convidar e absorver os seres-de-sabedoria e fazer oferendas;
6. A meditação propriamente dita do estágio de geração.

O QUE É O ESTÁGIO DE GERAÇÃO?

O estágio de geração é definido como uma realização de um ioga criativo, que purifica os três corpos-básicos e faz com que os três corpos do caminho amadureçam. É denominado "ioga criativo" porque seu objeto é gerado, ou criado, por meio de uma mente de concentração pura. Por exemplo, quando nos autogeramos como Heruka, aparece à nossa mente uma forma de Heruka, com um corpo azul, quatro faces e doze braços, e esse objeto é gerado por nossa mente através da força de imaginação correta. No entanto, embora seja gerado pela mente, ele existe. Se continuarmos com essa meditação, nossa mente irá se tornar cada vez mais familiarizada com o objeto e, por fim, alcançaremos o corpo efetivo de Heruka; mas, se não criarmos primeiro esse corpo com nossa mente, nunca realizaremos o corpo efetivo de Heruka no futuro. Do mesmo modo que um artista começa fazendo o

Darikapa

esboço de um quadro e, então, continua a pintar até que o quadro esteja concluído, nossa meditação do estágio de geração pode ser comparada a um artista desenhando o esboço de um quadro, e a nossa meditação do estágio de conclusão, ao artista concluindo o quadro.

Quando, por força da meditação do estágio de geração, a forma de Heruka aparece à nossa mente, ela é uma forma efetiva, real. Ela é uma forma que é uma fonte-fenômenos, uma forma que aparece apenas para a percepção mental. Mais tarde, quando nossas concentrações dos estágios de geração e de conclusão estiverem completadas, alcançaremos a forma efetiva de Heruka, a qual poderemos ver com nossa percepção visual. O que, anteriormente, era uma forma que é uma fonte-fenômenos, terá adquirido agora uma forma que é uma fonte-forma, um objeto efetivo da percepção visual.

Não é somente no Tantra que Buda ensina como gerar objetos com nossa mente, os quais, depois, irão se tornar objetos dos sentidos. Nos *Sutras Vinaya*, Buda diz que os monges que desejam superar o apego desejoso devem visualizar o solo coberto de esqueletos e ver todas as coisas como impuras. Alguns monges que praticaram essa meditação sinceramente viram esqueletos diretamente com seus olhos e coisas impuras para onde quer que olhassem e, como resultado, desenvolveram o forte desejo de escapar do samsara. Não podemos dizer que suas mentes eram percepções errôneas, pois os esqueletos que eles viam foram gerados por meio de concentração pura. No início, os esqueletos eram formas que eram fontes-fenômenos, mas, para os monges, elas se tornaram fontes-forma efetivas, reais. De modo semelhante, pessoas de quem não gostamos aparecem para nós como não atrativas, mas, se depois mudarmos nossa mente em relação a elas e começarmos a gostar delas, sua aparência também mudará, e elas agora irão aparecer para nós como atrativas. O que mudou foi apenas a nossa mente, mas, devido à mudança da nossa mente, as formas que apareciam para ela também mudaram. Isso mostra como tudo depende da mente. Por contemplar estes pontos, podemos compreender o que significa chamar o estágio de geração de "ioga criativo", e podemos ver como é possível gerarmo-nos como Heruka através do poder de concentração pura.

A definição também indica que o estágio de geração purifica os três corpos básicos e faz com que os três corpos do caminho amadureçam. Os três corpos básicos são: a morte comum, o estado intermediário comum (*bardo*, em tibetano) e o renascimento comum. A morte comum é conhecida como "o corpo-verdade básico". Ele não é o Corpo-Verdade efetivo, mas a base para alcançar o Corpo-Verdade efetivo, pois é a base para a prática de trazer a morte para o caminho que conduz ao Corpo-Verdade. De modo semelhante, o estado intermediário comum é denominado "o corpo-de-deleite básico" porque é a base para alcançar o Corpo-de-Deleite efetivo através da prática de trazer o estado intermediário para o caminho; e o renascimento comum é denominado "o corpo-emanação básico" porque é a base para alcançar o Corpo-Emanação efetivo através da prática de trazer o renascimento para o caminho. Esses três corpos-básicos são as bases a serem purificadas. Elas são purificadas indiretamente pelos iogas do estágio de geração e, diretamente, pelos iogas do estágio de conclusão.

Enquanto não purificarmos nossa morte, estado intermediário e renascimento comuns, permaneceremos no samsara e não haverá possibilidade de alcançarmos a Budeidade. Até agora, temos experienciado esses três estados, um após o outro, sem interrupção, como o girar da manivela de um poço; e, por causa disso, estamos presos no samsara, experienciando sofrimento e problemas contínuos. Se purificarmos o nascimento, a morte e o estado intermediário comuns, não haverá base para experienciarmos sofrimento – teremos alcançado a libertação.

Mesmo nos Sutras, está dito que precisamos cortar o *continuum* do nascimento, morte e estado intermediário. O que acontecerá se cortarmos o *continuum* do nascimento comum? Desapareceremos e iremos nos tornar vazios, como um espaço vazio? Isso é impossível. Mesmo se cortarmos o *continuum* do renascimento comum, o *continuum* da nossa mente permanecerá; mas, em vez de sermos arremessados num renascimento samsárico por força de carma e delusão, renasceremos por escolha – seja numa Terra Pura ou, motivados por compaixão, no reino humano. É o sofrimento do nascimento e morte descontrolados que cessará.

Como purificamos a morte, o estado intermediário e o renascimento comuns? A morte comum é purificada diretamente através da realização do estágio de conclusão da clara-luz-exemplo última; o estado intermediário comum é purificado diretamente através da realização do estágio de conclusão do corpo-ilusório; e o renascimento comum é purificado diretamente através do ioga do estágio de conclusão do corpo-Deidade denso, alcançado após a realização do corpo-ilusório.

A clara-luz do estágio de conclusão é conhecida como "o caminho do Corpo-Verdade", o corpo-ilusório do estágio de conclusão é conhecido como "o caminho do Corpo-de-Deleite", e o ioga do estágio de conclusão do corpo-Deidade denso é conhecido como "o caminho do Corpo-Emanação". Fazemos amadurecer esses três corpos-caminho por meio de praticar os três trazeres do estágio de geração. O *ioga do estágio de geração de trazer a morte comum para o caminho que conduz ao Corpo-Verdade* faz com que a realização do estágio de conclusão da clara-luz amadureça; o *ioga do estágio de geração de trazer o estado intermediário comum para o caminho que conduz ao Corpo-de-Deleite* faz com que a realização do estágio de conclusão do corpo-ilusório amadureça; e o *ioga do estágio de geração de trazer o renascimento comum para o caminho que conduz ao Corpo-Emanação* faz com que a realização do estágio de conclusão do corpo-Deidade denso amadureça. O resultado final de purificar os três corpos-básicos por meio dos três corpos-caminho é a aquisição dos três corpos resultantes: o Corpo-Verdade, o Corpo-de-Deleite e o Corpo--Emanação efetivos de um Buda.

O Corpo-Emanação é o corpo-denso de um Buda; o Corpo-de-Deleite é o corpo-sutil de um Buda; e o Corpo-Verdade é o corpo muito sutil de um Buda. O Heruka que é designado, ou imputado, ao seu corpo denso é chamado "Corpo-Emanação Heruka"; o Heruka que é designado ao seu corpo sutil é chamado "Corpo-de-Deleite Heruka"; e o Heruka que é designado ao seu corpo muito sutil é chamado "Corpo-Verdade Heruka". *Corpo muito sutil de um Buda, Corpo-Verdade* e *Dhamakaya* são sinônimos.

TRAZER OS TRÊS CORPOS PARA O CAMINHO

Este tópico tem três partes:

1. Trazer a morte para o caminho que conduz ao Corpo-Verdade;
2. Trazer o estado intermediário para o caminho que conduz ao Corpo-de-Deleite;
3. Trazer o renascimento para o caminho que conduz ao Corpo--Emanação.

TRAZER A MORTE PARA O CAMINHO QUE CONDUZ AO CORPO-VERDADE

Trazer a morte para o caminho que conduz ao Corpo-Verdade é um ioga, semelhante em aspecto à experiência da morte, que tem o orgulho divino de ser o Corpo-Verdade. Damos início a esta prática absorvendo todos os ambientes exteriores e seus habitantes. Isso nos ajuda a superar aparências e concepções comuns e faz com que aparências duais cessem na vacuidade. Esta prática também cria a causa para que os ventos interiores se reúnam no canal central, preparando assim a fundação para alcançarmos a clara-luz do Corpo-Verdade.

Previamente, dissolvemos Guru Heruka em nossa mente-raiz no nosso coração e transformamos nossa mente-raiz em grande êxtase espontâneo. Agora, pensamos que nossa mente-raiz de grande êxtase aparece na forma de uma letra HUM azul no nosso coração, e imaginamos que essa letra HUM irradia poderosos raios de luz que alcançam todos os mundos e seus seres. Tudo se converte em luz, que gradualmente se reúne e retorna, dissolvendo-se no nosso corpo. Sentimos que todos os mundos e seus seres se dissolveram em nós.

Neste ponto, imaginamos que experienciamos o primeiro dos oito sinais que surgem no momento da morte, a "aparência miragem". Esse sinal surge devido à dissolução do vento interior que sustenta nosso elemento terra. Meditamos nessa experiência por alguns instantes e, depois, imaginamos que nosso corpo se dissolve gradualmente, a partir de baixo e de cima, até a letra HUM no nosso coração. Com exceção da letra HUM, pensamos que nada permanece, e imaginamos que percebemos a "aparência fumaça", que surge devido à dissolução do vento interior que sustenta nosso elemento água. Após meditarmos nisso por alguns instantes, imaginamos que o *"shabkyu"* na base da letra HUM se dissolve gradualmente, de baixo para cima, até a letra principal, a letra HA, e percebemos a "aparência vaga-lumes cintilantes", que surge devido à dissolução do vento interior que sustenta nosso elemento fogo. Após meditarmos nisso por alguns instantes, imaginamos que o corpo principal da letra HA se dissolve gradualmente, de baixo para cima, até a linha horizontal que está na sua cabeça, e que percebemos a "aparência chama de vela", que surge porque o vento interior que sustenta nosso elemento vento começa a se dissolver. Após meditarmos nisso por alguns instantes, imaginamos que a linha horizontal se dissolve gradualmente, de baixo para cima, até a lua crescente, e que experienciamos a "mente da aparência branca", que surge devido à dissolução completa do vento interior que sustenta nosso elemento vento. Após meditarmos nisso por alguns instantes, imaginamos que a lua crescente se dissolve gradualmente, de baixo para cima, na gota, e que experienciamos a "mente do vermelho crescente", que surge devido à dissolução do vento interior que sustenta a mente da aparência branca. Após meditarmos nisso por alguns instantes, imaginamos que a gota se dissolve gradualmente, de baixo para cima, no *nada*, e que experienciamos a "mente da quase-conquista negra", que surge devido à dissolução do vento interior que sustenta a mente do vermelho crescente. Neste ponto, devemos sentir que nada existe, com exceção do *nada*. O *nada* então se dissolve gradualmente a partir da base – a curva inferior se dissolve na curva mediana, a curva mediana se dissolve na curva superior e, por fim, a curva superior se dissolve na clara-luz vacuidade. Imaginamos que estamos a experienciar o oitavo sinal, a "mente de clara-luz", que surge devido à dissolução do vento interior que sustenta a mente da quase-conquista negra.

Nesta etapa, enquanto estamos meditando na vacuidade de todos os fenômenos, uma parte da nossa mente deve contemplar quatro pontos: (1) imaginamos que nossa mente está experienciando grande êxtase; (2) essa mente de grande êxtase está inseparavelmente misturada com a vacuidade; (3) essa união de grande êxtase e vacuidade é o Corpo-Verdade, a base para designar o *eu* de Heruka; e (4) sobre essa base, pensamos fortemente "Eu sou o Corpo-Verdade Heruka".

Meditamos principalmente na vacuidade, mas sem nos esquecermos desses quatro pontos. De vez em quando, sem nos esquecermos da vacuidade, podemos enfatizar meditação na experiência de grande êxtase, ou podemos enfatizar meditação no Corpo-Verdade, ou meditação no orgulho divino que pensa "Eu sou o Corpo-Verdade Heruka". Enfatizamos um ponto, mas fazemos isto sem nos esquecermos dos outros três. Por meio dessa meditação, podemos transformar nossa experiência da morte na experiência da clara-luz de grande êxtase, o caminho rápido que conduz ao Corpo-Verdade de um Buda. Por esta razão, essa meditação é denominada "trazer a morte para o caminho que conduz ao Corpo-Verdade". Essa meditação é muito poderosa e cumpre as seguintes funções: (1) ajuda a superar aparências e concepções comuns; (2) faz com que as aparências duais cessem na vacuidade; (3) purifica indiretamente a morte comum; (4) faz com que a realização do estágio de conclusão da clara-luz amadureça; (5) é uma coleção de sabedoria; e (6) planta em nossa mente um potencial poderoso para alcançarmos, no futuro, o Corpo-Verdade efetivo de um Buda.

Khedrubje disse que, mesmo se não completarmos nosso treino do estágio de geração e do estágio de conclusão antes de morrermos, mas tivermos experiência da meditação em trazer a morte para o caminho que conduz ao Corpo-Verdade de Heruka, seremos capazes de recordá-la quando morrermos e, como resultado, nossa consciência será transferida para a Terra Pura de Heruka. Para praticantes sinceros, essa meditação é a verdadeira transferência de consciência; eles não precisam praticar outros tipos de transferência.

Muitos praticantes têm fortes aparências e concepções comuns porque eles carecem de uma experiência da vacuidade e, devido a isso, experienciam grandes dificuldades em sua prática de Tantra Ioga Supremo. Se não tivermos uma compreensão da vacuidade, devemos estudar livros qualificados, tais como *Novo Coração de Sabedoria* e *Oceano de Néctar*, e ouvir instruções de professores qualificados. Sem realizar a vacuidade, não há base para uma meditação autêntica em trazer a morte para o caminho que conduz ao Corpo-Verdade e, portanto, não será possível cortarmos o *continuum* dos sofrimentos samsáricos.

TRAZER O ESTADO INTERMEDIÁRIO PARA O CAMINHO QUE CONDUZ AO CORPO-DE-DELEITE

Trazer o estado intermediário para o caminho que conduz ao Corpo-de-Deleite é um ioga, semelhante em aspecto à experiência do estado intermediário, que é obtido após trazer a morte para o caminho que conduz ao Corpo-Verdade e que tem o orgulho divino de ser o Corpo-de-Deleite.

Após meditarmos por alguns instantes no orgulho divino que pensa "eu sou o Corpo-Verdade Heruka", uma parte da nossa mente deve pensar:

Se eu permanecer neste estado, os seres vivos não serão capazes de me ver e, assim, não serei capaz de ajudá-los diretamente. Portanto, vou surgir em um Corpo-Forma para o benefício de todos os seres vivos.

Para os seres comuns, o corpo-sonho surge da clara-luz do sono, e o corpo do estado intermediário surge da clara-luz da morte. Para praticantes do estágio de conclusão, o corpo-ilusório surge da realização da mente de clara-luz; e, para os Budas, o Corpo-de-Deleite surge da clara-luz do Corpo-Verdade. Portanto, nesta etapa da meditação, imaginamos que surgimos da clara-luz do Corpo-Verdade como o Corpo-de-Deleite Heruka.

O Corpo-de-Deleite pode assumir muitas formas diferentes. Para os propósitos desta meditação, imaginamos que ele surge na forma de um minúsculo *nada* suspenso no espaço. O *nada* é branco, com um matiz avermelhado. Ele possui três curvas, e sua extremidade superior é extremamente fina. As três curvas do *nada* representam o corpo, a fala e a mente do ser do estado intermediário. Nesta meditação, não é necessário focar-se no aspecto do *nada*; em vez disso, devemos enfatizar o desenvolvimento de orgulho divino, pensando: "eu purifiquei o corpo, a fala e a mente do estado intermediário. Agora, eu sou o Corpo-de-Deleite Heruka". Meditamos nessa experiência por alguns instantes. Através dessa meditação, podemos transformar nossa experiência do estado intermediário na experiência do corpo-ilusório, o caminho rápido para o Corpo-de-Deleite de um Buda. Por essa razão, esta meditação é denominada "trazer o estado intermediário para o caminho que conduz ao Corpo-de-Deleite". Ela purifica indiretamente o estado intermediário comum, faz amadurecer a realização do estágio de conclusão do corpo-ilusório e planta, em nossa mente, um potencial poderoso para alcançarmos, no futuro, o Corpo-de-Deleite efetivo de um Buda.

TRAZER O RENASCIMENTO PARA O CAMINHO QUE CONDUZ AO CORPO-EMANAÇÃO

Trazer o renascimento para o caminho que conduz ao Corpo-Emanação é um ioga, semelhante em aspecto à experiência de renascer, que é obtido após trazer o estado intermediário para o caminho que conduz ao Corpo-de-Deleite e que tem o orgulho divino de ser o Corpo-Emanação.

Enquanto estamos no aspecto do *nada* no espaço, devemos pensar:

Embora eu tenha surgido num Corpo-Forma – o Corpo-de-Deleite –, apenas seres altamente realizados podem vê-lo. Visto que desejo beneficiar diretamente os seres comuns, eu preciso também de um Corpo-Forma denso. Portanto, renascerei como um Corpo-Emanação Heruka.

Com essa motivação, olhamos para baixo através do espaço e vemos o lugar onde renasceremos. Primeiro, observamos o círculo de proteção, que consiste no solo, cerca, tenda e dossel vajras. Eles são constituídos inteiramente de vajras indestrutíveis de cinco hastes, da natureza da excelsa sabedoria de Heruka. O solo-vajra é vasto e está rodeado pela cerca-vajra – seu formato é quadrado e é também vasta e muito alta. No topo da cerca-vajra, está o dossel-vajra, que serve como teto. Acima disto, está a tenda-vajra.

Os vajras situados no leste são azul-escuros; no norte, verdes; no oeste, vermelhos; e no sul, amarelos. Eles estão todos unidos, sem nenhum espaço entre eles, como a casca de um ovo, de modo que nada pode penetrá-los. Ao redor, do lado de fora (acima, abaixo e por todos os lados), poderosas chamas de cinco sabedorias – de cor branca, amarela, vermelha, verde e azul – giram em sentido anti-horário. Tudo é da natureza do êxtase e vacuidade indivisíveis de Heruka. Nossa mente, o *nada*, observa o círculo de proteção, considerando-o como a Terra Pura de Heruka, na qual renasceremos.

De uma letra YAM, sobre o solo-vajra, surge um mandala semicircular azul de vento; sobre isto, de uma letra RAM surge um mandala triangular vermelho de fogo; sobre isto, de uma letra BAM surge uma mandala circular branco de água; e, sobre isto, de uma letra LAM surge um mandala quadrangular amarelo de terra. O mandala de vento cobre o solo-vajra por inteiro, o mandala de fogo está dentro dos limites do arco do mandala de vento, o mandala de água está dentro dos limites do triângulo do mandala de fogo, e o mandala de terra está dentro dos limites do círculo do mandala de água. Visualizamos o mandala de terra como sendo muito vasto porque ele é o solo sobre o qual o mandala de Heruka se ergue. Todos os quatro elementos são da natureza da sabedoria onisciente de Heruka.

De uma letra SUM, no topo do mandala de terra, surge Monte Meru, que é quadrado, feito de joias e extremamente alto. O lado leste é branco; o norte, amarelo; o oeste, vermelho; e o sul, azul. Quando Buda primeiramente emanou o mandala de Heruka, ele o fez no topo do Monte Meru, razão pela qual visualizamos o mandala no topo do Monte Meru.

De uma letra PAM, no topo do Monte Meru, surge um lótus com 64 pétalas, que cobre toda a superfície da montanha. As pétalas no leste são brancas; no norte, verdes; no oeste, vermelhas; e no sul, amarelas. Sobre o centro desse lótus, está um imenso vajra cruzado de cinco hastes. A parte central do vajra é azul, seu formato é quadrado e forma o vasto solo do mandala. As cinco hastes no leste são brancas; no norte, verdes; no oeste, vermelhas; e no sul, amarelas. O centro do vajra está completamente coberto por um lótus de oito pétalas. As pétalas nas quatro direções cardeais são vermelhas, as pétalas nas direções sudeste e noroeste são amarelas, a pétala na direção sudoeste é verde, e a pétala na direção nordeste é preta. No centro do lótus, está um mandala de lua, branco com um matiz avermelhado, que surgiu das vogais e consoantes sânscritas. Nós, no aspecto do *nada* no espaço, observamos esses desenvolvimentos abaixo de nós.

O círculo de proteção, os quatro elementos, Monte Meru e o lótus de 64 pétalas simbolizam o lugar onde iremos renascer com um Corpo-Emanação. O vajra simboliza o corpo da mãe, e o lótus de oito pétalas simboliza o seu útero. A lua branca com um matiz avermelhado simboliza a união do esperma do pai e do óvulo da mãe. Sua natureza é sabedoria, mas sua substância são as gotas brancas de Pai Heruka e as gotas vermelhas de Mãe Vajravarahi. A parte branca da lua é a *sabedoria semelhante-a-um-espelho* de Heruka, e a parte vermelha é a sua *sabedoria da igualdade*.

Com a motivação de beneficiar todos os seres vivos, nós, o *nada* no espaço, geramos um forte desejo de renascer na união do esperma do Pai Heruka e do óvulo da Mãe Vajravarahi. Através do poder dessa motivação, descemos através do espaço até o ponto logo acima da lua. Então, gradualmente, uma gota se desenvolve do *nada*, uma lua crescente se desenvolve da gota, uma linha horizontal se desenvolve da lua crescente, uma letra HA se desenvolve da linha horizontal, e um *shabkyu* se desenvolve da letra HA. Desse modo, uma letra HUM se desenvolve no centro da lua. Essa letra HUM é branca com um matiz avermelhado, e é do tamanho de um homem.

O *nada* descendo até o centro da lua simboliza a concepção no útero da mãe, e o desenvolvimento do HUM simboliza o desenvolvimento do bebê dentro do útero. O HUM é da natureza da *sabedoria da realização, ou análise, individual* de Heruka. Pensamos agora que acabamos de nascer.

Visualizamos raios de luz de cinco cores irradiando da letra HUM para todas as direções, preenchendo todo o espaço. Nas pontas dos raios de luz, estão Deidades do mandala de Heruka, que vêm à coroa de todos os seres vivos e lhes concedem iniciação, purificando completamente suas duas obstruções. Todos os seres vivos alcançam o estado de Heruka, e seus ambientes transformam-se na Terra Pura de Heruka. Todos esses seres e seus ambientes convertem-se, então, em luz. Ao mesmo tempo, todos os Heróis e Heroínas são convidados para virem de todas as Terras Búdicas das dez direções. Eles se dissolvem nas bodhichittas vermelhas e brancas e fundem-se com os seres que se converteram em luz. Essa luz se recolhe até se dissolver no *nada* da letra HUM. Como resultado, nossa mente, no aspecto desse HUM, torna-se da natureza de grande êxtase espontâneo. Todos os mundos e seus seres – e todos os Budas, sob a forma de Heróis e Heroínas – dissolveram-se nesse HUM. Essa é a *sabedoria de realizar atividades* de Heruka.

Agora a lua, vogais, consoantes e o HUM transformam-se no mandala sustentador e nas Deidades sustentadas de Heruka, que aparecem plena e simultaneamente. Imaginamos que podemos ver tudo (o círculo de proteção, o mandala e todas as Deidades) de modo perfeitamente claro; então, pensamos "Agora, nasci como o Corpo-Emanação Heruka" e meditamos nessa sensação por alguns instantes. O círculo de proteção, o mandala e as Deidades, aparecendo plena e simultaneamente, são a *sabedoria do Dharmadhatu* de Heruka. Embora apareçam como formas, na verdade, eles são da natureza da sabedoria onisciente de Heruka.

Através dessa meditação, podemos transformar nossa experiência de renascer na experiência do corpo-Deidade denso, que é o caminho rápido que conduz ao Corpo-Emanação de um Buda. Por esta razão, ela é denominada "trazer o renascimento para o caminho que conduz ao Corpo-Emanação". Ela purifica indiretamente o renascimento comum, faz amadurecer a realização do estágio de conclusão do corpo-Deidade denso e planta um potencial poderoso em nossa mente para alcançarmos, no futuro, o Corpo-Emanação efetivo de um Buda. Ela é também o método principal para obter um renascimento em Keajra, a Terra Pura de Heruka.

Dingkiwa

A Meditação de Examinar o Mandala e Heruka-base

A MEDITAÇÃO DE examinar o mandala e Heruka-base tem duas partes:

1. A meditação de examinar;
2. O simbolismo do corpo de Heruka.

A MEDITAÇÃO DE EXAMINAR

Para nos familiarizarmos com o nosso novo ambiente e nova identidade, fazemos agora a meditação analítica do mandala e de nós mesmos como Heruka-base. Nos confins do nosso mundo novo, estão os oito grandes solos sepulcrais, rodeando o círculo de proteção. Eles são muito semelhantes àqueles descritos no livro *Novo Guia à Terra Dakini*, exceto que, na prática de Vajrayogini, eles estão dentro do círculo de proteção, ao passo que, na prática de Heruka, eles estão localizados fora desse círculo.

Em cada solo sepulcral, há uma árvore, ao pé da qual está sentado um guardião direcional. Cada guardião direcional possui quatro braços. Com suas duas primeiras mãos, eles abraçam sua consorte e, com as outras duas mãos, seguram ao alto vários objetos e uma cuia de crânio. Cada um deles está sentado sobre uma montaria diferente e usa uma echarpe de seda. Exceto para os guardiões no sul e no sudoeste, que usam uma coroa de três crânios, todos os demais usam uma coroa dourada de cinco linhagens. No topo de cada árvore, há um guardião regional, com a parte superior do seu corpo emergindo acima dos galhos. Cada guardião regional tem a mesma face que a da montaria do guardião direcional que está ao pé da sua árvore, e eles seguram uma torma e uma cuia de crânio.

Em cada solo sepulcral, há um lago, no qual vive um naga segurando uma joia. Os nagas têm corpos metade humana, metade serpente, com um dossel de serpentes atrás da cabeça. Eles são de diferentes cores, usam vestes de seda e estão adornados com ornamentos de joias. Acima de cada lago, há uma nuvem. Há uma montanha, no topo da qual encontra-se uma estupa branca, ao pé da qual arde um fogo-sabedoria.

Por todos os solos sepulcrais, há cadáveres em diversos estágios de decomposição. Alguns estão deitados, outros estão andando, e outros, agachados. Alguns não têm cabeça, outros estão sendo comidos por animais, alguns estão empalados em estacas, outros estão pendurados em árvores pelos cabelos, e outros estão semi-consumidos pelo fogo. Pássaros e animais selvagens (como corvos, corujas, abutres, lobos, chacais e serpentes) habitam os solos sepulcrais. Espíritos, tais como os causadores-de-mal amarelos em pele de tigre segurando clavas, zumbis e canibais nus aterrorizantes, perambulam ao redor emitindo o som "Kili Kili". Praticantes tântricos, tais como Siddhas, Detentores do Saber, iogues e ioguines, também habitam os solos sepulcrais, mantendo puramente seus compromissos e praticando, estritamente focados, o caminho de Heruka. Eles estão nus, com o cabelo livremente solto, e estão adornados com cinco mudras. Eles seguram tambores de mão, cuias de crânio e khatangas, e usam coroas adornadas com crânios.

Os oito guardiões direcionais são: Indra, Vaishravana, Varuna, Yama, Agni, Kardava, Vayuni e Ishvara. Além destes, há outros dois guardiões direcionais: Brahma (que protege as regiões superiores) e Bhumi (que protege as regiões inferiores). Algumas vezes, podemos incluir outros cinco guardiões direcionais – Surya, Chandra, Bhadra, Ganesha e Vishnu –, totalizando quinze. Todos estes quinze guardiões direcionais que residem nos solos sepulcrais são emanações de Heruka aparecendo sob aspectos mundanos, e sempre que oferecemos a torma aos Dakas e Dakinis mundanos, nós convidamos estes guardiões, juntamente com seus séquitos, para virem dos oito solos sepulcrais para recebê-la. Todos os seres que habitam os solos sepulcrais estão voltados de frente para a Deidade principal e imprimem ao lugar um senso de deslumbramento.

Os solos sepulcrais têm grande significado. Eles são da natureza da sabedoria onisciente de Heruka, e todas as suas características são emanadas por Heruka para nos ensinar como praticar as etapas do caminho de Sutra e de Tantra. Os cadáveres simbolizam a impermanência e as falhas do samsara, particularmente a doença, envelhecimento e morte. O lago simboliza a bodhichitta convencional; o naga, as seis perfeições e as dez perfeições; e a joia que cada um dos nagas segura simboliza as quatro maneiras de reunir discípulos. Porque os cadáveres não têm dono, eles também simbolizam a ausência do em-si. Essas características nos fazem lembrar de praticar renúncia, bodhichitta, visão profunda e as seis perfeições.

Os animais selvagens simbolizam as realizações do estágio de geração, e o fato de estarem comendo os cadáveres nos ensina a destruir nossas aparências comuns e concepções comuns através do poder da nossa prática do estágio de geração.

A árvore simboliza o canal central, que é o objeto básico da meditação do estágio de conclusão. O guardião direcional ao pé da árvore simboliza o vento descendente-de-esvaziamento logo abaixo do umbigo, e o guardião regional no topo da árvore simboliza o vento de sustentação vital no coração. O fogo na base da montanha simboliza o fogo interior do *tummo* no umbigo, e a nuvem simboliza as bodhichittas brancas no chakra da coroa. Os oitos solos sepulcrais – quatro nas direções cardeais e quatro nas direções intermediárias – simbolizam as quatro alegrias na ordem serial e reversa. A montanha simboliza o equilíbrio inamovível do grande êxtase espontâneo misturado com a vacuidade, e a estupa no topo da montanha simboliza os três corpos de um Buda.

A meditação do estágio de conclusão no *tummo*, ou fogo interior, faz com que o vento descendente-de-esvaziamento abaixo do nosso umbigo reverta e flua para cima pelo canal central, o que, por sua vez, faz com que todos os nossos ventos interiores se reúnam no canal central e se dissolvam no vento de sustentação vital, no nosso coração. Isso faz com que a bodhichitta branca no nosso chakra da coroa derreta e desça através do nosso canal central, fazendo surgir as quatro alegrias das ordens serial e reversa. A alegria final, a mente de grande êxtase espontâneo, funde-se então inseparavelmente com a vacuidade e abandona gradualmente as duas obstruções. Quando nossa mente é completamente purificada dessa maneira, alcançamos os três corpos resultantes de um Buda: o Corpo-Verdade, o Corpo-de-Deleite e o Corpo-Emanação. Assim, esses aspectos dos solos sepulcrais nos ensinam como alcançar a plena iluminação por meio de treinar os iogas do estágio de conclusão. Certa vez, Milarepa disse: "Eu não preciso de livros, pois tudo ao meu redor me ensina o Dharma". Do mesmo modo, por simplesmente contemplar as características dos solos sepulcrais, praticantes sinceros de Heruka desenvolvem uma profunda compreensão dos fenômenos da base, do caminho e do resultado, assim como um forte entusiasmo para praticar as etapas do caminho de Sutra e de Tantra.

Dentro do círculo dos oito grandes solos sepulcrais, está o círculo de proteção do solo, cerca, tenda e dossel vajras, rodeados pelas chamas-sabedoria de cinco cores a rodopiarem em sentido anti-horário. No centro disso, estão os quatro elementos, Monte Meru, o lótus e o vajra cruzado, todos eles descritos anteriormente.

No centro do vasto vajra cruzado, encontra-se a mansão celestial, que está construída como uma imensa casa quadrada, com uma elaborada entrada em cada lado. Chega-se à mansão celestial a partir das quatro direções, através de escadas que conduzem, pelas hastes do vajra, ao seu piso térreo. As paredes, decoradas com joias, possuem cinco camadas que, de fora para dentro, são de cor branca, amarela, vermelha, verde e azul. No topo da parede e sobressaindo ao seu redor, está uma cornija vermelha preciosamente decorada, cravejada de joias retangulares, triangulares, circulares e no formato de meias-luas. Sobre isto, estão quatro níveis de frisos dourados, cada um deles separado por uma série de suportes feitos de seis substâncias preciosas. Sobre isto e projetando-se para fora, estão caibros paralelos, cujas extremidades têm a forma de monstros-marinhos, com cordões longos e semilongos de pérolas que pendem de suas bocas. Sobressaindo acima disso, estão *sharpu*, decorações especiais de joias, suspensas dos beirais. Ao redor do beiral, está um parapeito branco no formato de meias-pétalas de lótus. O parapeito está adornado com oito estandartes da vitória enfeitados com belas criaturas, e outros oito estandartes, todos eles dispostos em vasos dourados. Nos quatro cantos do telhado, estão macacos sentados no parapeito, segurando para-sóis adornados no topo por uma joia, lua crescente e meio-vajra azul.

Ao redor da base exterior da parede, há um rebordo vermelho, sobre o qual estão dezesseis deusas oferecedoras de várias cores e em diversas posturas, cada qual com três olhos e quatro braços. Cada uma das quatro entradas tem um pórtico aberto, as quais têm uma porta dupla alta que conduz a um pequeno corredor que leva à câmara principal. Nos cantos exteriores, entre as portas e os saguões da entrada, assim como nos quatro cantos exteriores e interiores da mansão, encontram-se meias-luas, sobre as quais estão joias vermelhas adornadas por vajras no seu topo.

Diante de cada entrada, há uma arcada com onze níveis, sustentada por quatro pilares assentados em vasos sobre pedestais quadrados. Acima de cada arcada, está uma Roda do Dharma, flanqueada à sua direita por um cervo macho e, à esquerda, por um cervo fêmea. Cada arcada está adornada com os dois tipos de estandarte e com macacos segurando para-sóis. A arcada leste está decorada com Rodas do Dharma brancas; a arcada sul, com joias amarelas; a arcada oeste, com lótus vermelhos; e a arcada norte, com espadas verdes. À direita e à esquerda de cada arcada, estão árvores-que-concedem-desejos dispostas em vasos dourados, das quais pendem as sete posses preciosas de um rei. No espaço ao redor da mansão celestial, estão Siddhas – dois de cada lado; e, emergindo de nuvens, estão deusas e deuses oferecedores segurando guirlandas de flores, tornando tudo primorosamente belo.

Dentro da mansão celestial, estão quatro anéis concêntricos de oito pilares, os quais sustentam as vigas-vajra circulares sob um teto de quatro níveis. No topo da mansão, está um lanternim quadrado adornado com um telhado dourado e coroado por uma joia de oito faces e um vajra de cinco hastes. Dentro disso, está um precioso estojo adornado com joias, contendo as escrituras do *Tantra-Raiz de Heruka*.

O teto e o piso da mansão são brancos no leste, verdes no norte, vermelhos no oeste, amarelos no sul e azuis no centro. No piso, há uma plataforma circular de quatro níveis, sendo cada nível menor que o nível abaixo dele. Cada uma das três plataformas inferiores tem o formato de uma grande roda com oito raios em forma de pétalas. Na plataforma inferior, estão as dezesseis Deidades da roda-corpo; na segunda plataforma, as dezesseis Deidades da roda-fala; e na terceira plataforma, as dezesseis Deidades da roda-coração.

Nos quatro cantos interiores da mansão e nos portais de cada saguão, estão as oito Deidades da roda-compromisso. No centro da plataforma superior, encontra-se um lótus de oito pétalas de várias cores. Sobre as pétalas nas direções cardeais, estão as Quatro Ioguines da roda do grande êxtase, e, sobre as pétalas nas direções intermediárias, estão cuias de crânio repletas com os cinco néctares. No centro do lótus, em pé sobre um mandala de sol, aparecemos como o Abençoado Heruka, com um corpo azul-escuro e quatro faces. Contemplamos como segue:

Minha face principal é azul-escura, a face esquerda é verde, a face detrás é vermelha, e a face direita é amarela. Cada face possui três olhos e um rosário de vajras de cinco hastes na sua testa. Minha perna direita está estendida e pisa a cabeça de Bhairawa negro, que tem quatro mãos. Suas duas primeiras mãos estão com as palmas unidas, a segunda mão direita segura um damaru, e a segunda mão esquerda, uma espada. Minha perna esquerda, dobrada, pisa o peito da vermelha Kalarati, que tem quatro mãos. As duas primeiras mãos estão com as palmas unidas, e as outras duas seguram uma cuia de crânio e um khatanga. Ambos os seres sob meus pés têm uma face e três olhos, e estão adornados com cinco mudras.

Eu tenho doze braços. Os dois primeiros abraçam Vajravarahi, com minha mão direita segurando um vajra de cinco hastes, e minha mão esquerda, um sino. As duas mãos seguintes seguram uma pele ensanguentada de um elefante branco, estendida atrás das minhas costas; minha mão direita segura a pata dianteira esquerda, e minha mão esquerda, a pata traseira esquerda. Ambas as mãos estão no mudra ameaçador, com as pontas dos dedos estendidos na altura das minhas sobrancelhas. Minha terceira mão direita segura um damaru; a quarta, um machado; a quinta, uma faca curva; e a sexta, um tridente voltado para cima. Minha terceira mão esquerda segura um khatanga marcado com um vajra; a quarta, uma cuia de crânio repleta de sangue; a quinta, um laço-vajra; e a sexta, uma cabeça de Brahma com quatro faces.

Meu cabelo está preso num coque, marcado com um pequeno vajra cruzado de várias cores. Cada cabeça está adornada com uma coroa de cinco crânios humanos, unidos pelo topo e pela base por um rosário de vajras pretos. No lado esquerdo da minha coroa, está uma meia-lua ligeiramente inclinada. Minhas expressões faciais mudam, e meus quatro conjuntos de quatro caninos estão expostos e são aterrorizantes. Eu mostro nove estados de ânimo. Os três estados de ânimo físicos – de majestade, heroísmo e ameaça – são expressos através do meu corpo manter um ar majestoso, dos meus pés pisarem sobre Bhairawa e Kalarati e do cenho franzido no centro da minha testa. Os três estados de ânimo verbais – de riso, ira e ferocidade – são expressos pelo leve sorriso nos meus lábios, pelos meus caninos à mostra e por minha língua enrolada para trás. Os três estados de ânimo mentais – de compaixão, cuidado atencioso e serenidade – são expressos pelos meus longos olhos amendoados, pelos meus olhos arregalados e por minha maneira de olhar para a Mãe com o canto dos meus olhos.

Na parte inferior do meu corpo, eu uso uma pele de tigre; e no meu pescoço, um colar longo de cinquenta cabeças humanas úmidas encolhidas, unidas por vísceras humanas. Estou adornado com seis ornamentos de osso: um ornamento-coroa, ornamentos-orelha, um colar, braceletes e tornozeleiras, um ornamento-coração e cinzas de osso humano cobrindo todo o meu corpo. Meu cabelo está entrelaçado aos oito raios do ornamento-coroa e reunido num coque, que está coroado por uma joia de nove facetas. O colar, braceletes e tornozeleiras são feitos de fragmentos de osso humano gravados com vajras. Uso o meu ornamento-coração, o seraka, logo abaixo do meu cordão de brâmane, uma linha com três nós sobre o meu ombro esquerdo. A parte frontal e posterior do seraka consiste de ossos quadrados gravados com vajras, que estão conectados por fios de osso que passam por cima dos ombros e por baixo dos braços.

O Pai está unido-em-abraço com a Abençoada Mãe Vajravarahi, que tem um corpo vermelho, uma face, duas mãos e três olhos. Ela está nua, com o cabelo livremente solto e, na parte inferior do seu corpo, usa uma veste feita de fragmentos de crânio. Sua mão esquerda, abraçando o pescoço do Pai, segura uma cuia de crânio repleta com o sangue dos quatro maras. Sua mão direita, no mudra ameaçador, brande uma faca curva, opondo-se às forças malignas das dez direções. Seu corpo brilha com um esplendor igual ao do fogo no final do éon. Suas duas pernas estão enganchadas ao redor das coxas do Pai. Ela é da natureza da grande compaixão extasiante. Adornada com cinco mudras, ela usa uma coroa de cinco crânios humanos encolhidos e um colar de cinquenta crânios humanos encolhidos. Pai e Mãe residem no centro de um fogo ferozmente ardente de excelsa sabedoria.

O SIMBOLISMO DO CORPO DE HERUKA

O corpo de Heruka, uma manifestação de sua sabedoria onisciente, revela todos os fenômenos da base que precisamos abandonar, do caminho que precisamos praticar e do resultado que precisamos alcançar. A cor azul-escura do seu corpo simboliza o Corpo-Verdade-Sabedoria; a cabeça de Brahma, o Corpo-Natureza; os crânios, o Corpo-de-Deleite; e o vajra cruzado de várias cores, o Corpo-Emanação. Assim, essas características do corpo de Heruka ensinam os fenômenos do resultado, mostrando que Heruka alcançou os quatro corpos de um Buda e que devemos nos empenhar para fazer o mesmo. Para isso, precisamos abandonar todos os objetos a serem abandonados (os fenômenos da base) e praticar todas as etapas do caminho à iluminação (os fenômenos do caminho).

Os doze braços de Heruka nos ensinam a abandonar o ciclo dos doze elos dependente-relacionados, o samsara; a pele de elefante, a abandonar a ignorância do agarramento ao em-si; e a pele de tigre que veste na parte inferior do seu corpo, a abandonar o ódio. O machado nos ensina a abandonar todas as falhas de corpo, fala e mente; a faca curva, a abandonar as concepções que se aferram a extremos; e o tridente, a abandonar todas as marcas das delusões dos três reinos. O colar longo de cinquenta cabeças humanas nos ensina a abandonar as aparências e concepções comuns através de purificar os cinquenta ventos interiores; e os caninos à mostra nos ensinam a vencer os quatro maras. A mudança das expressões faciais de Heruka ensina a nos afastarmos das visões errôneas e adotarmos visões corretas; e sua ação de pisar sobre Bhairawa e Kalarati nos ensina a abandonar os dois extremos da existência e da não-existência e os dois extremos do samsara e da paz solitária. Ao nos encorajar a abandonar o extremo da paz solitária, ele nos ensina implicitamente a alcançar grande compaixão e praticar as etapas do Caminho Mahayana. De fato, Heruka é, ele próprio, a corporificação da compaixão de Buda. Seus seis ornamentos-mudra nos ensinam a treinar as seis perfeições, e suas quatro faces nos ensinam a realizar a vacuidade por meio de meditar nas quatro portas da perfeita libertação – vacuidade, ausência de sinais, ausência de desejo e não-produção. "Vacuidade", neste contexto, refere-se à vacuidade da natureza de todas as coisas funcionais; "ausência de sinais", à vacuidade das suas causas; "ausência de desejo", à vacuidade dos seus efeitos, e "não-produção", à vacuidade de todos os fenômenos não-produzidos.

Não é suficiente simplesmente realizar a vacuidade; precisamos realizar a vacuidade com uma mente de grande êxtase espontâneo. Isso é simbolizado pela cuia de crânio repleta de sangue. O sangue simboliza grande êxtase, e a cuia de crânio, a vacuidade; juntos, eles simbolizam a união dos dois. A meia-lua no lado esquerdo da coroa de Heruka simboliza a bodhichitta branca na coroa derretendo e descendo pelo canal central, fazendo surgir a experiência do grande êxtase das quatro alegrias. As cinzas cobrindo todo o seu corpo simbolizam esse êxtase permeando seu corpo por inteiro. Para completar nosso treino no grande êxtase, precisamos meditar com uma consorte – primeiramente, com um mudra-sabedoria visualizado e, depois, com um mudra-ação efetivo; isso é simbolizado pela união-em-abraço de Heruka com Vajravarahi. A mente onisciente de Buda é a união indivisível de êxtase e vacuidade – seu êxtase aparece como Heruka, e sua sabedoria da vacuidade, como Vajravarahi. Heruka e Vajravarahi, portanto, são a mesma natureza, e não duas pessoas diferentes. Heruka segura um vajra, simbolizando o método, e um sino, simbolizando sabedoria; juntos, eles nos ensinam que precisamos realizar a união de método e sabedoria.

Em geral, apego é a fonte dos nossos problemas diários e, por isso, um objeto a ser abandonado; mas no Tantra Ioga Supremo, em vez de abandoná-lo imediatamente, nós o transformamos através do poder da meditação. Assim, Heruka veste uma pele de elefante, ensinando-nos a abandonar a ignorância, e uma pele de tigre, ensinando-nos a abandonar o ódio, mas não há nada em seu corpo que nos ensine a abandonar o apego. Precisamos de um pouco de apego para desenvolver grande êxtase. Quando desenvolvemos êxtase, fundimos esse êxtase com a vacuidade e usamos essa mente para abandonar todas as delusões, incluindo o apego. Se, com uma motivação pura, treinarmos sinceramente no Tantra Ioga Supremo, o poder da nossa meditação será mais forte que o poder do nosso apego e, assim, embora não abandonemos o apego imediatamente, ele não terá poder para nos causar problemas.

Todos nós temos a semente do estado iluminado de Heruka, mas, sem receber as bênçãos dos Budas, não seremos capazes de amadurecer essa semente. O som do damaru invoca todos os Budas, de modo que possamos receber suas bênçãos. O damaru, ele próprio, simboliza o arder do fogo interior, e é tocado na altura do umbigo, ao passo que o sino simboliza a clara-luz e é tocado na altura do coração.

O laço-vajra nos ensina que nossa mente deve estar sempre sujeita, ou atada, ao êxtase, e o khatanga nos ensina a reconhecer que a bodhichitta última de êxtase e vacuidade inseparáveis aparece como o mandala e as Deidades de Heruka. Toda vez que praticarmos a meditação do estágio de geração de Heruka, devemos sempre lembrar que tudo é da natureza de êxtase e vacuidade. Desse modo, nossa meditação torna-se um antídoto efetivo ao agarramento ao em-si.

O cabelo preso de Heruka, formando um coque, nos ensina que as realizações do estágio de geração e do estágio de conclusão, e todas as demais boas qualidades, são alcançadas gradualmente; não devemos ter a expectativa de obter todas essas realizações imediatamente. Por treinar contínua e sinceramente, apreciando até mesmo nossos menores *insights*, alcançaremos gradualmente todas as realizações. Por fim, alcançaremos todas as boas qualidades de Heruka, tais como sua sabedoria onisciente que conhece todos os objetos dos três tempos, simbolizada pelos seus três olhos, e suas cinco excelsas sabedorias, simbolizadas pelos rosários de vajras de cinco hastes.

Contemplando o simbolismo das características do corpo de Heruka, devemos nos empenhar para aprimorar nosso orgulho divino e clara aparência de nós próprios como Heruka. Nas preces auspiciosas que estão na sadhana, está dito: "Nas preciosas mansões celestiais, tão extensas quanto os três mil mundos". Isso significa que devemos visualizar a mansão celestial de Heruka tão grande quanto o universo inteiro; portanto, ela está para além de qualquer medida. No entanto, quando estamos desenhando ou construindo o mandala de Heruka, precisamos fazê-lo com um tamanho específico. Este comentário explica como realizar o mandala exterior e interior de Heruka através de meditar nos estágios de geração e de conclusão, mas não explica como desenhar e construir o mandala de Heruka.

Gerar o Mandala e as Deidades do Mandala de Corpo

Gerar o mandala e as Deidades do mandala de corpo tem duas partes:

1. Uma explicação preliminar;
2. A explicação da prática propriamente dita.

UMA EXPLICAÇÃO PRELIMINAR

Em geral, "mandala" significa "mansão celestial", mas, algumas vezes, esse termo também se refere à assembleia de Deidades, que são conhecidas como "o mandala sustentado". Quando visualizamos e meditamos num mandala e em Deidades visualizados diante de nós, estamos realizando a geração-em-frente; e quando nos geramos a nós próprios como a Deidade e nosso ambiente como o ambiente da Deidade e meditamos nisso, estamos realizando a autogeração.

Em geral, um ritual que seja um método para realizar a geração-em-frente ou a autogeração é denominado "*sadhana*" ("*drub thab*", em tibetano), que significa literalmente "método para alcançar uma aquisição". Existem muitas sadhanas tântricas diferentes. As sadhanas tântricas que contêm práticas de mandala de corpo são mais profundas do que as que não possuem tais práticas, e, dentre aquelas que contêm práticas de mandala de corpo, é dito que a prática do mandala de corpo de Heruka Pai e Mãe é a mais profunda. Como Je Tsongkhapa diz em seu comentário à sadhana de Heruka (*Dö jo*, em tibetano), as profundas realizações do estágio de conclusão dependem dos canais e gotas serem abençoados

Ghantapa

pelos Heróis e Heroínas. Enquanto que, em outras práticas de mandala de corpo, as partes densas do nosso corpo são geradas como Deidades, na prática do mandala de corpo de Heruka, os canais e gotas é que são gerados como Deidades. Desse modo, nossos canais e gotas recebem diretamente as bênçãos dos Heróis e Heroínas. Por essa razão, a prática do mandala de corpo de Heruka é mais importante. A maneira de meditar nessa prática e de recitar os mantras também é muito especial.

Realizar o mandala sustentador e as Deidades sustentadas do mandala de corpo de Heruka é a prática principal das instruções deste livro. Em geral, existem quatro maneiras diferentes de realizar um mandala:

(1) Simplesmente através de concentração;
(2) Na dependência de um desenho ou pintura como sua base de realização;
(3) Na dependência de um desenho de areia como sua base de realização;
(4) Na dependência das partes do corpo de uma pessoa como sua base de realização.

O mandala de corpo de Heruka é realizado utilizando-se o quarto método. Primeiro, precisamos gerar a base para realizar o mandala de corpo, o que fazemos por meio de gerarmo-nos como Heruka, como foi descrito acima. Esse Heruka é denominado "Heruka-base", porque as partes densas e sutis do seu corpo são a base para realizar o mandala e as Deidades do mandala de corpo. No entanto, porque Heruka-base é gerado simplesmente através da concentração de trazer os três corpos para o caminho, não há uma base visual específica para realizá-lo.

O que é um mandala de corpo? Um mandala de corpo é uma mansão celestial ou uma assembleia de Deidades, reais ou imaginadas, que é realizado com base nas partes do corpo de uma pessoa. As partes do corpo são geradas como a mansão celestial ou a assembleia de Deidades. Um mandala de corpo propriamente dito é uma mansão celestial ou uma assembleia de Deidades que é da natureza das partes do corpo purificado de uma Deidade, ou ser iluminado tântrico.

Sempre que nos empenhamos na meditação do estágio de geração do mandala de corpo de Heruka com clara aparência e orgulho divino, realizamos um mandala de corpo imaginado de Heruka na dependência de suas bases – as partes densas e sutis do nosso corpo gerado como Heruka. Com essa fundação básica, quando alcançamos a clara-luz--significativa através da meditação do estágio de conclusão, nosso mandala de corpo imaginado de Heruka é completamente purificado por meio de ser dissolvido na clara-luz-significativa. Por causa disso, quando surgimos da clara-luz-significativa, tornamo-nos um efetivo ser divino, com um corpo-divino (o corpo-ilusório puro) com um aspecto semelhante ao de Heruka, e com uma mansão celestial divina com um aspecto semelhante ao mandala efetivo de Heruka. Esse mandala de corpo de Heruka é superior ao mandala de corpo imaginado de Heruka. Ele é denominado "*o mandala de corpo natureza de Heruka* do caminho" porque surge naturalmente da clara-luz-significativa – não é criado por imaginação – e é o caminho principal que conduz ao mandala de corpo resultante de Heruka.

Sobre a base de se ter alcançado o *mandala de corpo natureza de Heruka* do caminho, quando abandonamos completamente nossas aparências duais sutis por força da concentração semelhante-a-um vajra da clara-luz-significativa, nós obtemos o mandala de corpo resultante, ou efetivo, de Heruka. Nós nos tornamos um Buda Heruka efetivo, rodeado pelas Deidades do mandala de corpo, pela mansão celestial, o círculo de proteção e os solos sepulcrais, todos eles manifestações da sabedoria onisciente. Tudo isso surge natural e simultaneamente da concentração semelhante-a-um-vajra da clara-luz-significativa, que é a nossa última mente como um ser senciente. Essa é a nossa realização final. Lançamos a fundação para essa realização empenhando-nos na meditação do estágio de geração, e a concluímos empenhando-nos na meditação do estágio de conclusão da clara-luz-significativa.

Há duas maneiras para gerar o mandala de corpo de Heruka e meditar nele: de acordo com as instruções comuns e de acordo com as instruções orais incomuns. Neste comentário, a maneira de gerarmos a geração-em--frente das 62 Deidades do mandala de corpo de Heruka e meditarmos nela quando visualizamos o Campo de Mérito na prática do Guru-Ioga é explicada de acordo com as instruções comuns, mas a maneira de gerarmos a autogeração do mandala de corpo de Heruka e meditarmos nessa autogeração é explicada de acordo com as instruções incomuns. Vajradhara Trijang

Rinpoche, o detentor da linhagem das instruções do mandala de corpo de Heruka, diz que essa é a intenção principal de mahasiddha Ghantapa. Essa segunda maneira é mais profunda e abençoada.

A EXPLICAÇÃO DA PRÁTICA PROPRIAMENTE DITA

Este tópico tem duas partes:

1. Geração simultânea de todo o mandala de corpo, sustentador e sustentado, de Heruka;
2. Meditação de examinar essa geração.

GERAÇÃO SIMULTÂNEA DE TODO O MANDALA DE CORPO, SUSTENTADOR E SUSTENTADO, DE HERUKA

Concentramo-nos no significado das seguintes palavras que estão na sadhana:

As partes densas do meu corpo (o corpo purificado de Heruka--base) e as partes sutis do meu corpo purificado (meus canais e gotas) aparecem na forma de letras-sementes. Elas se transformam, plena e instantaneamente, em todo o mandala de corpo, sustentado e sustentador. Assim, eu sou Heruka Pai e Mãe, a natureza de minha gota indestrutível branca e vermelha. Estou rodeado pelos Heróis e Heroínas das Cinco Rodas, a natureza dos meus canais e gotas. Eu resido no centro da mansão celestial, da natureza das partes densas do meu corpo.

MEDITAÇÃO DE EXAMINAR ESSA GERAÇÃO

Este tópico tem duas partes:

1. Meditação de examinar as partes densas do nosso corpo geradas como o mandala de Heruka;
2. Meditação de examinar as partes sutis do nosso corpo (os canais e as gotas) geradas como as Deidades.

MEDITAÇÃO DE EXAMINAR AS PARTES DENSAS DO NOSSO CORPO GERADAS COMO O MANDALA DE HERUKA

A base para realizar a mansão celestial do mandala de corpo de Heruka são as partes densas do nosso corpo gerado como Heruka-base. Recordamos, em detalhes, como segue. Nossas duas pernas, formando um arco, transformaram-se na letra YAM, a semente do mandala de vento; o triângulo, no nosso lugar secreto, transformou-se na letra RAM, a semente do mandala de fogo; nosso abdômen, redondo, transformou-se na letra BAM, a semente do mandala de água; nosso peito, quadrangular, transformou-se na letra LAM, a semente do mandala de terra; nossa coluna transformou-se na letra SUM, a semente da montanha divina, Monte Meru; os 32 canais em nossa coroa transformaram-se na letra PAM, a semente do lótus divino; e o tronco do nosso corpo transformou-se na letra DHRUM, a semente da mansão celestial. Essas sete letras, da natureza da sabedoria onisciente de Heruka, transformaram-se, uma sobre a outra, no mandala semicircular de vento; no mandala triangular de fogo; no mandala circular de água; no mandala quadrangular de terra; na montanha divina (Monte Meru); no lótus divino; na mansão celestial quadrada, com quatro lados iguais – o mandala de Heruka –, primorosamente bela, com ornamentos tais como a cornija preciosamente decorada e os cordões de pérolas. Esses sete surgiram de modo simultâneo, plena e instantaneamente. Para além disso, está o círculo de proteção, rodeado pelos oito solos sepulcrais.

Enquanto geramos a mansão celestial do mandala de corpo, imaginamos que a mansão celestial do mandala exterior (o mandala de Heruka-base) se dissolveu nela. O círculo de proteção e os solos sepulcrais, no entanto, permanecem como antes, já que são os mesmos para o mandala exterior e o mandala de corpo. Embora, quanto à natureza, a mansão celestial do mandala de corpo seja diferente da mansão celestial do mandala exterior, elas têm exatamente o mesmo aspecto.

MEDITAÇÃO DE EXAMINAR AS PARTES SUTIS DO NOSSO CORPO (OS CANAIS E AS GOTAS) GERADAS COMO AS DEIDADES

Relembramos em detalhes, como segue. Ao mesmo tempo em que geramos as partes densas do nosso corpo como o mandala de Heruka, geramos as partes sutis do nosso corpo como as 62 Deidades do mandala de corpo. Assim, o mandala sustentador e as Deidades sustentadas do mandala de corpo surgiram de modo simultâneo, plena e instantaneamente.

Imaginamos que a bodhichitta branca no centro da nossa roda-canal do coração – como uma gota de orvalho do tamanho de uma semente de mostarda – assumiu o aspecto de uma letra HUM, que então se transformou no Abençoado Glorioso Heruka, com quatro faces, doze braços, e assim por diante. No nosso umbigo, o fogo *tummo* vermelho, na forma de uma gota vermelha, assumiu o aspecto de uma letra BAM, que então se transformou na Abençoada Mãe Vajravarahi. Sendo a natureza das gotas branca e vermelha, Heruka e Vajrayogini encontraram-se no centro da mansão celestial e entraram em união.

As quatro pétalas-canais da roda-canal do coração nas quatro direções (que são os caminhos para os ventos dos quatro elementos) apareceram no aspecto das letras LAM, MAM, PAM e TAM, começando em sentido horário a partir do leste. Essas letras transformaram-se, começando em sentido anti-horário a partir do leste (à nossa frente) em Dakini azul-escura; no norte (à nossa esquerda), em Lama verde; no oeste (atrás de nós), em Khandarohi vermelha; e no sul (à nossa direita), em Rupini amarela. Cada uma delas tem uma face, com três olhos e caninos à mostra, e estão nuas, com o cabelo livremente solto. Cada uma delas tem duas mãos, a direita segurando uma faca curva, e a esquerda, uma cuia de crânio, com um khatanga apoiado na dobra do seu cotovelo esquerdo. Elas estão em pé, com sua perna direita estendida, e estão adornadas com cinco mudras. Usam uma coroa de cinco crânios humanos e um colar longo de cinquenta crânios humanos. As quatro pétalas-canais da roda-canal do coração, nas direções intermediárias, apareceram no aspecto de quatro cuias de crânio repletas com cinco néctares.

As Quatro Ioguines nas direções cardeais são, algumas vezes, denominadas "as Deusas dos quatro elementos", porque surgem dos caminhos para os ventos dos quatro elementos. As cuias de crânio visualizadas nas direções intermediárias simbolizam as Deusas das quatro oferendas: Deusa Rupavajra, Deusa Gändhavajra, Deusa Rasavajra e Deusa Parshavajra. Essas Deusas oferecedoras, na forma das quatro cuias de crânio repletas de néctares, surgiram das quatro pétalas-canais intermediárias da roda-canal do coração. Esses canais são denominados "as quatro pétalas-canais das oferendas", porque eles são os caminhos para os ventos das quatro substâncias de oferenda: forma, odor, sabor e toque. Quando purificamos os caminhos para os ventos dos quatro elementos e os caminhos para os ventos das quatro substâncias de oferenda por meio da meditação e recitação do mandala de corpo de Heruka, purificamos também os ventos interiores que fluem por esses caminhos – os ventos que sustentam os nossos quatro elementos e os quatro elementos transformados (forma, odor, sabor e toque). Como resultado, experienciamos todos os fenômenos – tais como nosso ambiente, nossos prazeres e nosso corpo e mente – como puros.

A Deidade central Heruka Pai e Mãe e as Quatro Ioguines nas direções cardeais são conhecidas como "as Deidades da roda do grande êxtase". Ao redor delas, estão as Deidades da roda-coração, da roda-fala, da roda-corpo e da roda-compromisso.

Contemplamos como segue. Os 24 lugares do nosso corpo são: o contorno do couro cabeludo, a coroa, a orelha direita, a nuca, a orelha esquerda, o ponto entre as sobrancelhas, os dois olhos, os dois ombros, as duas axilas, os dois mamilos, o umbigo, a ponta do nariz, a boca, a garganta, o coração, os dois testículos, a ponta do órgão sexual, o ânus, as duas coxas, as duas panturrilhas, os oito dedos da mão (exceto os polegares) e os oito dedos dos pés (exceto os dedões), o dorso dos pés, os dois polegares e os dois dedões dos pés, e os dois joelhos. Esses lugares transformaram-se simultaneamente nas letras PU DZA OO AH GO RA DE MA, KA OH TRI KO KA LA KA HI, TRE GRI SOO SU NA SI MA KU respectivamente, e essas letras transformaram-se nos 24 lugares de Heruka no aspecto das 24 hastes, com o formato de pétalas, das três rodas.

Assim, no leste está Puliramalaya; no norte, Dzalandhara; no oeste, Odiyana; no sul, Arbuta; no sudeste, Godawari; no sudoeste, Rameshöri; no noroeste, Dewikoti; e no nordeste, Malawa. Esses são os oito lugares das Deidades da roda-coração.

Ao redor deles estão: no leste, Kamarupa; no norte, Ote; no oeste, Trishakune; no sul, Kosala; no sudeste, Kalinga; no sudoeste, Lampaka; no noroeste, Kancha; e no nordeste, Himalaya. Esses são os oito lugares das Deidades da roda-fala.

Ao redor deles estão: no leste, Pretapuri; no norte, Grihadewata; no oeste, Shauraktra; no sul, Suwanadvipa; no sudeste, Nagara; no sudoeste, Sindhura; no noroeste, Maru; e no nordeste, Kuluta. Esses são os oito lugares das Deidades da roda-corpo.

Devemos acreditar fortemente que os 24 lugares purificados do nosso próprio corpo estão aparecendo como os 24 lugares sagrados de Heruka. Os canais dos 24 lugares do nosso corpo, cada um no aspecto de uma letra BAM, transformaram-se nas 24 Heroínas, e as gotas dentro dos 24 canais, cada uma no aspecto de uma letra HUM, transformaram-se nos 24 Heróis.

Contemplamos como segue. Assim, na roda-coração, na haste leste, Puliramalaya, a natureza do contorno do meu couro cabeludo, estão Khandakapala e Partzandi. Na haste norte, Dzalandhara, a natureza do lugar da minha coroa, estão Mahakankala e Tzändriakiya. Na haste oeste, Odiyana, a natureza do lugar da minha orelha direita, estão Kankala e Parbhawatiya. Na haste sul, Arbuta, a natureza do lugar da minha nuca, estão Vikatadamshtri e Mahanasa. Na haste sudeste, Godawari, a natureza do lugar da minha orelha esquerda, estão Suraberi e Biramatiya. Na haste sudoeste, Rameshöri, a natureza do lugar do ponto entre minhas sobrancelhas, estão Amitabha e Karwariya. Na haste noroeste, Dewikoti, a natureza do lugar dos meus dois olhos, estão Vajraprabha e Lamkeshöriya. Na haste nordeste, Malawa, a natureza do lugar dos meus dois ombros, estão Vajradeha e Drumatzaya. Todas as Deidades da roda-coração têm corpos azuis e são conhecidas como "os Heróis e Heroínas da Família da Mente-Vajra".

Na roda-fala, na haste leste, Kamarupa, a natureza do lugar das minhas duas axilas, estão Ankuraka e Airawatiya. Na haste norte, Ote, a natureza do lugar dos meus dois mamilos, estão Vajrajatila e Mahabhairawi. Na haste oeste, Trishakune, a natureza do lugar do meu umbigo, estão Mahavira e Bayubega. Na haste sul, Kosala, a natureza do lugar da ponta do meu nariz, estão Vajrahumkara e Surabhakiya. Na haste sudeste, Kalinga, a natureza do lugar da minha boca, estão Subhadra e Shamadewi. Na haste sudoeste, Lampaka, a natureza do lugar da minha garganta, estão Vajrabhadra e Suwatre. Na haste noroeste, Kancha, a natureza do lugar

Dzalandharapa

do meu coração, estão Mahabhairawa e Hayakarna. Na haste nordeste, Himalaya, a natureza do lugar dos meus dois testículos, estão Virupaksha e Khaganana. Todas as Deidades da roda-fala têm corpos vermelhos e são conhecidas como "os Heróis e Heroínas da Família da Fala-Vajra".

Na roda-corpo, na haste leste, Pretapuri, a natureza do lugar da ponta do meu órgão sexual, estão Mahabala e Tzatrabega. Na haste norte, Grihadewata, a natureza do lugar do meu ânus, estão Ratnavajra e Khandarohi. Na haste oeste, Shauraktra, a natureza do lugar das minhas duas coxas, estão Hayagriva e Shaundini. Na haste sul, Suwanadvipa, a natureza do lugar das minhas duas panturrilhas, estão Akashagarbha e Tzatrawarmini. Na haste sudeste, Nagara, a natureza do lugar dos meus oito dedos das mãos, exceto os polegares, e dos meus oito dedos dos pés, exceto os dedões, estão Shri Heruka e Subira. Na haste sudoeste, Sindhura, a natureza do lugar do dorso dos meus pés, estão Pemanarteshvara e Mahabala. Na haste noroeste, Maru, a natureza do lugar dos meus dois polegares e dos meus dois dedões dos pés, estão Vairochana e Tzatrawartini. Na haste nordeste, Kuluta, a natureza do lugar dos meus dois joelhos, estão Vajrasattva e Mahabire. Todas as Deidades da roda-corpo têm corpos brancos e são conhecidas como "os Heróis e Heroínas da Família do Corpo-Vajra".

Todos esses Heróis e Heroínas têm uma face, duas mãos e três olhos, e suas cabeças estão adornadas com uma coroa de cinco crânios humanos. Os Heróis seguram um vajra e um sino e estão unidos-em-abraço às suas consortes. Seus cabelos estão presos num coque, adornado com um vajra e uma meia-lua. Eles usam um rosário de vajras em suas testas e estão adornados com seis mudras. Usando um colar longo de cinquenta cabeças humanas e, na parte inferior do corpo, uma pele de tigre, eles estão em pé, com a perna direita estendida. As Heroínas seguram uma faca curva e uma cuia de crânio e estão entrelaçadas em união com os Heróis. Adornadas com cinco mudras, elas usam, na parte inferior do corpo, uma veste feita de fragmentos de crânio, e, no pescoço, um colar de cinquenta crânios humanos.

As oito portas dos sentidos são: a raiz da língua, o umbigo, o órgão sexual, o ânus, o ponto entre as sobrancelhas, as duas orelhas, os dois olhos, e as duas narinas. Os canais das oito portas, cada um no aspecto de uma letra HUM, transformaram-se nas Oito Heroínas da roda-compromisso.

Visualizamos essas Deusas ao redor das Deusas da roda-corpo. No leste, está Kakase azul-escura; no norte, Ulukase verde; no oeste, Shönase vermelha; no sul, Shukarase amarela; no sudeste, Yamadhati, que é azul no lado direito e amarela no esquerdo; no sudoeste, Yamaduti, que é amarela no lado direito e vermelha no esquerdo; no noroeste, Yamadangtrini, que é vermelha no lado direito e verde no esquerdo; e no nordeste, Yamamatani, que é verde no lado direito e azul no esquerdo. Essas Heroínas têm uma face e duas mãos que seguram uma faca curva e uma cuia de crânio, e seguram firmemente um khatanga na dobra do seu cotovelo esquerdo. Adornadas com cinco mudras, estão em pé sobre um assento-cadáver, com suas pernas direitas estendidas. Elas usam uma coroa de cinco crânios humanos e um colar longo de cinquenta crânios humanos.

Devemos acreditar firmemente que os canais e as gotas purificados do nosso próprio corpo estão aparecendo como as 62 Deidades do mandala de Heruka. Em resumo, ao redor dos limites do mandala, estão os oito grandes solos sepulcrais; interiormente a eles, está o círculo de proteção; interiormente a ele, está a mansão celestial, que é da natureza das partes densas do nosso corpo purificado; e dentro da mansão celestial, estão as Deidades das Cinco Rodas, que são da natureza das partes sutis do nosso corpo purificado. Por meditar continuamente no mandala sustentador e nas Deidades sustentadas do mandala de corpo de Heruka gerado dessa maneira, nossos canais e gotas são gradualmente abençoados pelos Heróis e Heroínas. Devido a isso, todos os ventos que fluem pelos canais das oito portas reúnem-se interiormente, seguidos pelos ventos que fluem pelos canais dos 24 lugares. Por fim, todos os nossos ventos interiores reúnem-se no canal central e se dissolvem na gota indestrutível branca e vermelha no nosso coração e experienciamos grande êxtase espontâneo e vacuidade.

Embora essa meditação pertença ao estágio de geração, sua função é, no entanto, semelhante à meditação do estágio de conclusão. Essa é uma qualidade incomum do mandala de corpo de Heruka do estágio de geração. Um praticante tibetano de Heruka escreveu certa vez:

No templo sagrado do nosso corpo semelhante-a-uma-ilusão,
Reside a assembleia de Heróis e Heroínas, que são os nossos
  canais e gotas.

Eles são o objeto supremo para o nosso mérito;
Portanto, meu amigo, por favor, acumula mérito por meio de
fazer oferendas a eles.

Essa estrofe ensina que sempre que praticantes do mandala de corpo de Heruka veem lindas formas, ouvem belos sons, experienciam aromas agradáveis, saboreiam comidas ou bebidas deliciosas e experienciam objetos táteis macios, eles podem acumular grande mérito através de oferecer esses cinco objetos de desejo à assembleia de Heróis e Heroínas que residem no templo sagrado dos seus corpos – a mansão celestial do mandala de corpo realizado por meio de imaginação correta.

Quando meditamos em trazer o renascimento para o caminho que conduz ao Corpo-Emanação, como descrito acima, estamos gerando e meditando no mandala exterior. Como esse mandala é relativamente fácil de compreender, ele é chamado "o mandala denso". Visto que o mandala de corpo é mais profundo e difícil de compreender, ele é chamado "o mandala sutil". Ele é também chamado "o mandala interior". Na verdade, a mansão celestial do mandala de corpo é da natureza do corpo interior e, portanto, é o mandala interior. Seu aspecto exterior é o da mansão celestial e, desse ponto de vista, ele é também o mandala exterior. Uma explicação detalhada sobre como treinar a meditação do mandala de corpo será dada abaixo.

ADORNAR NOSSO CORPO COM AS DEIDADES-ARMADURA, CONVIDAR E ABSORVER OS SERES-DE-SABEDORIA E FAZER OFERENDAS

Este tópico tem três partes:

1. Adornar nosso corpo, os corpos de Heruka Pai e Mãe do mandala de corpo, com as Deidades-armadura;
2. Convidar os seres-de-sabedoria, dissolvendo-os nos seres-de--compromisso, e receber a iniciação;
3. Fazer oferendas e louvores às Deidades autogeradas do mandala de corpo.

ADORNAR NOSSO CORPO, OS CORPOS DE HERUKA PAI E MÃE DO MANDALA DE CORPO, COM AS DEIDADES-ARMADURA

Imaginamos que, sobre um mandala de lua no nosso coração, aparece Herói Vajrasattva, a manifestação irada de Buda Akshobya, na forma de OM HA brancos. Sobre um mandala de sol em nossa cabeça, entre a coroa e o contorno do couro cabeludo, aparece Herói Vairochana, a manifestação irada de Buda Vairochana, na forma de NAMA HI amarelos. Sobre um mandala de sol em nossa coroa, aparece Herói Pemanarteshvara, a manifestação irada de Buda Amitabha, na forma de SOHA HU vermelhos. Sobre um mandala de sol em nossos dois ombros, aparece Herói Shri Heruka, a manifestação irada de Buda Vajradhara, na forma de BOKE HE pretos. Sobre um mandala de sol em nossos dois olhos, aparece Herói Vajrasurya, a manifestação irada de Buda Ratnasambhava, na forma de HUM HUM HO laranjas. Sobre um mandala de sol em nossa testa, aparece Herói Paramashawa, a manifestação irada de Buda Amoghasiddhi, na forma de PHAT HAM verdes. De todas essas letras-sementes, ou Deidades, infinitos raios de luz irradiam por todo o nosso corpo. Sem deixar nem mesmo o menor espaço, nosso corpo inteiro (entre a pele e a carne) é permeado pelos raios de luz de seis cores, que são da natureza dos seis Heróis Deidades-armadura. Devemos desenvolver uma forte convicção de que esse círculo de proteção interior nos protege diretamente dos obstáculos exteriores, criados por Ishvara ou espíritos Behar, e dos obstáculos interiores, causados por nossas delusões. Meditamos nessa convicção.

Imaginamos então que, sobre um mandala de sol no umbigo de Vajravarahi, aparece Heroína Vajravarahi, o aspecto irado da própria Vajravarahi, a consorte de Buda Akshobya, na forma de OM BAM vermelhos. Sobre um mandala de sol no seu coração, aparece Heroína Yamani, o aspecto irado de Lochana, a consorte de Buda Vairochana, na forma de HAM YOM azuis. Sobre um mandala de lua na sua garganta, aparece Heroína Mohani, o aspecto irado de Benzarahi, a consorte de Buda Amitabha, na forma de HRIM MOM brancos. Sobre um mandala de sol na sua cabeça, aparece Heroína Sachalani, o aspecto irado de Vajradhatu Ishvara, a consorte de Buda Vajradhara, na forma de HRIM HRIM amarelos. Sobre um mandala de sol na sua coroa, aparece Heroína Samtrasani, o aspecto irado de Mamaki, a consorte de Buda Ratnasambhava, na forma de HUM HUM verdes. Sobre um mandala de sol na sua testa, aparece Heroína Chandika, o aspecto irado de Tara, a consorte de Buda Amoghasiddhi, na forma de PHAT PHAT cor-de-fumaça. De todas essas letras-sementes, ou Deidades, infinitos raios de luz irradiam por todo o corpo de Vajravarahi. Sem deixar nem mesmo o menor espaço, o corpo dela por inteiro (entre a pele e a carne) é permeado pelos raios de luz de seis cores, que são da natureza das seis Heroínas Deidades-armadura.

Por visualizar os mantras dessas Deidades, estamos visualizando também as Deidades elas próprias, pois os mantras e as Deidades são a mesma natureza. Devemos nos lembrar disso para recebermos sua proteção. As Deidades-armadura são especialmente emanadas por Buda Vajradhara para proteger os praticantes contra impedimentos e obstáculos. Elas são descritas em detalhes na sadhana da oferenda ardente, que pode ser encontrada no Apêndice II.

CONVIDAR OS SERES-DE-SABEDORIA, DISSOLVENDO-OS NOS SERES-DE-COMPROMISSO, E RECEBER A INICIAÇÃO

Neste ponto, devemos ter uma imagem genérica aproximada do mandala sustentador, cuja natureza é o nosso corpo denso purificado. Estamos no centro do mandala, sob o aspecto de Heruka Pai-Mãe, a natureza da nossa gota indestrutível branca e vermelha purificada, e estamos rodeados pelos Heróis e Heroínas das Cinco Rodas, a natureza dos nossos canais e gotas purificados. Fora do mandala, está o círculo de proteção, rodeado pelos oito solos sepulcrais. As Deidades, o mandala, o círculo de proteção e os solos sepulcrais constituem, juntos, os seres-de-compromisso – eles são assim denominados porque é nosso compromisso gerarmo-nos nesse aspecto todo os dias. Precisamos agora convidar os seres-de-sabedoria juntamente com as Deidades Que-Concedem-Iniciação, dissolver os seres-de-sabedoria nos seres-de-compromisso e receber a iniciação.

Um ser-de-sabedoria é um Buda vivo efetivo, cujo corpo é da natureza da sabedoria onisciente. Nesta prática, convidamos todos os Budas das dez direções como seres-de-sabedoria e os dissolvemos em nós próprios gerados como o ser-de-compromisso. O propósito de fazer isso é triplo: (1) ajuda-nos a desenvolver e manter orgulho divino de sermos a Deidade; (2) ajuda-nos a integrar todas as demais práticas de Deidade em uma única prática, seguindo, assim, o conselho de Atisha a Rinchen Sangpo, como está explicado no livro *Novo Guia à Terra Dakini*; e (3) faz com que o ambiente e os seres recebam as bênçãos de todos os Budas.

Quando convidamos os seres-de-sabedoria e os dissolvemos em nós, não devemos ter dúvida de que somos Heruka, pois os seres-de-sabedoria efetivos ingressarão e permanecerão em nosso corpo, abençoando nosso corpo, fala e mente, de modo que obteremos realizações fácil e rapidamente. Há muitos relatos de espíritos mundanos que entram no corpo de oráculos; portanto, por que um ser sagrado, como Heruka, não poderia ingressar no corpo de um praticante sincero? Devemos pensar "eu sou um oráculo de Heruka" e ter completa confiança de que os seres-de-sabedoria entraram em nós.

Para convidar os seres-de-sabedoria, começamos por recordar êxtase e vacuidade; recitamos então, em voz alta, o mantra PHAIM e fazemos o "mudra fulgurante". Heruka prometeu que, quando praticantes sinceros executassem essas três ações com seu corpo, fala e mente, com toda a certeza ele viria até eles. Se estivermos praticando sozinhos, podemos recitar PHAIM bem alto, mas se estivermos praticando em grupo, isso não é necessário. A maneira de fazer o mudra fulgurante está explicada no livro *Novo Guia à Terra Dakini*.

Visualizamos agora as três letras em nossos três lugares. Sobre uma roda branca, no centro do nosso chakra da coroa, visualizamos uma letra OM branca, da natureza do corpo de todos os Budas; sobre um lótus vermelho, no centro do nosso chakra da garganta, visualizamos uma letra AH vermelha, da natureza da fala de todos os Budas; e sobre um mandala de sol, no centro do nosso chakra do coração, visualizamos uma letra HUM azul, da natureza da mente de todos os Budas. Imaginamos que, da letra HUM no nosso coração, incontáveis raios de luz poderosos se irradiam para as dez direções e convidam, das suas moradas naturais (o Dharmakaya), todos os Budas para virem ao espaço à nossa frente, cada um no aspecto de todo o mandala e das Deidades do mandala de corpo de Heruka. Ao mesmo tempo, convidamos as Deidades Que-Concedem-Iniciação, as 62 Deidades do mandala de Heruka, para aparecerem no espaço acima de nós.

Considerando Heruka Pai e Mãe, as demais Deidades, o mandala, o círculo de proteção e os solos sepulcrais – todos eles imaginados – como os seres-de-compromisso, dissolvemos agora os seres-de-sabedoria nos seres-de-compromisso enquanto recitamos o mantra "DZA HUM BAM HO" e fazemos os mudras apropriados. Ao recitarmos "DZA" e executarmos o "mudra gancho", imaginamos que todos os seres-de-sabedoria se reúnem num único ser-de-sabedoria com o aspecto de todo o mandala e as Deidades, diretamente acima dos seres-de-compromisso. Ao recitarmos "HUM" e executarmos o "mudra ligadura", imaginamos que os seres-de-sabedoria se dissolvem nos seres-de-compromisso, como leite que foi despejado em água, mas que ainda não se misturou com ela. Ao recitarmos "BAM" e executarmos o "mudra corrente de ferro", imaginamos que os seres-de-sabedoria e os seres-de-compromisso se fundem completamente e tornam-se *um*, como leite e água bem misturados. Por fim, quando recitarmos "HO" e executarmos o "mudra sino", imaginamos que essa união dos seres-de-sabedoria com os seres-de-compromisso se tornou completamente estável, e que os seres-de-sabedoria permanecem com deleite. A maneira de fazer esses quatro mudras está explicada no livro *Novo Guia à Terra Dakini*. Entretanto, no Tantra Ioga Supremo, não há problema se não fizermos mudras exteriores; o que realmente importa é que a nossa fé e imaginação sejam fortes.

Após dissolver os seres-de-sabedoria, imaginamos que as Deidades Que-Concedem-Iniciação conferem a iniciação. Do ponto de vista das aparências incomuns, as Cinco Famílias Búdicas das dez direções ungiram o corpo de Buda Shakyamuni com os cinco néctares quando ele nasceu. Aqui, neste ponto da sadhana, imaginamos que Buda Heruka recém-surgido recebe uma iniciação semelhante.

Visualizamos as Deidades Que-Concedem-Iniciação do mandala de Heruka no espaço acima de nós. A Deidade principal Heruka consente em conceder a iniciação, e Vajravarahi e as Quatro Mães – Lama, Khandarohi, Rupini e Dakini – seguram ao alto preciosos vasos adornados com joias, repletos com os cinco néctares-sabedoria, com os quais derramam os néctares através das coroas de nós próprios – Heruka Pai e Mãe – e de todas as demais Deidades do mandala. O néctar entra através do nosso chakra da coroa, preenche nosso corpo por inteiro e purifica todas as obstruções e ações negativas do nosso corpo, fala e mente. O néctar excedente transborda pelas nossas coroas e transforma-se em diversas Deidades. Heruka é adornado com Vajrasattva; Vajravarahi, com Akshobya; as Quatro Mães, com Ratnasambhava; as Deidades da

Krishnapada

roda-coração, com Akshobya; as Deidades da roda-fala, com Amitabha; as Deidades da roda-corpo, com Vairochana; e as Deidades da roda-compromisso, com Amoghasiddhi. Por recebermos a iniciação dessa maneira, as bênçãos da iniciação-vaso, que recebemos diretamente do nosso Guia Espiritual, são restabelecidas e fortalecidas.

FAZER OFERENDAS E LOUVORES ÀS DEIDADES AUTOGERADAS DO MANDALA DE CORPO

No *Tantra-Raiz de Heruka*, Vajradhara diz:

> Fazer oferendas a nós mesmos
> Torna-se uma oferenda a todos os Budas.

Durante a prática dos três trazeres, dissolvemos todos os Heróis e Heroínas das dez direções em nossa mente no aspecto da letra HUM, que então se transformou em nós próprios – Heruka Pai e Mãe. Depois, quando absorvemos os seres-de-sabedoria, todos os Budas dissolveram-se e fundiram-se inseparavelmente conosco, gerados como Heruka. Portanto, a autogeração é a síntese de todos os Budas e, assim, quando fazemos oferendas à autogeração, estamos fazendo oferendas a todos os Budas.

Fazer oferendas a nós mesmos gerados como a Deidade é um método especialmente poderoso para acumular mérito. Se, durante o dia inteiro, mantivermos a consciência, ou percepção, de que somos Heruka, então o que quer que desfrutemos – como alimentos ou bebida – torna-se uma oferenda à Deidade. É somente no Mantra Secreto que temos a oportunidade de criar mérito dessa maneira.

Se não fizermos oferendas à autogeração, o poder da nossa prática do Mantra Secreto diminuirá. Je Tsongkhapa explicou que uma prática tântrica qualificada é aquela caracterizada pelas *quatro completas purezas*: a completa pureza de lugar, a completa pureza de corpo, a completa pureza de feitos e a completa pureza de prazeres. Na prática de Heruka, a completa pureza de lugar é a transformação do nosso ambiente no mandala de Heruka; a completa pureza de corpo é a transformação do nosso corpo no corpo de Heruka; a completa pureza de feitos é a prática de conceder bênçãos aos seres vivos; e a completa pureza de prazeres é considerar ou perceber todo e qualquer prazer como uma oferenda à autogeração. Se omitirmos essas oferendas, nossa prática não terá a quarta completa pureza e, portanto, não será uma prática tântrica plenamente qualificada. Ela irá carecer do poder, qualidade e benefícios plenos da prática do Mantra Secreto.

A prática de fazer oferendas e louvores às Deidades autogeradas do mandala de corpo tem cinco partes:

1. Abençoar as oferendas;
2. Fazer as oferendas exteriores;
3. Fazer a oferenda interior;
4. Fazer a oferenda secreta e a oferenda da talidade;
5. Os oito versos de louvor.

ABENÇOAR AS OFERENDAS

Este tópico tem duas partes:

1. Abençoar a oferenda interior;
2. Abençoar as oferendas exteriores.

Abençoar a oferenda interior tem cinco partes:

1. Os benefícios;
2. A base da oferenda interior;
3. O objeto visual da oferenda interior;
4. Como abençoar a oferenda interior;
5. A importância e o significado da oferenda interior.

OS BENEFÍCIOS

A prática da oferenda interior é encontrada unicamente no Tantra Ioga Supremo. A oferenda interior pode ser utilizada como: uma oferenda aos seres sagrados, uma oferenda a nós mesmos (como no ioga de experimentar néctar), ou para afastar e prevenir obstáculos externos e internos. Abençoar e provar a oferenda interior é causa de muitos níveis de realização do estágio de conclusão. Por meio dessa prática, podemos purificar nossos cinco agregados e elementos contaminados e transformá-los nas Cinco Famílias Búdicas, e podemos purificar as cinco delusões e transformá-las nas cinco sabedorias oniscientes. Fazer a oferenda interior é uma causa para aumentar nosso tempo de vida, acumular mérito e experienciar grande êxtase.

A BASE DA OFERENDA INTERIOR

A oferenda interior recebe essa denominação porque sua base é uma coleção de cinco carnes e cinco néctares, onde todos esses dez componentes são substâncias interiores – ou seja, substâncias derivadas de corpos de seres sencientes. Oferendas de torma e oferendas tsog têm por base substâncias externas, que não são obtidas a partir do corpo, e, por essa razão, são denominadas "oferendas exteriores". No que diz respeito à oferenda interior, a base e o objeto visual são diferentes, ao passo que, para as oferendas exteriores, tanto a base quanto o objeto visual são o mesmo.

O OBJETO VISUAL DA OFERENDA INTERIOR

Colocamos, diante de nós, uma cuia de crânio, podendo ser também uma vasilha com um formato semelhante ao de um crânio ou qualquer outro recipiente pequeno que tenha uma tampa. Nesse recipiente, colocamos chá preto ou álcool, e introduzimos nisso uma pílula de néctar que tenha sido abençoada por nosso Guia Espiritual ou recebida de um praticante de Dharma da mesma linhagem que a nossa. Isso é o objeto visual. Focando esse objeto visual, prosseguimos para a prática de abençoar a oferenda interior.

COMO ABENÇOAR A OFERENDA INTERIOR

Este tópico tem quatro partes:

1. Desobstrução;
2. Purificação;
3. Geração;
4. Transformação.

DESOBSTRUÇÃO

Neste contexto, "desobstrução" significa remover ou afastar obstáculos, como espíritos nocivos, que podem interferir com a bênção da oferenda interior. Isso é feito recitando o mantra OM KHANDAROHI HUM HUM PHAT. Dentre as muitas Deidades do mandala de Heruka, a Deidade feminina irada Khandarohi é a responsável por dissipar obstáculos e impedimentos. Ela também é conhecida como "a Deusa da Ação", e seu mantra é denominado "o mantra-ação". Enquanto recitamos esse mantra, imaginamos incontáveis Deusas Khandarohi vermelhas emanando do nosso coração. Elas se espalham em todas as direções e expulsam quaisquer forças negativas que possam obstruir a bênção da oferenda interior. Depois, absorvemos as Deusas em nosso coração.

PURIFICAÇÃO

Neste contexto, "purificação" significa purificar, por meio de meditação, nossas aparências comuns e concepções comuns, incluindo o agarramento ao em-si. Precisamos purificar as dez substâncias antes de podermos transformá-las em néctar. Para fazer isso, focamos o objeto visual da oferenda interior e contemplamos que ele e todos os demais fenômenos, incluindo nós próprios, são vazios de existência inerente. Ao mesmo tempo, recitamos o mantra OM SOBHAWA SHUDDHA SARWA DHARMA SOBHAWA SHUDDHO HAM, seguido pela frase "Tudo se torna vacuidade". O mantra resume a meditação sobre a vacuidade – OM refere-se ao objeto visual da oferenda interior; SARWA DHARMA significa "todos os fenômenos"; e SOBHAWA SHUDDHO significa "carece de existência inerente". O mantra inteiro, portanto, significa: "Todos os fenômenos, incluindo o objeto visual da oferenda interior, carecem de existência inerente".

Após recitarmos "Tudo se torna vacuidade", meditamos brevemente na vacuidade, a ausência de existência inerente. Imaginamos que todas as aparências convencionais se dissolveram na vacuidade, identificamos essa vacuidade como ausência de existência inerente e, então, tentamos misturar nossa mente com essa vacuidade.

GERAÇÃO

Este tópico tem duas partes:

1. Gerar o recipiente;
2. Gerar as substâncias contidas no recipiente.

GERAR O RECIPIENTE

Visualizamos:

> Do estado de vacuidade, aparece uma letra YAM azul. Ela é a semente do elemento vento, e sua natureza é a sabedoria de grande êxtase e vacuidade. O YAM se transforma em um vasto mandala de vento, no formato de uma semicircunferência azul e que está em posição horizontal, com seu lado curvo afastado de nós. Em ambas as extremidades, há um estandarte branco. O movimento dos estandartes ativa o mandala de vento, fazendo o vento soprar.
>
> Acima do mandala de vento, aparece uma letra RAM vermelha. Ela é a semente do elemento fogo, e sua natureza é a sabedoria de grande êxtase e vacuidade. O RAM se transforma em um mandala triangular de fogo, que está em posição horizontal e é vermelho. Um de seus vértices aponta em nossa direção, diretamente acima do lado reto do mandala de vento (o lado mais próximo a nós), e os outros dois vértices do mandala triangular de fogo estão acima do lado curvo do mandala de vento. Esse triângulo vermelho, que é ligeiramente menor que o mandala de vento, é o núcleo do mandala de fogo. Quando esse núcleo é soprado pelo vento, chamas incandescentes ardem e cobrem o mandala de vento por inteiro.
>
> Acima do mandala de fogo, aparecem três letras AH de diferentes cores. A letra AH acima do ponto leste (o ponto mais próximo de nós) é branca; a letra acima do ponto norte (nossa direita) é vermelha; e a letra acima do ponto sul (nossa esquerda) é azul. Essas letras se transformam em três grandes cabeças humanas, que são da mesma cor que as letras das quais se desenvolveram.

> Acima do centro das três cabeças humanas, aparece uma grande letra AH branca, que simboliza a vacuidade. O AH transforma-se em uma vasta cuia de crânio, cujo exterior é branco e o interior, vermelho, e ela repousa no topo das cabeças.

GERAR AS SUBSTÂNCIAS CONTIDAS NO RECIPIENTE

Para gerar as substâncias contidas no recipiente, devemos visualizar o seguinte:

> Dentro da cuia de crânio, as dez letras OM, KHAM, AM, TRAM, HUM, LAM, MAM, PAM, TAM e BAM aparecem instantaneamente. Gradualmente, essas letras se transformam nas cinco carnes e nos cinco néctares. No leste (a parte da cuia de crânio mais próxima de nós), a letra OM branca se transforma em excremento amarelo, que está marcado com um OM branco radiante, a letra-semente de Vairochana. No norte (nossa direita), a letra KHAM verde se transforma em miolos brancos, marcados com um KHAM verde radiante, a letra-semente de Amoghasiddhi. No oeste, a letra AM vermelha se transforma em esperma branco, marcado com um AM vermelho radiante, a letra-semente de Amitabha. No sul, a letra TRAM amarela se transforma em sangue vermelho, marcado com um TRAM amarelo radiante, a letra-semente de Ratnasambhava. No centro, a letra HUM azul se transforma em urina azul, marcada com um HUM azul radiante, a letra-semente de Akshobya.
>
> No sudeste, a letra LAM branca se transforma no cadáver preto de uma vaca, marcado com um LAM branco radiante, a letra-semente de Lochana. No sudoeste, a letra MAM azul se transforma no cadáver vermelho de um cachorro, marcado com um MAM azul radiante, a letra-semente de Mamaki. No noroeste, a letra PAM vermelha se transforma no cadáver branco de um elefante, marcado com um PAM vermelho radiante, a letra-semente de Benzarahi. No nordeste, a letra TAM verde se transforma no cadáver verde de um cavalo, marcado com um TAM verde radiante, a letra-semente de Tara. No centro, a letra BAM vermelha se transforma no cadáver vermelho de um ser humano, marcado com um BAM vermelho radiante, a letra-semente de Vajravarahi.

Todos os cadáveres estão deitados de costas e marcados, na altura do coração, com as suas respectivas letras. O cadáver humano está deitado na urina e sua cabeça aponta na direção oposta a que estamos. Todos os demais cadáveres estão com suas cabeças apontando para o centro da cuia de crânio.

Em resumo, do interior da vasta cuia de crânio, surgem as dez letras: as letras-sementes dos Cinco Pais Búdicos e das Cinco Mães Búdicas. Essas dez letras transformam-se nas dez substâncias interiores que constituem a base da oferenda interior.

Aqueles que não compreendem a vacuidade não devem tentar visualizar as dez substâncias muito claramente, porque podem ter a impressão de estarem visualizando excremento e urina de verdade, e, em vez de serem capazes de transformá-los em néctar, irão sentir repugnância!

TRANSFORMAÇÃO

Este tópico tem três partes:

1. Purificar falhas;
2. Transformar em néctar;
3. Aumentar.

PURIFICAR FALHAS

Contemplamos:

Raios de luz se irradiam da letra HUM em nosso coração e atingem os dois estandartes do mandala de vento, fazendo com que eles tremulem. Isso faz com que o mandala de vento sopre, o que, por sua vez, faz o mandala de fogo arder. O calor proveniente do mandala de fogo faz com que as dez letras-sementes que marcam cada substância – assim como também as dez substâncias, elas próprias – fervam. As letras e as substâncias derretem simultaneamente e se transformam em um líquido quente e alaranjado. À medida que as letras se fundem com as dez substâncias, todas as cores desagradáveis e os sabores e odores aversivos das substâncias são purificados.

Tilopa

TRANSFORMAR EM NÉCTAR

Contemplamos:

Acima do líquido alaranjado, aparece uma letra HUM branca, que é da natureza da mente de Heruka – a sabedoria de grande êxtase e vacuidade indivisíveis. O HUM se transforma em um khatanga branco, que está de cabeça para baixo. A substância do khatanga é a bodhichitta branca, e sua natureza é a mente de Heruka.

Devido ao calor do líquido que está fervendo abaixo, o khatanga branco começa a derreter e gotejar na cuia de crânio, do mesmo modo que a manteiga derrete quando é colocada próxima do vapor. Dentro da cuia de crânio, o khatanga branco derretido redemoinha três vezes em sentido anti-horário e, então, funde-se totalmente com o líquido. O líquido torna-se frio e doce, e assume a cor do mercúrio. Em razão do khatanga ter se misturado totalmente, o líquido se transforma em néctar, que possui três qualidades: é um néctar-medicinal, que previne todas as doenças; é um néctar-vital, que destrói a morte; e é um néctar-sabedoria, que erradica todas as delusões.

Enquanto imaginamos que o líquido está se transformando em um néctar com essas três qualidades, é necessário que tenhamos uma concentração muito firme e forte.

AUMENTAR

Diretamente acima do néctar, visualizamos uma fileira de vogais e consoantes sânscritas, de cor branca. No centro, está a primeira vogal, a letra OM. Começando da direita do OM, e prosseguindo da direita para a esquerda, estão as demais vogais na seguinte sequência: A AA I II U UU RI RII LI LII E AI O AU AM AH. Começando da esquerda do OM, e prosseguindo da esquerda para a direita, estão todas as consoantes na seguinte sequência: KA KHA GA GHA NGA CHA CHHA JA JHA NYA DA THA TA DHA NA DrA THrA TrA DHrA NA BA PHA PA BHA MA YA RA LA WA SHA KA SA HA KYA.

Acima dessa fileira de letras brancas, há uma fileira semelhante, mas de letras vermelhas, e, acima desta, há uma fileira de letras azuis. As letras de cada fileira são iguais, diferindo apenas na cor. Todas as três fileiras de letras são feitas de luz radiante.

Imaginamos que a fileira de vogais e consoantes brancas gradualmente se dissolve a partir de ambas as extremidades em direção ao centro, e se transforma em um OM branco. Do mesmo modo, a fileira de letras vermelhas se transforma em um AH vermelho, e a fileira de letras azuis se transforma em um HUM azul. Agora, há uma letra OM branca, uma letra AH vermelha e uma letra HUM azul, uma acima da outra, e elas estão acima do néctar.

Essas três letras irradiam raios de luz brilhantes para as Terras Búdicas das dez direções, invocando os prazeres de todos os Budas, Heróis e Ioguines, e atraem de volta para as três letras todo o néctar-sabedoria desses seres. O HUM azul vira de cabeça para baixo, desce e se dissolve no néctar, seguido pelo AH vermelho e pelo OM branco, que fazem o mesmo. As três letras misturam-se totalmente com o néctar, fazendo com que ele se torne inesgotável. Para estabilizar a transformação do néctar, recitamos OM AH HUM três vezes.

Fazemos todas essas práticas da oferenda interior enquanto recitamos as palavras apropriadas da sadhana. Na conclusão da bênção, devemos desenvolver uma forte convicção de que, diante de nós, há um néctar-sabedoria especial que possui as três qualidades. Esse néctar pode agora ser utilizado para os nossos próprios propósitos ou para beneficiar os outros.

A IMPORTÂNCIA E O SIGNIFICADO DA OFERENDA INTERIOR

Quando meditadores avançados abençoam sua oferenda interior, eles visualizam as várias etapas da bênção como transformações exteriores, mas, ao mesmo tempo, eles se empenham interiormente nas práticas do estágio de conclusão correspondentes às etapas da bênção. Conhecendo o simbolismo da oferenda interior, utilizam o processo de abençoá-la para aprimorar imensamente sua prática do estágio de conclusão.

O mandala de vento simboliza os ventos descendentes de esvaziamento, que estão localizados abaixo do umbigo. O mandala triangular de fogo simboliza o fogo interior (ou *tummo*), localizado no umbigo. As três cabeças humanas simbolizam as mentes da aparência branca, vermelho crescente e quase-conquista negra – o *quinto, sexto* e *sétimo* dos oito sinais que ocorrem quando os ventos se dissolvem dentro do canal central. A cuia de crânio simboliza a mente de clara-luz, o oitavo sinal. A cuia de crânio é branca por fora e vermelha por dentro, simbolizando a vacuidade e o grande êxtase respectivamente. A cuia de crânio, ela própria, simboliza a união indivisível de êxtase e vacuidade. Os cinco néctares dentro da cuia de crânio simbolizam os cinco agregados contaminados; as cinco carnes simbolizam os cinco elementos (terra, água, fogo, vento e espaço) e também as cinco delusões principais: confusão, avareza, apego, inveja e agarramento ao em-si. Os agregados e elementos contaminados são a base principal a ser purificada durante a prática do estágio de conclusão. Gerá-los dentro da cuia de crânio de êxtase e vacuidade simboliza sua purificação e transformação.

Em geral, carne simboliza a carne dos quatro maras, que são exterminados pelos praticantes tântricos com a arma de sua sabedoria. Cada uma das cinco carnes tem, também, um significado especial. Vacas são muito obtusas e estúpidas e, por essa razão, a carne de vaca simboliza confusão. A carne de cachorro simboliza avareza, porque os cães são muito possessivos e avarentos. Embora, normalmente, um cachorro não desfrute das posses de seu dono, assim mesmo ele irá vigiá-las e guardá-las diligentemente, atacando qualquer um que as ameace. A carne de elefante simboliza apego. Carne de cavalo simboliza inveja, porque os cavalos são muito competitivos. Quando correm juntos e um cavalo toma a dianteira, os outros cavalos, invejosamente, correm atrás dele, perseguindo-o. Carne humana simboliza agarramento ao em-si, porque a maioria dos seres humanos tem um senso inflado de sua própria importância. Essas delusões, ou aflições mentais, precisam ser purificadas porque elas são a causa principal de desenvolvermos tanto os agregados contaminados quanto os elementos contaminados.

O tremular dos estandartes no mandala de vento simboliza a ascensão dos ventos descendentes de esvaziamento. O arder do fogo simboliza o arder do fogo interior. Pelo arder do fogo interior, os ventos se reúnem e se dissolvem dentro do canal central, induzindo os três sinais (simbolizados pelas três cabeças humanas sobre o mandala de fogo). Quando os ventos-energia se dissolvem por completo dentro do canal central, a mente de clara-luz surge. Isso é simbolizado pela cuia de crânio no topo das três cabeças humanas.

Por meditarmos na clara-luz, os cinco agregados contaminados são purificados e transformados nos Cinco Pais Búdicos, e os cinco elementos contaminados são purificados e transformados nas Cinco Mães Búdicas. Isso é simbolizado pelas dez substâncias que se transformam em néctar-sabedoria.

Em resumo, abençoar a oferenda interior indica a base que necessita ser purificada, o caminho que purifica e os resultados da purificação – indica, portanto, a base, o caminho e o resultado da prática do estágio de conclusão. Quando compreendermos isso e formos capazes de associar nossa compreensão com a prática de abençoar a oferenda interior, começaremos a apreciar a real importância e significado dessa prática profunda. Marpa Lotsawa disse que provar o néctar de sua oferenda interior era mais poderoso do que receber uma centena de iniciações de outros lamas. Isso pode parecer uma afirmação presunçosa, mas, quando entendermos totalmente as qualidades especiais da oferenda interior, compreenderemos a profunda verdade das palavras de Marpa.

Quando abençoamos nossa oferenda interior, a base da oferenda são as dez substâncias interiores, mas o objeto visual da oferenda é a pílula de néctar dissolvida no álcool ou chá. Quando abençoamos as oferendas de torma e as oferendas tsog, tanto o objeto visual das oferendas quanto a base das oferendas são o mesmo, pois ambos têm o aspecto de néctar para ser consumido. Com exceção dessas diferenças, as quatro etapas de desobstrução, purificação, geração e transformação são idênticas quando abençoamos a oferenda interior, as oferendas tsog e as oferendas de torma.

ABENÇOAR AS OFERENDAS EXTERIORES

Há nove oferendas exteriores à autogeração: água para beber, água para banhar os pés, água para a boca, flores, incenso, luz, perfume, alimentos e música. Dispomos as oito primeiras oferendas diante do altar, começando a partir da nossa esquerda. Como foi mencionado anteriormente, não há necessidade de dispormos nada para a oferenda de música, pois música não é uma forma visual. Para as três primeiras oferendas e a oferenda de perfume, podemos usar água, e, para as oferendas restantes, podemos dispor as substâncias efetivas.

Para abençoar as oferendas exteriores, começamos recitando OM KHANDAROHI HUM HUM PHAT e espargimos um pouco da oferenda interior sobre as substâncias com o nosso dedo anular esquerdo, enquanto visualizamos incontáveis Deusas Khandarohi iradas emanando da letra HUM, em nosso coração, para as dez direções. Essas Deusas expulsam todos os espíritos que possam estar tentando interferir com a nossa prática de oferendas. Reabsorvemos, então, as Deusas em nosso coração.

Agora, purificamos as substâncias recitando o mantra OM SOBHAWA SHUDDHA SARWA DHARMA SOBHAWA SHUDDHO HAM, enquanto meditamos na ausência de existência inerente das oferendas. Tendo purificado a aparência comum e a concepção comum das oferendas por meio de dissolvê-las na vacuidade, geramos agora oferendas puras. Imaginamos que, do estado de vacuidade, nove letras KAM aparecem instantaneamente no espaço à nossa frente. Essas letras, que têm a natureza de grande êxtase e vacuidade, transformam-se em nove cuias de crânio. Dentro de cada cuia de crânio, aparece uma letra HUM. Cada uma dessas letras, cuja natureza é êxtase e vacuidade indivisíveis, se transforma em uma das oferendas: água para beber, água para banhar os pés, água para a boca, e assim por diante. Cada oferenda possui três atributos: (1) sua natureza é a excelsa união de grande êxtase e vacuidade; (2) seu aspecto é o da substância de oferenda específica na qual se transformou; e (3) sua função é fazer com que aqueles que a desfrutem experienciem êxtase incontaminado especial.

Acima de cada cuia de crânio, visualizamos as três letras OM AH HUM, uma acima da outra, e então recitamos o mantra de abençoar apropriado. Para cada mantra de abençoar, inserimos o nome sânscrito da oferenda entre a letra OM e o conjunto de letras AH HUM. Os nomes sânscritos das nove oferendas exteriores são: AHRGHAM, água para beber; PADÄM, água para banhar os pés; ÄNTZAMANAM, água para boca; VAJRA PUPE, flores; VAJRA DHUPE, incenso; VAJRA DIWE, luzes; VAJRA GÄNDHE, perfume; VAJRA NEWIDE, alimentos; e VAJRA SHAPTA, música. Assim, para abençoar o néctar para beber, por exemplo, recitamos o mantra de abençoar OM AHRGHAM AH HUM.

Após abençoarmos verbalmente cada oferenda desse modo, imaginamos que a letra HUM que está acima de cada cuia de crânio se dissolve na oferenda, seguida pela letra AH e, depois, pela letra OM. Desse modo, as oferendas são abençoadas e se transformam na natureza da união--sabedoria de grande êxtase e vacuidade, que possui os três atributos.

Enquanto recitamos o mantra de abençoar, podemos executar o gesto manual associado a ele, também conhecido como *mudra*, que simboliza e abençoa cada oferenda. Eles estão descritos no livro *Novo Guia à Terra Dakini*. Quando recitamos o mantra de abençoar a oferenda de música, tocamos o damaru e o sino. Como foi mencionado anteriormente, o sino simboliza a sabedoria da clara-luz. Seguramos o sino com nossa mão esquerda e o tocamos na altura do nosso coração para simbolizar a experiência de clara-luz, que surge após a dissolução dos ventos interiores dentro do canal central, no coração. Para alcançar a sabedoria da clara-luz por meio de meditação, precisamos acender o fogo interior e fazer com que aumente – isso é simbolizado por tocar o damaru. Seguramos o vajra e o damaru com nossa mão direita. Tocamos o damaru na altura do nosso umbigo, porque o fogo interior é aceso por meio de nos concentrarmos na nossa roda-canal do umbigo. Começamos tocando o damaru e imaginamos que ele acende nosso fogo interior e, então, acompanhamos o damaru tocando o sino brevemente, significando a experiência subsequente da clara-luz. Tocando o damaru e o sino dessa maneira, plantamos em nossa mente um potencial especial para conquistar essas aquisições no futuro.

As seis oferendas exteriores adicionais são também conhecidas por seus nomes sânscritos. Essas oferendas são: VAJRA ADARSHE, forma indestrutível – imaginamos que todas as formas visuais surgem como Deusas Rupavajra; VAJRA WINI, som indestrutível – todos os sons surgem como Deusas Shaptavajra; VAJRA GÄNDHE, aromas indestrutíveis – todos os odores surgem como Deusas Gändhavajra; VAJRA RASE, sabores indestrutíveis – todos os sabores surgem como Deusas Rasavajra; VAJRA PARSHE, objetos de toque indestrutíveis – todos os objetos táteis surgem como Deusas Parshavajra; e VAJRA DHARME, fenômenos indestrutíveis – todos os demais fenômenos surgem como Deusas Dharmadhatuvajra.

FAZER AS OFERENDAS EXTERIORES

Imaginamos que muitas deusas oferecedoras emanam do nosso coração, pegam réplicas das oferendas que foram anteriormente abençoadas e as oferecem para nós mesmos, gerados como Heruka Pai e Mãe, e a todas as demais Deidades do mandala de corpo. Enquanto visualizamos isso, recitamos os mantras de oferecimento e fazemos os mudras associados às oferendas. Após concluirmos as nove oferendas, fazemos as oferendas das seis Deusas-conhecimento (Rupavajra, e assim por diante), enquanto recitamos os mantras de oferecimento e fazemos os mudras.

FAZER A OFERENDA INTERIOR

Imaginamos que muitas Deusas oferecedoras emanam do nosso coração e enchem suas cuias de crânio com a oferenda interior da vasta cuia de crânio de néctar abençoado. À medida que recitamos o mantra de oferecimento, essas Deusas oferecem o néctar a nós, gerados como Heruka, e a todas as demais Deidades. Pegamos a oferenda interior com o nosso dedo anular esquerdo e a provamos. Imaginamos que ela abençoa nossos canais, gotas e ventos, e experienciamos grande êxtase. Através dessa prática, as bênçãos da iniciação secreta, que recebemos diretamente do nosso Guia Espiritual, são renovadas e fortalecidas.

FAZER A OFERENDA SECRETA E A OFERENDA DA TALIDADE

Com forte orgulho divino de sermos Heruka em união com Vajravarahi, imaginamos que, por força do nosso abraço-em-união, o *tummo* em nosso umbigo se inflama, fazendo com que a bodhichitta branca em nossa coroa derreta e desça pelo nosso canal central. À medida que ela desce da nossa coroa para a garganta, experienciamos *alegria*; à medida que desce da nossa garganta para o coração, experienciamos *suprema alegria*; à medida que desce do nosso coração para o umbigo, experienciamos *extraordinária alegria*; e à medida que desce do nosso umbigo para a ponta do nosso órgão sexual, geramos *grande alegria espontânea*. Ao mesmo tempo, imaginamos que a Deidade Principal Pai e Mãe e todo o séquito de Deidades do mandala de corpo experienciam uma excelsa sabedoria especial de êxtase e vacuidade.

Praticar a oferenda secreta é um método muito especial para gerar grande êxtase espontâneo. Além disso, através dessa prática, as bênçãos da iniciação mudra-sabedoria, que recebemos diretamente do nosso Guia Espiritual, são renovadas e fortalecidas.

OITO VERSOS DE LOUVOR

Este louvor foi ensinado por Vajradhara e é uma prática especialmente abençoada. Para praticantes de Heruka e Vajrayogini, essas palavras são, dentre todos os louvores, o louvor supremo. A mera recitação destes louvores faz com que todas as Deidades do mandala de Heruka se aproximem de nós e permaneçam constantemente conosco. Os praticantes de Heruka e Vajrayogini podem considerar quaisquer seres que encontrem como uma emanação de Heruka ou Vajrayogini e recitar os oito versos de louvor para eles. Por recitar sinceramente esses louvores, purificamos rapidamente nossas aparências comuns e alcançamos a Terra Pura de Heruka. Mesmo que sejamos confrontados com um criminoso agressivo e cruel, não devemos nos apoiar nas aparências comuns; pelo contrário, devemos considerá-lo como uma emanação de Heruka ou Vajrayogini e, silenciosamente, fazer louvores a ele com estes oito versos. Se ganharmos familiaridade com esta prática, perceberemos todos os seres como puros. Podemos até mesmo estender essa visão pura a objetos inanimados, tais como montanhas, lagos, edificações e o próprio globo terrestre. Não devemos ficar iludidos pelo aspecto exterior de nenhum objeto; em vez disso, devemos pensar que sua real natureza é a mesma que a de Heruka e Vajrayogini e, então, louvá-lo com os oito versos. Isso irá nos ajudar a superar aparências comuns e fazer com que alcancemos a Terra Pura de Heruka.

Como foi mencionado anteriormente, Heruka com um corpo azul, quatro faces e doze braços é denominado "Heruka interpretativo". "Heruka definitivo" é a mente de grande êxtase de Buda misturada com a vacuidade. Visto que a natureza última de todos os fenômenos é vacuidade, Heruka definitivo permeia todos os fenômenos. Em tibetano, Heruka é, algumas vezes, denominado Heruka "*kyab dag*". "*Kyab*" significa "que-permeia", e "*dag*" significa "natureza"; assim, "*kyab dag*" significa que todos os fenômenos são permeados pela natureza de Heruka. Portanto, do ponto de vista da natureza última, Heruka definitivo permeia todos os fenômenos e é a mesma natureza que todos os fenômenos. Se tivermos uma compreensão profunda disso, haverá grande esperança de que sejamos capazes de perceber o que quer que apareça à nossa mente como Heruka.

Embora neste ponto da sadhana recitemos os oito versos de louvor em sânscrito, a seguinte explicação está fundamentada na tradução para a língua inglesa e, desta, para a língua portuguesa. A letra OM, no início de cada verso, simboliza o corpo, fala e mente de Heruka ou Vajrayogini, para quem estamos oferecendo louvor. Ao final de cada verso, recitamos HUM HUM PHAT. Com o primeiro HUM, fazemos o pedido "Por favor, concede-me as aquisições mundanas, tais como aumento de riqueza, tempo de vida e mérito". Com o segundo HUM, fazemos o pedido: "Por favor, concede-me as aquisições supramundanas, tais como a realização do grande êxtase espontâneo, a união-que-precisa-aprender e a União-do-Não-Mais-Aprender". Com PHAT, pedimos a destruição dos obstáculos exteriores, interiores e secretos, que nos impedem de obter essas aquisições.

A explicação dos oito versos de louvor ao Pai é dada a seguir:

OM Prostro-me ao Abençoado, Senhor dos Heróis HUM HUM PHAT

Quando louvamos Heruka com este verso, recordamos as preeminentes qualidades do seu corpo por meio de lembrar o significado dos seus nove diferentes estados de ânimo de um Herói. São eles: (1) seu corpo exprime um ar de majestade, mostrando seu destemor; (2) suas duas pernas, pisando sobre Bhairawa e Kalarati, mostram seu controle completo sobre o renascimento samsárico e a mente de autoapreço; (3) seu cenho irado, no centro da sua testa, mostra que ele destrói os inimigos – as delusões; (4) sua maneira doce e amável de rir mostra que ele subjuga o poder da deidade mundana Ishvara e de todos os seus séquitos; (5) seus quatro caninos à mostra revelam que ele destrói os quatro maras; (6) sua língua enrolada para trás mostra que ele pacifica as aparências duais sutis; (7) seus longos olhos amendoados expressam sua compaixão por todos os seres vivos, sem exceção; (8) seus olhos atentamente abertos mostram que, por sua compaixão, ele está olhando para todos os lugares a fim de cuidar de todos os seres vivos; (9) seus olhos serenos mostram que ele experiencia grande êxtase espontâneo inseparavelmente misturado com a vacuidade. Através deste louvor, desenvolvemos fé de almejar, desejando sinceramente alcançar o Corpo-Forma de Heruka, e pedimos a ele que conceda as aquisições do seu corpo sagrado.

OM A ti, com um brilho igual ao do fogo do grande éon HUM
  HUM PHAT

Este verso revela as preeminentes qualidades da fala de Heruka. Assim como o fogo no final do grande éon tem o poder de destruir o mundo inteiro, a fala de Heruka tem o poder de destruir a ignorância de todos os seres vivos. Compreendendo isso, pedimos a ele que conceda as aquisições de sua fala sagrada.

OM A ti, com um coque inesgotável HUM HUM PHAT

Este verso revela as preeminentes qualidades da mente de Heruka. Neste contexto, "coque" significa "a mente de Heruka", que é um conhecimento inesgotável que conhece todos os fenômenos do passado, presente e futuro, direta e simultaneamente. Compreendendo isso, pedimos a ele que conceda as aquisições de sua mente sagrada.

OM A ti, com uma face aterrorizante e caninos à mostra HUM
  HUM PHAT

Este verso revela as preeminentes qualidades de abandono e realização. Seus quatro caninos à mostra indicam que ele abandonou completamente os quatro maras, e suas quatro faces iradas indicam que ele tem profundas realizações das quatro portas da libertação. Pedimos a ele que conceda as aquisições desses abandonos e realizações.

OM A ti, cujos mil braços resplandecem com luz HUM HUM PHAT

Este verso revela os feitos especiais de Heruka de beneficiar os outros através de ações pacíficas. Por compaixão, ele beneficia incontáveis seres vivos por meio de aspectos pacíficos, tais como Avalokiteshvara de Mil Braços. Pedimos a ele que conceda as aquisições do Buda da Compaixão.

OM A ti, que seguras um machado, um laço erguido, uma lança
  e um khatanga HUM HUM PHAT

Este verso revela os feitos especiais de Heruka de beneficiar os outros através de ações iradas. Por compaixão, ele beneficia incontáveis seres vivos por meio de aspectos irados, tais como Heruka de Doze Braços segurando um machado, um laço erguido, uma lança, um khatanga, e assim por diante. Pedimos a ele que conceda as aquisições de Buda Heruka.

OM A ti, que vestes uma pele de tigre HUM HUM PHAT

Se os seres humanos deste mundo confiarem sinceramente em Heruka com forte fé, especialmente neste tempo degenerado, Heruka lhes concederá poderosas bênçãos para pacificar a raiva e os conflitos. Para indicar isso, ele veste uma pele de tigre. Pedimos a ele que conceda suas bênçãos para nos ajudar a pacificar nossa raiva e alcançar paz exterior e interior.

OM Curvo-me a ti, cujo grande corpo cor-de-fumaça dissipa obstruções HUM HUM PHAT

O corpo azul-escuro esfumaçado de Heruka simboliza a natureza eterna e imutável do seu Corpo-Verdade. Este verso revela, portanto, que a real natureza de Heruka é o Corpo-Verdade. Do seu Corpo-Verdade, incontáveis emanações surgem e beneficiam incontáveis seres vivos, dissipando seus obstáculos e satisfazendo os seus desejos. Assim, seu Corpo-Verdade é a fonte de todos os seus feitos. Pedimos a ele que conceda a aquisição do Corpo-Verdade, Heruka definitivo.

A explicação dos oito versos de louvor à Mãe é dada a seguir:

OM Prostro-me a Vajravarahi, a Mãe Abençoada HUM HUM PHAT

Todos os Budas destruíram totalmente sua ignorância por meio da perfeição de sabedoria, e Vajravarahi – ou Vajrayogini – é a corporificação da perfeição de sabedoria de todos os Budas. A tradução para o tibetano do nome sânscrito "Vajravarahi" é "Dorje Pagmo". Neste contexto, "*pag*" significa "porco". O porco simboliza a ignorância, razão pela qual ele está representado no centro da Roda da Vida. Ao chamarmos Vajrayogini de "Vajravarahi", estamos a louvá-la como a essência da perfeição de sabedoria, que destrói a ignorância. Ela é "a Mãe Abençoada", porque destruiu os quatro maras e possui todas as boas qualidades de um Buda.

OM À Superior e poderosa Senhora do Saber, inconquistada pelos
três reinos HUM HUM PHAT

Neste contexto, "Superior" refere-se à mente de Vajrayogini, que vê diretamente a natureza última de todos os fenômenos; e "poderosa Senhora do Saber" significa que Vajrayogini tem o poder de conceder grande êxtase a Heruka e aos praticantes. "Inconquistada pelos três reinos" significa que ela abandonou todas as delusões dos reinos do desejo, da forma e da sem-forma.

OM A ti, que destróis todos os medos de espíritos maléficos com
teu grande vajra HUM HUM PHAT

Neste contexto, "grande vajra" significa "grande êxtase espontâneo". Sua sabedoria de grande êxtase espontaneamente nascido inseparável da vacuidade destrói todo o mal vindo de espíritos maléficos.

OM A ti, com olhos controladores, que permaneces como o
assento-vajra inconquistado por outros HUM HUM PHAT

Vajrayogini é o assento-vajra de Heruka, que está sempre em união com ela. Permanecendo inconquistada por outros, Vajrayogini consegue controlá-los só de olhar para eles.

OM A ti, cuja feroz forma irada desseca Brahma HUM HUM PHAT

Vajrayogini aparece na forma de uma Deidade irada e feroz para subjugar o orgulho de deuses mundanos, como Brahma e Indra.

OM A ti, que aterrorizas e exterminas demônios, conquistando
aqueles de outras direções HUM HUM PHAT

Vajrayogini extingue os demônios interiores das aparências comuns e das concepções comuns pelo arder do seu fogo interior e, por meio disso, ela conquista todos os demônios exteriores das dez direções. Se alguém não tiver aparências comuns nem concepções comuns, não poderá ser prejudicado por demônios exteriores; por essa razão, diz-se que alguém assim conquistou esses demônios.

> OM A ti, que conquistas todos os que nos tornam obtusos, rígidos e confusos HUM HUM PHAT

Vajrayogini nos torna aptos a superar todo o mal infligido por espíritos maléficos que podem interferir com nossa prática. Essa interferência pode se dar por meio de nos sentirmos fisicamente sem energia, cansados ou preguiçosos, verbalmente "rígidos" (por exemplo, incapazes de pronunciar mantras com clareza) ou mentalmente confusos sobre nossa prática.

> OM Curvo-me a Vajravarahi, a Grande Mãe, a consorte Dakini que satisfaz todos os desejos HUM HUM PHAT

Porque Vajrayogini é uma manifestação da perfeição de sabedoria – conhecida como "a Grande Mãe de todos os Budas" – ela destrói a ignorância de todos os seres vivos e tem o poder de satisfazer os desejos deles.

A Meditação Propriamente Dita do Estágio de Geração

A **MEDITAÇÃO PROPRIAMENTE** dita do estágio de geração tem duas partes:

1. Uma explicação preliminar;
2. Como praticar a meditação propriamente dita do estágio de geração.

UMA EXPLICAÇÃO PRELIMINAR

Todas as práticas descritas até agora são como membros que sustentam o corpo principal da meditação propriamente dita do estágio de geração. Quando, por meditar nos três trazeres, geramo-nos a nós próprios como Heruka e desenvolvemos orgulho divino, precisamos mudar a base de designação do nosso *eu*. Isso é essencial para alcançarmos realizações autênticas do estágio de geração. Pensar "eu sou Heruka" sobre a base do nosso corpo e mente comuns é uma percepção errônea, porque nosso corpo e mente comuns são contaminados e, portanto, não podem ser a base para designar Heruka. Neste ponto, precisamos compreender quatro coisas:

1. O que é a base de designação do nosso *eu*?;
2. Por que precisamos mudar a base de designação do nosso *eu*?;
3. Como é possível mudar a base de designação do nosso *eu*?;
4. Como mudar a base de designação do nosso *eu*?

Naropa

O QUE É A BASE DE DESIGNAÇÃO DO NOSSO *EU*?

O que é o *eu*, ou o *self*, de uma pessoa? O *eu* não pode ser o corpo e a mente, pois o *eu* é o possuidor, e o corpo e a mente são os fenômenos possuídos. Por exemplo, quando dizemos "meu corpo" ou "minha mente", isso indica que nos consideramos como o possuidor do nosso corpo e da nossa mente. No entanto, embora o *eu* não seja o corpo e a mente, quando o pensamento *"eu"* surge naturalmente em nossa mente, ele o faz unicamente sobre a base de perceber nosso corpo ou nossa mente. Assim, nosso corpo e mente são as bases para designar, ou imputar, nosso *eu*.

POR QUE PRECISAMOS MUDAR A BASE DE DESIGNAÇÃO DO NOSSO *EU*?

Quando o pensamento *"eu"* surge em nossa mente, desenvolvemos automaticamente agarramento ao em-si, que se aferra ao *eu* como existindo do seu próprio lado. Essa mente de agarramento ao em-si é a causa principal de todos os problemas que experienciamos e é a raiz do samsara. Porque o nosso corpo e mente, que são as bases de designação para o nosso *eu*, são agregados contaminados, sempre que desenvolvemos o pensamento *"eu"* desenvolvemos, natural e simultaneamente, a ignorância do agarramento ao em-si. Enquanto continuarmos a usar nosso corpo e mente atuais como a base para designar nosso *eu*, nunca erradicaremos nossa ignorância do agarramento ao em-si e, por causa disso, continuaremos a ter de experienciar sofrimento. Por essa razão, precisamos mudar a base de designação do nosso *eu*.

COMO É POSSÍVEL MUDAR A BASE DE DESIGNAÇÃO DO NOSSO *EU*?

Em nossas vidas anteriores, tivemos incontáveis corpos e, em cada uma dessas vidas, a base de designação do nosso *eu* mudou. Quando nascemos como um ser humano, a base de designação para o nosso *eu* foi o corpo e a mente de um ser humano, e quando nascemos como um animal, a base de designação para o nosso *eu* foi o corpo e a mente de um animal. Mesmo numa mesma vida, a base de designação para o nosso *eu* muda muitas vezes. Por exemplo, quando éramos um bebê, a base de designação do nosso *eu* foi o corpo e a mente de um bebê; quando éramos uma criança, a base de designação do nosso *eu* foi o corpo e a mente de uma criança; e quando envelhecermos, a base de designação do nosso *eu* será o corpo e a mente de uma pessoa idosa.

Podemos achar que, embora tenhamos tido todas essas mudanças em nosso corpo, não há problema algum em considerar todas elas como bases de designação para o nosso "*eu*", pois todas essas mudanças fazem parte de um mesmo *continuum*; no entanto, não é tão fácil compreender como o corpo de outra pessoa – um corpo que não pertence a nós – pode se tornar a base de designação do nosso *eu*. Para compreender isso, podemos considerar o seguinte. Quando fomos concebidos no útero da nossa mãe, o nosso corpo (que, naquele momento, era como um iogurte de cor rosa – na verdade, a união do óvulo da nossa mãe e do esperma do nosso pai) pertencia a outros. No início, não tínhamos ideia alguma disso ser o nosso corpo, mas depois, à medida que nos familiarizamos com o embrião em desenvolvimento, passamos a considerá-lo como sendo nosso próprio corpo e, gradualmente, ele se tornou a base de designação para o nosso *eu*. Isso indica claramente que, com familiaridade, o corpo de outros pode se tornar a base de designação para o nosso *eu*. Em outras palavras, "meu corpo" e "corpo de outros" são como "esta montanha" e "aquela montanha" – nossa visão muda na dependência da nossa posição relativa.

COMO MUDAR A BASE DE DESIGNAÇÃO DO NOSSO *EU*?

Mudamos a base de designação do nosso *eu* purificando a aparência comum do nosso corpo e mente por meio de meditar na vacuidade e, depois, gerando-nos como Heruka. Usando o corpo e a mente de Heruka, gerados através de imaginação correta, como a base de designação para o nosso *eu*, desenvolvemos fortemente orgulho divino, pensando: "Eu sou Heruka". Familiarizamo-nos continuamente com as meditações em orgulho divino e clara aparência até que, por fim, o que era simplesmente imaginação torna-se realidade, e experienciamos o corpo puro e a mente pura de Heruka. Esta é a maneira especial de mudar a base de designação do nosso *eu* através de praticar o caminho espiritual. Diferentemente das mudanças normais na base de designação do nosso *eu*, que ocorrem de uma vida para outra devido ao carma e que são o próprio processo do samsara, este método especial é o meio para conquistarmos a libertação do samsara.

Quando treinamos os três trazeres, devemos tentar não esquecer as etapas anteriores à medida que avançamos para a etapa seguinte. Assim, quando progredimos do primeiro para o segundo trazer, devemos tentar não esquecer que experienciamos o aspecto da morte e que a nossa mente se transformou no Corpo-Verdade de Heruka; e, quando progredimos para o terceiro trazer, devemos não nos esquecer que experienciamos o aspecto do estado intermediário e que alcançamos o Corpo-de-Deleite de Heruka. Agora, à medida que progredimos para a meditação propriamente dita do estágio de geração, devemos não nos esquecer que experienciamos o aspecto do renascimento e que alcançamos o Corpo-Emanação de Heruka no seu mandala. Em particular, devemos lembrar que: nosso corpo de Heruka-base transformou-se no mandala; a gota branca e vermelha muito sutil, em nosso coração, transformou-se em Heruka Pai e Mãe, e os nossos canais e gotas transformaram-se nas demais Deidades do mandala de corpo. Se mantivermos todos esses reconhecimentos vivos em nossa mente, não acharemos difícil nos empenharmos na meditação propriamente dita do estágio de geração.

Como praticar a meditação propriamente dita do estágio de geração será agora explicado a partir dos cinco tópicos seguintes:

1. Treinar clara aparência;
2. Treinar orgulho divino;
3. Treinar o tranquilo-permanecer;
4. Treinar o estágio de geração sutil;
5. Treinar o ioga da profundidade e clareza não duais.

TREINAR CLARA APARÊNCIA

Para começar, treinamos em aprimorar a clara aparência do mandala e das Deidades. Primeiro, examinamos os oito solos sepulcrais até termos uma imagem mental aproximada deles e, depois, sem nos esquecermos disso, examinamos as chamas-sabedoria de cinco cores e o solo, a cerca, a tenda e o dossel vajras. Sem nos esquecermos disso, examinamos os quatro elementos, Monte Meru, o lótus e o vajra cruzado. Examinamos, então, os detalhes da mansão celestial, as Deidades da roda-compromisso, as Deidades da roda-corpo, as Deidades da roda-fala, as Deidades da roda-coração, as Quatro Ioguines e, por fim, nós mesmos – Heruka Pai e Mãe, no centro. Dessa maneira, tentamos construir uma imagem composta de todo o mandala e das Deidades. Para tornar a imagem mais clara, repetimos então o processo na ordem inversa, começando pelo nosso ornamento-coroa e examinando todos os detalhes do nosso corpo, continuando então para as Deidades das Cinco Rodas e assim por diante, dirigindo-se para fora até os solos sepulcrais. Continuamos dessa maneira, examinando o mandala e as Deidades, tanto na ordem serial quanto na ordem inversa, até obtermos uma imagem mental de todo o mandala e de todas as Deidades. Esta é a meditação analítica. Quando tivermos uma imagem mental adequada de todo o mandala e da assembleia de Deidades, tentamos manter isso pelo maior tempo possível em meditação posicionada estritamente focada.

Existem quatro etapas da meditação de autogeração: procurar, encontrar, manter e permanecer. As primeiras duas etapas são a meditação analítica, e as duas últimas são a meditação posicionada. "Procurar" significa trazer à mente os detalhes do mandala e as Deidades através da meditação de examinar na ordem serial e inversa; "encontrar" significa perceber uma imagem genérica composta de todo o mandala e das Deidades, isto é, encontrar o objeto da meditação do estágio de geração; "manter" significa manter esse objeto de meditação através do poder da contínua-lembrança (*mindfulness*) sem esquecê-lo; e "permanecer" significa fixar a mente de modo estritamente focado nessa imagem genérica, sem distrações. Se treinarmos repetidamente nessa meditação por um longo período, aprimoraremos definitivamente nossa clara aparência. Isso irá nos ajudar imensamente a superar nossas aparências comuns.

Ao fazermos esse tipo de meditação, não precisamos nos "forçar" muito, esperando obter realizações rapidamente; em vez disso, devemos considerar que nossa prática de meditação irá se manter ao longo de toda a nossa vida e, assim, praticar suave e sinceramente todos os dias. Talvez completemos nosso treino nesta vida, talvez não; porém, mesmo se não conseguirmos, nossa meditação não terá sido desperdiçada. Todas as meditações que fazemos depositam potenciais poderosos em nossa mente, os quais podem ser ativados em nossa próxima vida para produzir seus frutos de realizações. Há muitas histórias de praticantes que alcançaram realizações com muito pouca meditação ou, até mesmo, apenas recitando mantras com fé. Eles foram capazes de fazer isso porque colocaram potenciais poderosos em suas mentes através de suas práticas em vidas anteriores. Por exemplo, há uma história, no livro *Joia-Coração*, sobre como o rei Ajatashatru obteve uma realização direta da vacuidade como resultado de Manjushri ter desaparecido quando o rei tentava oferecer-lhe um manto. Manjushri foi capaz de ajudar o rei dessa maneira porque o rei já havia depositado potenciais poderosos em sua mente por meio de praticar puramente em suas vidas passadas. Não devemos subestimar a importância de criar tais potenciais porque, sem eles, é impossível obter realizações espirituais autênticas. Portanto, não precisamos nos preocupar se nossa meditação não apresenta resultados imediatos; em vez disso, devemos perseverar feliz e sinceramente, sabendo que, definitivamente, alcançaremos resultados no futuro. Esta meditação, em particular, é uma causa poderosa para renascer na Terra Pura de Heruka e Vajrayogini.

TREINAR ORGULHO DIVINO

Orgulho divino é uma maneira especial de nos percebermos, por meio da qual imaginamos que somos uma Deidade tântrica e que o nosso ambiente é a sua Terra Pura. Embora seja denominado "orgulho", o orgulho divino não é uma delusão. Ele é totalmente diferente do orgulho deludido. O orgulho deludido faz unicamente com que renasçamos no samsara, ao passo que gerar o orgulho divino de ser Heruka conduz unicamente à libertação do samsara. Se mantivermos contínua-lembrança durante toda a nossa prática dos três trazeres, como foi explicado acima, então, quando chegar o momento de fazer a meditação propriamente dita do estágio de geração, já teremos algum orgulho divino de sermos Heruka. Agora, tentamos fortalecer e estabilizar nossa experiência de orgulho divino através de meditação analítica e posicionada. Primeiro, fazemos meditação analítica em orgulho divino por meio de contemplar o seguinte:

Previamente, dissolvi meu corpo e mente comuns na vacuidade e, do estado de vacuidade, surgi como o Corpo-Verdade, o Corpo-de-Deleite e o Corpo-Emanação de Heruka. Eu renasci como o Corpo-Emanação Heruka, rodeado por todas as demais Deidades, no mandala.

Como resultado de contemplar isso, desenvolvemos uma forte sensação de realmente sermos Heruka, e mantemos estritamente focados esse pensamento em meditação posicionada. Para fortalecer nosso orgulho divino, contemplamos:

Na prática de convidar os seres-de-sabedoria, eu convidei todos os Budas, na forma de Heruka, para se dissolverem em mim. Naquele momento, meu corpo e mente e o corpo e mente de Heruka tornaram-se um. Portanto, não há dúvida de que eu sou Heruka.

Para meditar em orgulho divino, primeiro transformamos nossa mente em orgulho divino e, depois, tentamos manter essa mente de modo estritamente focado, sem distrações. Diferentemente da meditação na vacuidade ou na impermanência, meditações essas nas quais nos concentramos num objeto que não é a própria mente, o objeto desta meditação é a nossa própria mente transformada em orgulho divino.

É importante compreender que a mente de orgulho divino não é uma percepção errônea, mas um conhecedor válido. Quando meditamos em orgulho divino, esquecemo-nos completamente do nosso corpo e mente comuns e focamo-nos no corpo e mente puros de Heruka, e é sobre essa base que desenvolvemos o orgulho divino de sermos Heruka. Se desenvolvêssemos o pensamento "eu sou Heruka" observando nosso corpo e mente comuns, isso seria uma percepção errônea; mas, se impedirmos todas as aparências comuns e observarmos o corpo e mente puros de Heruka, isso é uma base válida para designar, ou imputar, Heruka. Nossa mente de orgulho divino pensando "eu sou Heruka" é um conhecer válido porque é gerada por meio de concentração pura e é uma mente não enganosa. Por exemplo, uma pessoa chamada "lua" não é a lua verdadeira, mas seu pensamento "eu sou Lua" é correto e válido. Do mesmo modo, embora no momento presente não sejamos realmente Heruka, essa mente de orgulho divino é uma mente válida.

A MEDITAÇÃO PROPRIAMENTE DITA DO ESTÁGIO DE GERAÇÃO

Em geral, todas as pessoas têm orgulho de sua identidade, pensando "eu sou isto" ou "eu sou aquilo". Esse orgulho comum é orgulho deludido e uma percepção errônea porque, quando observamos nossos agregados contaminados comuns, eles aparecem para nós como sendo verdadeiramente existentes e, como resultado, costumamos desenvolver orgulho de um *eu* verdadeiramente existente. Na verdade, não existem agregados verdadeiramente existentes e não existe um *eu* verdadeiramente existente. A base para designar *eu* está mudando o tempo todo e, portanto, o *eu* que designamos sobre essa base também está mudando; mas, devido à nossa ignorância, estamos sempre nos aferrando a esse *eu* como verdadeiramente existente. O resultado desse orgulho deludido comum é que experienciamos morte, estado intermediário e renascimento comuns ininterruptamente. Se, em vez de nos aferrarmos a esse *eu* impuro, desenvolvermos orgulho divino fundamentado no corpo e mente puros de Heruka, não haverá nenhuma base para experienciarmos sofrimento. Se mantivermos orgulho divino de sermos Heruka, permaneceremos felizes e pacíficos, não mais cometeremos nenhuma ação negativa, aumentaremos nossas realizações espirituais rápida e facilmente, e renasceremos na Terra Pura de Heruka. Contemplando estes pontos, devemos pensar:

> *Deste momento em diante, desistirirei do meu orgulho deludido comum, que é a causa de tanto sofrimento, e manterei sempre o orgulho divino de ser Heruka.*

Podemos, às vezes, desenvolver dúvidas, pensando: "O corpo de Heruka não é o meu corpo; assim sendo, como posso tomá-lo como a base para designar *eu*?". Para desfazer essa dúvida, devemos relembrar que o nosso corpo atual não é nosso, mas, simplesmente, emprestado de nossos pais. Quando nossa consciência ingressou no útero da nossa mãe, não pensamos no óvulo fertilizado como sendo nosso corpo. Gradualmente, no entanto, à medida que o corpo se formava no útero, ficamos cada vez mais familiarizados com ele e passamos a considerá-lo como sendo nosso próprio corpo. Nós nos identificamos com o nosso corpo atual simplesmente através da força da familiaridade; não existe nenhuma outra razão pela qual devemos nos aferrar a ele como nosso. De um modo semelhante, através de praticar repetidamente a meditação do estágio de geração em orgulho divino, iremos nos familiarizar gradualmente com o corpo de Heruka e viremos a considerá-lo como nosso.

Quando praticamos a meditação do estágio de geração de Heruka, o objeto aparecedor é o corpo imaginado de Heruka, uma imagem genérica do corpo de Heruka. Como foi explicado anteriormente, esse corpo é uma forma que é uma fonte-fenômenos, uma forma que aparece apenas à percepção mental e, portanto, uma base válida para designar Heruka. Se adquirirmos profunda experiência dessa meditação, por fim veremos nosso *corpo de Heruka* com a nossa percepção visual e ele irá se tornar uma forma visual efetiva para nós. Embora o corpo de Heruka imaginado não seja o corpo de Heruka propriamente dito, ele é uma imagem genérica do corpo de Heruka e, portanto, pode ser uma base válida para designar, efetivamente, Heruka. Há um debate para determinar se imagens genéricas são permanentes ou impermanentes.

Para praticantes tântricos, os principais objetos a serem abandonados são as concepções comuns e aparências comuns. O orgulho divino supera as concepções comuns, e a clara aparência supera as aparências comuns. Os termos "concepção comum" e "aparência comum" são melhor explicados pelo seguinte exemplo. Suponha que haja um praticante de Heruka chamado João. Normalmente, ele vê (ou percebe) a si próprio como João, e vê ou percebe seu ambiente, prazeres, corpo e mente como os de João. Essas aparências são aparências comuns. A mente que concorda com essas aparências comuns, sustentando-as como verdadeiras, é a concepção comum. As concepções comuns são obstruções à libertação, e as aparências comuns são obstruções à onisciência. Em geral, todos os seres sencientes têm aparências comuns, exceto os Bodhisattvas que alcançaram a concentração semelhante-a-um-vajra do Caminho da Meditação.

Agora, se João fosse meditar no estágio de geração de Heruka, considerando intensamente a si próprio como Heruka e acreditando que o seu entorno, experiências, corpo e mente são os de Heruka, nesse momento ele teria orgulho divino, que impede as concepções comuns. Se ele também alcançar a clara aparência de si próprio como Heruka – com o ambiente, prazeres, corpo e mente de Heruka – ele terá então, nesse momento, clara aparência, que o impede de perceber aparências comuns.

Inicialmente, as concepções comuns são mais prejudiciais que as aparências comuns. A razão pela qual isso acontece é ilustrada pela analogia a seguir. Suponha que um mágico faça aparecer a ilusão de um tigre diante de uma plateia. O tigre aparece tanto para a plateia como para o mágico, mas ao passo que a plateia acredita que verdadeiramente há um tigre diante dela e, por causa disso, sente medo, o mágico não consente com a aparência do tigre [isto é, que ele exista verdadeiramente] e, em consequência disso, permanece calmo. O problema da plateia não é que o tigre apareça para ela, mas sua concepção de que o tigre exista verdadeiramente. É essa concepção, muito mais que a mera aparência do tigre, que faz a plateia experienciar medo. Se, assim como o mágico, a plateia não tivesse a concepção de que o tigre existe, então, mesmo que o tigre continuasse aparecendo, a plateia não teria medo. Do mesmo modo, mesmo quando as coisas aparecem para nós como comuns, se não nos aferrarmos conceitualmente a elas como comuns, isso não será tão prejudicial. De modo semelhante, é menos danoso para o nosso desenvolvimento espiritual que o nosso Guia Espiritual apareça para nós como se ele fosse comum, ainda que sustentemos que ele (ou ela) é em essência um Buda, do que o nosso Guia Espiritual apareça para nós como comum e acreditemos que ele (ou ela) é comum. A convicção de que nosso Guia Espiritual é um Buda, mesmo quando ele (ou ela) possa aparecer-nos como uma pessoa comum, ajuda nossa prática espiritual a progredir rapidamente.

TREINAR O TRANQUILO-PERMANECER

Para os praticantes do Mantra Secreto, é muito importante treinar o tranquilo-permanecer, e o momento para fazer isso é durante a meditação propriamente dita do estágio de geração. Explicações detalhadas das etapas do treino no tranquilo-permanecer podem ser encontradas nos livros *Caminho Alegre da Boa Fortuna* e *Contemplações Significativas*. O que se segue é uma breve explicação sobre como treinar o tranquilo-permanecer durante a meditação do estágio de geração.

O objeto do tranquilo-permanecer é, aqui, o mesmo objeto que o da meditação do estágio de geração – a saber, a imagem genérica de todo o mandala sustentador e sustentado: os oito solos sepulcrais, o círculo de proteção, a mansão celestial, as Deidades das Cinco Rodas, e nós próprios –

Heruka Pai e Mãe. Por essa razão, quando estamos treinando o tranquilo-permanecer, estamos praticando sinceramente a meditação do estágio de geração e, portanto, esse treino é um método poderoso para fazer progressos na nossa meditação do estágio de geração de aprimorar clara aparência e orgulho divino.

Para treinar o tranquilo-permanecer, praticamos as quatro etapas de procurar, encontrar, manter e permanecer. Primeiro, praticamos a etapa de *procurar*, por meio de nos empenharmos na ordem serial e inversa da meditação de examinar descrita acima, de modo a trazer à mente todo o mandala. Quando, como resultado de *procurar*, percebermos claramente uma imagem genérica aproximada do mandala inteiro, desde os solos sepulcrais até nós próprios – a Deidade principal Heruka –, isso significa que alcançamos a segunda etapa do tranquilo-permanecer, *encontrar*. Tendo encontrado nosso objeto do tranquilo-permanecer, nós o mantemos sem esquecê-lo. Através de prática contínua, nossa concentração irá se desenvolver até alcançarmos a terceira etapa, *manter*, assim denominada porque agora somos capazes de manter o mandala inteiro estritamente focado por um minuto, sem esquecê-lo. Neste ponto, alcançamos a primeira permanência mental, denominada "posicionamento da mente". Tendo alcançado a primeira permanência mental em uma sessão, precisamos repetir essa meditação todos os dias, para que nossa concentração se aprimore até sermos capazes de permanecer estritamente focados em todo o mandala por cinco minutos, sem esquecê-lo. Neste ponto, alcançamos a quarta etapa, *permanecer*, e alcançamos também a segunda permanência mental, denominada "contínuo-posicionamento".

Através de treino contínuo, quando alcançarmos o ponto no qual, toda vez que perdermos o objeto, formos capazes de relembrá-lo imediatamente, teremos alcançado a terceira permanência mental, denominada "reposicionamento". Quando pudermos nos concentrar no objeto sem esquecê-lo durante a sessão inteira, teremos alcançado a quarta permanência mental, denominada "estreito-posicionamento". Teremos adquirido, agora, estabilidade (ou firmeza) com respeito ao estágio de geração denso. Se, neste ponto, empenharmo-nos num retiro de meditação no tranquilo-permanecer, é possível que alcancemos o tranquilo-permanecer efetivo do estágio de geração em seis meses. É dito que, se um praticante de Heruka alcançar o tranquilo-permanecer efetivo no estágio de geração de Heruka, ele (ou ela) alcançará definitivamente a Terra Dakini exterior, a Terra Pura de Buda Heruka, nessa mesma vida.

Em *Luz para o Caminho à Iluminação*, Atisha diz que precisamos utilizar sempre o mesmo objeto quando treinamos o tranquilo-permanecer. O que ele quis dizer é que devemos utilizar sempre o mesmo objeto até alcançarmos estabilidade, ou firmeza, em nossa concentração, isto é, até a quarta permanência mental. Na quarta permanência mental, poderemos enxergar o mandala inteiro, tão claramente como enxergamos as coisas com os nossos olhos. O poder da nossa contínua-lembrança será total, mas ainda há o perigo de afundamento e excitamento mentais. Para superá-los e completarmos nosso treino no tranquilo-permanecer, mudamos para a meditação no estágio de geração sutil.

TREINAR O ESTÁGIO DE GERAÇÃO SUTIL

Como foi mencionado anteriormente, o propósito de treinar o estágio de geração é estabelecer as fundações para as realizações do estágio de conclusão. Uma vez que tenhamos alcançado estabilidade, ou firmeza, no estágio de geração denso, se então mudarmos para o estágio de geração sutil, isso irá nos ajudar imensamente a reunir nossos ventos interiores no canal central e, assim, prepararmo-nos para as realizações do estágio de conclusão.

O ponto de enfoque para a meditação do estágio de geração sutil de Heruka é dentro do canal central na ponta do órgão sexual. Meditamos como segue. Nossa mente, no aspecto da letra HUM no nosso coração, transforma-se numa gota azul transparente, do tamanho de uma pequena ervilha, que desce pelo nosso canal central até a ponta do órgão sexual. Dentro da gota, visualizamos todo o mandala, sustentador e sustentado, de Heruka. Devemos pensar que podemos ver todo o mandala muito claramente, do mesmo modo que podemos ver um quarto inteiro refletido numa pequena gota d'água, e sentimos que nossa mente tornou-se *uma* com a mente do Heruka que está no centro desse mandala. Fazemos, então, meditação posicionada nesse mandala e nessa gota.

Como podemos saber que concluímos nosso treino no estágio de geração? Há quatro níveis de praticantes do estágio de geração:

(1) Iniciantes;
(2) Praticantes em quem alguma sabedoria descendeu;
(3) Praticantes com algum poder relacionado à sabedoria;
(4) Praticantes com total poder relacionado à sabedoria.

Iniciantes são praticantes do estágio de geração que meditam, principalmente, no estágio de geração denso e que conseguem visualizar claramente as partes específicas do mandala e da Deidade, mas não o mandala na sua totalidade. *Praticantes em quem alguma sabedoria descendeu* são capazes de visualizar todo o mandala muito claramente e, por essa razão, estão mais próximos do ser-de-sabedoria do que os iniciantes. *Praticantes com algum poder relacionado à sabedoria* são capazes de visualizar claramente todo o objeto do estágio de geração sutil e estão, agora, muito próximos do ser-de-sabedoria. Alguns praticantes neste nível são capazes de trazer seus ventos para o canal central por força de meditar no estágio de geração sutil e, por meio disso, ingressam diretamente no estágio de conclusão. O *total poder relacionado à sabedoria* é alcançado quando temos perfeito domínio tanto do estágio de geração denso quanto do sutil.

Quando formos capazes de permanecer concentrados no objeto inteiro do estágio de geração denso por quatro horas, sem afundamento mental ou excitamento mental, teremos alcançado estabilidade, ou firmeza, no estágio de geração denso; e quando conseguirmos permanecer nesse objeto pelo tempo que desejarmos (por meses ou até mesmo anos), teremos completado o estágio de geração denso. Quando formos capazes de permanecer concentrados no objeto inteiro do estágio de geração sutil por quatro horas, sem afundamento mental ou excitamento mental, teremos alcançado estabilidade no estágio de geração sutil; e quando conseguirmos permanecer nesse objeto pelo tempo que desejarmos, teremos completado o estágio de geração sutil.

TREINAR O IOGA DA PROFUNDIDADE
E CLAREZA NÃO DUAIS

Esta é uma maneira especial de meditar no estágio de geração que é mais profunda que a maneira relativamente simples descrita acima; esta maneira especial atua como o antídoto ao agarramento ao em-si, assim como à aparência comum e à concepção comum. Começamos praticando a meditação simples do estágio de geração explicada acima e, à medida que nossa sabedoria e concentração melhorarem, transformamos gradualmente isso no treino do ioga da profundidade e clareza não-duais.

"Clareza" refere-se a todo o mandala aparecendo claramente, e "profundidade" refere-se a realizar a sua vacuidade. O ioga da profundidade e clareza não-duais é uma concentração à qual o mandala e as Deidades aparecem claramente e que, simultaneamente, conhece a vacuidade desses fenômenos. Assim, o que aparece a essa concentração são o mandala e as Deidades, e o que é concebido é a sua vacuidade de existência inerente.

Por exemplo, se, por pressionarmos nosso globo ocular, virmos duas luas no céu, a aparência dessas duas luas irá nos lembrar que, na verdade, não existem duas luas. De modo semelhante, para um praticante que está familiarizado com *vacuidade* e *clareza*, a clara aparência do mandala e das Deidades o faz lembrar que, na verdade, o mandala e as Deidades não existem do seu próprio lado. Essa única concentração realiza tanto a clara aparência do mandala e das Deidades quanto a sua ausência de existência inerente. Visto que essa concentração realiza que a clara aparência e sua vacuidade, ou profundidade, são *uma* natureza, ela é denominada "o ioga da profundidade e clareza não-duais". Tanto as verdades convencionais (o mandala e as Deidades) quanto as verdades últimas (a vacuidade de todos os fenômenos) são os objetos dessa única concentração, que acumula tanto uma coleção de mérito quanto uma coleção de sabedoria e, assim, cria a causa para alcançar o Corpo-Forma e o Corpo-Verdade de um Buda.

Perceber as Deidades e o mandala claramente enquanto, ao mesmo tempo, realiza-se sua vacuidade, ajuda-nos a compreender que a aparência do mandala e das Deidades se desenvolve a partir da mente de concentração, do mesmo modo que objetos oníricos se desenvolvem a partir da mente do sono. Através disso, podemos compreender que a mente de concentração e seus objetos são a mesma natureza. Essa experiência é essencial para se obter as realizações superiores do Tantra Ioga Supremo.

Embora o objeto dessa meditação seja o mesmo que o do tranquilo-permanecer do estágio de geração, a maneira de meditar é diferente. Treinamos o ioga da profundidade e clareza não-duais como segue. Primeiro, relembramos que, quando Guru Heruka dissolveu-se em nossa mente no nosso coração, nossa mente se transformou no grande êxtase espontâneo; e nós, agora, recordamos essa experiência de êxtase. Com essa mente de êxtase, praticamos a ordem serial e inversa da meditação de examinar e perceber claramente a imagem genérica de todo o mandala e as Deidades e, ao mesmo tempo, desenvolvemos o orgulho divino de sermos Heruka. Com nossa mente plena de êxtase, meditamos então na clara aparência do mandala inteiro e em orgulho divino, enquanto, ao mesmo tempo, realizamos a ausência de existência inerente de todos os fenômenos. Assim, nossa concentração possui quatro características: (1) ela experiencia êxtase; (2) ela medita em clara aparência; (3) ela medita em orgulho divino; e (4) ela realiza a vacuidade de todos os fenômenos.

Através de treino contínuo nessa meditação, nossa mente de concentração realizará gradualmente que a clara aparência do mandala e das Deidades e sua vacuidade, ou profundidade, são não-duais. Desse modo, teremos realizado o ioga da profundidade e clareza não-duais e, com nossa mente de êxtase, experienciaremos as duas verdades, a verdade convencional e a verdade última, como sendo *uma* natureza. Realizaremos claramente que forma e a vacuidade da forma são *uma* natureza, que som e a vacuidade do som são *uma* natureza, e assim por diante. Com essa experiência, durante o intervalo entre as meditações, tentamos nos lembrar e reconhecer que tudo que aparece à nossa mente é da natureza da vacuidade. Visto que a vacuidade de todos os fenômenos e o grande êxtase de Heruka são inseparáveis, tudo que aparece para nós é da natureza do grande êxtase de Heruka definitivo. Com essa compreensão, veremos qualquer fenômeno que aparecer para nós como da natureza de Heruka definitivo. Por manter essa visão dia e noite, nossas aparências e concepções comuns cessarão e alcançaremos rapidamente a iluminação.

Malgyur Lodro Drag

As Práticas Finais

ESTE TÓPICO, as práticas finais, tem quatro partes:

1. Recitação de mantra;
2. Oferendas de torma;
3. Dissolução e geração das Deidades-ação;
4. Dedicatória.

RECITAÇÃO DE MANTRA

A prática de treinar recitação de mantra é denominada "o ioga da fala-vajra". É um método especial para purificar nossa fala comum e para alcançar as realizações da recitação vajra e da fala-vajra de um Buda. Através da recitação de mantra, podemos pacificar os obstáculos externos e internos, tantos os nossos como os dos outros, e aumentar nossa boa fortuna e realizações espirituais. Podemos também reunir todas as condições necessárias para o desenvolvimento espiritual e beneficiar muitos seres por meio de ações pacíficas ou iradas associadas à recitação de mantra.

A prática da recitação de mantra será agora explicada a partir dos seguintes cinco tópicos:

1. Os mantras a serem recitados;
2. Abençoar o mala;
3. Recitação longa de mantra;
4. Recitação breve de mantra;
5. Explicação do retiro-aproximador.

OS MANTRAS A SEREM RECITADOS

"Mantra" significa literalmente "proteção mental". O treino em mantra protege nossa mente contra as aparências comuns e concepções comuns, que são as causas principais de sofrimento físico e mental. Em geral, mantra pode ser recitação ou meditação. A recitação de mantra associada à meditação ou concentração especiais protege nossa mente contra as aparências e concepções comuns.

No *Tantra-Raiz de Heruka*, Buda Vajradhara explica muitos mantras diferentes para serem recitados, e quatro deles, conhecidos como "os quatro mantras preciosos", são particularmente abençoados. São eles: (1) os mantras-raiz do Pai e da Mãe; (2) os mantras-essência do Pai e da Mãe; (3) os mantras-essência-aproximadores do Pai e da Mãe; e (4) os mantras das Deidades-armadura do Pai e da Mãe. À medida que os tempos se tornam mais impuros, as bênçãos e o poder desses mantras tornam-se cada vez mais fortes. Com outras Deidades, no entanto, à medida que os tempos se tornam mais impuros, o poder dos seus mantras diminui.

No Tibete, alguns lamas costumavam dar cordões especiais abençoados aos seus seguidores, e porque alguns desses seguidores acreditavam que, por apenas usar esses cordões, eles seriam libertados do sofrimento, chamavam esses cordões de "libertação por meramente usar". Outros acreditavam numa escritura que eles denominavam "libertação por meramente escutar", e outros, ainda, acreditavam num objeto especial utilizado por seus lamas, objetos esses denominados "libertação por meramente ver". Outros eruditos e lamas, contudo, são céticos em relação a essas coisas. Eles dizem que o verdadeiro "libertador por meramente usar" e o verdadeiro "libertador por meramente escutar" são os quatro mantras preciosos de Heruka, e que o verdadeiro "libertador por meramente ver" são os praticantes qualificados do mandala de corpo de Heruka. Eles afirmam isso porque o próprio Buda Vajradhara disse isso.

O MANTRA-RAIZ DO PAI

No Tantra-Raiz de Heruka, Vajradhara louva, em particular, o mantra--raiz do Pai:

Neste mundo, existem os quatro preciosos,
E, destes, o mantra-raiz é o mais profundo.

O mantra-raiz de Heruka revela a essência da prática do estágio de geração e do estágio de conclusão do Tantra de Heruka; ele é uma síntese do Tantra de Heruka inteiro. Precisamos compreender seu verdadeiro significado, e não meramente as palavras. Porque muitas das escrituras tântricas de Buda, especialmente as do Tantra Ioga Supremo, são ensinamentos secretos, seu verdadeiro significado não é revelado diretamente, e podemos descobri-lo apenas por meio de confiar em comentários autênticos. Por exemplo, se negligenciarmos o estudo dos comentários escritos por mahasiddha Ghantapa e Je Tsongkhapa e tentarmos compreender como praticar o mandala de corpo de Heruka através apenas da leitura das escrituras de Buda, não seremos bem-sucedidos.

O significado essencial do mantra-raiz do Pai é o seguinte:

Através da recitação verbal ou mental do mantra-raiz profundo
E de recordar grande êxtase e vacuidade,
Ó Glorioso Heruka, por favor, pacifica o fogo das ações prejudiciais
  e das obstruções,
E sua raiz, o agarramento-ao-verdadeiro de todos os seres vivos.

Pelo poder de raciocínios válidos e das escrituras,
Realizando que os fenômenos, como reflexos, não existem
  verdadeiramente,
Mas existem como mero nome e mera designação,
Por favor, pacifica todas as aparências e concepções comuns.

Por investigar a realidade das coisas convencionais,
Realizando que o Caminho do Meio, inconcebível e inexprimível,
É como encontrar ouro no meio de pedras,
Por favor, pacifica todas as concepções que se aferram aos extremos.

Por penetrar o vajra com o lótus da mensageira, o HAM na minha
  coroa derrete,
E todas as Deidades dos meus canais e gotas ficam saciadas

Com o grande êxtase, concentrando-se na vacuidade;
Por favor, pacifica todas as aparências duais densas e sutis.

Por gerar a lua nova da clara-luz imaginada
Através de reunir a substância secreta – as bodhichittas branca
   e vermelha – no centro do lótus,
E por treinar a união dessa clara-luz e do corpo-ilusório imaginado,
Por favor, concede a união da lua cheia da clara-luz efetiva e do
   corpo-ilusório.

Ó Glorioso Heruka,
Tu desfrutas o supremo corpo-ilusório puro e a clara-luz de grande
   êxtase.
Com o teu fogo de grande sabedoria onisciente,
Por favor, consome e destrói os maras das delusões e dos agregados
   contaminados.

Tu, que usas um colar de cabeças humanas unidas por vísceras
   humanas,
Por favor, engancha, captura e destrói o Senhor da Morte, que
   reside no sétimo nível inferior,
A assustadora e venenosa serpente do agarramento ao em-si,
E os agregados contaminados dos seres vivos.

Obstruídos pelas máculas da ignorância, eles não conhecem
   a realidade –
Que tudo é uma manifestação da vacuidade e da natureza
   de grande êxtase;
Ó Glorioso Heruka, por favor, concede tuas bênçãos a todos
   os seres vivos
Para conduzi-los ao grande êxtase e vacuidade e à União-do-Não-
   -Mais-Aprender.

O mantra-raiz de Heruka é denominado "o mantra-raiz dos Heróis" porque contém os mantras de todos os 24 Heróis; KARA KARA, por exemplo, é o mantra de Khandakapala, KURU KURU é o mantra de Mahakankala, e assim por diante. Os mantras individuais dos 24 Heróis são, portanto, as partes do mantra-raiz de Heruka. A função desses mantras é purificar as 24 gotas e ventos que fluem pelos 24 canais. Os 24 canais são gerados como as 24 Heroínas, e as 24 gotas são geradas como os 24 Heróis. Meditamos nessas Deidades e, então, recitamos o mantra-raiz de Heruka, pedindo ao Principal de todos os Heróis – o próprio Heruka – e aos 24 Heróis que purifiquem nossos canais, gotas e ventos.

O MANTRA-RAIZ DA MÃE

Quando recitamos esse mantra – o mantra-raiz de Vajravarahi, a Principal de todas as Heroínas – estamos chamando o ser iluminado supremo Vajravarahi, que é a mesma que Vajrayogini, e pedindo-lhe para pacificar os maras das nossas delusões e para purificar nossos canais, gotas e ventos. Relembrando, com a fé de almejar, as preeminentes qualidades do seu corpo e mente, pedimos a ela que conceda aquisições e nos ajude a progredir rapidamente pelos caminhos à iluminação. Enquanto nos concentramos nesse significado, recitamos o mantra. Uma explicação detalhada das preeminentes qualidades do corpo e mente de Vajrayogini pode ser encontrada no livro *Novo Guia à Terra Dakini*.

Como resultado de recitar os mantras-raiz do Pai e da Mãe com forte fé, todos os Heróis e Heroínas que residem nos 24 lugares de Heruka reúnem-se rapidamente em nossos canais e gotas. Nossos canais e gotas são abençoados e purificados, o que nos permite experienciar grande êxtase espontâneo. Quando nossos canais, gotas e ventos interiores são completamente purificados, as aparências à nossa mente também o são. As delusões e concepções comuns cessam, e experienciamos o ambiente, prazeres, corpo e mente completamente puros de Buda Heruka.

De acordo com o Tantra Ioga Supremo, o samsara e todos os sofrimentos do samsara surgem de aparências impuras à mente, que, por sua vez, surgem de ventos interiores impuros. Portanto, os ventos interiores impuros são a raiz do samsara. Através de praticar o mandala de corpo de Heruka, nossos canais e gotas são abençoados pelos Heróis e Heroínas e, assim, nossos ventos interiores são purificados. Quando nossos ventos interiores são completamente puros, apenas aparências puras surgem e os sofrimentos do samsara cessam. Essa é uma das preeminentes qualidades especiais da prática do mandala de corpo de Heruka.

O MANTRA-ESSÊNCIA DO PAI

O mantra-essência de Heruka é OM SHRI VAJRA HE HE RU RU KAM HUM HUM PHAT DAKINI DZALA SHAMBARAM SOHA. Ele é denominado "o mantra-essência" porque sua função principal é realizar Heruka definitivo, a verdadeira essência da prática tântrica de Heruka. Começamos realizando um Heruka definitivo imaginado e, sobre essa base, através de prática contínua, alcançamos a clara-luz-significativa, o Heruka--natureza definitivo do caminho. Por fim, realizamos o Heruka definitivo resultante.

A vacuidade da mente de Heruka é o seu Corpo-Verdade-Natureza, sua mente de grande êxtase é o seu Corpo-Verdade-Sabedoria, e o Heruka que é designado sobre esses Corpos-Verdade é Heruka definitivo. No Corpo-Verdade de Heruka, todos os fenômenos estão reunidos simultaneamente em uma natureza, vacuidade, e completamente purificados. Esse é o significado de "Chakrasambara". "Chakra" significa "roda de todos os fenômenos", e "sambara" significa, neste contexto, "reunidos". O significado do mantra-essência é o seguinte:

> OM simboliza o corpo, fala e mente de Heruka.
> SHRI VAJRA HE HE RU RU KAM é o pedido: "Ó Glorioso Heruka, por favor, ouve-me".
> HUM HUM PHAT é o pedido: "Por favor, pacifica todos os obstáculos externos e internos".
> DAKINI DZALA SHAMBARAM é o pedido: "Por favor, concede as aquisições da roda de todos os fenômenos reunidos e purificados no Dharmakaya". DAKINI indica a Dakini interior do Dharmakaya, DZALA indica a roda de todos os fenômenos, e SHAMBARAM significa que todos os fenômenos estão reunidos e purificados no Dharmakaya.
> SOHA é o pedido: "Por favor, ajuda-me a construir a fundação de todas as aquisições por meio de abençoar o meu *continuum* mental".

Quando recitamos esse mantra, estamos pedindo ao Glorioso Heruka para pacificar todos os nossos obstáculos e conceder a aquisição de Chakrasambara, a roda de todos os fenômenos reunidos e purificados na verdade última do Dharmakaya. Porque esse mantra é a verdadeira essência do Tantra de Heruka, preciosos lamas aconselharam os praticantes de Heruka a recitarem-no dia e noite.

O MANTRA-ESSÊNCIA-APROXIMADOR DO PAI

O significado do mantra-essência-aproximador de Heruka, OM HRIH HA HA HUM HUM PHAT, é o seguinte:

OM simboliza o corpo, fala e mente de Heruka.
HRIH HA HA HUM HUM indica as cinco excelsas sabedorias de todos os Budas aparecendo na forma das Deidades das Cinco Rodas do mandala de corpo de Heruka. Portanto, quando recitamos esse mantra, estamos pedindo a Heruka que nos ajude a realizar as Deidades das Cinco Rodas, assim como o mandala.
PHAT é o pedido: "Por favor, pacifica todos os obstáculos externos e internos".

Quando meditamos no estágio de geração com clara aparência e orgulho divino, havíamos realizado as Deidades imaginadas das Cinco Rodas juntamente com todo o mandala. Agora, quando recitamos o mantra-essência-aproximador, estamos pedindo a Heruka que nos ajude a realizar as Deidades suportadas e o mandala sustentador efetivos.

Em resumo, na prática de recitar o mantra-essência, enfatizamos realizar o Corpo-Verdade Heruka, e, na prática de recitar o mantra-essência-aproximador, enfatizamos realizar o Corpo-Forma Heruka. Ao longo dessas práticas, nossa motivação é compaixão por todos os seres vivos. Por praticarmos continuamente essas meditações e recitações com fé e convicção profundas, alcançaremos o Corpo-Verdade e o Corpo-Forma de um Buda e, assim, estaremos na condição de cumprir nossa intenção compassiva de beneficiar todos os seres vivos.

O MANTRA-ESSÊNCIA DA MÃE

O significado do mantra-essência de Vajravarahi, OM VAJRA BEROTZANIYE HUM HUM PHAT SOHA, é o seguinte:

> OM simboliza o corpo, fala e mente de Vajravarahi.
> VAJRA BEROTZANIYE significa "Dakini da Forma-Vajra", e indica que Vajravarahi é a natureza do corpo-vajra de todos os Budas. Neste contexto, "vajra" refere-se ao grande êxtase inseparável da vacuidade.
> HUM HUM é um pedido a Vajravarahi: "Por favor, concede-me as aquisições mundanas e supramundanas".
> PHAT é o pedido: "Por favor, pacifica todos os obstáculos externos e internos".
> SOHA é o pedido: "Por favor, ajuda-me a construir a fundação de todas as aquisições por meio de abençoar o meu *continuum mental*".

Quando dizemos "OM" ao recitar esse mantra, estamos primeiro chamando nossa mais preciosa Mãe, Vajravarahi, e, depois, fazendo o seguinte pedido:

> *Ó Sagrada Mãe Vajravarahi, eu desejo alcançar o corpo-vajra dos Budas para o benefício de todos os seres vivos. Para este propósito, por favor, concede as aquisições mundanas de aumento de boa fortuna, tempo de vida, riqueza e outras condições necessárias; e as aquisições supramundanas de renúncia, bodhichitta, visão profunda da vacuidade, estágio de geração e estágio de conclusão. Por favor, pacifica todos os obstáculos externos e internos e abençoa o meu continuum mental.*

O MANTRA-ESSÊNCIA-APROXIMADOR DA MÃE

O significado do mantra-essência-aproximador de Vajravarahi, OM SARWA BUDDHA DAKINIYE VAJRA WARNANIYE HUM HUM PHAT SOHA, é o seguinte:

> OM simboliza o corpo, fala e mente de Vajravarahi.

SARWA BUDDHA DAKINIYE VAJRA WARNANIYE significa a mente-vajra e a fala-vajra de todos os Budas e, portanto, revela que Vajravarahi é a corporificação da mente-vajra e da fala-vajra de todos os Budas.

HUM HUM é um pedido a Vajravarahi: "Por favor, concede-me as aquisições mundanas e supramudanas".

PHAT é o pedido: "Por favor, pacifica todos os obstáculos externos e internos".

SOHA é o pedido: "Por favor, ajuda-me a construir a fundação de todas as aquisições por meio de abençoar o meu *continuum* mental".

Quando recitamos esse mantra, estamos fazendo o seguinte pedido:

Ó Sagrada Mãe Vajravarahi, eu desejo alcançar a mente-vajra e a fala-vajra dos Budas para o benefício de todos os seres vivos. Para este propósito, por favor, concede as aquisições mundanas e supramundanas, pacifica todos os obstáculos, e abençoa o meu continuum mental.

Neste contexto, "vajra" significa grande êxtase onisciente. A verdadeira natureza do corpo, fala e mente de Buda é grande êxtase onisciente e, por essa razão, eles são denominados "corpo-vajra", "fala-vajra" e "mente-vajra". O mantra de Vajrayogini, conhecido como o "mantra Tri-OM", é a união do mantra-essência e do mantra-essência-aproximador de Vajravarahi, organizados de uma maneira especial para a recitação dos mantras de Vajravarahi. Uma explicação detalhada do mantra de Vajrayogini pode ser encontrada no livro *Novo Guia à Terra Dakini*.

OS SEIS MANTRAS-ARMADURA DO PAI E DA MÃE

A função principal das Deidades-armadura e dos seus mantras é proteger os praticantes de Heruka contra obstáculos à sua concentração no estágio de geração e no estágio de conclusão causados por maras exteriores (espíritos malévolos) e pelos maras interiores (as delusões). Não visualizamos diretamente as Deidades-armadura elas próprias, mas, simplesmente, as letras dos seus mantras, em vários lugares no corpo de nós mesmos gerados como Heruka e Vajravarahi. Reconhecemos esses mantras como sendo as Deidades efetivas e, então, com fé e convicção, recitamos os mantras, pedindo a elas que protejam nossa meditação.

Com OM OM HA HUM HUM PHAT, fazemos pedidos ao Herói Vajrasattva, o aspecto irado de Buda Akshobya; com OM NAMA HI HUM HUM PHAT, fazemos pedidos ao Herói Vairochana, o aspecto irado de Buda Vairochana; com OM SOHA HU HUM HUM PHAT, fazemos pedidos ao Herói Pemanarteshvara, o aspecto irado de Buda Amitabha; com OM BOKE HE HUM HUM PHAT, fazemos pedidos ao Herói Glorioso Heruka, o aspecto irado de Buda Vajradhara; com OM HUM HUM HO HUM HUM PHAT, fazemos pedidos ao Herói Vajrasurya, o aspecto irado de Buda Ratnasambhava; e com OM PHAT HAM HUM HUM PHAT, fazemos pedidos ao Herói Paramashawa, o aspecto irado de Buda Amoghasiddhi.

Com OM OM BAM HUM HUM PHAT, fazemos pedidos à Heroína Vajravarahi, o aspecto irado de Buda Vajravarahi, a consorte de Buda Akshobya; com OM HAM YOM HUM HUM PHAT, fazemos pedidos à Heroína Yamani, o aspecto irado de Lochana, a consorte de Buda Vairochana; com OM HRIM MOM HUM HUM PHAT, fazemos pedidos à Heroína Mohani, o aspecto irado de Benzarahi, a consorte de Buda Amitabha; com OM HRIM HRIM HUM HUM PHAT, fazemos pedidos à Heroína Sachalani, o aspecto irado de Vajradhatu Ishvara, a consorte de Buda Vajradhara; com OM HUM HUM HUM HUM PHAT, fazemos pedidos à Heroína Samtrasani, o aspecto irado de Mamaki, a consorte de Buda Ratnasambhava; e com OM PHAT PHAT HUM HUM PHAT, fazemos pedidos à Heroína Chandika, o aspecto irado de Tara, a consorte de Buda Amoghasiddhi.

OS MANTRAS DAS QUATRO IOGUINES DA RODA DO GRANDE ÊXTASE

Esses mantras são os mantras-nominais de Vajradakini, Vajralama, Khandarohi e Vajrarupini, que são as manifestações das Quatro Mães das Cinco Famílias Búdicas – Lochana, Tara, Benzarahi e Mamaki, respectivamente. Quando recitamos esses mantras, estamos chamando essas Deidades e pedindo que concedam as aquisições mundanas e supramundanas e pacifiquem todos os obstáculos externos e internos.

OS MANTRAS DOS VINTE E QUATRO HERÓIS

Como foi mencionado anteriormente, esses mantras são as partes do mantra-raiz de Heruka. Quando recitamos esses mantras, estamos chamando individualmente os Heróis, tais como Khandakapala, e pedindo que concedam suas bênçãos em nossos canais, gotas e ventos interiores, e que pacifiquem todos os obstáculos externos e internos.

OS MANTRAS DAS VINTE E QUATRO HEROÍNAS

Esses mantras são os mantras-nominais das 24 Heroínas. Quando recitamos esses mantras, estamos chamando individualmente as Heroínas, tais como Partzandi, e pedindo-lhes que concedam suas bênçãos em nossos canais, gotas e ventos interiores, e que pacifiquem todos os obstáculos externos e internos.

OS MANTRAS DAS DEIDADES DA RODA-COMPROMISSO

Os mantras das oito Deidades da roda-compromisso são os mantras-nominais dessas Deidades. Pedimos a elas, principalmente, que pacifiquem os obstáculos à nossa vida, incluindo os perigos que vêm do fogo, água, terra e vento, assim como danos causados por humanos e não humanos.

Quando Vajradhara emanou o mandala sustentador e sustentado de Heruka no topo do Monte Meru, ele apareceu como o Principal do mandala, na forma de Heruka com sua consorte, Vajravarahi. Heruka pediu aos sessenta Heróis e Heroínas do seu séquito para assumirem diversas responsabilidades, e eles prometeram fazer isso. A responsabilidade principal das Quatro Ioguines da roda do grande êxtase e das 24 Heroínas da roda-coração, da roda-fala e da roda-corpo é ajudar os praticantes qualificados de Heruka a realizarem grande êxtase espontâneo. A responsabilidade principal dos 24 Heróis da roda-coração, da roda-fala e da roda-corpo é conceder bênçãos nos canais, gotas e ventos interiores dos praticantes de Heruka. A responsabilidade principal das Deidades da roda-compromisso é pacificar os obstáculos dos praticantes de Heruka. Há uma Heroína em particular, chamada "Khandarohi", que assumiu a responsabilidade de pacificar os obstáculos dos praticantes sempre que eles se empenharem em qualquer uma das quatro ações e, por isso, ela é também denominada "Deidade-ação". Visto que ela é uma das Quatro Ioguines da roda do grande êxtase, assim como uma das 24 Heroínas, ela também ajuda os praticantes a realizarem grande êxtase.

ABENÇOAR O MALA

Embora seja comum, em muitas religiões, usar um mala, ou rosário, para recitar preces ou mantras, a maneira de usá-lo difere de uma para outra. De acordo com o Tantra Ioga Supremo, precisamos primeiro abençoar o mala e, então, podemos utilizá-lo para três propósitos: (1) para contar recitações de mantra; (2) para receber bênçãos; e (3) para conceder bênçãos aos outros. Na prática do mandala de corpo de Heruka, abençoamos o mala por meio de gerar cada conta como a Deidade Pemanarteshvara, que é uma das seis Deidades-armadura do Pai Heruka e que é, por natureza, a fala de todos os Budas. Ele tem um corpo vermelho, com uma face e quatro braços. Sua primeira mão direita segura um lótus, e a segunda, um damaru. Sua primeira mão esquerda segura um sino, e a segunda, uma cuia de crânio; e com o seu ombro esquerdo, sustenta um khatanga. Para abençoar o mala, primeiro nós o purificamos por meio de meditar na sua vacuidade, enquanto recitamos "o mala torna-se vacuidade". Imaginamos então que, do estado de vacuidade, cada conta aparece no seu próprio aspecto, mas com a natureza de Pemanarteshvara, a fala-vajra de todos os Budas.

Tendo abençoado o mala, recitamos os mantras. Começamos deixando o mala suspenso sobre os dedos anular ou indicador da nossa mão esquerda, mantendo-o na altura do nosso coração ou do nosso umbigo. Recitamos o mantra uma vez e movemos a primeira conta com o polegar, em nossa direção. Imaginamos que, da vacuidade dessa conta, surge ali um Heruka, que se dissolve no nosso coração ou umbigo, e recebemos as bênçãos de todos os Budas. Sem esquecer essa sensação especial, repetimos isso para cada conta. Por recitar os mantras dessa maneira todos os dias, nosso mala irá gradualmente se tornar um objeto muito poderoso e abençoado, com o qual podemos conceder bênçãos para aumentar o mérito e a boa fortuna dos outros, impedir que sejam afligidos por obstáculos e pacificar suas mentes infelizes ou negativas. Podemos também executar a ação curativa de tocar a coroa de uma pessoa com o nosso mala abençoado, enquanto fazemos preces especiais para o seu bem-estar.

RECITAÇÃO LONGA DE MANTRA

A visualização para a recitação dos mantras-raiz, mantras-essência e mantras-essência-aproximadores do Pai e da Mãe é a seguinte. Começamos focando a letra HUM no nosso coração e a reconhecemos como tendo a natureza da sabedoria de grande êxtase e vacuidade de Heruka, a fonte de todos os mantras das Deidades do mandala de corpo de Heruka. À medida que recitamos o mantra-raiz de Heruka, imaginamos que, da extremidade inferior da letra HUM, surge um rosário de letras do mantra, de cor azul, da natureza de luz-sabedoria. O rosário desce pelo nosso canal central, sai pela ponta do nosso vajra, entra na *bhaga* da consorte, sobe pelo canal central dela, sai por sua boca, entra em nossa boca, desce e dissolve-se no HUM no nosso coração. Repetimos então esse processo, observando o mantra circulando pelo nosso canal central e pelo de Vajravarahi. Enquanto nos focamos nessa visualização, recitamos, verbal ou mentalmente, o mantra como um pedido a Heruka que conceda profundas realizações e pacifique obstáculos externos e internos. Enquanto recitamos o mantra-raiz de Vajravarahi e os mantras-essência e essência-aproximadores do Pai e da Mãe, focamo-nos numa visualização semelhante.

Essa visualização é muito especial. Ela nos ajuda a manter orgulho divino e clara aparência, e faz com que geremos grande êxtase. Se nossa concentração for clara e forte, ela também faz com que os ventos interiores se reúnam e se dissolvam no canal central. Sem esquecer essa visualização, recitamos os mantras como um pedido para pacificar obstáculos e conceder aquisições.

Se tomarmos as palavras dos mantras-raiz do Pai e da Mãe literalmente, pode parecer que estamos pedindo a Heruka e Vajrayogini que enganchem, capturem, matem, comam ou destruam alguém! Na verdade, no entanto, estamos pedindo a Heruka Pai e Mãe para pacificar nossos obstáculos externos e internos e destruir o inimigo – as nossas delusões.

A maneira de recitar os mantras das Deidades-armadura já foi explicada. A visualização para recitar os mantras das sessenta Deidades do séquito é a seguinte:

Em pé, sobre um assento de sol no coração de cada Deidade, está uma letra HUM ou BAM rodeada pelo mantra a ser recitado. Da letra no centro do mantra que a rodeia, assembleias de Deidades do mandala se irradiam e satisfazem o bem-estar de todos os seres vivos. Elas se recolhem e se dissolvem na letra central, irradiando e retornando repetidamente

RECITAÇÃO BREVE DE MANTRA

Pode ser que nem sempre tenhamos tempo para praticar a recitação longa de mantra, ou talvez sejamos um praticante iniciante, que acha a recitação longa de mantra muito difícil ou complicada. Se esse for o caso, podemos praticar a recitação breve de mantra. Para fazer isso, devemos recitar apenas os mantras-essência e os mantras-essência-aproximadores do Pai e da Mãe, os mantras das Quatro Ioguines da roda do grande êxtase, os mantras das Deidades da roda-coração, da roda-fala, da roda-corpo e da roda-compromisso, e o mantra-essência condensado das sessenta Deidades do séquito.

Enquanto nos concentramos na visualização descrita acima, praticamos a recitação do mantra-essência do Pai como segue. Primeiro, imaginamos que a nossa mente está experienciando grande êxtase misturado com vacuidade, e não percebemos nada além que essa união de grande êxtase e vacuidade. Usando essa união como a base para designar Heruka, pensamos "eu sou o Corpo-Verdade Heruka", e meditamos no orgulho divino de sermos Heruka definitivo. Sem esquecer o orgulho divino, recitamos o mantra-essência como um pedido a Heruka que nos ajude a concluir a aquisição de Heruka definitivo como o nosso refúgio último. Desse modo, nossa recitação torna-se a prática incomum de refúgio do Tantra Ioga Supremo, que traz o refúgio resultante para o caminho. Quando primeiro praticamos essa recitação de mantra, realizamos um Heruka definitivo imaginado, que é como uma lua nova. Ao mesmo tempo, por meio de recitar o mantra, estamos pedindo a Heruka que nos ajude a concluir a aquisição de Heruka definitivo, de modo que, por fim, nosso Heruka definitivo imaginado torne-se o Heruka definitivo efetivo, que é como a lua cheia.

Se a nossa experiência da vacuidade for fraca, devemos, enquanto recitamos o mantra, pensar com uma parte da nossa mente:

Desde tempos sem início, tudo tem sido da mesma natureza que a vacuidade. Nada, nem mesmo o menor átomo, existe do próprio lado do objeto. Isso é a verdade última.

Se nossa experiência de êxtase for fraca, devemos fortalecê-la através de recordar a visualização para recitar os mantras das Deidades Principais, descrita na sadhana, ou devemos lembrar, pelo menos, que nós – Heruka – estamos em união com Vajravarahi. Experienciando a união de grande êxtase e vacuidade, pensamos fortemente "eu sou o Corpo-Verdade Heruka" e, enquanto mantemos esse orgulho divino, recitamos o mantra.

A visualização e a maneira de recitar o mantra-essência-aproximador do Pai, os mantras-essência e essência-aproximadores da Mãe e os mantras dos séquitos são iguais àqueles descritos acima.

EXPLICAÇÃO DO RETIRO-APROXIMADOR

Em geral, a coisa mais importante é praticar a sadhana todos os dias da nossa vida. Durante nossas sessões, devemos enfatizar meditação e recitação, familiarizando-nos, em particular, com os três trazeres, orgulho divino e clara aparência. Fora da sessão de meditação, devemos integrar nossas experiências meditativas em nossas atividades diárias, para que possamos transformar nossa vida diária nos caminhos do Tantra Ioga Supremo.

É também importante, de tempos em tempos, entrarmos em retiro para obter uma profunda experiência da nossa prática diária. Podemos fazer um retiro simples a qualquer momento, mesmo que por poucos dias ou semanas. Durante o retiro, interrompemos todas as nossas mentes agitadas e distrações. Para esse propósito, paramos com todas as atividades diárias, conversas sem significado, leitura de jornais, paramos de ouvir rádio, ver televisão e assim por diante, e permanecemos com uma mente tranquila e feliz dia e noite.

Je Tsongkhapa

Um retiro-aproximador é assim denominado porque é um retiro no qual praticamos métodos especiais que nos aproximam cada vez mais das aquisições de uma Deidade tântrica. Existem três tipos de retiro-aproximador: (1) retiro-aproximador de sinais; (2) retiro-aproximador de tempo; e (3) retiro-aproximador de contagem. Entramos em retiro-aproximador de sinais quando permanecemos em retiro até que um sinal correto de aquisição se manifeste. Entramos em retiro-aproximador de tempo quando fazemos um retiro por um tempo determinado (por exemplo, seis meses) ou, alternativamente, quando todo ano fazemos um retiro-aproximador, longo ou breve, no mesmo período.

Há dois tipos de retiro-aproximador de contagem: o retiro-aproximador de ações e o grande retiro-aproximador. Quanto ao retiro-aproximador de ações, há também dois tipos: o retiro-aproximador de ações longo e o retiro-aproximador de ações breve. No retiro-aproximador de ações longo de Heruka, recitamos os mantras-essência do Pai e da Mãe trezentas mil vezes, os mantras-essência-aproximadores do Pai e da Mãe dez mil vezes, e os mantras-essência dos sessenta séquitos dez mil vezes. No retiro-aproximador de ações breve de Heruka, recitamos os mantras-essência do Pai e da Mãe cem mil vezes, os mantras-essência-aproximadores do Pai e da Mãe dez mil vezes, e o mantra-essência condensado dos sessenta séquitos dez mil vezes. Para um retiro-aproximador de ações, não é necessário contar os mantras-raiz do Pai e da Mãe ou os mantras das Deidades-armadura.

Para concluir ambos os retiros-aproximadores de ações, o longo e o breve, recitamos dez mil mantras sabedoria-descendente. Esse mantra é: OM SHRI VAJRA HE HE RU RU KAM HUM HUM PHAT DAKINI DZALA SHAMBARAM VAJRA BEROTZANIYE HUM HUM PHAT HUM HA ADZE SOHA. Enquanto recitamos esse mantra, visualizamos incontáveis raios de luz azul irradiando-se do nosso coração para as dez direções e convidando todos os Budas sob a forma de Heruka. Estes se dissolvem em nosso corpo, como uma chuva torrencial caindo no oceano. Com forte convicção, contemplamos que recebemos as bênçãos de todos os Budas, e imaginamos que nossa mente e nosso corpo se transformam na natureza de sabedoria-onisciente.

Para concluir um retiro-aproximador de ações bem-sucedido, precisamos fazer quatro coisas:

1. As preparações;
2. As práticas preliminares;
3. O retiro propriamente dito;
4. O puja do fogo.

AS PREPARAÇÕES

Existem dois tipos de preparação: interior e exterior. A preparação interior mais importante consiste em compreender claramente como meditar nos três trazeres e no estágio de geração propriamente dito, como praticar as recitações de mantra e como iniciar, fazer progressos e concluir todo o retiro. Fazemos isso estudando o comentário e recebendo conselhos de professores ou outros praticantes qualificados. Em particular, precisamos cultivar e manter uma motivação pura e forte fé neste Dharma sagrado e no nosso professor espiritual de quem recebemos as iniciações e instruções.

Quando tivermos feito essas preparações interiores, fazemos então as preparações exteriores. Se o local onde vivemos é tranquilo, pacífico e livre de obstáculos específicos, não precisamos procurar por outro; mas, se esse não for o caso, precisamos encontrar um local e uma sala de meditação adequados para o nosso retiro, que sejam livres de obstáculos e onde seja fácil encontrar as condições necessárias. Limpamos, então, nossa sala de meditação e preparamos nosso altar e assento de meditação, ou almofada. Nosso assento, ou almofada, deve ser muito confortável e estável porque, num retiro-aproximador de ações, precisamos recitar todas as recitações de mantra sobre o mesmo assento, sem movê-lo. Se possível, ele deve ficar de frente para o altar. Se, por qualquer razão, tivermos dificuldade em sentar no chão, podemos usar uma cadeira como nosso assento de meditação.

AS PRÁTICAS PRELIMINARES

Na manhã do dia em que nosso retiro tiver início, limpamos mais uma vez nossa sala de meditação e a área ao redor dela. Diante de um altar contendo estátuas ou figuras do nosso Guia Espiritual, Buda Shakyamuni, Je Tsongkhapa, Heruka e Dharmapala Dorje Shugden, dispomos tormas, oferendas exteriores e oferendas tsog. Sobre uma mesa pequena, diante do nosso assento de meditação, colocamos nossa oferenda interior, vajra, sino, damaru, mala e sadhana. Depois, à tarde, antes do jantar, damos início às práticas preliminares propriamente ditas. Sentamo-nos em nosso assento de meditação e praticamos, primeiro, a sadhana *Joia-Coração* com meditação no Lamrim, especialmente a meditação sobre bodhichitta, para pacificar obstáculos, receber bênçãos e gerar uma motivação pura. Depois, enquanto nos concentramos no seu significado, praticamos a sadhana do retiro de Heruka, *Joia Preliminar ao Retiro de Heruka*, que pode ser encontrada no Apêndice II.

O RETIRO PROPRIAMENTE DITO

Após finalizarmos as práticas preliminares, descansamos até à noite, quando, com uma mente feliz, damos início à primeira sessão do nosso retiro. Recitamos a sadhana *Essência do Vajrayana* desde buscar refúgio até as preces auspiciosas, incluindo a oferenda tsog, enquanto nos concentramos no seu significado; depois, quando formos dormir, praticamos o ioga de dormir. Na manhã seguinte, praticamos o ioga de acordar e o ioga de experimentar néctar e, depois, fazemos a primeira sessão do dia. Se fizermos quatro sessões por dia, a primeira sessão deve terminar antes do café da manhã; a segunda, antes do almoço; a terceira, antes do jantar; e a quarta sessão, antes de irmos dormir. Nas três primeiras sessões, não precisamos oferecer as tormas ou recitar as preces dedicatórias extensas, e, nas últimas três sessões, não precisamos fazer a meditação e recitação de Vajrasattva ou abençoar a oferenda interior.

Durante cada sessão, é muito importante impedir que nossa mente fique distraída com outros objetos, tais como nossas atividades habituais, amigos e prazeres; e é muito importante também impedir que adormeçamos. Devemos fazer nossas sessões com uma mente alegre, tendo forte fé no supremo Buda, Guru Heruka Pai e Mãe, no Dharma sagrado destas profundas instruções do mandala de corpo de Heruka, e na Sangha suprema, a assembleia de Heróis e Heroínas.

Entre as sessões, devemos aumentar nossa experiência de renúncia, bodhichitta e visão profunda da vacuidade por meio de ler, contemplar e meditar nas práticas preciosas do Lamrim e do Lojong. Se não fizermos isso, será muito difícil mantermos uma motivação pura e, assim, nossa meditação tântrica irá se tornar ineficaz, sem poder. Devemos também ler, muitas e muitas vezes, o comentário à prática do mandala de corpo de Heruka, até obtermos uma compreensão profunda do significado inteiro da sadhana.

Uma vez que tenhamos concluído nosso retiro e antes de realizarmos o puja do fogo, precisamos fazer, todos os dias, uma sessão completa da sadhana, sem deixar de praticá-la um único dia sequer.

O PUJA DO FOGO

O propósito de realizar o puja do fogo, ou oferenda ardente, após o nosso retiro é purificar os muitos erros ou equívocos que cometemos durante o retiro. Por exemplo, talvez não tenhamos feito nosso retiro corretamente, como resultado de ignorarmos as instruções sobre o que devíamos e o que não devíamos fazer. Talvez tenhamos criado ações mentais não virtuosas, por meio de desenvolver raiva, visões errôneas e pensamentos negativos dirigidos aos nossos professores, amigos espirituais ou outras pessoas. Talvez tenhamos feito nosso retiro inteiro com uma mente distraída ou com motivação impura, e talvez tenhamos desenvolvido muitas dúvidas sobre o Dharma. Durante as sessões, talvez não tenhamos tido concentração ou nem mesmo uma única mente positiva. Podemos ter passado a maior parte do tempo durante as sessões sob a influência de obtusidade ou sono. Talvez não tenhamos tido fé em Buda, Dharma ou Sangha, e nenhuma convicção nas instruções. Talvez tenhamos falhado em recitar corretamente os mantras ou sem sentir nada. Podemos purificar todos esses erros ou equívocos realizando o puja do fogo.

Durante o puja do fogo, oferecemos treze substâncias diferentes às Deidades-Fogo supramundanas (Heruka e seus séquitos) e à Deidade-Fogo mundana. Fazer essas oferendas é uma causa para aumentar nossa riqueza, recursos, boa fortuna, tempo de vida, saúde física, paz mental e o poder das nossas ações. Em particular, é uma purificação poderosa de quedas morais, ações erradas e toda inauspiciosidade. Devemos aprender como preparar as oferendas e o mandala e como fazer um puja efetivo. Se não tivermos conhecimento sobre isso, precisamos encontrar assistentes qualificados que pertençam à mesma linhagem. Uma explicação mais detalhada do puja do fogo pode ser encontrada no livro *Novo Guia à Terra Dakini*.

Quando tivermos concluído um retiro-aproximador de ações e um puja do fogo, teremos a oportunidade de nos empenharmos na autoiniciação. Através dela, podemos renovar nossos votos tântricos, caso eles tenham degenerado, e podemos também beneficiar muitos seres vivos por meio de executarmos ações rituais, tais como ações pacificadoras, crescentes, controladoras e iradas. Por essa razão, esse retiro é denominado "retiro-aproximador de ações". A sadhana de autoiniciação, intitulada *União-do--Não-Mais-Aprender*, pode ser encontrada no Apêndice II.

Num grande retiro-aproximador de Heruka, recitamos o mantra-essência do Pai dez milhões de vezes; o mantra-essência da Mãe, quatrocentas mil vezes; os mantras-essência-aproximadores do Pai e da Mãe, os mantras--raiz do Pai e da Mãe e os mantras-armadura do Pai e da Mãe, mil vezes; e os mantras-essência dos sessenta séquitos, dez mil vezes. Recitamos o mantra sabedoria-descendente cem mil vezes e, então, realizamos a oferenda ardente extensa.

OFERENDAS DE TORMA

A oferenda de torma é uma oferenda especial de comida feita às Deidades geradas-em-frente, com o pedido de que elas nos concedam *siddhis*, ou aquisições. No *Tantra de Heruka*, está dito:

> Sem poderosas oferendas de torma,
> Não podemos alcançar *siddhis* rapidamente;
> Por essa razão, os Budas anteriores louvaram as oferendas de torma.

O termo tibetano "torma" é constituído de duas palavras: "*tor*" e "*ma*". "*Tor*" indica que devemos gastar tudo o que possuímos nessas oferendas, e "*ma*", que significa literalmente "mãe", indica que devemos amar todos os seres vivos como uma mãe ama seus filhos. Nos dias atuais, é impossível encontrar um praticante que viesse a gastar tudo o que possui numa oferenda de torma, mas, a partir da palavra "*tor*", devemos compreender que a oferenda de torma é muito importante e que seria muito valioso gastar tudo nela. O significado de "*ma*" revela que nossa motivação para fazer oferendas de torma deve ser amor e compaixão por todos os seres vivos. Porque desejamos beneficiar todos os seres vivos, fazemos as oferendas de torma como um pedido a Guru Heruka e seu séquito para que concedam a aquisição da plena iluminação.

A explicação da oferenda de torma tem três partes:

1. Abençoar as tormas;
2. Fazer o convite aos convidados das tormas;
3. A oferenda efetiva de torma.

ABENÇOAR AS TORMAS

Abençoamos as tormas da mesma maneira como abençoamos a oferenda interior, exceto por duas diferenças. Primeiro, a base para realizar a oferenda de torma é uma substância exterior disposta diante do altar, ao passo que a base para realizar a oferenda interior são as substâncias interiores das cinco carnes e dos cinco néctares. Segundo, na oferenda de torma, a base é transformada em néctar de comer, ao passo que, na oferenda interior, a base é transformada em néctar para beber.

FAZER O CONVITE AOS CONVIDADOS DAS TORMAS

Verbalmente, recitamos PHAIM; fisicamente, fazemos o mudra fulgurante; e mentalmente, imaginamos que estamos experienciando grande êxtase e vacuidade. Imaginamos que, da letra HUM no nosso coração, emanam infinitos raios de luz, que convidam todos os Budas, na forma da assembleia das Deidades das Cinco Rodas, para virem de sua morada natural – o Dharmakaya – e convidam também todos os guardiões direcionais, guardiões regionais e assim por diante, para virem dos oito solos sepulcrais.

Visualizamos a assembleia das Deidades das Cinco Rodas no espaço à nossa frente, dentro da nossa mansão celestial. No limite mais distante, está o círculo das Oito Deusas da roda-compromisso; dentro disso, está o círculo dos Oito Heróis e Heroínas da roda-corpo; dentro disso, está o círculo dos Oito Heróis e Heroínas da roda-fala; dentro disso, está o círculo dos Oito Heróis e Heroínas da roda-coração; dentro disso, estão as Quatro Ioguines da roda do grande êxtase; e bem no centro, estão Guru Heruka Pai e Mãe. Imaginamos que os canais e gotas purificados de

Guru Heruka aparecem na forma das Deidades das Cinco Rodas. Essa é a geração-em-frente das Deidades do mandala de corpo de Heruka.

Quando convidamos os guardiões direcionais e assim por diante, estamos a convidar as onze grandes assembleias de Dakas e Dakinis mundanos de cada solo sepulcral. Elas são as assembleias de deuses, nagas, causadores de mal, canibais, espíritos maléficos, fantasmas famintos, comedores-de-carne, causadores-de-loucura, causadores-de-esquecimento, dakas e espíritos femininos. Porque eles têm o aspecto de deuses e espíritos mundanos, são denominados "Dakas e Dakinis mundanos", mas, em essência, são manifestações de Heruka. Agora, visualizamos que as onze assembleias de cada solo sepulcral se reúnem como nossos convidados nas fronteiras dos seus solos sepulcrais, juntamente com todos os espíritos do mundo inteiro.

A OFERENDA EFETIVA DE TORMA

Para fazer a oferenda de torma, imaginamos que incontáveis Deusas Rasavajra emanam da letra HUM no nosso coração, pegam réplicas das tormas que foram abençoadas e as oferecem, primeiro, ao Principal Pai e Mãe e às Quatro Ioguines; depois, aos demais convidados supramundanos e, por fim, aos convidados mundanos. A oferenda efetiva de torma, portanto, tem quatro partes:

1. Oferecer a torma principal;
2. Oferecer a torma às Deidades da roda-coração, da roda-fala e da roda-corpo;
3. Oferecer a torma às Deidades da roda-compromisso;
4. Oferecer a torma aos Dakas e Dakinis mundanos e a todos os espíritos do mundo inteiro.

OFERECER A TORMA PRINCIPAL

Com o "mudra de segurar o recipiente da torma", que está descrito no livro *Novo Guia à Terra Dakini*, recitamos três vezes o mantra de oferecimento: OM VAJRA AH RA LI HO: DZA HUM BAM HO: VAJRA DAKINI SAMAYA TON TRISHAYA HO. Com a primeira recitação, oferecemos a torma a Guru Heruka; com a segunda recitação, oferecemos a torma a

Vajravarahi; e com a terceira recitação, oferecemos a torma às Quatro Ioguines. O significado do mantra é o seguinte:

OM significa que estamos chamando os convidados da torma.
VAJRA refere-se à torma ela própria, que é da natureza de grande êxtase inseparável da vacuidade.
AH RA LI HO significa "por favor, desfrutai".
DZA: imaginamos que o néctar alcança a língua dos convidados.
HUM: o néctar alcança a garganta dos convidados.
BAM: o néctar alcança o coração dos convidados.
HO: eles experienciam grande êxtase espontâneo.
VAJRA DAKINI significa, neste contexto, "Ó Espaço-Que-Se-Deleita".
SAMAYA TÖN significa "por vossa compassiva equanimidade".
TRISHAYA HO significa "por favor, cuidai de mim".

"Espaços-Que-Se-Deleitam" são Dakas e Dakinis: Budas tântricos masculinos e femininos. A palavra tibetana para "Espaço-Que-Se-Deleita" é "*khadro*": "*kha*" significa "Dharmakaya semelhante-ao-espaço", o Corpo-Verdade-Natureza dos Budas, e "*dro*" significa "que se deleita, desfrutador". Os Budas tântricos são chamados "Espaços-Que-Se-Deleitam" porque eles desfrutam dos seus Corpos-Verdade-Natureza, que são vacuidade semelhante-ao-espaço. Eles são chamados de "Heróis" e "Heroínas" porque são completamente vitoriosos sobre os quatro maras. Explicações sobre os quatro maras podem ser encontradas nos livros *Oceano de Néctar* e *Novo Coração de Sabedoria*.

OFERECER A TORMA ÀS DEIDADES DA RODA-CORAÇÃO, DA RODA-FALA E DA RODA-CORPO

Com o "mudra de segurar o recipiente da torma", recitamos uma vez o mantra-raiz dos Heróis, pedindo a cada um dos Heróis e Heroínas que desfrutem das nossas oferendas e concedam *siddhis*, ou aquisições. Imaginamos que Deusas Rasavajra pegam o alimento-néctar do néctar abençoado da torma e o servem para os 24 Heróis e Heroínas, tais como Herói Khandakapala e Heroína Partzandi.

OFERECER A TORMA ÀS DEIDADES DA RODA-COMPROMISSO

Com o "mudra de segurar o recipiente da torma", recitamos duas vezes o mantra "VAJRA AH RA LI (...)" e imaginamos que Deusas Rasavajra servem o alimento-néctar da torma. Com a primeira recitação, oferecemos a torma às Quatro Deusas nas direções cardeais (Kakase, Ulukase, Shönase e Shukarase) e, com a segunda recitação, oferecemos o alimento-néctar às Quatro Deusas nas direções intermediárias (Yamadhati, Yamaduti, Yamadangtrini e Yamamatani).

Fazemos, então, as oito oferendas exteriores, a oferenda interior, as oferendas secreta e da talidade e os oito versos de louvor ao Pai e à Mãe, seguidos por pedidos à assembleia de Deidades supramundanas para a satisfação de desejos.

OFERECER A TORMA AOS DAKAS E DAKINIS MUNDANOS E A TODOS OS ESPÍRITOS DO MUNDO INTEIRO

Meditamos na verdadeira natureza desses incontáveis seres mundanos – sua ausência de existência verdadeira – e então imaginamos que, do estado de vacuidade, cada um deles surge no aspecto de Heruka, com uma face e dois braços, unidos-em-abraço com sua consorte. Com o "mudra de segurar o recipiente da torma", recitamos duas vezes o mantra de oferecimento que começa com "OM KHA KHA, KHAHI KHAHI (...)" e imaginamos que incontáveis Deusas Rasavajra servem o alimento-néctar da torma a todos esses convidados mundanos. Com a primeira recitação, oferecemos a torma aos convidados mundanos nas quatro direções cardeais e, com a segunda recitação, oferecemos a torma aos convidados mundanos nas quatro direções intermediárias. Fazemos então as oito oferendas exteriores e a oferenda interior; e, porque geramos todos os espíritos mundanos como Heruka, podemos também oferecer a eles os oito versos de louvor ao Pai e à Mãe. Recitamos então a prece de pedido que está na sadhana.

Esta maneira especial de fazer oferendas aos espíritos mundanos faz com que as suas mentes se tornem pacíficas e virtuosas. Desse modo, suas intenções de prejudicar os seres vivos cessam e ficamos livres de muitos obstáculos e perigos. É dito que essa prática de fazer oferendas de torma aos convidados mundanos é muito benéfica tanto para indivíduos como para a sociedade em geral. Se estivermos tendo maus sonhos ou dificuldades físicas ou mentais, podemos praticar sinceramente o ioga das oferendas de torma de Heruka ou de Vajrayogini.

Para purificar quaisquer equívocos que fizemos durante a nossa sessão, recitamos uma vez o mantra de cem letras de Heruka e, então, recordamos orgulho divino, pensando "eu sou o Corpo-Verdade Heruka" por meio de recitar "OM YOGA SHUDDHA SARWA DHARMA YOGA SHUDDHO HAM". Isso significa "eu sou a natureza do ioga da completa pureza de todos os fenômenos" e refere-se ao Corpo-Verdade de Buda, o Dharmakaya. Recitamos então "VAJRA MU", que significa que os convidados mundanos retornam aos seus próprios locais. Por fim, imaginamos que a assembleia de convidados supramundanos se dissolve em nós.

DISSOLUÇÃO E GERAÇÃO DAS DEIDADES-AÇÃO

Por treinar na meditação a seguir, obteremos o profundo conhecimento que compreende claramente a natureza última do samsara e do nirvana como sendo a mesma – mera ausência de existência inerente. Compreendendo isso, seremos capazes de fazer rápido progresso tanto no estágio de geração quanto no estágio de conclusão.

Imediatamente após a clara-luz da morte da nossa vida anterior ter cessado, experienciamos o primeiro momento da mente desta vida e percebemos a aparência da quase-conquista negra da sequência reversa. A partir dessa mente, todas as mentes densas que percebem as aparências desta vida (tais como nosso ambiente, prazeres, corpo e mente) desenvolveram-se gradualmente, e passamos então a experienciar diversas sensações agradáveis, desagradáveis e neutras. Quando morrermos, todas as nossas mentes densas irão se dissolver na clara-luz da morte, e todas as aparências deste mundo desaparecerão.

De modo semelhante, quando meditamos em trazer a morte para o caminho que conduz ao Corpo-Verdade, imaginamos que todas as aparências comuns se dissolvem na clara-luz da morte e que, dessa mente, as mentes densas que percebem o ambiente, prazeres, corpo e mente puros de Heruka desenvolvem-se. Depois, nessa meditação na dissolução, essas mentes densas voltam a se dissolver na clara-luz da vacuidade. Tudo o que percebíamos durante a meditação do estágio de geração (o mandala e as Deidades) desaparece, e nós, mais uma vez, experienciamos somente a clara-luz da vacuidade. Esse processo de manifestação e dissolução da mente e de seus objetos mostra, muito claramente, que nenhuma coisa no samsara ou no nirvana existe do seu próprio lado; elas existem apenas como meras aparências à mente.

Fazemos essa meditação seguindo a sadhana. Visualizamos como segue:

Os solos sepulcrais e o círculo de proteção se dissolvem na mansão celestial. A mansão celestial se dissolve nas Deidades da roda--compromisso. Elas se dissolvem nas Deidades da roda-corpo. Elas se dissolvem nas Deidades da roda-fala. Elas se dissolvem nas Deidades da roda-coração. Elas se dissolvem nas Quatro Ioguines da roda do grande êxtase. Elas se dissolvem em mim, a Deidade Principal Pai e Mãe, a natureza da gota indestrutível branca e vermelha. Eu, a Deidade Principal Pai e Mãe, também me converto em luz e me dissolvo na letra HUM no meu coração, por natureza, a vacuidade do Dharmakaya.

Neste ponto, não percebemos nada além que a vacuidade do Dharmakaya. Meditamos nessa vacuidade por um breve espaço de tempo e, depois, geramos as Deidades-ação. Imaginamos:

Do estado de vacuidade, nosso mundo surge como a Terra Pura de Heruka, Keajra. Eu e todos os seres sencientes surgimos como o Abençoado Heruka, com um corpo azul, uma face e dois braços, unido-em-abraço com Vajravarahi.

Sentimos que cumprimos o nosso próprio propósito e o dos demais seres vivos. Devemos manter essa visão durante o intervalo entre as meditações, ao longo do dia e da noite.

Adornamos nosso corpo com as Deidades-armadura como um círculo de proteção interior, como foi explicado nas páginas 116–117, e então recitamos o "mantra-que-emana-das-quatro-faces", para impedir qualquer

Je Phabongkhapa

dano provocado por espíritos. Finalizamos então a sessão com as preces dedicatórias e auspiciosas que estão na sadhana.

COMO PRATICAR DURANTE O INTERVALO ENTRE AS MEDITAÇÕES

Durante o intervalo entre as meditações, devemos manter continuamente nossa experiência do orgulho divino de sermos Heruka, juntamente com o ambiente e os prazeres puros que geramos durante a sessão de meditação. Devemos manter sempre o reconhecimento especial de que tudo o que vemos ou ouvimos é uma manifestação de Heruka definitivo. Uma experiência plena desse reconhecimento especial impede-nos de danificar ou quebrar nossos votos e compromissos tântricos, e é um método poderoso para impedir aparências e concepções comuns. Se pudermos impedir aparências e concepções comuns durante o intervalo entre as meditações, não há dúvida de que, durante a nossa sessão de meditação, nossa meditação no estágio de geração progredirá rapidamente para o resultado final.

Os praticantes de Heruka devem considerar o que quer que vejam ou ouçam como uma manifestação de Heruka e, então, louvá-lo com os oito versos de louvor. Sempre que desfrutarem de lindas formas, sons, alimentos, bebidas ou qualquer outro prazer, eles devem considerá-los como oferendas a si próprios gerados como Heruka, a síntese de todos os Budas. Devemos lembrar constantemente que, quando estivermos empenhados na prática de gerar as Deidades-ação, geramos a nós próprios e a todos os seres vivos como o Abençoado Heruka. Acreditamos que essa aparência é válida e que nossa aparência comum normal é incorreta e enganosa. Pensando desse modo, impedimos aparências e concepções comuns durante o intervalo entre as meditações.

O quão rapidamente nossa prática pode progredir durante a sessão de meditação e no intervalo entre as meditações depende de quão bem compreendamos as instruções. Portanto, durante o intervalo entre as meditações, devemos estudar os comentários, aprimorar nossa compreensão das instruções sobre o estágio de geração e o estágio de conclusão e tomar a determinação de colocar nossa compreensão em prática.

Os resultados da prática do Tantra Ioga Supremo dependem da nossa motivação e, portanto, devemos cultivar e manter uma motivação pura, livre do autoapreço. Nestes tempos degenerados, é impossível manter uma motivação como essa sem a prática sincera do Lamrim e, por essa razão, mestres tântricos qualificados aconselham seus discípulos a manterem o Lamrim como sua prática diária. Por exemplo, suponha que haja uma praticante sincera de Heruka chamada Maria. Sempre que ela pensa "eu sou Maria", ela deve praticar renúncia, os três tipos de amor, compaixão e bodhichitta; e sempre que ela pensa "Eu sou Heruka", ela deve se empenhar na prática do Tantra de Heruka.

PARTE DOIS

Estágio de Conclusão

Vajradhara Trijang Rinpoche

Explicação Preliminar

A EXPLICAÇÃO DO estágio de conclusão será dada a partir de três tópicos:

1. Uma introdução ao estágio de conclusão;
2. As práticas preliminares;
3. A prática propriamente dita do estágio de conclusão.

UMA INTRODUÇÃO AO ESTÁGIO DE CONCLUSÃO

Como foi mencionado anteriormente, o estágio de geração é como desenhar o esboço de um quadro, e o estágio de conclusão é como concluir o quadro. Ao passo que os objetos principais da meditação do estágio de geração (o mandala e as Deidades) são gerados através de imaginação correta, os objetos principais da meditação do estágio de conclusão (os canais, gotas e ventos) já existem em nosso corpo e, portanto, não há necessidade de gerá-los através do poder da imaginação. Por essa razão, o estágio de conclusão não é um ioga criativo, mas um ioga de aprendizagem desenvolvido na dependência dos ventos interiores entrarem, permanecerem e se dissolverem no canal central por meio da força de meditação. Uma explicação detalhada do significado do estágio de conclusão pode ser encontrada no livro *Solos e Caminhos Tântricos*.

De acordo com o sistema de Ghantapa, existem cinco etapas para a prática do estágio de conclusão de Heruka. O propósito da primeira etapa, abençoar o *self*, é o de controlar os ventos interiores, e o propósito da segunda etapa, o vajra de várias qualidades, é o de controlar as gotas. Na dependência dessas duas etapas, podemos obter a realização inicial da união de grande êxtase espontâneo e vacuidade por meio de confiar nos mudras da terceira etapa: preencher com joias. Na dependência disso, na quarta etapa, *dzöladhara*, podemos, por meio da meditação *tummo*, aprimorar a realização de grande êxtase e vacuidade que obtivemos na terceira etapa. Na dependência disso, podemos alcançar a união do corpo--ilusório e da clara-luz-significativa e, assim, ingressar na quinta etapa: inconceptibilidade. A partir dessa etapa, alcançaremos diretamente a etapa da União-do-Não-Mais-Aprender, a Budeidade.

Antes de nos empenharmos na prática dessas cinco etapas, precisamos compreender os objetos básicos de meditação – os canais, gotas e ventos – e as etapas propriamente ditas dos caminhos. Existem três canais principais (o canal central, o canal direito e o canal esquerdo) e seis rodas-canais principais: a roda-canal da coroa, a roda-canal da garganta, a roda-canal do coração, a roda-canal do umbigo, a roda-canal do lugar secreto e a roda-canal do órgão sexual.

O canal central é como a haste principal de um guarda-chuva, passando pelo centro de cada uma das rodas-canais, e os canais direito e esquerdo seguem-no de ambos os lados. O canal central é azul-pálido por fora e tem quatro atributos: (1) é reto como o tronco de uma bananeira; (2) por dentro, é vermelho-oleoso, como sangue puro; (3) é muito claro e transparente, como uma chama de vela; e (4) é muito macio e flexível, como uma pétala de lótus. O canal central está localizado exatamente no meio entre as metades esquerda e direita do corpo, mais próximo das costas do que da frente. Imediatamente na frente da coluna, está o canal da vida, que é muito grosso, e, em frente a ele, está o canal central. Ele começa no ponto entre as sobrancelhas, de onde ascende formando um arco até a coroa da cabeça e, então, desce em linha reta até a ponta do órgão sexual.

De ambos os lados do canal central, estão os canais direito e esquerdo, sem nenhum espaço entre eles. O canal direito é vermelho e o esquerdo é branco. O canal direito começa na ponta da narina direita, e o canal esquerdo, na ponta da narina esquerda. A partir daí, ambos ascendem formando um arco até a coroa da cabeça, por ambos os lados do canal central. Da coroa da cabeça até o umbigo, esses três canais principais são retos e adjacentes entre si. À medida que o canal esquerdo continua descendo abaixo do nível do umbigo, ele faz uma pequena curva à direita, separando-se levemente do canal central e voltando a se reunir com ele na ponta do órgão sexual. Ali, ele cumpre a função de reter e soltar esperma, sangue e urina. À medida que o canal direito continua abaixo do nível do umbigo, ele faz uma pequena curva à esquerda e termina na ponta do ânus, onde cumpre a função de reter e soltar fezes e assim por diante.

Os canais direito e esquerdo enrolam-se em torno do canal central em vários pontos, formando os chamados "nós do canal". Os quatro locais onde esses nós ocorrem são, em ordem ascendente: a roda-canal do umbigo, a roda-canal do coração, a roda-canal da garganta e a roda-canal da coroa. Em cada um desses locais, exceto no coração, há um nó duplo formado por uma única volta do canal direito e uma única volta do esquerdo. Assim que os canais direito e esquerdo sobem até esses locais, eles se enrolam no canal central, cruzando-o na frente e, depois, dando uma volta ao seu redor. Então, eles continuam para cima até o nó seguinte. Na altura do coração, a mesma coisa acontece, exceto que, aqui, há um nó sêxtuplo formado por três voltas superpostas de cada um dos dois canais laterais. No início, é suficiente simplesmente familiarizar-se com a descrição e a visualização dos três canais.

Precisamos, depois, familiarizar-nos com as gotas, particularmente com a gota indestrutível. Neste contexto, as gotas são a essência do nosso sangue e esperma; algumas vezes, elas também são chamadas "bodhichittas". Como acabamos de explicar, na roda-canal do coração há um nó sêxtuplo formado pelo enrolar dos canais direito e esquerdo em torno do canal central, apertando-o. Este é o nó mais difícil de afrouxar, mas, quando ele for afrouxado por meio de meditação, desenvolveremos um grande poder – a realização da clara-luz. Visto que o canal central, na altura do coração, está comprimido por esse nó sêxtuplo, ele fica bloqueado, como um tubo de bambu. Dentro do canal central, no centro desse nó sêxtuplo, há um vacúolo muito pequeno e, dentro dele, há uma gota denominada "a gota indestrutível". Ela é do tamanho de uma pequena ervilha, com a metade superior branca e a metade inferior vermelha. A substância da metade branca é a essência muito clara do esperma, e a substância da metade vermelha é a essência muito clara do sangue. Essa gota, que é muito pura e sutil, é a própria essência de todas as gotas. Todas as gotas comuns vermelhas e brancas do nosso corpo vieram originalmente dessa gota.

A gota indestrutível assemelha-se a uma pequena ervilha que foi cortada ao meio, levemente escavada e, então, unida novamente. Ela é denominada "a gota indestrutível" porque as suas duas metades nunca se separam até a nossa morte. Quando morremos, todos os ventos interiores se dissolvem na gota indestrutível, e isso faz com que a gota se abra. Quando as duas metades se separam, a nossa consciência deixa imediatamente o nosso corpo e parte para a próxima vida.

Dentro da gota indestrutível, está o "vento e mente indestrutível", que é a união do nosso vento muito sutil e da nossa mente muito sutil. Esse vento muito sutil é o nosso corpo *próprio*, ou corpo residente-contínuo; e a mente muito sutil é a nossa mente *própria*, ou mente residente-contínua. A união desses dois é denominada "o vento e mente indestrutível". Nosso vento e mente indestrutíveis nunca se separaram desde tempos sem início, e eles nunca irão se separar no futuro. O potencial que a combinação do nosso corpo muito sutil e da nossa mente muito sutil tem para se comunicar é a nossa fala muito sutil, que é a nossa fala *própria*. No futuro, ela irá se transformar na fala de um Buda. Em resumo, dentro da gota indestrutível estão os nossos corpo, fala e mente *próprios*, os quais, no futuro, irão se tornar o corpo, fala e mente iluminados de um Buda.

Os ventos interiores são essenciais para o funcionamento do nosso corpo e mente. A função principal deles, no entanto, é a de atuarem como montarias para os diversos tipos de mente. No total, existem dez tipos de vento-interior: os cinco ventos-raiz e os cinco ventos secundários. Os cinco ventos-raiz são: (1) o vento de sustentação vital; (2) o vento descendente de esvaziamento; (3) o vento ascendente movedor; (4) o vento que-permanece-por-igual; e (5) o vento que-permeia. Os cinco ventos secundários são: (1) o vento movedor; (2) o vento intensamente movedor; (3) o vento perfeitamente movedor; (4) o vento fortemente movedor; (5) o vento definitivamente movedor. Uma explicação detalhada desses ventos pode ser encontrada no livro *Clara-Luz de Êxtase*.

Precisamos examinar o canal central e a gota indestrutível – ver a aparência que eles têm e onde estão localizados – e nos familiarizar com eles.

AS PRÁTICAS PRELIMINARES

As práticas preliminares essenciais para uma meditação do estágio de conclusão bem-sucedida são: meditar nos caminhos comuns (renúncia, bodhichitta e a visão correta da vacuidade), bem como purificar negatividades e obstáculos, acumular grande mérito e receber bênçãos especiais.

Devemos, todos os dias, dedicar algum tempo praticando isso e, às vezes, devemos fazer um retiro especial de práticas preliminares.

Quando enfatizamos a prática do estágio de geração de acordo com a sadhana *Essência do Vajrayana*, devemos considerar, após nos gerarmos como a Deidade-ação, todas as práticas (desde *buscar refúgio* até gerar--se como a Deidade-ação) como práticas preliminares para a meditação do estágio de conclusão. Empenhamo-nos, então, na primeira meditação das cinco etapas do estágio de conclusão, meditando na etapa de abençoar o *self*, como descrito na sadhana.

Posteriormente, quando estivermos enfatizando a prática do estágio de conclusão, podemos seguir as práticas preliminares que estão na sadhana (desde *buscar refúgio* até o final do Guru-Ioga) como práticas preliminares para a nossa meditação do estágio de conclusão. Uma vez que tenhamos imaginado que Guru Heruka se tornou *um só sabor* com a nossa mente no nosso coração, podemos nos empenhar na prática de qualquer uma das cinco etapas da meditação do estágio de conclusão.

Ao final de cada sessão, recitamos as seguintes preces dedicatórias enquanto nos concentramos no seu significado:

**Para o bem de todos os seres vivos
Que eu me torne Heruka;
E, então, conduza cada ser vivo
Ao estado supremo de Heruka.**

**Que eu alcance as realizações das cinco etapas do caminho
  profundo
Do significado secreto do Rei dos Tantras-Mãe
Tão claramente explicados por mahasiddha Ghantapa,
E, assim, que eu realize o estado do Glorioso Heruka nesta vida.**

**Através da etapa de abençoar o *self*,
Com minha mente absorta, em recitação vajra, nos ventos
  inseparáveis do mantra
E na letra HUM no centro do meu chakra do coração,
Que eu solte completamente os nós do canal no meu coração.**

Através da etapa do vajra de várias qualidades,
Observando o minúsculo HUM e a lua, sol e gota
No centro do vajra nas extremidades inferior e superior
   do meu canal central,
Que eu alcance êxtase espontâneo estável e que minhas
   bodhichittas aumentem.

Através do fogo puro induzido pelo toque remoinhante
   das quatro lindas Deusas –
O mudra-compromisso, mudra-ação, mudra-fenômeno
   e o Mahamudra –
Derretendo as gotas dos meus setenta e dois mil canais,
Que eu complete a etapa de preencher com joias.

Através de manter a gota das Cinco Famílias envolvida pela
   respiração-vaso
Dentro da fonte-fenômenos em *dzöladhara*, no meu lugar secreto,
E através do forte movimento do arder e do gotejar do AH
   e do HAM,
Que eu receba o fluxo de bênçãos de todos os compassivos
   Conquistadores.

Por confiar nos métodos exterior e interior,
Tais como os três prazeres e as duas concentrações,
Que eu alcance a união inseparável do corpo-ilusório e da clara-luz
E, assim, complete a etapa da inconceptibilidade.

Em resumo, que eu nunca esteja separado do Venerável Guru
   Pai e Mãe,
Mas esteja sempre sob seus cuidados amorosos e receba suas
   bênçãos.
Deste modo, que eu conclua velozmente todos os solos e caminhos,
E alcance rapidamente o estado de Heruka.

As Cinco Etapas do Estágio de Conclusão

A PRÁTICA PROPRIAMENTE DITA DO ESTÁGIO DE CONCLUSÃO

AS CINCO ETAPAS do estágio de conclusão de Heruka são:

1. A etapa de abençoar o *self*;
2. A etapa do vajra de várias qualidades;
3. A etapa de preencher com joias;
4. A etapa de *dzöladhara*;
5. A etapa da inconceptibilidade.

A ETAPA DE ABENÇOAR O *SELF*

Essa etapa é dividida em duas:

1. Como meditar na etapa de abençoar o *self*-com-semente;
2. Como meditar na etapa de abençoar o *self*-sem-semente.

Neste contexto, "abençoar o *self*" refere-se a abençoar a base de designação, ou de imputação, do *self* – que é o nosso vento e mente indestrutíveis. Nosso *vento e mente indestrutíveis*, nosso *vento e mente muito sutis* e nosso *corpo e mente residente-contínuos* são sinônimos. Se praticarmos, pura e continuamente, a meditação das etapas de abençoar o *self*, receberemos a bênção especial de Heruka – que é a manifestação de todos os Budas – em nosso vento e mente indestrutíveis: ou seja, em nosso corpo e mente residente-contínuos. Devido a isso, nossos ventos interiores dos canais direito e esquerdo irão entrar, permanecer e, por fim, dissolver-se na união de nosso vento e mente indestrutíveis. Assim, experienciaremos a realização denominada "clara-luz-exemplo última", pela qual obteremos o corpo imortal: o corpo-ilusório. A partir desse momento, seremos uma pessoa imortal.

COMO MEDITAR NA ETAPA DE ABENÇOAR
O *SELF*-COM-SEMENTE

PRÁTICAS PRELIMINARES

Primeiramente, devemos desenvolver o supremo bom coração, a bodhichitta, que deseja sinceramente libertar todos os seres vivos permanentemente do sofrimento através de nós próprios nos tornarmos o ser iluminado Heruka; e devemos, também, desenvolver a compreensão e a crença de que nosso corpo, nosso *self* e todos os demais fenômenos que normalmente vemos ou percebemos não existem de modo algum. Com a experiência desses caminhos comuns, imaginamos e pensamos: "Eu sou Heruka, com um corpo azul, uma face e dois braços. Meu corpo é da natureza da luz, sem nenhum contato obstrutivo, como o azul do céu". Meditamos nessa autogeração por um breve período. Esta é a primeira prática preliminar.

A segunda prática preliminar é a meditação no canal central. Contemplamos, como segue:

> *Meu canal central está localizado exatamente no meio, entre as metades esquerda e direita do meu corpo, mais próximo das costas do que da frente. Imediatamente na frente da coluna, está o canal da vida, que é muito grosso, e, em frente a ele, está o canal central. Ele segue em linha reta, desde a coroa da minha cabeça até a ponta do meu órgão sexual, como o pilar do corpo. Ele é azul-pálido por fora e vermelho-oleoso por dentro. Ele é claro e transparente, muito macio e flexível.*

Bem no início da prática, se desejarmos, podemos visualizar o canal central como sendo bem largo e, depois, gradualmente visualizá-lo menor e menor, até, por fim, sermos capazes de visualizá-lo como tendo a espessura de um canudo de beber. Contemplamos repetidamente desse modo, até percebermos uma imagem genérica do nosso canal central. Então, concentramo-nos estritamente focados no canal central na altura do nosso coração, ao mesmo tempo que acreditamos que nossa mente está dentro do canal central em nosso coração, e meditamos nisso. Devemos treinar continuamente desse modo até obtermos profunda experiência disso.

A terceira prática preliminar é a meditação na gota indestrutível. Tendo obtido alguma experiência da meditação no canal central no coração, meditamos então na gota indestrutível. Contemplamos, como segue:

> *Dentro do meu canal central, na altura do coração, há um pequeno vacúolo. Dentro dele, está a minha gota indestrutível. Ela é do tamanho de uma pequena ervilha, com a metade superior branca e a metade inferior vermelha. A gota indestrutível é como uma ervilha que foi cortada ao meio, levemente escavada e, então, unida novamente. Ela é a verdadeira essência de todas as gotas e é muito pura e sutil. Apesar de ser a substância do sangue e do esperma, ela possui uma natureza muito clara, como uma minúscula bola de cristal que irradia raios de luz de cinco cores.*

Contemplamos repetidamente desse modo, até percebermos uma imagem genérica clara da nossa gota indestrutível em nosso coração, dentro do canal central. Com a sensação de que a nossa mente está dentro da nossa gota indestrutível no coração, meditamos de modo estritamente focado nessa gota, sem distrações.

A MEDITAÇÃO PROPRIAMENTE DITA NA ETAPA DE ABENÇOAR O *SELF*-COM-SEMENTE

MEDITAÇÃO NO VENTO E MENTE INDESTRUTÍVEIS

Contemplamos, como segue:

> *Dentro da minha gota indestrutível, encontra-se a união do meu vento e mente indestrutíveis, no aspecto de uma minúscula letra HUM, que é meu Guru Heruka. Essa letra HUM é do tamanho de um grão de cevada, é branco-avermelhada e irradia raios de luz de cinco cores.*

Concentramo-nos, então, principalmente no *nada*, que está em cima da letra HUM. Ele é vermelho no topo e branco-avermelhado na base. O *nada* irradia luz vermelha e goteja néctar. Imaginamos que os cinco ventos que fluem pelas cinco portas dos sentidos (tais como o vento-movedor) e as cinco mentes (tais como a percepção visual) dissolvem-se no *nada*; e sentimos que a nossa mente ingressou no *nada*. Meditamos então estritamente focados no *nada*. Se acharmos isso difícil, podemos imaginar o *nada* como sendo extremamente denso e pesado – imaginá-lo assim pode nos ajudar a absorver nossa mente nele.

Se fizermos essa meditação repetidamente, nossos ventos interiores irão entrar em nosso canal central quando alcançarmos a segunda permanência mental. Posteriormente, quando alcançarmos a quarta permanência mental, nossos ventos irão entrar, permanecer e se dissolver no canal central, e experienciaremos realmente os oito sinais de dissolução – desde a aparência miragem até a clara-luz.

Como foi explicado no livro *Clara-Luz de Êxtase*, há dez portas pelas quais os ventos podem entrar no canal central. De acordo com este sistema, escolhemos a roda-canal do coração. É importante fazer sempre essa meditação suavemente, sem forçar. Algumas pessoas dizem que nossa prática da meditação do estágio de conclusão não deve ser iniciada no coração, porque ela pode causar doenças, como a "doença do vento"; Je Tsongkhapa, entretanto, teceu os mais altos louvores a essa prática. Ele disse que, porque o objeto de meditação – o HUM – é a essência de Guru Heruka, isso nos impede de experienciar qualquer obstáculo. Se fizermos essa meditação de modo suave e regular, durante um longo período, é definitivamente certo que ela fará com que os nossos ventos se dissolvam em nosso canal central, o que nos levará a uma experiência muito clara e vívida da clara-luz.

Ghantapa disse:

Devemos meditar, estritamente focados,
Na gota indestrutível que reside sempre no nosso coração.
Aqueles que estão familiarizados com essa meditação
Definitivamente desenvolverão excelsa sabedoria.

Neste contexto, "excelsa sabedoria" significa a sabedoria da clara-luz de êxtase experienciada quando os nós na roda-canal do coração são afrouxados. De todos os nós no canal central, esses são os mais difíceis de serem afrouxados; mas, se, desde o começo da nossa prática do estágio de conclusão, nós nos concentrarmos em nossa roda-canal do coração, isso irá nos ajudar a afrouxar esses nós. Essa meditação, portanto, é um método poderoso para obter qualificadas realizações do estágio de conclusão.

Por que esta meditação é denominada "abençoar o *self*-com-semente?". Como mencionado anteriormente, *self* refere-se, neste contexto, ao vento e mente indestrutíveis, que são o nosso corpo e mente verdadeiros, e, portanto, são a base para designarmos, ou imputarmos, nosso verdadeiro *self*. Por meio desta meditação, receberemos bênçãos especiais sobre o nosso vento e mente muito sutis. Esta é a razão pela qual esta meditação é denominada "abençoar o *self*-com-semente". Aqui, "semente" refere-se à letra HUM, a letra-semente de Heruka. Além disso, como resultado do nosso vento e mente muito sutis serem abençoados através desta meditação, nossa mente muito sutil transforma-se na clara-luz de êxtase.

Até que recebamos sinais de que os nossos cinco ventos estão realmente entrando, permanecendo e se dissolvendo em nosso canal central, simplesmente imaginamos que isso está acontecendo. Imaginamos que estamos percebendo os oito sinais (desde a aparência miragem até a clara-luz) e, então, fixamos nossa mente, estritamente focados, nessa clara-luz imaginada. Tentamos perceber apenas a clara-luz-vacuidade e, com base nessa experiência, desenvolvemos orgulho divino de sermos o Corpo-Verdade Heruka. Isso é denominado "fundir-se com o Corpo--Verdade durante o estado da vigília".

Depois de um breve período, imaginamos que, da vacuidade do Corpo-Verdade, surgimos no aspecto de um Heruka branco, e desenvolvemos orgulho divino de sermos o Corpo-de-Deleite Heruka. Isso é denominado "fundir-se com o Corpo-de-Deleite durante o estado da vigília".

Antes de darmos início à nossa meditação do estágio de conclusão, geramo-nos como Heruka azul com uma face e dois braços. Embora tenhamos interrompido nossa concentração *nesse* Heruka como um objeto de meditação, não dissolvemos essa visualização e, portanto, ela continua presente durante essas duas primeiras etapas de fundir-se com o Corpo-Verdade e com o Corpo-de-Deleite durante o estado da vigília, do mesmo modo que o nosso corpo denso continua a existir durante todo o processo de dormir e sonhar, apesar do nosso corpo denso não ser um objeto das mentes de dormir e de sonhar. O Heruka branco ingressa, agora, pela coroa do Heruka azul. Esse Heruka azul é o ser-de-compromisso, e o Heruka branco que ingressou nele é o ser-de-sabedoria. O Heruka branco permanece no coração do Heruka azul. Focamo-nos no corpo do Heruka azul e desenvolvemos orgulho divino de sermos o Corpo-Emanação Heruka. Isso é denominado "fundir-se com o Corpo-Emanação durante o estado da vigília". Saímos então da meditação e nos envolvemos nas atividades do intervalo entre meditações, com orgulho divino de sermos o Corpo-Emanação Heruka.

Podemos, em uma mesma sessão, praticar essas três "fusões" uma, três ou sete vezes – isso irá depender do nosso tempo e capacidade. Essa prática das três fusões é muito semelhante à prática dos três trazeres do estágio de geração. A prática do estágio de conclusão de trazer os três corpos para o caminho é a mesma que a prática das três fusões. Se ganharmos experiência das três fusões durante o estado da vigília, podemos avançar e praticá-las durante o sono e, depois, durante a morte. A maneira de fazer isso está explicada no livro *Clara-Luz de Êxtase*.

Em resumo, meditar no *nada* que está acima do HUM, na roda-canal do coração, e praticar as três fusões faz com que nossos ventos interiores entrem, permaneçam e se dissolvam em nosso canal central, levando-nos a uma experiência muito nítida e vívida da clara-luz. Antes de obtermos as verdadeiras realizações, treinamos nessas três fusões usando nossa imaginação. Uma vez que tenhamos experienciado as três fusões durante o estado da vigília e durante o sono, seremos capazes de, quando estivermos morrendo, praticar as três fusões durante a morte. Morreremos, então, com uma mente feliz e pacífica, e seremos capazes de escolher nosso próximo renascimento. Por fim, alcançaremos os corpos-resultantes de um Buda.

COMO MEDITAR NA ETAPA DE ABENÇOAR O *SELF*-SEM-SEMENTE

Nesta etapa, praticamos a recitação vajra, que é um método especial para controlar os ventos interiores. No Tantra Ioga Supremo, o termo "vajra" refere-se ao grande êxtase. Devemos saber que o grande êxtase é, necessariamente, um êxtase que surge do derretimento das gotas dentro do canal central, como resultado dos ventos interiores entrarem, permanecerem e se dissolverem no canal central. Esse êxtase é experienciado unicamente por praticantes do Tantra Ioga Supremo e pelos Budas.

Como foi mencionado acima, o propósito principal de abençoar o *self* é o de controlar os ventos interiores. Abençoar o *self*-com-semente estabelece o fundamento para abençoar o *self*-sem-semente, ou recitação vajra. Começamos por visualizar o canal central e a gota indestrutível como antes, mas, em vez de visualizarmos a letra-semente HUM dentro da gota, visualizamos agora apenas o *nada*, que é da natureza do nosso vento muito sutil. Essa é a razão pela qual essa prática é denominada "sem-semente".

Esse minúsculo *nada* de três curvas, de cor branca e tão fino quanto a ponta de um fio de cabelo, é da natureza do vento muito sutil de sustentação vital, em nosso coração. Focamo-nos no *nada* e, então, imaginamos que o nosso vento de sustentação vital surge suavemente do *nada*, subindo pelo nosso canal central como uma fumaça branca de incenso. À medida que o vento de sustentação vital sobe, ele faz o som HUM. Devemos sentir que o vento, ele próprio, faz esse som, e que a nossa mente simplesmente o ouve. Gradualmente, o vento de sustentação vital alcança o centro da roda-canal da garganta. Mantemos o vento nesse local por alguns instantes, ainda fazendo o som HUM, e então permitimos que ele desça vagarosamente. À medida que desce, o vento faz o som OM. Por fim, ele alcança o centro da roda-canal do coração e se dissolve no *nada*. Ele permanece ali por um breve período, fazendo o som AH. Depois, o vento de sustentação vital sobe novamente para a garganta fazendo o som HUM, desce fazendo o som OM e permanece no *nada*, fazendo o som AH. Devemos repetir esse ciclo diversas vezes. Por fim, concentramo-nos estritamente focados apenas no vento permanecendo no *nada*, no coração, fazendo o som AH.

Quando tivermos obtido alguma familiaridade com essa meditação, faremos então a seguinte alteração. Damos início à meditação como antes, porém, quando o vento subir, em vez de ele permanecer na garganta, permitimos que continue a subir sem interrupção até a coroa, o tempo todo produzindo o som HUM. O vento permanece na coroa muito brevemente e, então, desce vagarosamente de volta ao *nada*, no coração, fazendo o som OM. Ele permanece então no *nada* por um breve período, produzindo o som AH. Repetimos esse ciclo diversas vezes. Por fim, concentramo-nos apenas no vento permanecendo no *nada*, no coração, fazendo o som AH.

Quando tivermos obtido alguma familiaridade com essa segunda meditação, imaginamos que o vento de sustentação vital surge do vento indestrutível, que está na forma de um *nada*; o vento de sustentação vital sobe então até as narinas, sem se deter na garganta ou na coroa, e, à medida que sobe, ele produz o som HUM. O vento de sustentação vital permanece nas narinas muito brevemente e, então, retorna vagarosamente para o coração fazendo o som OM, e permanece no coração produzindo o som AH. Repetimos esse ciclo diversas vezes e o concluímos concentrando-nos, estritamente focados, no *nada* fazendo o som AH no coração.

Por meio dessa meditação, nossa experiência dos ventos interiores entrando, permanecendo e se dissolvendo em nosso canal central será muito mais forte que a anterior, e perceberemos os oitos sinais – desde a aparência miragem até a clara-luz – de modo mais claro que antes. Até que isso realmente aconteça, devemos *imaginar* que está acontecendo. Em ambos os casos, devemos meditar estritamente focados na clara-luz de êxtase misturada com a vacuidade e, focando-nos nessa união, desenvolver orgulho divino de sermos o Corpo-Verdade Heruka. Depois, como antes, surgimos na forma de um Heruka branco, e desenvolvemos orgulho divino de sermos o Corpo-de-Deleite Heruka. Esse Heruka branco ingressa pela coroa do Heruka azul, gerado no início da sessão, e permanece no coração dele; desenvolvemos então orgulho divino de sermos o Corpo-Emanação Heruka. Podemos concluir a sessão nesse ponto e envolvermo-nos nas atividades do intervalo entre as meditações, ou podemos repetir o ciclo inteiro novamente.

A recitação vajra cumpre duas funções principais: (1) controlar nossos ventos interiores por meio de unificá-los com mantra; e (2) afrouxar os nós do canal central no coração. Com relação à primeira função, é importante pensar que, quando fazemos essa meditação, os nossos ventos interiores se transformaram no mantra, produzindo o som HUM, OM e AH. O vento muito sutil é a raiz de toda fala, incluindo mantra. Toda a nossa fala densa rotineira depende dos nossos ventos interiores densos, que se desenvolvem do vento interior muito sutil. Quando nos geramos como a Deidade, identificamos nossa fala como sendo o mantra da Deidade. Por treinar a recitação vajra, gradualmente purificamos nossos ventos interiores. À medida que nosso vento interior torna-se puro, nossa mente torna-se pura, e, desse modo, obtemos mais controle sobre nossos ventos interiores e, em consequência disso, sobre nossas mentes. Quando, por força de meditação, obtivermos a habilidade de fazer com que os nossos ventos interiores entrem, permaneçam e se dissolvam no canal central, facilmente e sem obstáculos, poderemos dizer que estamos controlando nossos ventos interiores. No entanto, há muitos níveis de controle dos ventos interiores. É ensinado que praticantes que concluíram a recitação vajra podem misturar seus ventos interiores com os ventos exteriores do mundo inteiro, reunir todos esses ventos (exteriores e interiores) no canal central e transformá-los no mantra OM AH HUM. Por controlarem os ventos desse modo, esses praticantes alcançam muitos poderes miraculosos especiais.

Com relação à segunda função, podemos afrouxar os nós do canal central no coração por meio da recitação vajra, mas não totalmente. Para afrouxar esses nós totalmente, precisamos esperar pelo momento da morte ou confiar em um mudra-ação. Quando tivermos afrouxado totalmente os nós no canal do coração pela prática do estágio de conclusão, obteremos a mente-isolada da clara-luz-exemplo última; e, quando sairmos do equilíbrio da clara-luz-exemplo última, teremos obtido o corpo-ilusório – o corpo imortal. O corpo imortal é o corpo-divino propriamente dito, e não um corpo gerado por imaginação. Em resumo, para alcançar o corpo-divino propriamente dito, precisamos obter a clara-luz-exemplo última e, para fazer isso, precisamos afrouxar os nós da roda-canal do coração pelo treino na recitação vajra.

Quando alcançarmos uma concentração estável na recitação vajra, em associação com o vento de sustentação vital, poderemos então fazer a recitação vajra em associação com os cinco ventos secundários que fluem pelas portas dos sentidos. Por exemplo, o primeiro vento secundário – o vento movedor – surge do nosso vento muito sutil e flui para o nosso órgão da visão, fazendo com que nossa percepção visual mova-se para seu objeto – uma forma visual – e, assim, capacitando-nos a enxergá-la. Sem esse vento, não teríamos percepção visual. No momento presente, esse vento é impuro, e, por essa razão, nossa percepção visual é impura e vemos unicamente um mundo impuro. No entanto, se purificarmos nosso vento movedor, nossa percepção visual irá se tornar pura e veremos as Terras Puras dos Budas.

Para purificar o vento movedor, concentramo-nos no vento movedor surgindo do *nada* dentro da gota indestrutível, fluindo para os dois

Vajra unidentado

olhos, descendo novamente e permanecendo dentro da gota indestrutível, produzindo os sons HUM, OM e AH. Quando ganharmos profunda experiência nessa meditação, teremos alcançado clarividência visual. De modo semelhante, ao obtermos profunda experiência da recitação vajra com respeito ao segundo vento secundário – o vento intensamente movedor, que sustenta a percepção auditiva – teremos alcançado clarividência auditiva. Mais explicações sobre como fazer essas meditações e como misturar os ventos exteriores com os nossos ventos interiores podem ser encontradas no livro *Solos e Caminhos Tântricos*.

COMO MEDITAR NA ETAPA DO VAJRA DE VÁRIAS QUALIDADES

Na Parte Um do livro *As Instruções Orais do Mahamudra*, está dito: "Na prática do Mahamudra propriamente dito, quando meditamos no estágio de conclusão, há duas tradições para penetrar o corpo-vajra". Se seguirmos a primeira tradição, precisaremos confiar em um mudra-ação para experienciar a clara-luz plenamente qualificada, ou clara-luz-exemplo última. No entanto, confiar em um mudra-ação poderá nos conduzir a essa realização somente se já tivermos a habilidade de controlar nossas gotas, ou bodhichitta. Se tivermos a habilidade de, quando a bodhichitta derreter em nossos canais e alcançar a ponta do nosso órgão sexual, mantê-la ali pelo tempo que desejarmos, sem expeli-la enquanto experienciamos êxtase, isso irá indicar que temos controle sobre nossas gotas. Essa habilidade é obtida pelo treino nas duas etapas do vajra de várias qualidades.

As duas etapas do vajra de várias qualidades são:

1. A etapa do vajra de várias qualidades com semente;
2. A etapa do vajra de várias qualidades sem semente.

COMO MEDITAR NA ETAPA DO VAJRA DE VÁRIAS QUALIDADES COM SEMENTE

Começamos visualizando claramente nosso canal central e imaginando que, porque nos geramos como Heruka em união com Vajravarahi, as extremidades inferiores dos nossos canais centrais estão unidas. Visualizamos o canal central do Pai projetando-se levemente do seu vajra e unindo-se ao canal central da Mãe, dentro de sua *bhaga*. Dentro da parte do canal central do Pai que se projetou para além do seu vajra, visualizamos a mente de grande êxtase de Heruka na forma de um minúsculo vajra unidentado, que é branco com um sombreado vermelho, e é do tamanho de um grão de cevada. No centro do vajra, visualizamos o próprio Heruka na forma de uma diminuta letra HUM azul. A parte branca do vajra é a bodhichitta branca, e a parte vermelha é a bodhichitta vermelha. A substância do vajra é, portanto, as gotas, mas sua verdadeira natureza é o grande êxtase de Heruka. Visualizamos isso para nos lembrarmos da experiência de grande êxtase.

Imaginamos agora que nossa mente, juntamente com a gota indestrutível no coração, desce pelo canal central e se dissolve na letra HUM no centro do minúsculo vajra. É essencial sentir que a nossa mente dissolveu-se por inteiro no HUM. Meditamos então estritamente focados no vajra, ao mesmo tempo que experienciamos grande êxtase, pelo maior tempo possível. Por fim, imaginamos que o vajra e o HUM transformam-se no aspecto da gota indestrutível, que então sobe vagarosamente pelo canal central. Quando ela alcança o ponto vital no centro da nossa roda-canal do umbigo, mantemos a gota ali por um breve período, com concentração estritamente focada e sem distrações. A gota então continua a subir pelo canal central até alcançar o centro exato da roda-canal do coração – a sua verdadeira localização. Mantemos a gota ali com forte concentração, até percebermos os oitos sinais. Por fim, meditamos na clara-luz de êxtase e vacuidade com orgulho divino de sermos o Corpo-Verdade Heruka. Concluímos as três fusões como antes e, depois, finalizamos a sessão. Precisamos repetir essa meditação muitas vezes para controlar as gotas e estabilizar o grande êxtase.

COMO MEDITAR NA ETAPA DO VAJRA DE VÁRIAS QUALIDADES SEM SEMENTE

Para esta meditação, visualizamos o vajra unidentado – agora, do tamanho de uma ervilha – no interior da extremidade superior do canal central, no ponto entre as sobrancelhas. No entanto, não visualizamos a letra-semente HUM no centro do vajra, motivo pelo qual esta etapa é denominada "sem semente".

Nossa mente, juntamente com a gota indestrutível no coração, sobe pelo canal central até a nossa coroa e, então, dirige-se para baixo, em direção ao ponto entre as sobrancelhas, onde alcança o centro do vajra. A parte branca da gota transforma-se em um assento de lua e, sobre esse assento de lua, a parte vermelha da gota transforma-se em um assento de sol. Sobre o assento de sol, visualizamos Buda Akshobya no aspecto de uma minúscula gota azul, do tamanho de uma semente de mostarda. Diante dela, visualizamos Buda Vairochana na forma de uma minúscula gota branca; à esquerda, visualizamos Buda Amoghasiddhi, na forma de uma gota verde; atrás, visualizamos Buda Amitabha, na forma de uma gota vermelha; e à direita, visualizamos Buda Ratnasambhava, na forma de uma gota amarela. Imaginamos então que a nossa mente se dissolve por inteiro nesse conjunto de cinco gotas – o conjunto, como um todo, é do tamanho de uma semente de ervilha – e mantemos isso sem distrações.

Quando estivermos próximos de concluir a meditação, imaginamos que o vajra se dissolve na lua, e a lua se dissolve no sol. O sol se dissolve na gota branca; que se dissolve na gota verde; que se dissolve na gota vermelha; que se dissolve na gota amarela; e essa gota amarela, por sua vez, se dissolve na gota azul, que está no centro – a natureza de Akshobya-Heruka. Irradiando luzes-sabedoria de cinco cores para abençoar nossas gotas, a gota azul sobe vagarosamente pelo nosso canal central até o centro exato da nossa roda-canal da coroa. Mantemos a gota ali e meditamos estritamente focados por algum tempo. Isso faz com que a bodhichitta em nossa coroa aumente. Após algum tempo, a gota desce vagarosamente para o centro exato da nossa roda-canal da garganta, e mantemos a gota ali por algum tempo. Ela então desce para o centro exato da nossa roda-canal do coração, onde meditamos nela até percebermos os oito sinais. Por fim, concluímos as três fusões como antes e finalizamos a sessão. Precisamos repetir essa meditação até obtermos a habilidade de controlar as gotas e de estabilizar o grande êxtase.

O minúsculo vajra, com o minúsculo HUM dentro, é o principal objeto de meditação dessa etapa. Se meditarmos nesse minúsculo vajra nos lugares de nossas faculdades sensoriais, poderemos alcançar diversos tipos de clarividência superior. Essa é a razão pela qual essa etapa é denominada "o vajra de várias qualidades".

Como praticamos meditação para obter vários tipos de clarividência superior? Nossa faculdade sensorial da visão, por exemplo, é a potencialidade localizada em nosso órgão da visão e que é a condição dominante de nossa percepção visual. Em nossa faculdade sensorial da visão, visualizamos o vajra unidentado, do tamanho de um grão de cevada – esse vajra unidentado é a mente de grande êxtase de Heruka. No centro, dentro do vajra, visualizamos uma minúscula letra HUM, que é Heruka ele próprio. Contemplamos isso muitas e muitas vezes, até percebermos todo esse conjunto claramente. Então, mantemos fortemente esse conjunto e meditamos estritamente focados nele pelo maior tempo possível. Em cada sessão, repetimos a contemplação e meditação, e, ao final de cada sessão, enquanto reconhecemos que o vajra é a mente de grande êxtase de Heruka e que a letra HUM é Heruka ele próprio, imaginamos que tanto o vajra quanto o HUM convertem-se em luz e dissolvem-se em nossa faculdade sensorial da visão. Devido a isso, nossa faculdade sensorial da visão é purificada e torna-se totalmente pura, livre de aparência comum. Meditamos nessa crença por um breve período.

Desse modo, por recebermos continuamente as bênçãos de Heruka e pelo poder dessa meditação, alcançaremos a clarividência visual superior que pode ver diretamente a Deidade iluminada Heruka, sua Terra Pura de Keajra, seus séquitos de Heróis e Dakinis e demais seres sagrados, a assembleia de Gurus, Deidades, Budas e Bodhisattvas. Assim como Je Phabongkhapa, obteremos essa realização por praticarmos sinceramente com forte fé. Se aplicarmos essa meditação às nossas demais faculdades sensoriais (por exemplo, à faculdade sensorial da audição), alcançaremos muitos tipos diferentes de clarividência superior.

COMO MEDITAR NA ETAPA DE PREENCHER COM JOIAS

Neste contexto, o termo "joias" refere-se às quatro alegrias, que são as verdadeiras joias interiores que-satisfazem-os-desejos. Visto que a função desta terceira etapa é preencher nosso corpo com a experiência das quatro alegrias, ela é denominada "preencher com joias". Fazemos essa prática na dependência dos quatro mudras: o mudra-compromisso, o mudra-ação, o mudra-fenômeno e o Mahamudra. Je Tsongkhapa disse que a prática do *primeiro mudra* é a prática preliminar; o *segundo mudra* é a prática propriamente dita; o *terceiro mudra* é a prática subsequente; e o *quarto mudra* é o resultado.

O primeiro mudra – o mudra-compromisso – é a consorte visualizada, ou mudra-sabedoria. Durante a *iniciação mudra-sabedoria*, o Guia Espiritual Vajrayana dá-nos uma consorte que é uma emanação de Vajravarahi, e dá-nos também o compromisso de realizar grande êxtase na dependência desse mudra-sabedoria. Por essa razão, a consorte visualizada é conhecida como "o mudra-compromisso". Confiar em um mudra-sabedoria é uma preliminar para confiar em um mudra-ação. Se nossa meditação em confiar em um mudra-sabedoria fizer com que os nossos ventos interiores reúnam-se e dissolvam-se no canal central, fazendo assim com que experienciemos grande êxtase, este será um sinal correto de que podemos, então, ter a convicção de confiar em um mudra-ação. Um mudra-ação é uma consorte real, propriamente dita, que recebeu a iniciação de nossa Deidade pessoal, que está mantendo os compromissos tântricos e que tem perfeito conhecimento das instruções.

Se, quando tivermos afrouxado completamente os nós do canal central em nosso coração pelo poder de confiar em um mudra-ação, meditarmos subsequentemente no fogo interior, iremos gerar um poderoso grande êxtase espontâneo. A razão pela qual o fenômeno da meditação do fogo interior é denominado "mudra-fenômeno" é porque, para nós, ele executa a função semelhante à da consorte. A realização da união de grande êxtase e vacuidade é denominada "Mahamudra", ou "grande selo", que significa "grande verdade indestrutível". Quando nossa mente residente-contínua se transforma no grande êxtase espontâneo que realiza a vacuidade por meio de uma imagem genérica, ela é denominada "clara-luz-exemplo última". O termo "última" revela que é uma clara-luz plenamente qualificada, e "exemplo" significa que podemos utilizar essa realização como um exemplo para compreender como podemos realizar a clara-luz-significativa propriamente dita – a união de grande êxtase e vacuidade. Por meditarmos continuamente na clara-luz-exemplo última, ela irá se transformar na clara-luz-significativa. A clara-luz-exemplo última é, portanto, um exemplo que ilustra seu significado – a saber, a clara-luz-significativa. A clara-luz-significativa é uma mente residente-contínua que é da natureza de grande êxtase espontâneo que realiza a vacuidade diretamente.

Como preliminar à prática da etapa de preencher com joias, devemos enfatizar a oferenda secreta a nós próprios gerados como Heruka e a prática de confiar no mudra-sabedoria, como explicado na seção sobre receber a iniciação mudra-sabedoria. Quando tivermos a habilidade de controlar nossas gotas e uma profunda experiência dos ventos interiores dissolvendo-se em nosso canal central, poderemos então fazer a prática de confiar em um mudra-ação.

Há duas maneiras de fazer essa prática. A primeira é meditar na vacuidade do nosso *self* e da nossa consorte e, então, a partir do estado de vacuidade, gerarmos a nós próprios como Heruka e gerarmos nossa consorte como Vajravarahi, livres de aparências e concepções comuns. Com forte orgulho divino de sermos, nós próprios, Heruka, e de nossa consorte ser Vajravarahi, entramos em união sexual e geramos gradualmente as quatro alegrias. Por fim, meditamos estritamente focados, pelo maior tempo possível, em grande êxtase espontâneo inseparável da vacuidade.

Para praticar a segunda maneira, simplesmente acreditamos – com forte orgulho divino de sermos, nós próprios, Heruka, e livres de aparências e concepções comuns – que nossa consorte é uma manifestação de Vajravarahi; entramos então em relação sexual, geramos as quatro alegrias e, por fim, meditamos na união de grande êxtase espontâneo e vacuidade.

COMO MEDITAR NA ETAPA DE *DZÖLADHARA*

A palavra sânscrita *"dzöladhara"* significa "manter o ardor". *"Dzöla"* significa "arder, incendiar", e *"dhara"* significa "manter". Essa meditação nas etapas de *dzöladhara* é assim denominada porque ela mantém seu objeto – o arder do fogo interior, ou *tummo* – de modo estritamente focado. Por meio dessa meditação, os praticantes aperfeiçoam sua realização de grande êxtase espontâneo obtida na terceira etapa, até que sua mente residente-contínua se torne a mente de grande êxtase espontâneo que realiza a vacuidade. Inicialmente, essa realização é a clara-luz-exemplo última, e, gradualmente, ela se transforma na clara-luz-significativa. Alguns textos dizem *"dzalendhara"* em vez de *"dzöladhara"*, mas o significado é o mesmo.

A prática propriamente dita da etapa de *dzöladhara* tem oito partes:

AS CINCO ETAPAS DO ESTÁGIO DE CONCLUSÃO

1. Visualizar o canal central;
2. Visualizar as letras;
3. Acender o fogo interior;
4. Fazer o fogo arder;
5. Provocar o gotejamento da bodhichitta;
6. Provocar o arder especial do fogo;
7. Provocar o gotejamento especial da bodhichitta;
8. Meditar na união de êxtase espontâneo e vacuidade.

VISUALIZAR O CANAL CENTRAL

Visualizamos o canal central como explicado acima, na página 200.

VISUALIZAR AS LETRAS

Exatamente no centro da nossa roda-canal do lugar secreto, localizada quatro dedos abaixo do umbigo, visualizamos uma minúscula fonte-fenômenos. Sobre uma almofada de sol, dentro da fonte-fenômenos, nossa mente-raiz (que é inseparável da mente de Guru Heruka) aparece no aspecto de um conjunto de cinco gotas, do tamanho de uma ervilha. Diante da gota central está uma gota branca, que é da natureza de Buda Vairochana; à esquerda, está uma gota verde, que é da natureza de Buda Amoghasiddhi; atrás, está uma gota vermelha, que é da natureza de Buda Amitabha; à direita, está uma gota amarela, que é da natureza de Buda Ratnasambhava; e no centro, está uma gota azul, que é da natureza de Buda Akshobya.

Dentro da gota central azul, visualizamos nosso fogo interior na forma de uma letra AH-curta, vermelha e extremamente diminuta. Exatamente no centro da nossa roda-canal da coroa, visualizamos uma letra HAM branca de cabeça para baixo, da natureza de nossa bodhichitta branca. Exatamente no centro da nossa roda-canal do coração, visualizamos uma letra HUM de cabeça para baixo, branca e com um sombreado vermelho, da natureza de nossa gota indestrutível branca e vermelha. Contemplamos brevemente a letra HAM em nossa coroa, a letra HUM em nosso coração e a letra AH-curta em nosso lugar secreto e, então, meditamos na letra AH-curta.

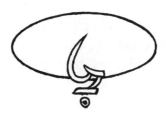

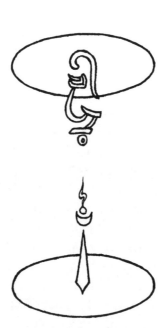

HAM, HUM, AH-*curto*

ACENDER O FOGO INTERIOR, FAZENDO O FOGO ARDER E ASSIM POR DIANTE, ATÉ A MEDITAÇÃO NA UNIÃO DE ÊXTASE ESPONTÂNEO E VACUIDADE

Quando um homem e uma mulher têm uma relação sexual comum, a extremidade do pênis do homem toca a extremidade da vagina da mulher e, devido a isso, eles penetram o canal central um do outro; como resultado, o vento descendente de esvaziamento, localizado no lugar secreto deles, movimenta-se para cima, subindo. Isso faz com que o fogo interior, localizado no umbigo deles, inflame, e as gotas brancas ou vermelhas derretam e fluam por seus canais, mas não pelo canal central. Por causa disso, eles experienciam êxtase contaminado por um breve período. Quando praticantes qualificados da terceira etapa – a etapa de preencher com joias – confiam em um mudra-ação, sua atividade é, em geral, semelhante à de uma relação sexual comum, mas seu calor interior arde no canal central em vez de arder nos canais laterais e, por essa razão, as gotas se dissolvem e fluem dentro do canal central, em vez de serem rapidamente expelidas. Como resultado, esses praticantes experienciam grande êxtase espontâneo puro, por um longo período. Aqui, na quarta etapa do estágio de conclusão – *dzöladhara* – os praticantes geram e aumentam sua experiência de grande êxtase espontâneo por meio de meditarem no *tummo*. Nessa etapa, acender o fogo interior e fazê-lo arder são, ambos, realizados através da meditação na respiração-vaso no lugar secreto.

Praticamos a meditação na respiração-vaso como segue. Inalamos gentilmente por ambas as narinas e imaginamos que reunimos todos os ventos localizados na parte superior de nosso corpo, fazendo-os descer até ficarem logo acima das cinco gotas, dentro do canal central no lugar secreto. Contraímos, então, leve e gentilmente, as duas portas inferiores (o ânus e o órgão sexual) e reunimos todos os ventos da parte inferior do nosso corpo, fazendo-os subir até ficarem logo abaixo das cinco gotas. Nossa mente, dentro das cinco gotas, está agora cercada, ou envolta, pelos ventos superiores e inferiores, do mesmo modo que um objeto precioso encontra-se dentro de uma caixa de amuletos. Interrompemos então nossa respiração e, enquanto mantemos os ventos superiores e inferiores no lugar secreto, concentramo-nos estritamente focados na letra AH-curta dentro da gota central azul. Uma parte de nossa mente pensa que a letra AH-curta está prestes a inflamar. Isso é denominado "acender o fogo interior". Pouco antes de começarmos a sentir desconforto, exalamos muito gentilmente por ambas as narinas, mas com a nossa mente ainda permanecendo na letra AH-curta.

Repetimos então a respiração-vaso e, concentrando-nos na letra AH-curta, pensamos que uma chama intensamente quente e delgada, semelhante a uma agulha, inflama-se a partir dessa letra. Isso é denominado "fazer o fogo arder". Isso, por sua vez, faz com que a letra HUM, que se encontra de cabeça para baixo em nosso coração, derreta e goteje no fogo. Isso é denominado "gotejamento da bodhichitta". O fogo então arde mais intensamente e se torna ainda mais quente, como quando óleo é derramado sobre o fogo. Isso é denominado "arder especial do fogo". O calor aumenta, provocando o derretimento da letra HAM, que está de cabeça para baixo em nossa coroa, fazendo com que, do derretimento dessa letra, a bodhichitta branca goteje pelo nosso canal central. Isso é denominado "gotejamento especial da bodhichitta".

À medida que a bodhichitta branca derrete e goteja vagarosamente, experienciamos grande êxtase espontâneo. Quando a bodhichitta, por fim, goteja sobre o fogo *tummo* em nosso lugar secreto, o fogo se atenua levemente por um breve instante, mas nossa experiência do grande êxtase espontâneo torna-se ainda mais intensa. O fogo, então, inflama-se com mais intensidade, assim como acontece quando manteiga derretida goteja sobre o fogo. Como resultado, o fogo *tummo* arde no lugar secreto, fundindo-se com os raios de luz das cinco gotas – as Cinco Famílias Búdicas – e passa por todos os canais do nosso corpo. Ele consome todas as gotas impuras e reúne todas as gotas puras na bodhichitta, em nossa coroa. De nossa coroa, a bodhichitta goteja continuamente pelo canal central, e experienciamos grande êxtase espontâneo por um longo tempo. Meditamos nesse êxtase e vacuidade inseparáveis. Essa é a oitava parte: "meditar na união de êxtase espontâneo e vacuidade".

COMO MEDITAR NA ETAPA DA INCONCEPTIBILIDADE

Na etapa de *dzöladhara*, obtemos a clara-luz total e plenamente qualificada, a clara-luz-exemplo última, que é da natureza de grande êxtase que realiza a vacuidade. Quando saímos desse equilíbrio meditativo, alcançamos o corpo-ilusório, que é o verdadeiro corpo-divino. Esse corpo não é criado por imaginação, mas é um corpo verdadeiro. Sua causa substancial é o vento indestrutível, que é a montaria da mente da clara-luz-exemplo última. Seu aspecto é o de um Heruka branco com consorte, juntamente com o mandala inteiro. O corpo-ilusório que o praticante obtém nessa etapa é o corpo-ilusório *impuro*, já que o praticante ainda não abandonou as delusões – ele (ou ela) ainda não é um ser superior, e a sua mente de clara-luz de êxtase ainda não realizou a vacuidade diretamente.

Para realizar a vacuidade diretamente com a mente muito sutil de grande êxtase espontâneo, o praticante progride para as meditações da quinta etapa – inconceptibilidade. Aqui, "inconceptibilidade" refere-se às aquisições que não podem ser experienciadas por aqueles que não são seres superiores. Exemplos de inconceptibilidade são: a clara-luz-significativa, a união da clara-luz-significativa com o corpo-ilusório do caminho, e a união do Corpo-Forma com o Corpo-Verdade de um Buda. A primeira (a clara-luz-significativa) é a união de grande êxtase e vacuidade. A segunda (a união da clara-luz-significativa com o corpo-ilusório do caminho) é a união-que-precisa-aprender. E a terceira (a união do Corpo-Forma com o Corpo-Verdade de um Buda) é a União-do-Não-Mais-Aprender. Por praticarem as meditações da quinta etapa, os praticantes obtêm estes três tipos de união.

A prática propriamente dita tem duas partes:

1. Confiar em uma consorte;
2. Empenhar-se nas duas concentrações.

CONFIAR EM UMA CONSORTE

Há três maneiras de confiar em uma consorte. A primeira é confiar em um mudra-ação através de praticar prazeres e desfrutes com elaborações, assim como a maneira do Rei Indrabodhi de confiar em uma consorte. A segunda maneira é confiar em um mudra-ação através de praticar prazeres e desfrutes sem elaborações, assim como a maneira de Ghantapa de confiar em uma consorte. A terceira maneira é confiar apenas no mudra-sabedoria, assim como a maneira de Gyalwa Ensapa de confiar em

Dorjechang Kelsang Gyatso Rinpoche

uma consorte. Por qualquer uma dessas três práticas, os praticantes da quinta etapa realizam, primeiro, a união de grande êxtase e vacuidade; depois, a união-que-precisa-aprender; e, por fim, a União-do-Não-Mais-Aprender – a iluminação.

Em alguns textos, como foi mencionado anteriormente, está dito que, para obtermos a clara-luz-exemplo última, nós finalmente necessitaremos confiar em um mudra-ação ou aguardar até a nossa morte. Isso é em geral. Em particular, praticantes como Gyalwa Ensapa e muitos de seus discípulos alcançaram a clara-luz-exemplo última e a clara-luz-significativa e tornaram-se Budas por meio de obterem a União-do-Não-Mais-Aprender através do poder das bênçãos das instruções da Linhagem Oral Ganden, sem precisarem confiar em um mudra-ação.

EMPENHAR-SE NAS DUAS CONCENTRAÇÕES

Na primeira delas, concentramo-nos, em primeiro lugar, em dissolver todos os mundos e, depois, todos os seus habitantes na clara-luz da vacuidade; e então, meditamos na união da clara-luz de êxtase e vacuidade. Na segunda delas, concentramo-nos em dissolver todos os mundos e seus habitantes simultaneamente na clara-luz da vacuidade e, então, meditamos na união da clara-luz de êxtase e vacuidade.

Por empenhar-se em uma dessas concentrações, o praticante da quinta etapa obtém a clara-luz-significativa. Quando o praticante sai da clara-luz-significativa, ele (ou ela) alcança o corpo-ilusório *puro* (o corpo-vajra) e empenha-se nas práticas da aquisição subsequente. Na sessão seguinte, quando a clara-luz-significativa se manifestar através da prática de uma das duas concentrações, o praticante alcança a união da clara-luz-significativa com o corpo-ilusório puro (a união-que-precisa-aprender) e medita na clara-luz-significativa pelo tempo que desejar. Por meditar continuamente na clara-luz-significativa, tanto durante o sono quanto no estado da vigília, essa clara-luz-significativa torna-se, por fim, o antídoto direto às aparências duais muito sutis (percepções muito sutis de aparência e vacuidade como sendo diferentes). Ela é então denominada "a concentração semelhante-a-um-vajra do Caminho da Meditação", que é o último momento da mente de um ser senciente. No momento seguinte, o praticante torna-se um Buda por meio de alcançar a União-do-Não-Mais-Aprender.

Dedicatória

Pelo grande mérito acumulado por escrever este livro, que todos recebam a preciosa oportunidade de praticar este Dharma sagrado. Desse modo, que todo o sofrimento neste mundo – que surge de batalhas, fome e assim por diante – cesse completamente. Que todos experienciem paz mundial permanente por meio de obterem paz interior permanente. Por fim, que todos os seres vivos alcancem a felicidade última da plena iluminação.

Apêndice I
O Sentido Condensado do Comentário

O Sentido Condensado do Comentário

O comentário à prática do Tantra Ioga Supremo do mandala de corpo de Heruka tem três partes:

1. A explicação preliminar;
2. A explicação da prática;
3. Dedicatória.

A explicação preliminar tem cinco partes:

1. As preeminentes qualidades de Heruka;
2. A origem destas instruções;
3. Os benefícios de praticar estas instruções;
4. Exemplos de praticantes do passado que alcançaram realizações através destas instruções;
5. As qualificações de um praticante sincero de Heruka.

A explicação da prática tem duas partes:

1. Estágio de geração;
2. Estágio de conclusão.

O *estágio de geração* tem duas partes:

1. Como praticar durante a sessão de meditação;
2. Como praticar durante o intervalo entre as meditações.

Como praticar durante a sessão de meditação tem três partes:

1. As práticas preliminares;
2. A prática propriamente dita do estágio de geração;
3. As práticas finais.

APÊNDICE I – O SENTIDO CONDENSADO DO COMENTÁRIO

As práticas preliminares tem seis partes:

1. Buscar refúgio e gerar bodhichitta;
2. Receber bênçãos;
3. Purificar nossa mente, nosso corpo e nossa fala *próprios* (residente-contínuos);
4. Purificar os outros seres, o ambiente e prazeres;
5. Purificar não virtudes, quedas morais e obstáculos;
6. Guru-Ioga.

Buscar refúgio e gerar bodhichitta tem quatro partes:

1. As causas de buscar refúgio;
2. Visualizar os objetos de refúgio;
3. A maneira de buscar refúgio;
4. Gerar a bodhichitta aspirativa e a de compromisso.

Purificar nossa mente, nosso corpo e nossa fala próprios tem três partes:

1. Purificar nossa mente *própria*;
2. Purificar nosso corpo *próprio*;
3. Purificar nossa fala *própria*.

Purificar não virtudes, quedas morais e obstáculos tem duas partes:

1. Por que precisamos purificar ações não virtuosas e quedas morais;
2. A prática propriamente dita de purificação.

A prática propriamente dita de purificação tem quatro partes:

1. O poder do arrependimento;
2. O poder da confiança;
3. O poder da força oponente;
4. O poder da promessa.

Guru-Ioga tem duas partes:

1. Uma explicação geral;
2. A prática propriamente dita do Guru-Ioga.

A prática propriamente dita do Guru-Ioga tem seis partes:

1. Visualizar os seres-de-compromisso do Campo de Mérito e convidar e absorver os seres-de-sabedoria;
2. Oferecer a prática dos sete membros;
3. Oferecer o mandala;
4. Receber as bênçãos das quatro iniciações;
5. Fazer pedidos aos Gurus-linhagem;
6. Realizar grande êxtase espontâneo por meio de dissolver o Guru em nós.

Visualizar os seres-de-compromisso do Campo de Mérito e convidar e absorver os seres-de-sabedoria tem duas partes:

1. Visualizar os seres-de-compromisso do Campo de Mérito;
2. Convidar e absorver os seres-de-sabedoria.

Visualizar os seres-de-compromisso do Campo de Mérito tem três partes:

1. Visualizar Guru Heruka-base;
2. Visualizar Guru Heruka do mandala de corpo;
3. Visualizar os demais seres sagrados.

Visualizar Guru Heruka do mandala de corpo tem duas partes:

1. Visualizar o Principal;
2. Visualizar os séquitos.

Visualizar os séquitos tem três partes:

1. Visualizar as Quatro Ioguines da essência;
2. Visualizar os Heróis e Heroínas dos 24 lugares;
3. Visualizar as Oito Heroínas dos portais.

Oferecer a prática dos sete membros tem sete partes:

1. Prostração;
2. Oferenda;
3. Confissão;
4. Regozijo;
5. Rogar ao Guia Espiritual que não morra;

6. Pedir que a Roda do Dharma seja girada;
7. Dedicatória.

Oferenda tem cinco partes:

1. Oferendas exteriores;
2. Oferenda interior;
3. Oferenda secreta;
4. Oferenda da talidade;
5. Oferecer nossa prática espiritual.

Oferendas exteriores tem duas partes:

1. As oito oferendas exteriores;
2. Oferecer os cinco objetos de desejo.

Receber as bênçãos das quatro iniciações tem quatro partes:

1. Receber a iniciação-vaso;
2. Receber a iniciação secreta;
3. Receber a iniciação mudra-sabedoria;
4. Receber a iniciação da preciosa palavra.

A prática propriamente dita do estágio de geração tem seis partes:

1. O que é o estágio de geração?;
2. Trazer os três corpos para o caminho;
3. A meditação de examinar o mandala de Heruka e Heruka-base;
4. Gerar o mandala e as Deidades do mandala de corpo;
5. Adornar nosso corpo com as Deidades-armadura, convidar e absorver os seres-de-sabedoria e fazer oferendas;
6. A meditação propriamente dita do estágio de geração.

Trazer os três corpos para o caminho tem três partes:

1. Trazer a morte para o caminho que conduz ao Corpo-Verdade;
2. Trazer o estado intermediário para o caminho que conduz ao Corpo-de-Deleite;
3. Trazer o renascimento para o caminho que conduz ao Corpo--Emanação.

A meditação de examinar o mandala de Heruka e Heruka-base tem duas partes:

1. A meditação de examinar;
2. O simbolismo do corpo de Heruka.

Gerar o mandala e as Deidades do mandala de corpo tem duas partes:

1. Uma explicação preliminar;
2. A explicação da prática propriamente dita.

A explicação da prática propriamente dita tem duas partes:

1. Geração simultânea de todo o mandala de corpo, sustentador e sustentado, de Heruka;
2. Meditação de examinar essa geração.

A meditação de examinar essa geração tem duas partes:

1. Meditação de examinar as partes densas do nosso corpo geradas como o mandala de Heruka;
2. Meditação de examinar as partes sutis do nosso corpo (os canais e as gotas) geradas como as Deidades.

Adornar nosso corpo com as Deidades-armadura, convidar e absorver os seres-de-sabedoria e fazer oferendas tem três partes:

1. Adornar nosso corpo, os corpos de Heruka Pai e Mãe do mandala de corpo, com as Deidades-armadura;
2. Convidar os seres-de-sabedoria, dissolvendo-os nos seres-de--compromisso, e receber a iniciação;
3. Fazer oferendas e louvores às Deidades autogeradas do mandala de corpo.

Fazer oferendas e louvores às Deidades autogeradas do mandala de corpo tem cinco partes:

1. Abençoar as oferendas;
2. Fazer as oferendas exteriores;
3. Fazer a oferenda interior;

4. Fazer a oferenda secreta e a oferenda da talidade;
5. Os oito versos de louvor.

Abençoar as oferendas tem duas partes:

1. Abençoar a oferenda interior;
2. Abençoar as oferendas exteriores.

Abençoar a oferenda interior tem cinco partes:

1. Os benefícios;
2. A base da oferenda interior;
3. O objeto visual da oferenda interior;
4. Como abençoar a oferenda interior;
5. A importância e o significado da oferenda interior.

Como abençoar a oferenda interior tem quatro partes:

1. Desobstrução;
2. Purificação;
3. Geração;
4. Transformação.

Geração tem duas partes:

1. Gerar o recipiente;
2. Gerar as substâncias contidas no recipiente.

Transformação tem três partes:

1. Purificar falhas;
2. Transformar em néctar;
3. Aumentar.

A meditação propriamente dita do estágio de geração tem duas partes:

1. Uma explicação preliminar;
2. Como praticar a meditação propriamente dita do estágio de geração

Uma explicação preliminar tem quatro partes:

1. O que é a base de designação do nosso *eu*?;
2. Por que precisamos mudar a base de designação do nosso *eu*?;
3. Como é possível mudar a base de designação do nosso *eu*?;
4. Como mudar a base de designação do nosso *eu*?

Como praticar a meditação propriamente dita do estágio de geração tem cinco partes:

1. Treinar clara aparência;
2. Treinar orgulho divino;
3. Treinar o tranquilo-permanecer;
4. Treinar o estágio de geração sutil;
5. Treinar o ioga da profundidade e clareza não duais.

As práticas finais tem quatro partes:

1. Recitação de mantra;
2. Oferendas de torma;
3. Dissolução e geração das Deidades-ação;
4. Dedicatória.

Recitação de mantra tem cinco partes:

1. Os mantras a serem recitados;
2. Abençoar o mala;
3. Recitação longa de mantra;
4. Recitação breve de mantra;
5. Explicação do retiro-aproximador.

A *explicação do retiro-aproximador* tem quatro partes:

1. As preparações;
2. As práticas preliminares;
3. O retiro propriamente dito;
4. O puja do fogo.

Oferendas de torma tem três partes:

1. Abençoar as tormas;
2. Fazer o convite aos convidados das tormas;
3. A oferenda efetiva de torma.

A oferenda efetiva de torma tem quatro partes:

1. Oferecer a torma principal;
2. Oferecer a torma às Deidades da roda-coração, da roda-fala e da roda-corpo;
3. Oferecer a torma às Deidades da roda-compromisso;
4. Oferecer a torma aos Dakas e Dakinis mundanos e a todos os espíritos do mundo inteiro.

O *estágio de conclusão* tem três partes:

1. Uma introdução ao estágio de conclusão;
2. As práticas preliminares;
3. A prática propriamente dita do estágio de conclusão.

A prática propriamente dita do estágio de conclusão tem cinco partes:

1. A etapa de abençoar o *self*;
2. A etapa do vajra de várias qualidades;
3. A etapa de preencher com joias;
4. A etapa de *dzöladhara*;
5. A etapa da inconceptibilidade.

A etapa de abençoar o self tem duas partes:

1. Como meditar na etapa de abençoar o *self*-com-semente;
2. Como meditar na etapa de abençoar o *self*-sem-semente.

Como meditar na etapa de abençoar o self-com-semente tem duas partes:

1. Práticas preliminares;
2. A meditação propriamente dita na etapa de abençoar o *self*--com-semente.

Como meditar na *etapa do vajra de várias qualidades* tem duas partes:

1. A etapa do vajra de várias qualidades com semente;
2. A etapa do vajra de várias qualidades sem semente.

Como meditar na *etapa de preencher com joias* tem quatro partes:

1. Mudra-compromisso;
2. Mudra-ação;
3. Mudra-fenômeno;
4. Mahamudra.

Como meditar na *etapa de dzöladhara* tem oito partes:

1. Visualizar o canal central;
2. Visualizar as letras;
3. Acender o fogo interior;
4. Fazer o fogo arder;
5. Provocar o gotejamento da bodhichitta;
6. Provocar o arder especial do fogo;
7. Provocar o gotejamento especial da bodhichitta;
8. Meditar na união de êxtase espontâneo e vacuidade.

Como meditar na *etapa da inconceptibilidade* tem duas partes:

1. Confiar em uma consorte;
2. Empenhar-se nas duas concentrações.

Apêndice II
Sadhanas

CONTEÚDO

Prece Libertadora 235

O Ioga de Buda Heruka
A sadhana essencial de autogeração do mandala de corpo
de Heruka & O Ioga Condensado em Seis Sessões 237

Nova Essência do Vajrayana
A prática de autogeração do mandala de corpo de Heruka,
uma instrução da Linhagem Oral Ganden .253

Essência do Vajrayana
Sadhana de autogeração do mandala de corpo de Heruka
de acordo com o sistema de mahasiddha Ghantapa 287

Assembleia de Boa Fortuna
A oferenda tsog do mandala de corpo de Heruka 347

Joia Preliminar ao Retiro de Heruka
Preliminares para o retiro do mandala de corpo de Heruka. 365

Oferenda Ardente do Mandala de Corpo de Heruka 375

União do Não-Mais-Aprender
Sadhana de autoiniciação do mandala de corpo de Heruka. 443

Buda Shakyamuni

Prece Libertadora

LOUVOR A BUDA SHAKYAMUNI

Ó Abençoado, Shakyamuni Buda,
Precioso tesouro de compaixão,
Concessor de suprema paz interior,

Tu, que amas todos os seres sem exceção,
És a fonte de bondade e felicidade,
E nos guias ao caminho libertador.

Teu corpo é uma joia-que-satisfaz-os-desejos,
Tua fala é um néctar purificador e supremo
E tua mente, refúgio para todos os seres vivos.

Com as mãos postas, me volto para ti,
Amigo supremo e imutável,
E peço do fundo do meu coração:

Por favor, concede-me a luz de tua sabedoria
Para dissipar a escuridão da minha mente
E curar o meu *continuum* mental.

Por favor, me nutre com tua bondade,
Para que eu possa, por minha vez, nutrir todos os seres
Com um incessante banquete de deleite.

Por meio de tua compassiva intenção,
De tuas bênçãos e feitos virtuosos
E por meu forte desejo de confiar em ti,

Que todo o sofrimento rapidamente cesse,
Que toda a felicidade e alegria aconteçam
E que o sagrado Dharma floresça para sempre.

*A **Prece Libertadora** foi escrita por Venerável Geshe Kelsang Gyatso Rinpoche e é recitada no início de ensinamentos, meditações e preces nos Centros Budistas Kadampas em todo o mundo.*

O Ioga de Buda Heruka

A SADHANA ESSENCIAL DE AUTOGERAÇÃO
DO MANDALA DE CORPO DE HERUKA

&

O IOGA CONDENSADO EM SEIS SESSÕES

*Objetos de compromisso tântricos:
oferenda interior no kapala, vajra, sino, damaru, mala*

Introdução

AQUELES QUE RECEBERAM a iniciação do mandala de corpo de Heruka, mas não conseguem praticar a sadhana extensa, *Essência do Vajrayana*, podem praticar esta breve sadhana que contém a essência da prática do mandala de corpo de Heruka.

É muito importante melhorar nossa compreensão e fé nesta preciosa prática por meio do estudo sincero do seu comentário, apresentado no capítulo *A Prática do Mandala de Corpo de Heruka*, que faz parte do livro *Budismo Moderno*. Podemos então, tendo compreendido claramente seu significado e com forte fé, ingressar, fazer progressos e concluir o caminho rápido ao estado iluminado de Buda Heruka.

Geshe Kelsang Gyatso
Abril de 2010

Guru Sumati Buda Heruka

O Ioga de Buda Heruka

PRELIMINARES

Buscar refúgio

Eu e todos os seres sencientes, até alcançarmos a iluminação,
Nos refugiamos em Buda, Dharma e Sangha.   (3x)

Gerar o supremo bom coração, a bodhichitta

Pelas virtudes que coleto, praticando o dar e as outras perfeições,
Que eu me torne um Buda para o benefício de todos.   (3x)

Guru-Ioga

VISUALIZAÇÃO E MEDITAÇÃO

No espaço à minha frente, está Guru Sumati Buda Heruka – Je Tsongkhapa inseparável de meu Guru-raiz, de Buda Shakyamuni e de Heruka – rodeado por todos os Budas das dez direções.

CONVIDAR OS SERES-DE-SABEDORIA

Do coração do Protetor das centenas de Deidades da Terra Alegre,
Ao topo de uma nuvem, como coalhada branca e fresca,
Ó Todo-Conhecedor Losang Dragpa, Rei do Dharma,
Por favor, vem a este lugar juntamente com teus Filhos.

> Neste ponto, imaginamos que o ser-de-sabedoria Je Tsongkhapa, juntamente com seu séquito, dissolve-se na assembleia de Guru Sumati Buda Heruka e eles se tornam não duais.

A PRÁTICA DOS SETE MEMBROS

No espaço à minha frente, sobre um trono de leões, lótus e lua,
Os veneráveis Gurus sorriem com deleite.
Ó Supremo Campo de Mérito para a minha mente de fé,
Por favor, permanece por cem éons para difundir a doutrina.

Tua mente de sabedoria compreende a extensão integral dos objetos
    de conhecimento,
Tua eloquente fala é o ornamento-orelha dos afortunados,
Teu lindo corpo brilha com a glória do renome,
Prostro-me a ti, que és tão significativo de ver, ouvir e recordar.

Agradáveis oferendas de água, diversas flores,
Incenso de doce aroma, luzes, água perfumada e assim por diante,
Uma vasta nuvem de oferendas, tanto as efetivas como as imaginadas,
Ofereço a ti, Ó Supremo Campo de Mérito.

Sejam quais forem as não virtudes de corpo, fala e mente
Que tenho acumulado desde tempos sem início,
Especialmente as transgressões dos meus três votos,
Com grande remorso, confesso uma a uma do fundo de meu coração.

Nesta era degenerada, te empenhaste em muito estudo e realização.
Abandonando os oito interesses mundanos, tornaste significativos tuas
    liberdades e dotes.
Ó Protetor, regozijo-me do fundo de meu coração,
Na grande onda de teus feitos.

Das ondulantes nuvens de sabedoria e de compaixão
No espaço do vosso Corpo-Verdade, Ó Veneráveis e Sagrados Gurus,
Por favor, derramai uma chuva do Dharma vasto e profundo
Apropriado aos discípulos deste mundo.

Do teu verdadeiro corpo imortal, nascido da clara-luz-significativa,
Por favor, envia incontáveis emanações ao mundo inteiro
Para difundir a linhagem oral da doutrina Ganden
E que elas permaneçam por muito tempo.

Pelas virtudes que aqui acumulei,
Que a doutrina e todos os seres vivos recebam todo benefício.
Especialmente, que a essência da doutrina
Do Venerável Losang Dragpa brilhe para sempre.

OFERECER O MANDALA

O chão espargido com perfume e salpicado de flores,
A Grande Montanha, quatro continentes, Sol e Lua,
Percebidos como Terra de Buda e assim oferecidos,
Que todos os seres desfrutem dessas Terras Puras.

Ofereço, sem nenhum sentimento de perda,
Os objetos que fazem surgir meu apego, ódio e confusão,
Meus amigos, inimigos e estranhos, nossos corpos e prazeres;
Peço, aceita-os e abençoa-me, livrando-me diretamente dos três
    venenos.

IDAM GURU RATNA MANDALAKAM NIRYATAYAMI

FAZER PEDIDOS ESPECIAIS

Ó Guru Sumati Buda Heruka, de agora em diante até que eu alcance
    a iluminação,
Não buscarei outro refúgio além de ti.
Por favor, pacifica meus obstáculos e concede-me
As duas aquisições, a libertadora e a de amadurecimento.
Por favor, abençoa-me para que eu me torne o Heruka definitivo,
O estado no qual experienciarei todos os fenômenos como purificados
    e reunidos na vacuidade, inseparável do grande êxtase.   (3x)

GERAR A EXPERIÊNCIA DE GRANDE ÊXTASE E VACUIDADE

Por ter feito pedidos desse modo, todos os Budas das dez direções se
dissolvem em Je Tsongkhapa, que é inseparável de meu Guru-raiz; Je
Tsongkhapa se dissolve em Buda Shakyamuni, que está em seu coração;
e Buda Shakyamuni se dissolve em Heruka, que está em seu coração.
Com deleite, Guru Heruka, que é da natureza da união de grande êxtase
e vacuidade, ingressa em meu corpo pela minha coroa e se dissolve

em minha mente, no meu coração. Porque Heruka, que é da natureza da união de grande êxtase e vacuidade, torna-se inseparável da minha mente, minha mente se transforma na união de grande êxtase e vacuidade de todos os fenômenos.

Meditamos nessa crença com concentração estritamente focada. Essa meditação é denominada "treinar o Guru-Ioga definitivo". Devemos repetir a prática de pedidos especiais e meditação muitas e muitas vezes, até que acreditemos, de maneira espontânea, que nossa mente se transformou na união de grande êxtase e vacuidade.

A AUTOGERAÇÃO PROPRIAMENTE DITA

No vasto espaço da vacuidade de todos os fenômenos, a natureza de minha purificada aparência equivocada de todos os fenômenos – que é a Terra Pura de Keajra – eu apareço como Buda Heruka, com um corpo azul, quatro faces e doze braços, a natureza de minha gota branca indestrutível purificada. Abraço Vajravarahi, a natureza de minha gota vermelha indestrutível purificada. Estou rodeado pelos Heróis e Heroínas das Cinco Rodas, que são a natureza de meu corpo sutil purificado – os canais e as gotas. Resido no mandala, a mansão celestial, que é a natureza de meu corpo denso purificado. Embora eu tenha essa aparência, ela não é outra senão a vacuidade de todos os fenômenos.

Neste ponto, (1) enquanto experienciamos grande êxtase e vacuidade, (2) meditamos, com orgulho divino, na clara aparência do mandala e das Deidades, enquanto (3) reconhecemos que as Deidades são a natureza dos nossos canais e gotas purificados (que são o nosso corpo sutil) e que o mandala é a natureza do nosso corpo denso purificado.

Desse modo, em uma única meditação, treinamos sinceramente o estágio de geração, que possui essas três características. Mantendo a terceira característica (o reconhecimento das Deidades como sendo a natureza do nosso corpo sutil purificado, e o mandala como sendo a natureza do nosso corpo denso purificado) tornamos essa concentração numa verdadeira meditação do mandala de corpo.

Se desejarmos praticar a meditação do estágio de conclusão, devemos nos transformar, por meio de imaginação, de Heruka com quatro faces e doze braços em Heruka com uma face e dois braços.

Fazemos, então, as meditações do canal central, gota indestrutível, vento indestrutível, a meditação tummo, e assim por diante.

Quando precisarmos descansar da meditação, podemos praticar a recitação de mantra.

Recitar os mantras

O MANTRA-ESSÊNCIA DE HERUKA

Em meu coração, está o ser-de-sabedoria Buda Heruka – Heruka definitivo.

Ó Glorioso Vajra Heruka, tu que desfrutas
O corpo-ilusório divino e a mente de clara-luz,
Por favor, pacifica meus obstáculos e concede-me
As duas aquisições, a libertadora e a de amadurecimento.
Por favor, abençoa-me para que eu me torne Heruka definitivo,
O estado no qual experienciarei todos os fenômenos como purificados
    e reunidos na vacuidade, inseparável do grande êxtase.

OM SHRI VAJRA HE HE RU RU KAM HUM HUM PHAT DAKINI DZALA SHAMBARAM SÖHA

(21x, 100x, etc.)

O MANTRA TRI-OM DE VAJRAYOGINI

No coração da Vajrayogini imaginada (Vajravarahi), está o ser-de-sabedoria Buda Vajrayogini – Vajrayogini definitiva.

OM OM OM SARWA BUDDHA DAKINIYE VAJRA WARNANIYE VAJRA BEROTZANIYE HUM HUM HUM PHAT PHAT PHAT SÖHA

Recite, no mínimo, a quantidade de mantras que você prometeu.

O mantra "Tri-OM" é a união do mantra-essência e do mantra--essência aproximador de Vajravarahi. O significado desse mantra é apresentado a seguir. Com OM OM OM, chamamos Vajrayogini – a principal Deidade – e seu séquito de Heroínas das três rodas. SARWA BUDDHA DAKINIYE significa que Vajrayogini é a síntese das mentes de todos os Budas, VAJRA WARNANIYE significa que ela é a síntese da fala de todos os Budas, e VAJRA BEROTZANIYE significa que ela é a síntese dos corpos de todos os Budas. Com HUM HUM HUM, estamos rogando a Vajrayogini e seus séquitos que nos concedam as aquisições de corpo, fala e mente de todos os Budas. Com PHAT PHAT PHAT, estamos rogando a Vajrayogini e seus séquitos que pacifiquem nosso principal obstáculo – a aparência equivocada sutil do nosso corpo, fala e mente; e SÖHA significa "por favor, estabeleçam dentro de mim o fundamento básico para todas essas aquisições".

O MANTRA CONDENSADO DAS 62 DEIDADES DO MANDALA DE CORPO DE HERUKA

No coração de cada uma das 62 Deidades, está o seu ser-de-sabedoria individual, sua própria Deidade definitiva.

OM HUM BAM RIM RIM LIM LIM, KAM KHAM GAM GHAM NGAM, TSAM TSHAM DZAM DZHAM NYAM, TrAM THrAM DrAM DHrAM NAM, TAM THAM DAM DHAM NAM, PAM PHAM BAM BHAM, YAM RAM LAM WAM, SHAM KAM SAM HAM HUM HUM PHAT

(7x, 21x, 100x, etc.)

Quando recitamos esse mantra, estamos fazendo pedidos ao ser-de--sabedoria Buda Heruka com Vajravarahi, juntamente com seu séquito de Heróis e Heroínas das Cinco Rodas, que pacifique nosso obstáculo da aparência equivocada sutil e nos conceda as aquisições da Terra Dakini exterior e interior. A Terra Dakini exterior é a Terra Pura de Keajra, e a Terra Dakini interior é a clara-luz-significativa. No momento em que nossa mente estiver livre da aparência equivocada sutil, abriremos a porta pela qual poderemos ver diretamente todas as Deidades iluminadas. Essa porta permanecerá fechada enquanto nossa mente continuar poluída pela aparência equivocada sutil.

Dedicatória

Assim, por minhas virtudes de corretamente fazer as oferendas, louvores, recitações e meditações
Do estágio de geração do Glorioso Heruka,
Que eu complete todas as etapas
Dos caminhos comum e incomum.

Para o bem de todos os seres vivos
Que eu me torne Heruka;
E, então, conduza cada ser vivo
Ao estado supremo de Heruka.

E, se eu não alcançar esse estado supremo nesta vida,
Que eu seja encontrado, na hora da minha morte, pelos Veneráveis Pai
    e Mãe e seus séquitos,
Com nuvens de oferendas extremamente belas, música celestial,
E muitos sinais auspiciosos e excelentes.

Então, ao final da clara-luz da morte,
Que eu seja conduzido à Terra Pura de Keajra,
A morada dos Detentores do Saber, que praticam o caminho supremo;
E que, ali, eu complete rapidamente esse caminho profundo.

Que a mais profunda prática e instrução de Heruka,
Praticada por milhões de poderosos iogues, aumente imensamente;
E que ela permaneça por muito tempo sem se degenerar,
Como a entrada principal para os que buscam libertação.

Que os Heróis, Dakinis e seus séquitos,
Que residem nos vinte e quatro lugares supremos deste mundo,
Que possuem um poder livre de obstruções para realizarem este método,
Nunca oscilem em ajudar continuamente os praticantes.

Preces auspiciosas

Que haja a auspiciosidade de um grande tesouro de bênçãos
Surgindo dos excelentes feitos do Guru-raiz e de todos
    os Gurus-linhagem,
Que realizaram a suprema aquisição de Buda Heruka
Por confiarem no excelente caminho secreto do Rei dos Tantras.

Que haja a auspiciosidade dos grandes e excelentes feitos das Três Joias –
A sagrada Joia Buda, a natureza de Heruka que tudo permeia, o Heruka
    definitivo;
A Joia Dharma secreta, magnífica e última, as escrituras e realizações
    do Tantra de Heruka;
E a suprema Joia Sangha, as assembleias de Deidades do séquito de Heruka.

Por toda a grande boa fortuna que existe
Nas preciosas mansões celestiais, tão extensas quanto os três mil mundos,
Adornadas com ornamentos semelhantes aos raios do Sol e da Lua,
Que todos os mundos e seus seres tenham felicidade, bondade, glória
    e prosperidade.

Preces pela Tradição Virtuosa

Para que a tradição de Je Tsongkhapa,
O Rei do Dharma, floresça,
Que todos os obstáculos sejam pacificados
E todas as condições favoráveis sejam abundantes.

Pelas duas coleções, minhas e dos outros,
Reunidas ao longo dos três tempos,
Que a doutrina do Conquistador Losang Dragpa
Floresça para sempre.

Prece *Migtsema* de nove versos

Tsongkhapa, ornamento-coroa dos eruditos da Terra das Neves,
Tu és Buda Shakyamuni e Vajradhara, a fonte de todas as conquistas,
Avalokiteshvara, o tesouro de inobservável compaixão,
Manjushri, a suprema sabedoria imaculada,
E Vajrapani, o destruidor das hostes de maras.
Ó Venerável Guru Buda, síntese das Três Joias,
Com meu corpo, fala e mente, respeitosamente faço pedidos:
Peço, concede tuas bênçãos para amadurecer e libertar a mim e aos outros,
E confere-nos as aquisições comuns e a suprema.   (3x)

Ioga Condensado em Seis Sessões

Todos os que receberam uma iniciação de Tantra Ioga Supremo têm um compromisso de praticar "o ioga em seis sessões". Se estivermos muito atarefados, podemos cumprir nosso compromisso das seis sessões fazendo a seguinte prática, seis vezes por dia. Primeiramente, recordamos os dezenove compromissos das Cinco Famílias Búdicas (listados abaixo) e, depois, com uma forte determinação de manter puramente esses compromissos, recitamos o Ioga Condensado em Seis Sessões.

OS DEZENOVE COMPROMISSOS DAS CINCO FAMÍLIAS BÚDICAS

Os seis compromissos da Família de Buda Vairochana:

1. Buscar refúgio em Buda;
2. Buscar refúgio no Dharma;
3. Buscar refúgio na Sangha;
4. Abster-se de não-virtude;
5. Praticar virtude;
6. Beneficiar os outros.

Os quatro compromissos da Família de Buda Akshobya:

1. Manter um vajra para nos lembrar de enfatizar o desenvolvimento de grande êxtase por meio da meditação no canal central;
2. Manter um sino para nos lembrar de enfatizar a meditação na vacuidade;

3. Gerar a nós mesmos como a Deidade, ao mesmo tempo que compreendemos que todas as coisas que normalmente vemos não existem;
4. Confiar sinceramente em nosso Guia Espiritual, que nos conduz à prática da pura disciplina moral dos votos Pratimoksha, bodhisattva e tântricos.

Os quatro compromissos da Família de Buda Ratnasambhava:

1. Dar ajuda material;
2. Dar Dharma;
3. Dar destemor;
4. Dar amor.

Os três compromissos da Família de Buda Amitabha:

1. Confiar nos ensinamentos de Sutra;
2. Confiar nos ensinamentos das duas classes inferiores de Tantra;
3. Confiar nos ensinamentos das duas classes superiores de Tantra.

Os dois compromissos da Família de Buda Amoghasiddhi:

1. Fazer oferendas a nosso Guia Espiritual;
2. Empenharmo-nos para manter puramente todos os votos que tomamos.

IOGA CONDENSADO EM SEIS SESSÕES

Eu busco refúgio no Guru e nas Três Joias.
Segurando vajra e sino, gero-me como a Deidade e faço oferendas.
Confio nos Dharmas de Sutra e de Tantra e abstenho-me de todas as ações não virtuosas.
Reunindo todos os Dharmas virtuosos, ajudo todos os seres vivos por meio das quatro práticas de dar.

Todos os dezenove compromissos estão incluídos nessa estrofe. As palavras "Eu busco refúgio no Guru e nas Três Joias" referem-se aos três primeiros compromissos da Família de Buda Vairochana: buscar refúgio em Buda, buscar refúgio no Dharma e buscar refúgio na Sangha. A palavra "Guru" refere-se ao quarto compromisso da Família de Buda Akshobya: confiar sinceramente em nosso Guia Espiritual.

As palavras "Segurando vajra e sino, gero-me como a Deidade" referem-se aos primeiros três compromissos da Família de Buda Akshobya: manter um vajra para nos lembrar do grande êxtase, manter um sino para nos lembrar da vacuidade e gerar a nós mesmos como a Deidade. As palavras "e faço oferendas" referem-se ao primeiro compromisso da Família de Buda Amoghasiddhi: fazer oferendas a nosso Guia Espiritual.

As palavras "Confio nos Dharmas de Sutra e de Tantra" referem-se aos três compromissos da Família de Buda Amitabha: confiar nos ensinamentos de Sutra, confiar nos ensinamentos das duas classes inferiores de Tantra e confiar nos ensinamentos das duas classes superiores de Tantra. As palavras "e abstenho-me de todas as ações não virtuosas" referem-se ao quarto compromisso da Família de Buda Vairochana: abster-se de não virtude.

As palavras "Reunindo todos os Dharmas virtuosos" referem-se ao quinto compromisso da Família de Buda Vairochana: praticar virtude. As palavras "ajudo todos os seres vivos" referem-se ao sexto compromisso da Família de Buda Vairochana: beneficiar os outros. As palavras "por meio das quatro práticas de dar" referem-se aos quatro compromissos da Família de Buda Ratnasambhava: dar ajuda material, dar Dharma, dar destemor e dar amor.

Finalmente, a estrofe inteira refere-se ao segundo compromisso da Família de Buda Amoghasiddhi: empenharmo-nos para manter puramente todos os votos que tomamos.

Mais detalhes sobre os votos e compromissos do Mantra Secreto podem ser encontrados no livro Solos e Caminhos Tântricos.

Cólofon: Esta sadhana (ou prece ritual para as aquisições espirituais de Buda Heruka) foi compilada de fontes tradicionais por Venerável Geshe Kelsang Gyatso em junho de 2009 e revisada em abril de 2010 e dezembro de 2012.

Nova Essência do Vajrayana

A PRÁTICA DE AUTOGERAÇÃO DO MANDALA
DE CORPO DE HERUKA, UMA INSTRUÇÃO
DA LINHAGEM ORAL GANDEN

Nova Essência do Vajrayana

A PRÁTICA DE AUTOGERAÇÃO DO MANDALA DE CORPO DE HERUKA, UMA INSTRUÇÃO DA LINHAGEM ORAL GANDEN

INTRODUÇÃO

Devemos saber que, em geral, quando Buda dava iniciações tântricas, ele aparecia como Vajradhara, mas, quando deu a iniciação de Heruka, Buda apareceu como Heruka. Isso mostra que Vajradhara, Heruka e Buda Shakyamuni são a mesma pessoa, mas com aspectos diferentes e funções diferentes.

É comumente sabido que as instruções sobre como praticar os estágios de geração e de conclusão do mandala de corpo de Heruka e os estágios de geração e de conclusão de Vajrayogini são mais profundas que as instruções sobre como praticar os estágios de geração e de conclusão de outras Deidades tântricas, tais como Guhyasamaja e Yamantaka. Por essa razão, as práticas do mandala de corpo de Heruka e as práticas de Vajrayogini são a verdadeira essência do Tantra Ioga Supremo.

Nas escrituras, está dito que, à medida que os tempos tornam-se mais e mais degenerados, levará cada vez mais tempo para que os praticantes recebam as bênçãos de Deidades tântricas. Em geral, isso é verdadeiro, mas, para os praticantes das Deidades tântricas Heruka e Vajrayogini, o que ocorre é o oposto. À medida que os tempos tornam-se cada vez mais impuros, recebemos mais rapidamente as bênçãos e o cuidado especial de Heruka e Vajrayogini e, através disso, obteremos realizações fácil e rapidamente. A razão para isso é que as pessoas deste mundo têm uma conexão especial com Heruka e Vajrayogini.

Em nosso mundo, existem 24 lugares sagrados de Heruka, tais como Puliramalaya, Dzalendhara e assim por diante, incluindo o Monte Kailash. Em cada um desses lugares sagrados, um mundo humano aparece sobre o solo, e o mundo de Heruka (o mandala) aparece no céu acima. Praticantes como Milarepa viram diretamente o mandala de Heruka nesses lugares. Assim, os Heróis e Dakinis, que são as emanações de Heruka e Vajrayogini, permeiam todos os lugares deste mundo, e as pessoas recebem suas bênçãos e cuidados especiais. Tudo isso são indicações claras de que os seres humanos deste mundo têm uma conexão especial com as Deidades iluminadas Heruka e Vajrayogini.

Compreendendo tudo isso, devemos nos regozijar com nossa boa fortuna e nos encorajarmos a praticar, sinceramente, os caminhos comuns (os treinos em renúncia, no supremo bom coração – bodhichitta –, e na visão correta da vacuidade) e os caminhos incomuns (os treinos nos estágios de geração e de conclusão do mandala de corpo de Heruka ou nos estágios de geração e de conclusão de Vajrayogini). Desse modo, podemos alcançar a meta última da vida humana.

Mais explicações podem ser encontradas na introdução da sadhana extensa, Essência do Vajrayana.

A PRÁTICA DAS PRELIMINARES

Refúgio e bodhichitta

No espaço à minha frente, aparece Heruka Pai e Mãe,
Inseparável de meu Guru-raiz,
Rodeado por um infinito número de objetos de refúgio –
Uma assembleia de Gurus, Deidades iluminadas, as Três Joias Preciosas,
  e Heróis e Heroínas Bodhisattvas.

Meditamos nesta vasta assembleia de objetos de refúgio com a fé de admirar, a fé de acreditar e a fé de almejar. A fé de admirar é da natureza do regozijo – regozijar-se com a completa pureza dos seres iluminados; a fé de acreditar é da natureza da crença correta – acreditar que a assembleia de seres iluminados está realmente presente diante de nós; e a fé de almejar é da natureza de um desejo – o desejo de tornar-se exatamente como eles.

Eternamente, vou me refugiar
Em Buda, Dharma e Sangha.
Para o bem de todos os seres vivos,
Vou me tornar Heruka.   (3x)

Concentramo-nos no infinito número de objetos de refúgio, refugiamo-nos, e geramos bodhichitta de acordo com o Tantra.

Purificar nosso corpo, fala e mente

Eu não percebo nada além que vacuidade.
Do estado de êxtase e vacuidade, eu surjo como Heruka,
Com um corpo azul, uma face e duas mãos,
Segurando vajra e sino e unido-em-abraço com Vajravarahi.
Estou em pé, com minha perna direita estendida.

Contemplando isso, por meio de crença correta, tornamos puros nosso corpo, fala e mente, transformando-os no corpo, fala e mente de Heruka.

Purificar todos os lugares, prazeres e atividades

Raios de luz se irradiam da letra HUM no meu coração,
Purificando completamente todos os mundos e seus seres.
Tudo se torna imaculadamente puro,
Completamente preenchido por um vasto conjunto de oferendas que concedem êxtase incontaminado.

Acreditamos fortemente que, pelo poder de imaginação correta, todos os lugares, prazeres e atividades tornam-se totalmente puros, concedendo naturalmente êxtase incontaminado.

Purificar não virtudes e obstruções

Visualização

Sobre uma almofada de lua no centro de um lótus de oito pétalas em minha coroa, senta-se Guru Vajrasattva com sua consorte. Ele é inseparavelmente uno com todos os Budas das dez direções. Ele tem um corpo de luz branca, e olha para mim com olhos de compaixão.

Meditamos brevemente nessa visualização.

Vajrasattva Pai e Mãe

Pedido

Ó Guru Vajrasattva, não tenho outro refúgio além de ti. Por favor, purifica permanentemente minhas não virtudes, quedas morais e aparências e concepções comuns. (3x)

Enquanto nos concentramos no significado desse pedido, recitamos o seguinte mantra 21 vezes, cem vezes ou mais:

OM VAJRASATTVA SARWA SIDDHI HUM

Por ter sido solicitado desse modo, Vajrasattva Pai e Mãe converte-se em luz branca, entra por minha coroa e se dissolve na escuridão interior de minhas não virtudes, quedas morais e aparências e concepções comuns, em meu coração. Minhas não virtudes, quedas morais e aparências e concepções comuns são permanentemente purificadas.

Meditamos nessa crença por um breve período.

A prática de Guru-Ioga, a porta de ingresso para receber bênçãos

Visualizar o Campo de Mérito, os seres-de-compromisso

No espaço à minha frente, em pé sobre um lótus, sol e demônios furiosos,
Está meu Guru-raiz Heruka,
Com um corpo azul-escuro de luz-sabedoria, semelhante a uma
　montanha de cor lápis-lazuli.
Ele tem quatro faces, que, em sentido anti-horário, são azul, verde,
　vermelha e amarela.

Suas duas mãos principais seguram um vajra e um sino, e abraçam a Mãe.
Em sequência, ele tem duas mãos que seguram uma pele de elefante,
Duas mãos que seguram um damaru e um khatanga, duas mãos que
　seguram um machado e uma cuia de crânio com sangue,
Duas mãos que seguram uma faca curva e um laço-vajra, e duas mãos
　que seguram um tridente e uma cabeça de Brahma com quatro faces.

Heruka de Doze Braços

Ele mostra os nove estados de ânimo e usa seis ornamentos de osso.
Sua coroa está adornada com uma meia-lua e um vajra cruzado.
Ele usa um colar de cabeças humanas e veste, na parte inferior do seu corpo, uma pele de tigre.
Em pé, com sua perna direita estendida, ele está no centro de uma massa de fogo ardente.

Vajravarahi é vermelha e está adornada com cinco ornamentos de osso.
Segurando uma faca curva e uma cuia de crânio, ela está entrelaçada em união com o Pai.
Os quatro elementos, Monte Meru e a mansão celestial são da natureza do corpo de Heruka.

No centro da roda-canal do coração de Heruka,
Suas gotas – a branca e a vermelha – aparecem como Heruka e Vajravarahi unidos-em-abraço,
As pétalas-canais dos elementos, nas quatro direções, aparecem como as Quatro Ioguines
E as pétalas-canais das direções intermediárias aparecem como cuias de crânio, repletas de néctar.

Nos vinte e quatro lugares – nas partes superior, mediana e inferior do seu corpo –
Os canais, ocos, e as gotas neles contidas
São os vinte e quatro Heróis, a natureza das gotas,
Unidos-em-abraço com as vinte e quatro Heroínas, a natureza dos canais.
Os canais nas suas portas sensoriais são as Oito Deusas dos portais.
Eles estão rodeados por uma assembleia de Gurus, Deidades, Três Joias, Heróis, Dakinis e Protetores do Dharma.

Seus três lugares – a coroa, a garganta e o coração – estão marcados pelas três letras – OM, AH e HUM.
Raios de luz se irradiam da letra HUM e convidam a assembleia de seres-de-sabedoria.
Eles se tornam inseparáveis dos seres-de-compromisso.

Prostração

À medida que os tempos tornam-se cada vez mais impuros,
Teu poder e bênçãos crescem continuamente,
E cuidas de nós rapidamente, tão veloz quanto o pensamento;
Ó Heruka Pai e Mãe, a ti eu me prostro.

Fazer oferendas exteriores, interiores, secreta e da talidade

Nuvens de oferendas exteriores, as oito oferendas e as substâncias auspiciosas,
Uma profusão de oferendas interiores das dez substâncias purificadas,
    transformadas e aumentadas,
E hostes de consortes-Dakinis, que concedem grande êxtase espontâneo –
Eu ofereço tudo isso, contido no estado da tua suprema mente da
    bodhichitta última.

Purificação

Por favor, purifica, dentro da esfera da clara-luz da vacuidade,
Todas as não virtudes e quedas morais de minhas três portas
Que eu tenho cometido desde tempos sem início, enquanto vago pelo samsara,
Iludido por aferrar-me às coisas como elas aparecem.

Pedir que gire a Roda do Dharma e Dedicatória

Pela roda de armas afiadas da excelsa sabedoria de êxtase e vacuidade,
Envolvendo inteiramente o espaço mental dos seres sencientes até
    o final do éon,
Extirpando o demônio do agarramento ao em-si, a raiz do samsara,
Que Heruka definitivo seja vitorioso.

Oferenda do mandala

Ofereço aos Gurus, às Deidades e às Três Joias Preciosas
Uma centena de milhões de quatro continentes, Montes Meru,
De Sol e Lua, de sete objetos preciosos, e assim por diante –
Um universo adornado de joias, com infinitas nuvens de oferendas
    completamente puras, transformado na Terra Pura de um Buda –
Por favor, aceitai com compaixão e concedei-me vossas bênçãos.

IDAM GURU RATNA MANDALAKAM NIRYATAYAMI

Receber as quatro iniciações

Ó Guru Heruka, síntese das Três Joias,
Por conceder-me as quatro profundas iniciações,
Por favor, purifica minhas não virtudes de corpo, fala e mente e minhas obstruções de aparência dual,
E abençoa-me para que eu alcance os quatro corpos da iluminação.   (3x)

Tendo sido solicitado de modo estritamente focado,
Vajravarahi emanada e as Quatro Ioguines concedem a iniciação-vaso.
Todas as obstruções do meu corpo são purificadas,
E eu recebo o poder para alcançar as realizações do estágio de geração e o Corpo-Emanação.

Guru Pai e Mãe entram em união, e eu provo suas substâncias secretas.
Todas as obstruções de minha fala, canais e ventos são purificadas,
Eu recebo o poder para alcançar a realização do estágio de conclusão do corpo-ilusório
E meus potenciais para obter a fala de Buda e o Corpo-de-Deleite amadurecem.

Eu recebo Vajravarahi como minha consorte.
Por entrar em união com ela, eu gero as excelsas sabedorias das quatro alegrias.
Todas as obstruções de minha mente são purificadas,
E eu recebo o poder para alcançar o estágio de conclusão da clara-luz--significativa e o Corpo-Verdade.

Por ouvir com atenção a explicação da União
Do corpo-ilusório último com a clara-luz-significativa,
Minhas obstruções de aparência dual são purificadas,
E meu potencial para alcançar a União de Heruka é amadurecido.

Pedir aos Gurus-linhagem

Por tua revelação da Deidade-Ioga do grande segredo,
Os afortunados são conduzidos ao estado de União em uma vida;
Ó Abençoado Heruka, Glorioso Pai e Mãe,
Peço a ti, por favor, concede a União nesta vida.

Ó mahasiddha Ghantapa, Kurmapada,
Dzalandhara, Krishnapada,
E todos os demais Gurus-linhagem deste caminho,
Peço a vós, por favor, concedei a União nesta vida.

E especialmente, Ó Venerável, meu bondoso Guru-raiz,
A compaixão de todos os Budas
Aparecendo como meu Guia Espiritual, revelando o caminho completo
   à iluminação,
Peço a ti, por favor, concede a União nesta vida.

Por favor, abençoa-me, para que eu gere rapidamente
As realizações espontâneas
De todas as etapas do caminho –
Renúncia, bodhichitta, visão correta, e os dois estágios tântricos.

Em resumo, Venerável Guru Pai e Mãe,
Pelo poder de tuas profundas bênçãos entrando em meu coração,
Abençoa-me, por favor, para que eu alcance nesta vida
O verdadeiro estado de União de Heruka.

Realizar grande êxtase espontâneo por dissolver o Guru em nós mesmos

O Campo de Mérito inteiro se recolhe a partir das bordas
E se dissolve em meu Guru-raiz Heruka.
Com deleite, meu Guru vem até a minha coroa,
Desce pelo meu canal central até o meu coração
E torna-se uno com minha mente, no meu coração.
Experiencio a união de grande êxtase espontâneo e vacuidade.

Meditamos brevemente nessa união que geramos por meio de imaginação correta.

A PRÁTICA PROPRIAMENTE DITA DE AUTOGERAÇÃO

Trazer a morte para o caminho que conduz ao Corpo-Verdade, o corpo muito sutil de Buda

O mundo inteiro e seus habitantes se convertem em luz e se dissolvem no meu corpo. Meu corpo também se converte em luz e diminui vagarosamente de tamanho, até, por fim, se dissolver na vacuidade. Isso se assemelha à maneira pela qual todas as aparências desta vida se dissolvem na morte.

Experiencio a clara-luz da morte, cuja natureza é grande êxtase. Minha mente, a clara-luz de êxtase, torna-se inseparavelmente *una* com a vacuidade, a mera ausência de todas as coisas que normalmente vejo ou percebo. Eu não percebo nada além que vacuidade, a verdade última. Eu sou o Corpo-Verdade Heruka.

Como meditar em trazer a clara-luz da morte para o caminho que conduz ao Corpo-Verdade

Como mencionado acima, imaginamos que estamos experienciando a clara-luz da morte, cuja natureza é grande êxtase, e que ela se torna inseparavelmente una *com a vacuidade, e acreditamos que essa união de grande êxtase e vacuidade é o Corpo-Verdade de Heruka.*

Então, por meio de perceber esse vasto espaço da vacuidade do Corpo--Verdade, desenvolvemos e mantemos o pensamento "eu sou o Corpo--Verdade Heruka". Nossa mente se transforma no pensamento "eu sou o Corpo-Verdade Heruka", e meditamos nele pelo maior tempo possível.

Por treinarmos continuamente nessa meditação, no momento em que espontaneamente pensarmos "eu, eu" no vasto vazio do Corpo-Verdade de Heruka, teremos trocado, nesse momento, a base de designação, ou de imputação, do nosso self – de um corpo normal (que é um corpo contaminado) para o Corpo-Verdade de Heruka (que é um corpo incontaminado, um corpo completamente puro). A partir de então, porque a base de designação para o nosso self é completamente pura, isso significa que nos tornamos um ser completamente puro – Heruka. Assim, esta instrução é um método científico para alcançar a iluminação muito rapidamente.

Devemos saber que, normalmente, desenvolvemos e mantemos o pensamento "eu, eu" com relação ao nosso corpo atual. Esse pensamento é ignorância, pois o nosso corpo atual não pode ser o nosso self, visto que o nosso corpo atual é parte do corpo de outras pessoas – isto é, parte do corpo de nossos pais. Isso mostra claramente que a nossa maneira normal de identificar nosso self é ignorância. Devido a essa ignorância, desenvolvemos vários tipos de aparência equivocada, a partir dos quais desenvolvem-se – semelhantes a alucinações, ou ilusões – diversos tipos de sofrimentos e problemas, numa sequência sem-fim.

Por outro lado, se pensarmos espontaneamente "eu, eu" no vasto espaço da vacuidade do Corpo-Verdade, nossa maneira de identificar nosso self será correta. Por identificarmos corretamente nosso self dessa maneira, nossa aparência equivocada irá cessar e, devido a isso, nossas alucinações de todos os sofrimentos e problemas desta vida e das incontáveis vidas futuras cessarão permanentemente. Essa é, também, uma das principais funções da meditação acima. Esta explicação não é comumente conhecida – ela é uma instrução oral.

Se nos empenharmos então, ao menos por familiaridade, nessa meditação quando estivermos morrendo, não há dúvida de que renasceremos na Terra Pura de Heruka – Keajra – em nossa próxima vida.

Essa meditação nos conduz à aquisição do Corpo-Verdade de Buda Heruka por meio de transformar nossa clara-luz da morte no caminho que conduz ao Corpo-Verdade. Por essa razão, ela é denominada "trazer a morte para o caminho que conduz ao Corpo-Verdade".

Trazer o estado intermediário para o caminho que conduz ao Corpo--de-Deleite, o Corpo-Forma sutil de Buda

Da vacuidade do Corpo-Verdade, o Dharmakaya, eu me transformo, instantaneamente, no Corpo-de-Deleite Heruka na forma de um *nada*. Isso se assemelha à maneira pela qual o corpo de um ser do estado intermediário surge da clara-luz da morte. Eu sou o Corpo-de-Deleite Heruka.

Meditamos nesse orgulho divino por um breve período. Heruka designado, ou imputado, ao Corpo-Forma sutil de Buda é o Corpo-de-Deleite Heruka.

Trazer o renascimento para o caminho que conduz ao Corpo-Emanação, o Corpo-Forma denso de Buda, por meio de realizar as cinco sabedorias oniscientes

No centro dos quatro elementos, Monte Meru e um lótus, está uma lua branco-avermelhada, que surgiu das vogais e consoantes. Eu ingresso no centro da lua e, gradualmente, transformo-me em um HUM. Do HUM, que é a coleção das cinco sabedorias oniscientes, surge, instantaneamente e por inteiro, o mandala sustentado e sustentador.

Eu sou Heruka-base com minha consorte. A mansão celestial do mandala de corpo é a natureza das partes densas de meu corpo, e a assembleia de Heróis e Heroínas do mandala de corpo é a natureza das partes sutis de meu corpo – os canais e elementos-gotas. Assim, eu surjo como Heruka Pai e Mãe do mandala de corpo – a natureza de minha gota indestrutível branca e vermelha – com todo o mandala de corpo sustentado e sustentador, plena e instantaneamente. Eu sou o Corpo-Emanação Heruka.

Meditamos, pensando: "eu sou o Corpo-Emanação Heruka".

Essa meditação impede de tomarmos renascimento no samsara após morrermos, e funciona como a causa para obtermos o Corpo-Emanação Heruka. Por essa razão, essa meditação é denominada "trazer o renascimento para o caminho que conduz ao Corpo-Emanação".

Por realizarmos plenamente, pelo poder de imaginação correta, as cinco sabedorias oniscientes em nosso continuum mental, percebidas devido ao desenvolvimento do HUM a partir do nada, geramo-nos como o Corpo-Emanação Heruka. Meditamos então, estritamente focados, nessa autogeração pelo maior tempo possível.

A meditação de examinar Heruka-base com consorte

Ademais, eu sou o Abençoado Heruka,
Com um corpo azul escuro, semelhante a uma montanha de cor lápis-lazuli.
Tenho quatro faces, que, em sentido anti-horário, são azul, verde,
    vermelha e amarela.
Minhas duas mãos principais seguram um vajra e um sino, e abraçam
    minha consorte.

Nada *e HUM*

Em sequência, tenho duas mãos que seguram uma pele de elefante,
Duas mãos que seguram um damaru e um khatanga, duas mãos que seguram um machado e uma cuia de crânio com sangue,
Duas mãos que seguram uma faca curva e um laço-vajra, e duas mãos que seguram um tridente e uma cabeça de Brahma com quatro faces.
Eu mostro os nove estados de ânimo e uso seis ornamentos de osso.

Minha coroa está adornada com uma meia-lua e um vajra cruzado.
Uso um colar de cabeças humanas e visto, na parte inferior do meu corpo, uma pele de tigre.
Estou em pé sobre um lótus, sol e demônios furiosos, com minha perna direita estendida.
Vajravarahi é vermelha e está adornada com cinco ornamentos de osso.
Ela segura uma faca curva e uma cuia de crânio, e está entrelaçada em união com o Pai.

A meditação de examinar o mandala de corpo

Os quatro elementos, Monte Meru e a mansão celestial são a natureza das partes purificadas do meu corpo denso como Heruka-base.

No centro, dentro da roda-canal do coração de mim mesmo como Heruka-base, aparecem Heruka Pai e Mãe – o Principal do mandala de corpo – do tamanho de um grão de cevada. Eles são a natureza de minha gota indestrutível branca e vermelha purificada. O Pai tem quatro faces e doze braços.

As pétalas-canais dos elementos, nas quatro direções, aparecem como as Quatro Ioguines, e as pétalas-canais das direções intermediárias aparecem como cuias de crânio repletas de néctares.

Nos vinte e quatro lugares, nas partes superior, mediana e inferior do meu corpo – o contorno do couro cabeludo; a coroa; a orelha direita; a nuca; a orelha esquerda; o ponto entre as sobrancelhas; os dois olhos; os dois ombros; as duas axilas; os dois mamilos; o umbigo; a ponta do nariz; a boca; a garganta; o coração; os dois testículos; a ponta do órgão sexual; o ânus; as duas coxas; as duas panturrilhas; os oito dedos das mãos, exceto os polegares, e os oito dedos dos pés, exceto os dedões; o dorso dos pés; os dois polegares e os dois dedões dos pés; e os dois joelhos – aparecem, em seus canais, ocos, os vinte e quatro Heróis, a natureza dos elementos-gotas, abraçando-em-união as vinte e quatro Heroínas, a natureza dos canais.

Os canais nas minhas portas sensoriais aparecem como as Oito Deusas dos portais.

Com as sessenta e duas Deidades, a mansão celestial com todas as suas características essenciais, o círculo de proteção e os oito solos sepulcrais – tudo está completo.

> *Em geral, Buda explicou quatro mandalas: o mandala de areia, o mandala desenhado, o mandala de corpo, e o mandala concentração. No entanto, mahasiddha Ghantapa disse que os dois primeiros mandalas (o mandala de areia e o mandala desenhado) não são mandalas propriamente ditos, mas apenas criações. A razão pela qual Buda os explicou foi para beneficiar temporariamente aqueles que acreditam que esses dois mandalas são muito importantes.*
>
> *Uma explicação detalhada sobre como meditar no mandala de corpo de Heruka pode ser encontrada na sadhana extensa, intitulada* Essência do Vajrayana, *e no comentário a essa sadhana, também intitulado* Essência do Vajrayana.

Convidar os seres-de-sabedoria e dissolvê-los nos seres de compromisso, em associação com receber a iniciação e demais práticas

PHAIM

Meus três lugares estão marcados pelas três letras. Raios de luz se irradiam da letra HUM e convidam todos os Budas das dez direções – todos no mesmo aspecto daqueles visualizados – juntamente com as Deidades Que-Concedem-Iniciação.

DZA HUM BAM HO

Os seres-de-sabedoria tornam-se inseparáveis dos seres-de-compromisso.

As Deidades Que-Concedem-Iniciação conferem a iniciação, meu corpo é preenchido e experiencio êxtase. O excesso de néctar nas coroas transforma-se totalmente, e o Principal está adornado com Vajrasattva; Vajravarahi está adornada com Akshobya; as Quatro Mães estão adornadas com Ratnasambhava; e as Deidades das Quatro Rodas – as rodas coração, fala, corpo e compromisso – estão adornadas com Akshobya, Amitabha, Vairochana e Amoghasiddhi, respectivamente.

Abençoar a oferenda interior

OM KHANDAROHI HUM HUM PHAT
OM SÖBHAWA SHUDDHA SARWA DHARMA SÖBHAWA SHUDDHO HAM
Tudo se torna vacuidade.

Do estado de vacuidade, do YAM vem vento; do RAM vem fogo; do AH, um tripé de três cabeças humanas. Sobre ele, do AH aparece uma ampla e vasta cuia de crânio. Dentro dela, do OM, KHAM, AM, TRAM, HUM vêm os cinco néctares; e do LAM, MAM, PAM, TAM, BAM vêm as cinco carnes, cada qual marcado por uma das letras. O vento sopra, o fogo arde e as substâncias dentro da cuia de crânio derretem e se fundem. Acima delas, do HUM surge um khatanga branco de cabeça para baixo, que cai e se derrete na cuia de crânio, fazendo com que as substâncias assumam cor de mercúrio. Acima disso, três fileiras sobrepostas de vogais e consoantes transformam-se em OM AH HUM. Deles, raios de luz atraem o néctar de excelsa sabedoria do coração de todos os Tathagatas, Heróis e Ioguines das dez direções. Quando isso é adicionado, o conteúdo aumenta e se torna vasto.
OM AH HUM   (3x)

Se você preferir uma bênção abreviada:

HA HO HRIH

Todos os potenciais de impureza de cor, cheiro e sabor são purificados e transformam-se em néctar.

OM AH HUM   (3x)

Ele aumenta, torna-se vasto e é abençoado.

Abençoar as oferendas para a autogeração

OM KHANDAROHI HUM HUM PHAT
OM SÖBHAWA SHUDDHA SARWA DHARMA SÖBHAWA SHUDDHO HAM
Tudo se torna vacuidade.

Do estado de vacuidade, de KAMs vêm vastas e amplas cuias de crânio, dentro das quais, de HUMs surgem água para beber, água para banhar, água para a boca, flores, incenso, luzes, perfume, alimentos e música. Por sua natureza, vacuidade, cada uma delas tem o aspecto individual de uma das substâncias de oferenda, e funcionam como objetos de prazer dos seis sentidos para proporcionar especial êxtase incontaminado.

OM AHRGHAM AH HUM
OM PADÄM AH HUM
OM ÄNTZAMANAM AH HUM
OM VAJRA PUPE AH HUM
OM VAJRA DHUPE AH HUM
OM VAJRA DIWE AH HUM
OM VAJRA GÄNDHE AH HUM
OM VAJRA NEWIDE AH HUM
OM VAJRA SHAPTA AH HUM

Fazer oferendas e louvores à autogeração

Incontáveis oferendas, surpreendentemente belas, e deusas louvadoras emanam de meu coração e fazem oferendas e louvores a mim.

Oferendas exteriores

OM AHRGHAM PARTITZA SÖHA
OM PADÄM PARTITZA SÖHA
OM ÄNTZAMANAM PARTITZA SÖHA
OM VAJRA PUPE AH HUM SÖHA
OM VAJRA DHUPE AH HUM SÖHA
OM VAJRA DIWE AH HUM SÖHA
OM VAJRA GÄNDHE AH HUM SÖHA
OM VAJRA NEWIDE AH HUM SÖHA
OM VAJRA SHAPTA AH HUM SÖHA

Oferenda interior

OM HUM BAM RIM RIM LIM LIM, KAM KHAM GAM GHAM NGAM, TSAM TSHAM DZAM DZHAM NYAM, TrAM THrAM DrAM DHrAM NAM, TAM THAM DAM DHAM NAM, PAM PHAM BAM BHAM, YAM RAM LAM WAM, SHAM KAM SAM HAM HUM HUM PHAT OM AH HUM

Oferenda secreta

Os quatro lugares e o lugar secreto são abençoados.
Eu, o Principal Pai e Mãe, entro na união-de-abraço.
A bodhichitta derrete e, à medida que desce da minha coroa para a minha garganta, experiencio alegria;
À medida que desce da minha garganta para o meu coração, experiencio suprema alegria;
À medida que desce do meu coração para o meu umbigo, experiencio extraordinária alegria;
E, à medida que desce do meu umbigo para a extremidade de minha joia, experiencio grande êxtase espontâneo inseparável da vacuidade.

Oferenda da talidade

O Principal e todo o séquito experienciam uma excelsa sabedoria especial de êxtase e vacuidade.

> *No intervalo entre as sessões, sempre que desfrutarmos de quaisquer objetos de desejo, primeiro recitamos as seguintes palavras:*
>
> "No Templo do corpo de mim mesmo como Heruka-base,
> Aparece Heruka Pai e Mãe, a natureza de minha gota indestrutível branca e vermelha purificada,
> Rodeado pelos Heróis e Heroínas das Cinco Rodas, a natureza de meus canais e elementos-gotas purificados.
> Eu ofereço a ti, síntese de todos os Budas das dez direções, todos os meus prazeres diários – comer, beber e o desfrute de quaisquer outros objetos de desejo.
> Que eu alcance rapidamente a iluminação e me torne igual a ti, de modo que eu beneficie, fácil e espontaneamente, todos os seres vivos".

Enquanto nos concentramos no significado dessas palavras, desfrutamos de quaisquer objetos de desejo como oferendas aos seres sagrados que residem no Templo de nosso corpo. Essa prática é um método especial para transformar nossos prazeres diários no caminho rápido à iluminação. Isso é tecnologia tântrica!

Louvor

Eu ofereço louvor ao Glorioso Heruka Pai e Mãe, o Principal do mandala de corpo,
Em cujo grande êxtase todos os fenômenos estão reunidos em *um*,
E à assembleia de Heróis e Heroínas
Que residem nos lugares das Cinco Rodas.

Meditação no estágio de geração de aparência e vacuidade não duais

No vasto espaço da vacuidade de todos os fenômenos, a natureza de minha aparência equivocada de todos os fenômenos purificada – que é a Terra Pura de Keajra – eu apareço como Buda Heruka, com um corpo azul, quatro faces e doze braços, a natureza de minha gota branca indestrutível purificada. Abraço Vajravarahi, a natureza de minha gota vermelha indestrutível purificada. Estou rodeado pelos Heróis e Heroínas das Cinco Rodas, que são a natureza de meu corpo sutil purificado – os canais e os elementos-gotas. Resido no mandala, a mansão celestial, que é a natureza de meu corpo denso purificado. Embora eu tenha essa aparência, ela não é outra senão a vacuidade. Ela é uma manifestação da vacuidade.

Enquanto nos concentramos no significado, repetimos mentalmente:

"Embora eu tenha essa aparência, o mandala sustentado e sustentador inteiro – a natureza de meus corpos denso e sutil purificados – não é nada além que vacuidade, a mera ausência de todos os fenômenos que normalmente vejo ou percebo. Ele é uma manifestação da vacuidade".

Mantemos, então, fortemente esse profundo conhecimento ou experiência, e meditamos estritamente focados nesse conhecimento ou experiência.

Devemos praticar continuamente essa meditação todos os dias, até realizarmos diretamente a aparência e vacuidade não duais. Por meio disso, nossa aparência dual cessará, e iremos nos tornar um ser iluminado.

Essa meditação tem três funções:

1. Por meditarmos na vacuidade, ela impede de renascermos no samsara;
2. Por meditarmos no mandala de corpo, ela abre a porta para nascermos na Terra Pura de Keajra;
3. Por meditarmos na união de aparência e vacuidade, alcançaremos a União do estado de Não-Mais-Aprender, a Budeidade, nesta vida.

As práticas dos três trazeres explicadas aqui purificam nossa morte, estado intermediário e renascimento, e são causas para obtermos, muito rapidamente, os três corpos de um Buda (o Corpo-Verdade, o Corpo-de-Deleite e o Corpo-Emanação).

O corpo muito sutil de um Buda é o Corpo-Verdade. Esse corpo é a base de designação, ou de imputação, do Corpo-Verdade Heruka. "Corpo-Verdade Heruka" é Heruka designado ao Corpo-Verdade.

O Corpo-Forma sutil de um Buda é o Corpo-de-Deleite. Esse corpo é a base de designação, ou de imputação, do Corpo-de-Deleite Heruka. "Corpo-de-Deleite Heruka" é Heruka designado ao Corpo-de-Deleite.

O Corpo-Forma denso de um Buda é o Corpo-Emanação. Esse corpo é a base de designação, ou de imputação, do Corpo-Emanação Heruka. "Corpo-Emanação Heruka" é Heruka designado ao Corpo-Emanação.

Em geral, precisamos distinguir entre Corpo-Emanação e uma emanação. Somente os Budas têm o Corpo-Emanação, mas uma emanação pode ter qualquer aspecto: de um Buda ou de algo que não seja um Buda. Por exemplo, há muitos objetos inanimados – como navios e pontes – que são emanações.

Recitar os mantras

Abençoar o mala

O mala torna-se Pemanarteshvara, a natureza da fala-vajra de todos os Budas.

Como recitar os mantras

Pela recitação dos mantras, transformarei minha mente na mente de clara-luz de grande êxtase de Heruka, inseparável da vacuidade, a mera ausência de todos os fenômenos que normalmente vejo ou percebo.

O mantra a ser recitado sai do HUM no meu coração e, então, desce e sai pela extremidade do meu vajra, entra pela *bhaga* da consorte, sobe, sai por sua boca, entra em minha boca, desce, e se dissolve novamente no HUM. O mantra circula então, novamente, como antes, saindo e tornando a entrar no meu canal central. Minhas quatro bocas e todas as Deidades do séquito recitam os mantras.

Os mantras a serem recitados

O mantra-essência do Pai

OM SHRI VAJRA HE HE RU RU KAM HUM HUM PHAT DAKINI DZALA SHAMBARAM SÖHA

O mantra-essência-aproximador do Pai

OM HRIH HA HA HUM HUM PHAT

O mantra-essência da Mãe

OM VAJRA BEROTZANIYE HUM HUM PHAT SÖHA

O mantra-essência-aproximador da Mãe

OM SARWA BUDDHA DAKINIYE VAJRA WARNANIYE HUM HUM PHAT SÖHA

> *As recitações dos mantras-essência e dos mantras-essência-aproximadores são o método especial para alcançarmos a união de grande êxtase e vacuidade, união essa que é a verdadeira essência do Tantra Ioga*

Supremo. Por essa razão, o primeiro mantra é denominado "essência". O segundo mantra é denominado "essência-aproximador", o que significa que sua função é semelhante à do primeiro mantra, o mantra-essência.

O mantra do séquito

OM RIM RIM LIM LIM, KAM KHAM GAM GHAM NGAM, TSAM TSHAM DZAM DZHAM NYAM, TrAM THrAM DrAM DHrAM NAM, TAM THAM DAM DHAM NAM, PAM PHAM BAM BHAM, YAM RAM LAM WAM, SHAM KAM SAM HAM HUM HUM PHAT

Recitamos o mantra quantas vezes desejarmos.

Ao final da recitação desse mantra, meditamos em nossa mente como sendo a mente de clara-luz de grande êxtase de Heruka, inseparável da vacuidade, a mera ausência de todos os fenômenos que normalmente vemos ou percebemos.

Para um retiro-aproximador, é necessário recitar cem mil vezes cada um destes mantras: o mantra-essência do Pai, o mantra-essência-aproximador do Pai, o mantra-essência da Mãe, e o mantra-essência-aproximador da Mãe. O mantra do séquito deve ser recitado dez mil vezes.

Se desejarmos recitar os mantras-raiz do Pai e da Mãe, os mantras-armadura do Pai e da Mãe e os mantras longos do séquito, eles podem ser encontrados na sadhana extensa de autogeração, Essência do Vajrayana.

Oferecer a torma

Abençoamos a torma do mesmo modo como abençoamos anteriormente a oferenda interior.

Geração-em-frente

PHAIM
De uma letra HUM sobre um assento de sol em meu coração, raios de luz se irradiam e convidam, ao espaço à minha frente, todo o mandala de corpo juntamente com todos os séquitos mundanos – tais como os guardiões direcionais que residem nos oito solos sepulcrais.

OM AHRGHAM PARTITZA SÖHA
OM PADÄM PARTITZA SÖHA
OM ÄNTZAMANAM PARTITZA SÖHA
OM VAJRA PUPE AH HUM SÖHA
OM VAJRA DHUPE AH HUM SÖHA
OM VAJRA DIWE AH HUM SÖHA
OM VAJRA GÄNDHE AH HUM SÖHA
OM VAJRA NEWIDE AH HUM SÖHA
OM VAJRA SHAPTA AH HUM SÖHA

De um HUM branco na língua de cada convidado, surge um vajra branco tridentado, através do qual eles compartilham da essência da torma, sorvendo-a por canudos de luz da espessura de apenas um grão de cevada.

OM VAJRA AH RA LI HO: DZA HUM BAM HO: VAJRA DAKINI SAMAYA TÖN TRISHAYA HO (3x)

Recitamos isso três vezes. Com a primeira recitação, oferecemos a torma ao Pai-Principal; com a segunda recitação, oferecemos a torma à Mãe--Principal; e com a terceira recitação, oferecemos a torma ao séquito.

Oferendas exteriores

OM AHRGHAM PARTITZA SÖHA
OM PADÄM PARTITZA SÖHA
OM ÄNTZAMANAM PARTITZA SÖHA
OM VAJRA PUPE AH HUM SÖHA
OM VAJRA DHUPE AH HUM SÖHA
OM VAJRA DIWE AH HUM SÖHA
OM VAJRA GÄNDHE AH HUM SÖHA
OM VAJRA NEWIDE AH HUM SÖHA
OM VAJRA SHAPTA AH HUM SÖHA

Oferenda interior

OM HUM BAM RIM RIM LIM LIM, KAM KHAM GAM GHAM NGAM, TSAM TSHAM DZAM DZHAM NYAM, TrAM THrAM DrAM DHrAM NAM, TAM THAM DAM DHAM NAM, PAM PHAM BAM BHAM, YAM RAM LAM WAM, SHAM KAM SAM HAM HUM HUM PHAT OM AH HUM

Louvor e prostrações

Eu ofereço louvor e prostrações ao Guru Protetor Heruka,
Que, do jogo de grande êxtase e da união de AH e HAM –
No qual tudo está reunido em um –
Emana a assembleia das Deidades das Cinco Rodas.

Pedir a satisfação dos desejos

Tu, que destruíste igualmente o apego pelo samsara e pela paz solitária,
   assim como todas as conceitualizações,
Que vês todas as coisas que existem por todo o espaço;
Ó Protetor, dotado com forte compaixão, que eu seja abençoado pelas
   águas da tua compaixão,
E que as Dakinis me tomem sob seus cuidados amorosos.

Oferecer a torma às Deidades mundanas

Os guardiões direcionais, guardiões regionais, nagas e assim por diante, que residem nos oito grandes solos sepulcrais, ingressam instantaneamente na clara-luz e surgem na forma das Deidades de Heruka no aspecto de Pai e Mãe. De um HUM branco na língua de cada convidado, surge um vajra branco tridentado, através do qual eles compartilham da essência da torma, sorvendo-a por canudos de luz da espessura de apenas um grão de cevada.

OM KHA KHA, KHAHI KHAHI, SARWA YAKYA RAKYASA, BHUTA, TRETA, PISHATSA, UNATA, APAMARA, VAJRA DAKA, DAKI NÄDAYA, IMAM BALING GRIHANTU, SAMAYA RAKYANTU, MAMA SARWA SIDDHI METRA YATZANTU, YATIPAM, YATETAM, BHUDZATA, PIWATA, DZITRATA, MATI TRAMATA, MAMA SARWA KATAYA, SÄDSUKHAM BISHUDHAYE, SAHAYEKA BHAWÄNTU, HUM HUM PHAT PHAT SÖHA   (2x)

Recitamos isso duas vezes, oferecendo aos convidados nas direções cardeais e intermediárias.

Heruka de Dois Braços

Oferendas exteriores

OM AHRGHAM PARTITZA SÖHA
OM PADÄM PARTITZA SÖHA
OM VAJRA PUPE AH HUM SÖHA
OM VAJRA DHUPE AH HUM SÖHA
OM VAJRA DIWE AH HUM SÖHA
OM VAJRA GÄNDHE AH HUM SÖHA
OM VAJRA NEWIDE AH HUM SÖHA
OM VAJRA SHAPTA AH HUM SÖHA

Oferenda interior

Às bocas dos guardiões direcionais, guardiões regionais, nagas, e assim por diante, OM AH HUM

Pedidos

Que eu e os demais praticantes
Tenhamos boa saúde, vida longa, poder,
Glória, fama, fortuna
E extensos prazeres.

Por favor, concedei-me as aquisições
Das ações pacificadoras, crescentes, controladoras e iradas.
Ó Guardiões, auxiliai-me sempre.
Erradicai toda morte prematura, doenças,
Danos causados por espíritos e obstruções.
Eliminai sonhos ruins,
Maus presságios e más ações.

Que haja felicidade no mundo e os anos por vir sejam bons,
Que as colheitas aumentem e o Dharma floresça.
Que toda bondade e felicidade aconteçam
E todos os desejos sejam realizados.

Neste ponto, você pode, se desejar, fazer a oferenda tsog. Ela começa na página 336.

Dissolução e geração das Deidades-ação

Os solos sepulcrais e o círculo de proteção se dissolvem na mansão celestial.
A mansão celestial se dissolve em Heruka-base.
As Deidades do mandala de corpo se dissolvem em seus próprios
   lugares, abençoando meus canais e elementos-gotas.
Heruka-base se converte em luz e se dissolve na vacuidade.

Do estado de vacuidade, eu surjo como o Abençoado Heruka, com um corpo azul, uma face e duas mãos que seguram um vajra e um sino. Estou em pé, com minha perna direita estendida, unido-em-abraço com a Mãe Vajravarahi, que é vermelha, com uma face e duas mãos que seguram uma faca curva e cuia de crânio.

Meditação na primeira das cinco etapas do estágio de conclusão, a etapa de abençoar o *self*

Dentro do meu canal central, no centro da minha roda-canal do coração, encontra-se uma gota. Sua metade superior branca e a metade inferior vermelha estão unidas. Ela é do tamanho de uma pequena ervilha, e irradia raios de luz de cinco cores.

No interior dessa gota está meu vento e mente indestrutíveis no aspecto de uma letra HUM, que é branca com um sombreado vermelho. Ela é da natureza de Heruka. O minúsculo *nada* de três curvas do HUM, tão fino quanto a ponta de um cabelo, é vermelho no topo e branco-avermelhado na base. Ele é extremamente brilhante, irradia luz vermelha, e goteja néctar cuja natureza é grande êxtase. Minha mente é inseparavelmente *una* com esse *nada*.

> *Meditamos estritamente focados nesse* nada *do HUM, que é inseparavelmente uno com nossa mente. Devemos conquistar uma profunda experiência dessa meditação por meio de praticá-la continuamente.*

Preces dedicatórias

Assim, por minhas virtudes de corretamente fazer as oferendas, louvores,
   recitações e meditações
Do estágio de geração do Glorioso Heruka,

Que eu complete todas as etapas
Dos caminhos comum e incomum.

Para o bem de todos os seres vivos
Que eu me torne Heruka;
E, então, conduza cada ser vivo
Ao estado supremo de Heruka.

E, se eu não alcançar esse estado supremo nesta vida,
Que eu seja encontrado, na hora da minha morte, pelos Veneráveis Pai
    e Mãe e seus séquitos,
Com nuvens de oferendas extremamente belas, música celestial,
E muitos sinais auspiciosos e excelentes.

Então, ao final da clara-luz da morte,
Que eu seja conduzido à Terra Pura de Keajra,
A morada dos Detentores do Saber, que praticam o caminho supremo;
E que, ali, eu complete rapidamente esse caminho profundo.

Que a mais profunda prática e instrução de Heruka,
Praticada por milhões de poderosos iogues, aumente imensamente;
E que ela permaneça por muito tempo sem se degenerar,
Como a entrada principal para os que buscam libertação.

Que os Heróis, Dakinis e seus séquitos,
Que residem nos vinte e quatro lugares supremos de Heruka deste mundo,
Que possuem um poder livre de obstruções para realizarem este método,
Nunca oscilem em ajudar continuamente os praticantes.

Em resumo, que eu nunca esteja separado do Venerável Guru Pai e Mãe,
Mas esteja sempre sob seus cuidados amorosos e receba suas bênçãos.
Deste modo, que eu conclua velozmente todos os solos e caminhos,
E alcance rapidamente o estado de Heruka.

Preces auspiciosas

Que haja a auspiciosidade de um grande tesouro de bênçãos
Surgindo dos excelentes feitos do Guru-raiz e de todos os
    Gurus-linhagem,

Que realizaram a suprema aquisição de Buda Heruka
Por confiarem no excelente caminho secreto do Rei dos Tantras.

Que haja a auspiciosidade dos grandes e excelentes feitos das Três Joias –
A sagrada Joia Buda, a natureza de Heruka que tudo permeia;
A Joia Dharma secreta, magnífica e última, as escrituras e realizações
    do Tantra de Heruka;
E a suprema Joia Sangha, as assembleias de Deidades do séquito de Heruka.

Por toda a grande boa fortuna que existe
Nas preciosas mansões celestiais, tão extensas quanto os três mil mundos,
Adornadas com ornamentos semelhantes aos raios do Sol e da Lua,
Que todos os mundos e seus seres tenham felicidade, bondade, glória e
    prosperidade.

Quando fazemos um retiro-aproximador com quatro sessões, não há necessidade de, nas três primeiras sessões, oferecer a torma ou recitar as preces auspiciosas. Nas três últimas sessões, não há necessidade de fazer a meditação e recitação de Vajrasattva ou de abençoar a oferenda interior.

Tendo percebido que os praticantes modernos necessitam de uma sadhana do mandala de corpo de Heruka que não contenha um texto extenso, mas que seja fácil de compreender e praticar, eu preparei esta prática, que é a verdadeira essência do mandala de corpo de Heruka, fundamentado nas instruções dos grandes eruditos Gungtang Tenpai Dronme, Ngulchu Dharmabhadra, Je Phabongkhapa e Vajradhara Trijang Rinpoche.

Por essas virtudes, que o sagrado Dharma apresentado no Tantra de Heruka floresça para sempre.

Preces pela Tradição Virtuosa

Para que a tradição de Je Tsongkhapa,
O Rei do Dharma, floresça,
Que todos os obstáculos sejam pacificados
E todas as condições favoráveis sejam abundantes.

Pelas duas coleções, minhas e dos outros,
Reunidas ao longo dos três tempos,
Que a doutrina do Conquistador Losang Dragpa
Floresça para sempre.

Prece *Migtsema* de nove versos

Tsongkhapa, ornamento-coroa dos eruditos da Terra das Neves,
Tu és Buda Shakyamuni e Vajradhara, a fonte de todas as conquistas,
Avalokiteshvara, o tesouro de inobservável compaixão,
Manjushri, a suprema sabedoria imaculada,
E Vajrapani, o destruidor das hostes de maras.
Ó Venerável Guru Buda, síntese das Três Joias,
Com meu corpo, fala e mente, respeitosamente faço pedidos:
Peço, concede tuas bênçãos para amadurecer e libertar a mim e aos outros,
E confere-nos as aquisições comuns e a suprema.   (3x)

Cólofon: Esta sadhana, ou prece ritual para obter aquisições espirituais, foi compilada por Venerável Geshe Kelsang Gyatso Rinpoche a partir de fontes tradicionais. 2015.

Essência do Vajrayana

SADHANA DE AUTOGERAÇÃO
DO MANDALA DE CORPO DE HERUKA DE ACORDO
COM O SISTEMA DE MAHASIDDHA GHANTAPA

Introdução

Aqueles que receberam a iniciação e o comentário do mandala de corpo de Heruka e que têm um desejo sincero de obter profundas realizações dos estágios de geração e de conclusão do mandala de corpo de Heruka podem praticar esta sadhana, que é a verdadeira essência do Vajrayana.

Para os propósitos da prática diária, você deve dispor três tormas diante de um altar contendo uma estátua ou figura de Heruka. Elas podem ser feitas da maneira tradicional (de acordo com a ilustração na página 534) ou podem consistir, simplesmente, de qualquer alimento limpo e fresco, como mel ou bolos. A torma central é para as Deidades da roda do grande êxtase (Heruka Pai e Mãe e as Quatro Ioguines), a torma à esquerda da torma central (nossa direita) é para os séquitos supramundanos de Heruka, e a torma à direita da torma central (nossa esquerda) é para os séquitos mundanos de Heruka.

Diante das tormas, disponha três fileiras de oferendas. A primeira fileira, mais próxima do altar, é para as Deidades supramundanas geradas-em-frente, e a segunda fileira é para os Dakas e Dakinis mundanos. Essas duas fileiras começam do lado esquerdo do altar (sua direita) e são compostas de AHRGHAM, PADÄM, PUPE, DHUPE, DIWE, GÄNDHE e NEWIDE. Não é colocado nada para a oferenda SHAPTA, porque música não é um objeto visual. A terceira fileira, que é para as Deidades autogeradas, começa do lado direito do altar (sua esquerda) e é composta de AHRGHAM, PADÄM, ÄNTZAMANAM, PUPE, DHUPE, DIWE, GÄNDHE e NEWIDE.

Quando fazemos uma oferenda tsog, ela pode ser organizada em qualquer local adequado diante do altar e pode consistir de alimentos limpos e frescos, tais como bolos, biscoitos, mel e frutas. Você também pode oferecer uma torma de oferenda tsog feita da maneira tradicional, de acordo com a ilustração na página 535. Se você não tiver tempo para praticar a autogeração extensa, você pode fazer a oferenda tsog em associação com a sadhana breve, intitulada *Assembleia de Boa Fortuna*. Mais informações sobre oferendas tsog podem ser encontradas no livro *Novo Guia à Terra Dakini*.

Sobre uma mesa pequena, diante do seu assento de meditação, disponha, da esquerda para a direita, sua oferenda interior, vajra, sino, damaru e *mala*, como mostrado na página 238. Na frente disso, coloque sua sadhana. Então, com uma motivação pura e uma mente feliz, comece a prática propriamente dita. Não se preocupe se, no início, você não for capaz de preparar o altar e as oferendas da maneira como foram descritos aqui; o mais importante é, simplesmente, praticar a sadhana com uma mente pura e forte fé.

Essência do Vajrayana

AS PRÁTICAS PRELIMINARES

Visualizar os objetos de refúgio

No espaço à minha frente, aparecem Guru Heruka Pai e Mãe, rodeados pela assembleia de Gurus-diretos e Gurus-linhagem, Yidams, Budas, Bodhisattvas, Heróis, Dakinis e Protetores do Dharma.

Buscar refúgio e gerar a bodhichitta aspirativa

Eternamente, vou me refugiar
Em Buda, Dharma e Sangha.
Para o bem de todos os seres vivos,
Vou me tornar Heruka.   (3x)

Gerar a bodhichitta de compromisso

Para conduzir todos os seres vivos-mães ao estado de felicidade última,
Vou alcançar o mais rapidamente possível, ainda nesta vida,
O estado da União de Buda Heruka.
Com esse propósito, vou praticar as etapas do caminho de Heruka. (3x)

Receber bênçãos

Guru Heruka Pai e Mãe, juntamente com todos os demais objetos de refúgio, dissolvem-se em mim, e eu recebo suas bênçãos.

Vajrasattva Pai e Mãe

Purificar nossa mente, nosso corpo e nossa fala *próprios*

Do estado de êxtase e vacuidade, eu surjo como Heruka, com um corpo azul, uma face e duas mãos segurando vajra e sino, e unido-em-abraço com Vajravarahi. Estou em pé, com minha perna direita estendida.

OM SHRI VAJRA HE HE RU RU KAM HUM HUM PHAT DAKINI DZALA SHAMBARAM SOHA

Minha mente transformou-se na união de êxtase e vacuidade; meu corpo, no corpo de Heruka; e minha fala, no mantra de Heruka.

Purificar os outros seres, o ambiente e prazeres

Raios de luz se irradiam da letra HUM no meu coração,
Purificando todos os mundos e seus seres.
Tudo se torna imaculadamente puro,
Completamente preenchido por um vasto conjunto de oferendas
Da natureza de excelsa sabedoria e que concedem êxtase incontaminado.

Purificar não virtudes, quedas morais e obstáculos

Sobre um lótus e assento de lua em minha coroa, senta-se Vajrasattva Pai e Mãe. Eles são inseparáveis dos seres-de-sabedoria.

Ó Guru Vajrasattva, por favor, ouve-me.
Há grande perigo de que eu possa morrer antes de purificar minhas negatividades.
Por isso, com a água da tua compaixão,
Por favor, purifica todas as minhas não virtudes e quedas morais.

Recite o mantra:

OM VAJRA HERUKA SAMAYA, MANU PALAYA, HERUKA TENO PATITA, DRIDHO ME BHAWA, SUTO KAYO ME BHAWA, SUPO KAYO ME BHAWA, ANURAKTO ME BHAWA, SARWA SIDDHI ME PRAYATZA, SARWA KARMA SUTZA ME, TZITAM SHRIYAM KURU HUM, HA HA HA HA HO BHAGAWÄN, VAJRA HERUKA MA ME MUNTSA, HERUKA BHAWA, MAHA SAMAYA SATTO AH HUM PHAT   (7x, 21x, etc.)

Heruka de Doze Braços

Como resultado do meu pedido, luzes e néctares fluem do rosário de mantra no coração de Vajrasattva e purificam todas as negatividades e obstruções do meu corpo, fala e mente.

Vajrasattva Pai e Mãe dissolvem-se em mim e abençoam meu *continuum* mental.

Guru-Ioga

Visualizar os seres-de-compromisso do Campo de Mérito e convidar e absorver os seres-de-sabedoria

No espaço à minha frente, sobre um lótus e sol, pisando sobre Bhairawa e Kalarati, está meu Guru-raiz Heruka. Ele tem um corpo azul, como uma montanha de lápis-lazúli, quatro faces e doze braços. Sua face principal é azul-escura; a esquerda, verde; a face detrás é vermelha; e a direita, amarela. Suas duas mãos principais abraçam Vajravarahi e seguram um vajra e um sino. Duas mãos seguram uma pele de elefante, duas mãos seguram um damaru e um khatanga, duas mãos seguram um machado e uma cuia de crânio com sangue, duas mãos seguram uma faca curva e um laço-vajra, e duas mãos seguram um tridente e uma cabeça de Brahma com quatro faces.

Ele mostra os nove estados de ânimo e usa seis ornamentos de osso. Sua coroa está adornada com uma meia-lua e um vajra cruzado. Ele usa um colar longo de cinquenta cabeças humanas, da natureza de sabedoria, e, na parte inferior do seu corpo, veste uma pele de tigre. Em pé, com sua perna direita estendida, ele está no centro de uma massa de fogo ardente. Vajravarahi é vermelha e está adornada com cinco mudras. Ela segura uma faca curva e uma cuia de crânio, e está entrelaçada em união com Heruka.

No centro do corpo da Deidade Principal (cujas partes densas simbolizam os quatro elementos, Monte Meru e a mansão celestial), sua gota branca e vermelha dentro do seu chakra do coração aparece como Heruka e Vajravarahi unidos-em-abraço. As pétalas-canais dos elementos nas quatro direções aparecem como as Quatro Ioguines, e as pétalas-canais nas direções intermediárias aparecem como cuias de crânio repletas de néctares. Nos vinte e quatro lugares de Heruka – nas partes superior e inferior de seu corpo – estão os vinte e quatro Heróis, a natureza das gotas, unidos-em-abraço com as vinte e quatro Heroínas, a natureza dos canais; e nas portas dos seus sentidos, estão as Oito Deusas dos portais.

Eles estão rodeados por uma vasta assembleia de Gurus-diretos e Gurus-linhagem, Yidams, Budas, Bodhisattvas, Heróis, Dakinis e Protetores do Dharma. Seus três lugares estão marcados pelas três letras. Raios de luz se irradiam da letra HUM e convidam a assembleia de seres-de-sabedoria.

DZA HUM BAM HO

Os seres-de-sabedoria tornam-se inseparáveis dos seres-de-compromisso.

Prostração

Detentor do Vajra, meu Guru, que és como uma joia,
Por cuja bondade posso realizar
O estado de grande êxtase num instante,
A teus pés de lótus, humildemente me prostro.

À medida que os tempos tornam-se cada vez mais impuros,
Teu poder e bênçãos crescem continuamente,
E cuidas de nós rapidamente, tão veloz quanto o pensamento;
Ó Chakrasambara Pai e Mãe, a ti eu me prostro.

Aos Gurus que residem nos três tempos e nas dez direções,
Às Três Joias Supremas e a todos os demais objetos de prostração,
Eu me prostro com fé e respeito, um coro melodioso de louvor
E corpos emanados, tão numerosos quanto os átomos existentes no mundo.

As oito oferendas exteriores

A excelsa sabedoria de êxtase incontaminado e vacuidade,
Aparecendo no aspecto de infinitas deusas oferecedoras
De todas as águas para beber, águas para banhar,
Flores, incenso, luzes, perfume, alimentos e música que existem por
    todos os infinitos mundos,

Eu ofereço a vós, Guru Heruka, glorioso Pai e Mãe,
Aos Heróis e Heroínas da roda do grande êxtase,
E a todos aqueles das rodas coração, fala, corpo e compromisso;
Por favor, concedei as aquisições da Terra Dakini exterior e interior.

OM GURU HERUKA VAJRAYOGINI SAPARIWARA AHRGHAM
 PARTITZA SOHA
PADÄM PARTITZA SOHA
VAJRA PUPE AH HUM SOHA
VAJRA DHUPE AH HUM SOHA
VAJRA DIWE AH HUM SOHA
VAJRA GÄNDHE AH HUM SOHA
VAJRA NEWIDE AH HUM SOHA
VAJRA SHAPTA AH HUM SOHA

Oferecer os cinco objetos de desejo

Todas as formas que existem por todos os infinitos reinos transformam-se
 numa vasta assembleia de Deusas Rupavajra
Que preenchem todo o espaço, com faces sorridentes e lindos corpos.
A vós eu as ofereço, Guru Pai e Mãe e a toda a assembleia de Deidades;
Por favor, aceitai, e por força de todas as formas que existem aparecendo
 como Rupavajras,
Que eu e todos os seres vivos recebamos grande êxtase imutável
E completemos a concentração suprema da união de grande êxtase
 e vacuidade.
OM RUPA BENZ HUM HUM PHAT

Todos os sons que existem por todos os infinitos reinos transformam-se
 numa vasta assembleia de Deusas Shaptavajra
Que preenchem todo o espaço, cantando doces canções e tocando alaúde.
A vós eu as ofereço, Guru Pai e Mãe e a toda a assembleia de Deidades;
Por favor, aceitai, e por força de todos os sons que existem aparecendo
 como Shaptavajras,
Que eu e todos os seres vivos recebamos grande êxtase imutável
E completemos a concentração suprema da união de grande êxtase
 e vacuidade.
OM SHAPTA BENZ HUM HUM PHAT

Todos os odores que existem por todos os infinitos reinos transformam-se numa vasta assembleia de Deusas Gändhavajra
Que preenchem todo o espaço, enchendo todas as direções com deliciosas fragrâncias.
A vós eu as ofereço, Guru Pai e Mãe e a toda a assembleia de Deidades;
Por favor, aceitai, e por força de todos os odores que existem aparecendo como Gändhavajras,
Que eu e todos os seres vivos recebamos grande êxtase imutável
E completemos a concentração suprema da união de grande êxtase e vacuidade.
OM GÄNDHE BENZ HUM HUM PHAT

Todos os sabores que existem por todos os infinitos reinos transformam-se numa vasta assembleia de Deusas Rasavajra
Que preenchem todo o espaço, segurando vasos preciosamente adornados repletos de néctar.
A vós eu as ofereço, Guru Pai e Mãe e a toda a assembleia de Deidades;
Por favor, aceitai, e por força de todos os sabores que existem aparecendo como Rasavajras,
Que eu e todos os seres vivos recebamos grande êxtase imutável
E completemos a concentração suprema da união de grande êxtase e vacuidade.
OM RASE BENZ HUM HUM PHAT

Todos os objetos táteis que existem por todos os infinitos reinos transformam-se numa vasta assembleia de Deusas Parshavajra
Que preenchem todo o espaço, cativando a mente com um toque supremamente macio.
A vós eu as ofereço, Guru Pai e Mãe e a toda a assembleia de Deidades;
Por favor, aceitai, e por força de todas as sensações táteis que existem aparecendo como Parshavajras,
Que eu e todos os seres vivos recebamos grande êxtase imutável
E completemos a concentração suprema da união de grande êxtase e vacuidade.
OM PARSHE BENZ HUM HUM PHAT

Oferenda interior

OM GURU HERUKA VAJRAYOGINI SAPARIWARA OM AH HUM

Oferenda secreta

E ofereço os mais atraentes e ilusórios mudras,
Uma hoste de mensageiras nascidas em lugares, nascidas de mantra
    e espontaneamente nascidas,
Com esbeltos corpos, peritas nas sessenta e quatro artes do amor
E com o esplendor da beleza juvenil.

Oferenda da talidade (*thatness*)

E ofereço a ti a suprema bodhichitta última,
Uma perfeita, excelsa sabedoria de êxtase espontâneo, livre de obstruções,
Inseparável da natureza de todos os fenômenos, a esfera livre de elaboração,
Sem esforço e além de palavras, pensamentos e expressões.

Oferecer a nossa prática spiritual

Busco refúgio nas Três Joias
E confesso todas e cada uma das minhas ações negativas.
Regozijo-me nas virtudes de todos os seres
E prometo realizar a iluminação de um Buda.
Até que eu me torne um ser iluminado, vou buscar refúgio
Em Buda, Dharma e na Suprema Assembleia,
E, para cumprir todas as metas, as minhas e as dos outros,
Vou gerar a mente de iluminação.

Tendo gerado a mente de suprema iluminação,
Chamarei todos os seres sencientes para serem meus convidados
E irei me empenhar nas agradáveis, supremas práticas da iluminação.
Que eu alcance a Budeidade para beneficiar os migrantes.

Que cada um seja feliz,
Que cada um se liberte da dor,
Que ninguém jamais seja separado de sua felicidade,
Que todos tenham equanimidade, livres do ódio e do apego.

Confessar, regozijar-se, rogar ao Guia Espiritual que não morra, pedir que a Roda do Dharma seja girada e dedicar

Confesso meus erros em todos os tempos
E regozijo-me nas virtudes de todos.
Peço, permanece até o cessar do samsara
E gira a Roda do Dharma para nós.
Pelo poder de toda a minha coleção de virtude
Que eu alcance rapidamente a União de Heruka.

Oferecer o mandala

OM VAJRA BHUMI AH HUM
Grande e poderoso solo dourado,
OM VAJRA REKHE AH HUM
Na fronteira, a cerca férrea rodeia o círculo exterior.
No centro, Monte Meru, o rei das montanhas,
Em torno do qual há quatro continentes:
A leste, Purvavideha, ao sul, Jambudipa,
A oeste, Aparagodaniya, ao norte, Uttarakuru.
Cada um tem dois subcontinentes:
Deha e Videha, Tsamara e Abatsamara,
Satha e Uttaramantrina, Kurava e Kaurava.
A montanha de joias, a árvore-que-concede-desejos,
A vaca-que-concede-desejos e a colheita não semeada.
A preciosa roda, a preciosa joia,
A preciosa rainha, o precioso ministro,
O precioso elefante, o precioso supremo cavalo,
O precioso general e o grande vaso-tesouro.
A deusa da beleza, a deusa das grinaldas,
A deusa da música, a deusa da dança,
A deusa das flores, a deusa do incenso,
A deusa da luz e a deusa do perfume.
O Sol e a Lua, o precioso guarda-sol,
O estandarte da vitória em cada direção.
No centro, os tesouros tanto de deuses quanto de homens,
Uma coleção de excelências que nada exclui.
Ofereço isso a vós, meus bondosos Guru-raiz e Gurus-linhagem,

A todos vós, sagrados e gloriosos Gurus;
Por favor, aceitai com compaixão pelos seres migrantes
E, uma vez aceito, por favor, concedei-nos vossas bênçãos.

Ó Tesouro de Compaixão, meu Refúgio e Protetor,
Ofereço a ti a montanha, continentes, objetos preciosos, vaso-tesouro,
   Sol e Lua,
Os quais surgiram dos meus agregados, fontes e elementos,
Como aspectos da excelsa sabedoria de êxtase espontâneo e vacuidade.

Ofereço, sem nenhum sentimento de perda,
Os objetos que fazem surgir meu apego, ódio e confusão,
Meus amigos, inimigos e estranhos, nossos corpos e prazeres;
Peço, aceita-os e abençoa-me, livrando-me diretamente dos três venenos.

IDAM GURU RATNA MANDALAKAM NIRYATAYAMI

Receber as bênçãos das quatro iniciações

Pedir as iniciações

Ó Guru Heruka, a natureza do Corpo-Verdade,
Não busco outro refúgio além de ti.
Por favor, purifica todas as negatividades das minhas três portas
E abençoa-me para que eu alcance os quatro corpos de grande êxtase.   (3x)

Receber a iniciação-vaso

Através dessa solicitação estritamente focada, Vajravarahi e as Quatro Ioguines concedem a iniciação-vaso. Isso purifica todas as obstruções do meu corpo, e eu recebo o poder para alcançar os estágios de geração denso e sutil e o Corpo-Emanação.

Receber a iniciação secreta

Guru Pai e Mãe entram em união, e eu provo suas substâncias secretas. Isso purifica todas as obstruções da minha fala, canais e ventos, e eu recebo o poder para alcançar o estágio de conclusão do corpo-ilusório e o Corpo-de-Deleite.

Receber a iniciação mudra-sabedoria

Eu recebo Vajravarahi como minha consorte e, por unir-me a ela, gero as excelsas sabedorias das quatro alegrias. Isso purifica todas as obstruções da minha mente, e eu recebo o poder para alcançar o estágio de conclusão da clara-luz e o Corpo-Verdade.

Receber a iniciação da preciosa palavra

Por ouvir as palavras da instrução, eu compreendo o significado da união – a união do corpo-ilusório e da mente de êxtase e vacuidade. Isso purifica todas as obstruções do meu corpo, fala e mente, e eu recebo o poder para alcançar a União de Vajradhara.

Pedir aos Gurus-linhagem

Ó Abençoado Chakrasambara, Grande Mãe Vajrayogini,
Mahasiddha Ghantapa, Kurmapada, Dzalandarapa,
Krishnapada, Guhyapa, Vijayapada, Tilopa e Naropa,
Peço a vós, por favor, concedei a União nesta vida.

Ó Irmãos Pamtingpa, Lokya Sherab Tseg,
Malgyur Lodro Drag, Kunga Nyingpo, Mestre Sonam Tsemo,
Venerável Dragpa Gyaltsen, Kunga Gyaltsen, Drogon Chogyel Pagpa,
Shangton Konchogpel, Nasa Dragpugpa e Lamadampa Sonam Gyaltsen,
Peço a vós, por favor, concedei a União nesta vida.

Ó Venerável Tsongkhapa, Khedrub Geleg Pelsang,
Baso Chokyi Gyaltsen, mahasiddha Dharmavajra, Gyalwa Ensapa,
Khedrub Sangye Yeshe, Panchen Losang Chogyen, Konchog Gyaltsen,
Changkya Ngawang Chonden, Drubwang Losang Chondzin e Changkya
    Rolpai Dorje,
Peço a vós, por favor, concedei a União nesta vida.

Ó Venerável Losang Nyendrag, Jetsun Losang Tugje,
Jampel Tsultrim, Lhatsun Jampel Dorje, Grande Iogue Yeshe Dondrub,
Kelsang Tendzin Khedrub, mahasiddha Pema Dorje,
Je Phabongkhapa Dechen Nyingpo e Heruka Losang Yeshe,
Peço a vós, por favor, concedei a União nesta vida.

E especialmente a ti, muito precioso Lama Kelsang Gyatso,
Que revelas todas as sublimes e profundas práticas essenciais
Para receber rapidamente as grandes bênçãos de Heruka,
Peço a ti, por favor, concede a União nesta vida.

As aparências desta vida são tão fugazes quanto o brilho de um relâmpago,
E os prazeres do samsara são tão enganosos quanto o sorriso de uma demônia;
Por favor, abençoa-me para realizar isso e gerar, do fundo do meu coração,
Uma forte e poderosa renúncia que anseia por libertação.

Uma vez que não posso suportar o tormento dos seres vivos, minhas mães,
Que têm caído no ardente abismo de sofrimento,
Por favor, abençoa-me para que eu desenvolva uma bodhichitta espontânea
Empenhada na completa iluminação para o benefício deles.

Por favor, abençoa-me para que eu complete a prática
Do profundo ioga dos dois estágios do glorioso mandala de corpo –
O excelente caminho último do Tantra-Mãe,
E a prática suprema pela qual milhões têm passado para além do sofrimento.

E após a minha morte, que o Abençoado Heruka,
Juntamente com a assembleia de Heróis e Ioguines,
Acompanhados pelo som de música celestial,
Conduzam-me à cidade da Terra Dakini.

Em resumo, ao longo de todas as minhas vidas,
Que eu esteja sempre sob o cuidado amoroso de Guru Heruka.
Que eu complete velozmente todos os solos e caminhos,
E alcance o estado de Buda Heruka.

Realizar grande êxtase espontâneo por meio de dissolver o Guru em nós mesmos

O Campo de Mérito se recolhe gradualmente a partir das bordas e se dissolve em meu Guru-raiz Heruka. Com deleite, ele vem até a minha coroa, desce pelo meu canal central e torna-se um só sabor com minha mente, no meu coração. Eu experiencio grande êxtase espontâneo.

A PRÁTICA PROPRIAMENTE DITA DO ESTÁGIO DE GERAÇÃO

Trazer a morte para o caminho que conduz ao Corpo-Verdade

Raios de luz do HUM no meu coração convertem todos os mundos e seres em luz. Eles se dissolvem em mim, e eu, por minha vez, converto-me gradualmente em luz a partir de baixo e de cima e dissolvo-me no HUM no meu coração. A letra HUM dissolve-se por etapas, da base ao *nada*. O *nada* torna-se cada vez menor e dissolve-se na clara-luz vacuidade. Eu sou o Corpo-Verdade Heruka.

Trazer o estado intermediário para o caminho que conduz ao Corpo--de-Deleite

Do estado de vacuidade, minha mente aparece na forma de um *nada*. Eu sou o Corpo-de-Deleite Heruka.

Trazer o renascimento para o caminho que conduz ao Corpo-Emanação

Do YAM, RAM, BAM, LAM, SUM, PAM surgem os quatro elementos, Monte Meru e o lótus. No centro do lótus, a partir de vogais e consoantes, surge uma lua branco-avermelhada, da natureza das bodhichittas vermelhas e brancas de Guru Heruka Pai e Mãe. Eu, o *nada*, ingresso no centro da lua, e gradualmente me transformo no aspecto de um HUM.

Luzes de cinco cores se irradiam do HUM e conduzem todos os seres vivos ao estado de Chakrasambara. Ao mesmo tempo, todos os Heróis e Heroínas são convidados para virem das Terras Búdicas das dez direções. Todos eles se convertem em luz e se dissolvem no HUM, que se torna da natureza de alegria espontânea. A lua, vogais, consoantes e o HUM transformam-se completamente, e as Deidades sustentadas e o mandala sustentador surgem plena e instantaneamente. Eu sou o Corpo-Emanação Heruka.

A meditação de examinar o mandala de Heruka e Heruka-base

Ademais, há uma mansão celestial, que é quadrada, com quatro entradas. As paredes, adornadas com joias, possuem cinco camadas que, a partir de fora para dentro, são de cor branca, amarela, vermelha, verde e azul.

Ao redor do topo da parede, está uma cornija vermelha preciosamente decorada, cravejada de joias quadradas, triangulares e de outros formatos. Sobre isto, estão quatro níveis de frisos dourados. Sobre isto e projetando-se para fora, estão caibros, cujas extremidades têm a forma de monstros-marinhos, com cordões longos e semilongos de pérolas que pendem de suas bocas. Sobressaindo acima disso, estão *sharpu*, decorações especiais de joias, suspensas dos beirais. Acima disso, está um parapeito no formato de meias-pétalas de lótus. O parapeito está adornado com oito estandartes da vitória e outros oito estandartes, todos eles dispostos em vasos dourados, e sobre os quatro cantos estão para-sóis.

Ao redor da base exterior da parede, há um rebordo vermelho para os objetos de desejo. Sobre esse rebordo, estão deusas de várias cores e em diversas posturas fazendo oferendas. Nos cantos exteriores dos portais e dos saguões, assim como nos quatro cantos exteriores e nos quatro cantos interiores da mansão, encontram-se meias-luas, sobre as quais estão joias vermelhas adornadas por vajras no seu topo.

Diante de cada entrada, há uma arcada quadrada com onze níveis, sustentada por quatro pilares assentados em vasos sobre pedestais quadrados. Acima de cada arcada, está uma Roda do Dharma, flanqueada à sua direita por um cervo macho e, à esquerda, por um cervo fêmea. À direita e à esquerda de cada arcada, estão árvores-que-concedem-desejos dispostas em vasos dourados, das quais pendem as sete posses preciosas de um rei. No espaço ao redor, estão Siddhas, e, emergindo de nuvens, estão deusas e deuses oferecedores segurando guirlandas de flores, tornando tudo primorosamente belo.

Para além disso, encontra-se o círculo de proteção de uma cerca de vajras de diversos tamanhos, e assim por diante. Rodeando o círculo de proteção, estão chamas-vajra de cinco cores que ardem como o fogo do éon. Elas rodopiam em sentido anti-horário, cobrindo todas as direções – acima, abaixo e tudo ao redor. Para além disso, estão os oito grandes solos sepulcrais. Em cada solo sepulcral há uma árvore, ao pé da qual está sentado um guardião direcional. No topo da árvore há um guardião regional, com a parte superior do seu corpo emergindo dos galhos. Há um lago, no qual vive um naga, e acima de cada lago há uma nuvem. Há uma montanha, no topo da qual está uma estupa branca, e há um fogo-sabedoria.

Por todos os solos sepulcrais, vagueiam pássaros e animais selvagens – tais como corvos, corujas, abutres, lobos, chacais e cobras – e espíritos, tais como os causadores-de-mal, zumbis e canibais que emitem o som "Kili Kili". Há também iogues e ioguines, tais como aqueles que alcançaram aquisições e Detentores-do-Saber, mantendo seus compromissos puramente. Eles estão todos praticando, estritamente focados, o caminho de Heruka. Estão nus, com o cabelo livremente solto, e estão adornados com cinco mudras. Eles seguram tambores de mão, cuias de crânio e khatangas, e usam coroas adornadas com crânios. Todos os seres que habitam os solos sepulcrais conferem ao local um senso de deslumbramento.

Dentro da mansão celestial, oito pilares sustentam vigas-vajra que adornam o teto. O telhado é coroado no seu topo por uma joia preciosa e um vajra. O teto e o piso são brancos no leste, verdes no norte, vermelhos no oeste, amarelos no sul e azuis no centro. No centro, está um lótus de várias cores e um mandala de sol.

No centro do lótus, sobre o mandala de sol, eu surjo como Abençoado Heruka, com um corpo azul-escuro e quatro faces. Minha face principal é azul-escura, a face esquerda é verde, a face detrás é vermelha, e a face direita é amarela. Cada face possui três olhos e um rosário de vajras de cinco hastes na sua testa. Minha perna direita está estendida e pisa a cabeça de Bhairawa negro, que tem quatro mãos. Suas duas primeiras mãos estão com as palmas unidas, a segunda mão direita segura um damaru, e a segunda mão esquerda, uma espada. Minha perna esquerda, dobrada, pisa o peito da vermelha Kalarati, que tem quatro mãos. As duas primeiras mãos estão com as palmas unidas, e as outras duas seguram uma cuia de crânio e um khatanga. Ambos os seres sob meus pés têm uma face e três olhos e estão adornados com cinco mudras.

Eu tenho doze braços. Os dois primeiros abraçam Vajravarahi, com minha mão direita segurando um vajra de cinco hastes, e minha mão esquerda, um sino. As duas mãos seguintes seguram uma pele ensanguentada de um elefante branco, estendida atrás das minhas costas; minha mão direita segura a pata dianteira esquerda, e minha mão esquerda, a pata traseira esquerda. Ambas as mãos estão no mudra ameaçador, com as pontas dos dedos estendidos na altura das minhas sobrancelhas. Minha terceira mão direita segura um damaru; a quarta, um machado; a quinta, uma faca curva; e a sexta, um tridente voltado para cima. Minha terceira mão esquerda segura um khatanga marcado com um vajra; a quarta, uma cuia de crânio repleta de sangue; a quinta, um laço-vajra; e a sexta, uma cabeça de Brahma com quatro faces.

Meu cabelo está preso num coque, marcado com um vajra cruzado. Cada cabeça está adornada com uma coroa de cinco crânios, unidos pelo topo e pela base por um rosário de vajras pretos. No lado esquerdo da minha coroa, está uma meia-lua ligeiramente inclinada. Minhas expressões faciais mudam, e meus quatro conjuntos de quatro caninos estão expostos e são aterrorizantes. Eu mostro os nove estados de ânimo: três estados de ânimo físicos – de majestade, heroísmo e ameaça; três estados de ânimo verbais – de riso, ira e ferocidade; e três estados de ânimo mentais – de compaixão, cuidado atencioso e serenidade. Na parte inferior do meu corpo, eu uso uma pele de tigre, e no meu pescoço, um colar longo de cinquenta cabeças humanas unidas por vísceras humanas. Adornado com seis mudras, meu corpo inteiro está coberto por cinzas de osso humano.

Unida-em-abraço ao Abençoado, está a Abençoada Mãe Vajravarahi, que tem um corpo vermelho, uma face, duas mãos e três olhos. Ela está nua, com o cabelo livremente solto e, na parte inferior do seu corpo, usa uma veste feita de fragmentos de crânio. Sua mão esquerda, abraçando o pescoço do Pai, segura uma cuia de crânio repleta com o sangue dos quatro maras. Sua mão direita, no mudra ameaçador, brande uma faca curva, opondo-se às forças malignas das dez direções. Seu corpo brilha com um esplendor igual ao do fogo do éon. Suas duas pernas estão enganchadas ao redor das coxas do Pai. Ela é da natureza da grande compaixão extasiante. Adornada com cinco mudras, ela usa uma coroa de cinco crânios humanos e um colar de cinquenta crânios humanos. Pai e Mãe residem no centro de um fogo ferozmente ardente de excelsa sabedoria.

Geração simultânea de todo o mandala de corpo, sustentado e sustentador, de Heruka

As partes densas do meu corpo (o corpo purificado de Heruka-base) e as partes sutis do meu corpo purificado (meus canais e gotas) aparecem na forma de letras-sementes. Elas se transformam, plena e instantaneamente, em todo o mandala de corpo, sustentado e sustentador. Assim, eu sou Heruka Pai e Mãe, a natureza de minha gota indestrutível branca e vermelha. Estou rodeado pelos Heróis e Heroínas das Cinco Rodas, a natureza dos meus canais e gotas. Eu resido no centro da mansão celestial, da natureza das partes densas do meu corpo.

A meditação de examinar as partes densas do nosso corpo gerado como o mandala de Heruka

Relembramos em detalhes, como segue:

Minhas duas pernas, formando um arco, são o mandala semicircular de vento. O triângulo, no meu lugar secreto, é o mandala triangular de fogo. Meu abdômen, redondo, é o mandala circular de água. Meu peito, quadrangular, é o mandala quadrangular de terra. Minha coluna é o Monte Meru. Os 32 canais na minha coroa são o lótus. O tronco do meu corpo, cujas partes inferior e superior são iguais em tamanho, é a mansão celestial quadrada, com quatro lados iguais – o mandala de Heruka –, primorosamente bela, com ornamentos tais como a cornija preciosamente decorada e os cordões de pérolas. As oito partes dos meus membros são os oito pilares. Para além disso, está o círculo de proteção, rodeado pelos oito solos sepulcrais.

A meditação de examinar as partes sutis do nosso corpo (os canais e as gotas) geradas como as Deidades

Relembramos em detalhe, como segue:

A bodhichitta branca no centro da Roda do Dharma, dentro do canal central no meu coração, é como uma gota de orvalho. Essa gota, no aspecto da letra HUM, do tamanho de uma semente de mostarda, transformou-se no Abençoado Glorioso Heruka, com quatro faces e doze braços. No meu umbigo, o fogo vermelho *tummo* na forma de uma gota vermelha, no aspecto da letra BAM, transformou-se na Mãe Abençoada Vajravarahi. Sendo a natureza das gotas branca e vermelha, eles se encontraram no centro da mansão celestial e entraram em união.

No meu coração, as quatro pétalas-canais nas quatro direções cardeais (que são os caminhos para os ventos dos quatro elementos) no aspecto das letras LAM, MAM, PAM, TAM, começando no sentido horário a partir do leste (à minha frente), transformaram-se, começando em sentido anti-horário a partir do leste (à minha frente) em Dakini azul-escura; no norte (à minha esquerda), em Lama verde; no oeste (atrás de mim), em Khandarohi vermelha; e no sul (à minha direita), em Rupini amarela. Cada uma delas tem uma face, com três olhos e caninos à mostra, e estão nuas, com o cabelo livremente solto. Cada uma delas tem duas mãos, a direita segurando uma faca curva, e a esquerda, uma cuia de crânio, com um khatanga apoiado na dobra do seu cotovelo esquerdo. Elas estão em pé, com sua perna direita estendida, e estão adornadas com cinco mudras. Usam uma coroa de cinco crânios humanos e um colar longo de cinquenta crânios humanos. Essas Deidades são as Deidades da roda do grande êxtase. As quatro pétalas-canais das oferendas, nas direções intermediárias, transformaram-se nas quatro cuias de crânio repletas com cinco néctares.

Rodeando isso, em três círculos concêntricos, meus 24 lugares (tais como o contorno do couro cabeludo e a coroa) no aspecto das 24 letras PU DZA e assim por diante, transformaram-se nos 24 lugares de Heruka no aspecto das 24 hastes, com o formato de pétala, das rodas. Os canais dos 24 lugares, cada um no aspecto de uma letra BAM, transformaram-se nas 24 Heroínas. As gotas dentro desses canais, cada uma no aspecto de uma letra HUM, transformaram-se nos 24 Heróis.

Assim, na roda-coração, na haste leste, Puliramalaya, a natureza do contorno do meu couro cabeludo, estão Khandakapala e Partzandi.
Na haste norte, Dzalandhara, a natureza da minha coroa, estão Mahakankala e Tzändriakiya.
Na haste oeste, Odiyana, a natureza da minha orelha direita, estão Kankala e Parbhawatiya.

Na haste sul, Arbuta, a natureza da minha nuca, estão Vikatadamshtri e Mahanasa.

Na haste sudeste, Godawari, a natureza da minha orelha esquerda, estão Suraberi e Biramatiya.

Na haste sudoeste, Rameshöri, a natureza do ponto entre minhas sobrancelhas, estão Amitabha e Karwariya.

Na haste noroeste, Dewikoti, a natureza dos meus dois olhos, estão Vajraprabha e Lamkeshöriya.

Na haste nordeste, Malawa, a natureza dos meus dois ombros, estão Vajradeha e Drumatzaya.

Todas as Deidades da roda-coração têm corpos azuis e são conhecidas como os Heróis e Heroínas da Família da Mente-Vajra.

Na roda-fala, na haste leste, Kamarupa, a natureza das minhas duas axilas, estão Ankuraka e Airawatiya.

Na haste norte, Ote, a natureza dos meus dois mamilos, estão Vajrajatila e Mahabhairawi.

Na haste oeste, Trishakune, a natureza do meu umbigo, estão Mahavira e Bayubega.

Na haste sul, Kosala, a natureza da ponta do meu nariz, estão Vajrahumkara e Surabhakiya.

Na haste sudeste, Kalinga, a natureza da minha boca, estão Subhadra e Shamadewi.

Na haste sudoeste, Lampaka, a natureza da minha garganta, estão Vajrabhadra e Suwatre.

Na haste noroeste, Kancha, a natureza do meu coração, estão Mahabhairawa e Hayakarna.

Na haste nordeste, Himalaya, a natureza dos meus dois testículos, estão Virupaksha e Khaganana.

Todas as Deidades da roda-fala têm corpos vermelhos e são conhecidas como os Heróis e Heroínas da Família da Fala-Vajra.

Na roda-corpo, na haste leste, Pretapuri, a natureza da ponta do meu órgão sexual, estão Mahabala e Tzatrabega.

Na haste norte, Grihadewata, a natureza do meu ânus, estão Ratnavajra e Khandarohi.

Na haste oeste, Shauraktra, a natureza das minhas duas coxas, estão Hayagriva e Shaundini.

Na haste sul, Suwanadvipa, a natureza das minhas duas panturrilhas, estão Akashagarbha e Tzatrawarmini.

Na haste sudeste, Nagara, a natureza dos meus oito dedos das mãos, exceto os polegares, e dos meus oito dedos dos pés, exceto os dedões, estão Shri Heruka e Subira.

Na haste sudoeste, Sindhura, a natureza do dorso dos pés, estão Pemanarteshvara e Mahabala.

Na haste noroeste, Maru, a natureza dos meus dois polegares e dos meus dois dedões dos pés, estão Vairochana e Tzatrawartini.

Na haste nordeste, Kuluta, a natureza dos meus dois joelhos, estão Vajrasattva e Mahabire.

Todas as Deidades da roda-corpo têm corpos brancos e são conhecidas como os Heróis e Heroínas da Família do Corpo-Vajra.

Todos esses Heróis e Heroínas têm uma face, duas mãos e três olhos, e suas cabeças estão adornadas com uma coroa de cinco crânios humanos. Os Heróis seguram um vajra e um sino e estão unidos-em-abraço às suas consortes. Seus cabelos estão presos num coque, adornado com um vajra e uma meia-lua. Eles usam um rosário de vajras em suas testas e estão adornados com seis mudras. Usando um colar longo de cinquenta cabeças humanas e, na parte inferior do corpo, uma pele de tigre, eles estão em pé, com a perna direita estendida. As Heroínas seguram uma faca curva e uma cuia de crânio e estão entrelaçadas em união com os Heróis. Adornadas com cinco mudras, elas usam, na parte inferior do corpo, uma veste feita de fragmentos de crânio, e, no pescoço, um colar de cinquenta crânios humanos.

Ao redor das Deidades da roda-corpo, os canais das minhas oito portas dos sentidos (tais como o canal da raiz da minha língua), cada um no aspecto de uma letra HUM, transformaram-se nas Oito Heroínas. No leste, está Kakase azul-escura; no norte, Ulukase verde; no oeste, Shönase vermelha; no sul, Shukarase amarela; no sudeste, Yamadhati, que é azul no lado direito e amarela no esquerdo; no sudoeste, Yamaduti, que é amarela no lado direito e vermelha no esquerdo; no noroeste, Yamadangtrini, que é vermelha no lado direito e verde no esquerdo; e no nordeste, Yamamatani, que é verde no lado direito e azul no esquerdo. Essas Heroínas têm uma face e duas mãos que seguram uma faca curva e uma cuia de crânio, e seguram firmemente um khatanga na dobra do seu cotovelo esquerdo. Adornadas com cinco mudras, estão em pé sobre um assento-cadáver, com suas pernas direitas estendidas. Usam uma coroa de cinco crânios humanos e um colar longo de cinquenta crânios humanos.

Assim, eu sou Heruka Pai e Mãe, a natureza da minha gota indestrutível branca e vermelha, rodeado pelos Heróis e Heroínas das cinco rodas, que são a natureza dos meus canais e gotas.

Adornar nosso corpo, os corpos de Heruka Pai e Mãe do mandala de corpo, com as Deidades-armadura

Sobre um mandala de lua, no meu coração, aparecem OM HA brancos, da natureza de Vajrasattva; sobre um sol, na minha cabeça, NAMA HI amarelos, da natureza de Vairochana; sobre um sol, na minha coroa, SOHA HU vermelhos, da natureza de Pemanarteshvara; sobre um sol, nos meus dois ombros, BOKE HE pretos, da natureza do Glorioso Heruka; sobre um sol, nos meus dois olhos, HUM HUM HO laranjas, da natureza de Vajrasurya; e sobre um sol, na minha testa, PHAT HAM verdes, da natureza de Paramashawa.

Sobre um mandala de sol, no umbigo da Mãe Principal, aparecem OM BAM vermelhos, da natureza de Vajravarahi; sobre um sol, no seu coração, HAM YOM azuis, da natureza de Yamani; sobre uma lua, na sua garganta, HRIM MOM brancos, da natureza de Mohani; sobre um sol, na sua cabeça, HRIM HRIM amarelos, da natureza de Sachalani; sobre um sol, na sua coroa, HUM HUM verdes, da natureza de Samtrasani; e sobre um sol, na sua testa, PHAT PHAT cor-de-fumaça, da natureza de Chandika.

Convidar os seres-de-sabedoria, dissolvê-los nos seres-de-compromisso e receber a iniciação

PHAIM
Meus três lugares estão marcados pelas três letras. Raios de luz se irradiam da letra HUM e convidam todos os Budas das dez direções

(todos no mesmo aspecto daqueles visualizados), juntamente com as Deidades Que-Concedem-Iniciação. Todos os seres-de-sabedoria reúnem-se num único e completo mandala sustentado e sustentador.

DZA HUM BAM HO
Os seres-de-sabedoria tornam-se inseparáveis dos seres-de-compromisso.

As Deidades Que-Concedem-Iniciação concedem a iniciação, meu corpo é preenchido com néctar e eu experiencio êxtase. O excesso de néctar nas coroas transforma-se completamente, e o Principal é adornado com Vajrasattva; Vajravarahi, com Akshobya; as Quatro Mães, com Ratnasambhava; as Deidades da roda-coração, com Akshobya; as Deidades da roda-fala, com Amitabha; as Deidades da roda-corpo, com Vairochana; e as Deidades da roda-compromisso, com Amoghasiddhi.

Fazer oferendas e louvores às Deidades autogeradas do mandala de corpo

Abençoar a oferenda interior

OM KHANDAROHI HUM HUM PHAT
OM SOBHAWA SHUDDHA SARWA DHARMA SOBHAWA SHUDDHO HAM
Tudo se torna vacuidade.

Do estado de vacuidade, do YAM vem vento; do RAM vem fogo; do AH, um tripé de três cabeças humanas. Sobre ele, do AH aparece uma ampla e vasta cuia de crânio. Dentro dela, do OM, KHAM, AM, TRAM, HUM vêm os cinco néctares; e do LAM, MAM, PAM, TAM, BAM vêm as cinco carnes, cada qual marcado por uma das letras. O vento sopra, o fogo arde e as substâncias dentro da cuia de crânio derretem e se fundem. Acima delas, do HUM surge um khatanga branco de cabeça para baixo, que cai e se derrete na cuia de crânio, fazendo com que as substâncias assumam cor de mercúrio. Acima disso, três fileiras sobrepostas de vogais e consoantes transformam-se em OM AH HUM. Deles, raios de luz atraem o néctar de excelsa sabedoria do coração de todos os Tathagatas, Heróis e Ioguines das dez direções. Quando isso é adicionado, o conteúdo aumenta e se torna vasto.
OM AH HUM   (3x)

Abençoar as oferendas exteriores

OM KHANDAROHI HUM HUM PHAT
OM SOBHAWA SHUDDHA SARWA DHARMA SOBHAWA SHUDDHO HAM
Tudo se torna vacuidade.

Do estado de vacuidade, de KAMs vêm vastas e amplas cuias de crânio, dentro das quais, de HUMs surgem água para beber, água para banhar, água para a boca, flores, incenso, luzes, perfume, alimentos e música. Por sua natureza, vacuidade, cada uma delas tem o aspecto individual de uma das substâncias de oferenda, e funcionam como objetos de prazer dos seis sentidos para proporcionar especial êxtase incontaminado.

OM AHRGHAM AH HUM
OM PADÄM AH HUM
OM ÄNTZAMANAM AH HUM
OM VAJRA PUPE AH HUM
OM VAJRA DHUPE AH HUM
OM VAJRA DIWE AH HUM
OM VAJRA GÄNDHE AH HUM
OM VAJRA NEWIDE AH HUM
OM VAJRA SHAPTA AH HUM

Fazer as oferendas

Incontáveis deusas oferecedoras e louvadoras extremamente belas emanam do meu coração e fazem oferendas e louvores a mim como Heruka Pai e Mãe.

Oferendas exteriores

OM AHRGHAM PARTITZA SOHA
OM PADÄM PARTITZA SOHA
OM ÄNTZAMANAM PARTITZA SOHA
OM VAJRA PUPE AH HUM SOHA
OM VAJRA DHUPE AH HUM SOHA
OM VAJRA DIWE AH HUM SOHA
OM VAJRA GÄNDHE AH HUM SOHA
OM VAJRA NEWIDE AH HUM SOHA
OM VAJRA SHAPTA AH HUM SOHA

OM AH VAJRA ADARSHE HUM
OM AH VAJRA WINI HUM
OM AH VAJRA GÄNDHE HUM
OM AH VAJRA RASE HUM
OM AH VAJRA PARSHE HUM
OM AH VAJRA DHARME HUM

Oferenda interior

OM HUM BAM RIM RIM LIM LIM, KAM KHAM GAM GHAM NGAM, TSAM TSHAM DZAM DZHAM NYAM, TrAM THrAM DrAM DHrAM NAM, TAM THAM DAM DHAM NAM, PAM PHAM BAM BHAM, YAM RAM LAM WAM, SHAM KAM SAM HAM HUM HUM PHAT OM AH HUM

Oferenda secreta e oferenda da talidade

Eu, o Principal Pai e Mãe, entro na união-de-abraço. A bodhichitta derrete e, à medida que desce da minha coroa para a garganta, experiencio alegria; à medida que desce da minha garganta para o coração, experiencio suprema alegria; à medida que desce do meu coração para o umbigo, experiencio extraordinária alegria; e, à medida que desce do meu umbigo para a ponta da minha joia, eu gero grande êxtase espontâneo inseparável da vacuidade. O Principal e todo o séquito experienciam uma excelsa sabedoria especial de êxtase e vacuidade.

Oito versos de louvor ao Pai

OM NAMO BHAGAWATE WIRE SHAYA HUM HUM PHAT
OM MAHA KÄLWA AHGNI SAMNI BHAYA HUM HUM PHAT
OM DZATA MUGUTRA KORTAYA HUM HUM PHAT
OM DHAMKHATRA KARA LOTRA BHIKHANA MUKAYA HUM HUM PHAT
OM SAHARA BHUNDZA BHASURAYA HUM HUM PHAT
OM PARASHUWA SHODHÄDA SHULA KHATAMGA DHARINE HUM HUM PHAT
OM BHÄGADZINAM WARA DHARAYA HUM HUM PHAT
OM MAHA DHUMBA ÄNDHAKARA WAWUKAYA HUM HUM PHAT

Oito versos de louvor à Mãe

OM NAMO BHAGAWATI VAJRA VARAHI BAM HUM HUM PHAT
OM NAMO ARYA APARADZITE TRE LOKYA MATI BIYE SHÖRI HUM HUM PHAT
OM NAMA SARWA BUTA BHAYA WAHI MAHA VAJRE HUM HUM PHAT
OM NAMO VAJRA SANI ADZITE APARADZITE WASHAM KARANITRA HUM HUM PHAT
OM NAMO BHRAMANI SHOKANI ROKANI KROTE KARALENI HUM HUM PHAT
OM NAMA DRASANI MARANI PRABHE DANI PARADZAYE HUM HUM PHAT
OM NAMO BIDZAYE DZAMBHANI TAMBHANI MOHANI HUM HUM PHAT
OM NAMO VAJRA VARAHI MAHA YOGINI KAME SHÖRI KHAGE HUM HUM PHAT

As deusas oferecedoras e louvadoras dissolvem-se no HUM no meu coração.

Neste ponto, (1) com uma mente de grande êxtase, (2) meditamos na clara aparência do mandala e das Deidades, e (3) meditamos em orgulho divino, enquanto (4) realizamos a ausência de existência inerente de todos os fenômenos. Desse modo, em uma única concentração, treinamos sinceramente o estágio de geração denso ou sutil que possui estas quatro características. Depois, quando precisar descansar da meditação, você pode praticar a recitação de mantra.

AS PRÁTICAS FINAIS

Abençoar o mala

O mala torna-se vacuidade. Do estado de vacuidade, cada conta aparece no seu próprio aspecto, da natureza de Pemanarteshvara, a fala-vajra de todos os Budas.

Recitação de mantra

Você pode praticar a recitação longa ou a recitação breve de mantra.

Recitação longa de mantra

Visualização para a recitação dos mantras das Deidades Principais

O mantra a ser recitado desce da letra HUM no meu coração, sai pela ponta do meu vajra, entra na *bhaga* da consorte, sobe, sai por sua boca, entra em minha boca, desce, e se dissolve novamente no HUM. O mantra circula então, novamente, como antes, saindo e tornando a entrar no meu canal central. Minhas quatro bocas e todas as Deidades do séquito recitam os mantras.

O mantra-raiz do Pai

OM KARA KARA, KURU KURU, BÄNDHA BÄNDHA, TrASAYA TrASAYA, KYOMBHAYA KYOMBHAYA, HROM HROM, HRAH HRAH, PHAIM PHAIM, PHAT PHAT, DAHA DAHA, PATSA PATSA, BHAKYA BHAKYA BASA RUDHI ÄNTRA MALA WALAMBINE, GRIHANA GRIHANA SAPTA PATALA GATA BHUDZAMGAM SARWAMPA TARDZAYA TARDZAYA, AKANDYA AKANDYA, HRIM HRIM, GYÖN GYÖN, KYAMA KYAMA, HAM HAM, HIM HIM, HUM HUM, KILI KILI, SILI SILI, HILI HILI, DHILI DHILI, HUM HUM PHAT

O mantra-raiz da Mãe

OM VAJRA VARAHI, PROTANGE PROTANGE, HANA HANA PARANÄM, KING KINI KING KINI, DHUNA DHUNA VAJRA HA TE, SHOKAYA SHOKAYA, VAJRA KHATANGA KAPALA DHARINI, MAHA BISHITA MAMSA SANI, MANU KÄNTAR PARI TESANI DHANA RASI RAMALA KARAMDAM DHARANI, SUMBHANI SUMBHA, HANA HANA PARANÄM SARWA PASHA WANÄM, MAHA MANÄ TSEDANI, KROMAMURTE KAM KARA KARALINI, MAHA MUDRE, SHRI HERUKA, DEWASÄ TRAMA HIKI, SAHARU SHIRE, SAHARA BAHAWE, SHATA SAHA SANANE DZÖLITA, TEDZA SEDZÖLA MUKE SAMGALA LOTSANI, VAJRA SHÖRIRE, VAJRA SANI, MILITA TSILITA, HE HE, HUM HUM, KHA KHA, DHURU DHURU, MURU MURU, ADETE MAHA YOGINI, PATITA SIDDHE, TERADHAM TERADHAM, GARAM GARAM, HE HE, HA HA, BHIME HASA HASA BIRI, HA HA, HE HE, HUM HUM, TERLOKYA BINA SHANI SHATA SAHA SAKOTI, TATHAGATA, PARIWARE, HUM HUM PHAT, SAHA RUPEKHA GADZA RUPE AH, TERLOKYA UDHARE SAMUTA MEKALE, TRASA TRASA HUM HUM

PHAT, BIRA DETE HUM HUM, HA HA, MAHA PASHU MOHANI YOGI SHÖRI TAM, DAKINI SARWA LOKANI BÄNDHANI SADYA PRADYA KARINI HUM HUM PHAT, BHUTA TRASANI MAHA BIRA PARA MAHASIDDHA, YOGI SHÖRI PHAT, HUM HUM PHAT SOHA

O mantra-essência do Pai

OM SHRI VAJRA HE HE RU RU KAM HUM HUM PHAT DAKINI DZALA SHAMBARAM SOHA

O mantra-essência-aproximador do Pai

OM HRIH HA HA HUM HUM PHAT

O mantra-essência da Mãe

OM VAJRA BEROTZANIYE HUM HUM PHAT SOHA

O mantra-essência-aproximador da Mãe

OM SARWA BUDDHA DAKINIYE VAJRA WARNANIYE HUM HUM PHAT SOHA

Os mantras-armadura extensos

Os mantras-armadura do Pai

OM OM HA HUM HUM PHAT
OM NAMA HI HUM HUM PHAT
OM SOHA HU HUM HUM PHAT
OM BOKE HE HUM HUM PHAT
OM HUM HUM HO HUM HUM PHAT
OM PHAT HAM HUM HUM PHAT

Os mantras-armadura da Mãe

OM OM BAM HUM HUM PHAT
OM HAM YOM HUM HUM PHAT
OM HRIM MOM HUM HUM PHAT
OM HRIM HRIM HUM HUM PHAT
OM HUM HUM HUM HUM PHAT
OM PHAT PHAT HUM HUM PHAT

O mantra-armadura condensado

OM OM HA, NAMA HI, SOHA HU, BOKE HE, HUM HUM HO, PHAT HAM, OM BAM, HAM YOM, HRIM MOM, HRIM HRIM, HUM HUM, PHAT PHAT, HUM HUM PHAT

Visualização para recitar os mantras do séquito

Em pé, sobre um assento de sol no coração de cada Deidade, está uma letra HUM ou BAM rodeada pelo mantra a ser recitado. Da letra no centro do mantra que a rodeia, assembleias de Deidades do mandala se irradiam e satisfazem o bem-estar de todos os seres vivos. Elas se recolhem e se dissolvem na letra central.

Recite os mantras enquanto, repetidamente, irradia e recolhe.

Os mantras das Quatro Ioguines da roda do grande êxtase

OM DAKINIYE HUM HUM PHAT
OM LAME HUM HUM PHAT
OM KHANDAROHI HUM HUM PHAT
OM RUPINIYE HUM HUM PHAT

Os mantras das Deidades da roda-coração

OM KARA KARA HUM HUM PHAT, OM PARTZANDI HUM HUM PHAT, OM KURU KURU HUM HUM PHAT, OM TZÄNDRIAKIYE HUM HUM PHAT, OM BÄNDHA BÄNDHA HUM HUM PHAT, OM PARBHAWATIYE HUM HUM PHAT, OM TrASAYA TrASAYA HUM HUM PHAT, OM MAHANASE HUM HUM PHAT, OM KYOMBHAYA KYOMBHAYA HUM HUM PHAT, OM BIRAMATIYE HUM HUM PHAT, OM HROM HROM HUM HUM PHAT, OM KARWARIYE HUM HUM PHAT, OM HRAH HRAH HUM HUM PHAT, OM LAMKESHÖRIYE HUM HUM PHAT, OM PHAIM PHAIM HUM HUM PHAT, OM DRUMATZAYE HUM HUM PHAT

Os mantras das Deidades da roda-fala

OM PHAT PHAT HUM HUM PHAT, OM AIRAWATIYE HUM HUM PHAT, OM DAHA DAHA HUM HUM PHAT, OM MAHABHAIRAWI HUM HUM PHAT, OM PATSA PATSA HUM HUM PHAT, OM BAYUBEGE HUM HUM PHAT, OM BHAKYA BHAKYA BASA RUDHI

ÄNTRA MALA WALAMBINE HUM HUM PHAT, OM SURABHAKIYE HUM HUM PHAT, OM GRIHANA GRIHANA SAPTA PATALA GATA BHUDZAMGAM SARWAMPA TARDZAYA TARDZAYA HUM HUM PHAT, OM SHAMADEWI HUM HUM PHAT, OM AKANDYA AKANDYA HUM HUM PHAT, OM SUWATRE HUM HUM PHAT, OM HRIM HRIM HUM HUM PHAT, OM HAYAKARNE HUM HUM PHAT, OM GYÖN GYÖN HUM HUM PHAT, OM KHAGANANE HUM HUM PHAT

Os mantras das Deidades da roda-corpo

OM KYAMA KYAMA HUM HUM PHAT, OM TZATRABEGE HUM HUM PHAT, OM HAM HAM HUM HUM PHAT, OM KHANDAROHI HUM HUM PHAT, OM HIM HIM HUM HUM PHAT, OM SHAUNDINI HUM HUM PHAT, OM HUM HUM HUM HUM PHAT, OM TZATRAWARMINI HUM HUM PHAT, OM KILI KILI HUM HUM PHAT, OM SUBIRE HUM HUM PHAT, OM SILI SILI HUM HUM PHAT, OM MAHABALE HUM HUM PHAT, OM HILI HILI HUM HUM PHAT, OM TZATRAWARTINI HUM HUM PHAT, OM DHILI DHILI HUM HUM PHAT, OM MAHABIRE HUM HUM PHAT

Os mantras das Deidades da roda-compromisso

OM KAKASE HUM HUM PHAT, OM ULUKASE HUM HUM PHAT, OM SHÖNASE HUM HUM PHAT, OM SHUKARASE HUM HUM PHAT, OM YAMADHATI HUM HUM PHAT, OM YAMADUTI HUM HUM PHAT, OM YAMADANGTRINI HUM HUM PHAT, OM YAMAMATANI HUM HUM PHAT

O mantra-essência condensado das sessenta Deidades do séquito

OM RIM RIM LIM LIM, KAM KHAM GAM GHAM NGAM, TSAM TSHAM DZAM DZHAM NYAM, TrAM THrAM DrAM DHrAM NAM, TAM THAM DAM DHAM NAM, PAM PHAM BAM BHAM, YAM RAM LAM WAM, SHAM KAM SAM HAM HUM HUM PHAT

Recitação breve de mantra

Se deseja praticar a recitação breve de mantra, você deve recitar apenas os mantras-essência e os mantras-essência-aproximadores do Pai e da Mãe, os mantras das Quatro Ioguines da roda do grande êxtase, os mantras das Deidades da roda-coração, da roda-fala, da roda-corpo

e da roda-compromisso, e o mantra-essência condensado das sessenta Deidades do séquito.

Purificar quaisquer equívocos cometidos durante a recitação de mantra com o mantra de cem letras de Heruka.

OM VAJRA HERUKA SAMAYA, MANU PALAYA, HERUKA TENO PATITA, DRIDHO ME BHAWA, SUTO KAYO ME BHAWA, SUPO KAYO ME BHAWA, ANURAKTO ME BHAWA, SARWA SIDDHI ME PRAYATZA, SARWA KARMA SUTZA ME, TZITAM SHRIYAM KURU HUM, HA HA HA HA HO BHAGAWÄN, VAJRA HERUKA MA ME MUNTSA, HERUKA BHAWA, MAHA SAMAYA SATTO AH HUM PHAT

Abençoar as tormas

OM KHANDAROHI HUM HUM PHAT
OM SOBHAWA SHUDDHA SARWA DHARMA SOBHAWA SHUDDHO HAM
Tudo se torna vacuidade.

Do estado de vacuidade, do YAM vem vento; do RAM vem fogo; do AH, um tripé de três cabeças humanas. Sobre ele, do AH aparece uma ampla e vasta cuia de crânio. Dentro dela, do OM, KHAM, AM, TRAM, HUM vêm os cinco néctares; e do LAM, MAM, PAM, TAM, BAM vêm as cinco carnes, cada qual marcado por uma das letras. O vento sopra, o fogo arde e as substâncias dentro da cuia de crânio derretem e se fundem. Acima delas, do HUM surge um khatanga branco de cabeça para baixo, que cai e se derrete na cuia de crânio, fazendo com que as substâncias assumam cor de mercúrio. Acima disso, três fileiras sobrepostas de vogais e consoantes transformam-se em OM AH HUM. Deles, raios de luz atraem o néctar de excelsa sabedoria do coração de todos os Tathagatas, Heróis e Ioguines das dez direções. Quando isso é adicionado, o conteúdo aumenta e se torna vasto.
OM AH HUM   (3x)

Fazer o convite aos convidados das tormas

PHAIM
Raios de luz se irradiam da letra HUM no assento de sol no meu coração e convidam, ao espaço à minha frente, toda a assembleia das Deidades de

Chakrasambara juntamente com seus séquitos mundanos, tais como os guardiões direcionais que residem nos oito solos sepulcrais.

OM AHRGHAM PARTITZA SOHA
OM PADÄM PARTITZA SOHA
OM VAJRA PUPE AH HUM SOHA
OM VAJRA DHUPE AH HUM SOHA
OM VAJRA DIWE AH HUM SOHA
OM VAJRA GÄNDHE AH HUM SOHA
OM VAJRA NEWIDE AH HUM SOHA
OM VAJRA SHAPTA AH HUM SOHA

De um HUM branco na língua de cada convidado, surge um vajra branco tridentado, através do qual eles compartilham da essência da torma, sorvendo-a por canudos de luz da espessura de apenas um grão de cevada.

Oferecer a torma principal

OM VAJRA AH RA LI HO: DZA HUM BAM HO: VAJRA DAKINI SAMAYA TÖN TRISHAYA HO   (3x)

> *Com a primeira recitação, oferecemos a torma ao Pai Principal; com a segunda, à Mãe Principal; e com a terceira, às Quatro Ioguines, começando a partir do leste e prosseguindo em sentido anti-horário.*

Oferecer a torma às Deidades da roda-coração, da roda-fala e da roda-corpo

OM KARA KARA, KURU KURU, BÄNDHA BÄNDHA, TrASAYA TrASAYA, KYOMBHAYA KYOMBHAYA, HROM HROM, HRAH HRAH, PHAIM PHAIM, PHAT PHAT, DAHA DAHA, PATSA PATSA, BHAKYA BHAKYA BASA RUDHI ÄNTRA MALA WALAMBINE, GRIHANA GRIHANA SAPTA PATALA GATA BHUDZAMGAM SARWAMPA TARDZAYA TARDZAYA, AKANDYA AKANDYA, HRIM HRIM, GYÖN GYÖN, KYAMA KYAMA, HAM HAM, HIM HIM, HUM HUM, KILI KILI, SILI SILI, HILI HILI, DHILI DHILI, HUM HUM PHAT

Oferecer a torma às Deidades da roda-compromisso

OM VAJRA AH RA LI HO: DZA HUM BAM HO: VAJRA DAKINI SAMAYA TÖN TRISHAYA HO   (2x)

Oferendas exteriores

OM AHRGHAM PARTITZA SOHA
OM PADÄM PARTITZA SOHA
OM VAJRA PUPE AH HUM SOHA
OM VAJRA DHUPE AH HUM SOHA
OM VAJRA DIWE AH HUM SOHA
OM VAJRA GÄNDHE AH HUM SOHA
OM VAJRA NEWIDE AH HUM SOHA
OM VAJRA SHAPTA AH HUM SOHA

OM AH VAJRA ADARSHE HUM
OM AH VAJRA WINI HUM
OM AH VAJRA GÄNDHE HUM
OM AH VAJRA RASE HUM
OM AH VAJRA PARSHE HUM
OM AH VAJRA DHARME HUM

Oferenda interior

OM HUM BAM RIM RIM LIM LIM, KAM KHAM GAM GHAM NGAM, TSAM TSHAM DZAM DZHAM NYAM, TrAM THrAM DrAM DHrAM NAM, TAM THAM DAM DHAM NAM, PAM PHAM BAM BHAM, YAM RAM LAM WAM, SHAM KAM SAM HAM HUM HUM PHAT OM AH HUM

Oferenda secreta e oferenda da talidade

Através do Pai e da Mãe se unirem em abraço, todas as Deidades principais e do séquito desfrutam uma experiência especial de grande êxtase e vacuidade.

Oito versos de louvor ao Pai

OM Prostro-me ao Abençoado, Senhor dos Heróis HUM HUM PHAT
OM A ti, com um brilho igual ao do fogo do grande éon HUM HUM PHAT
OM A ti, com um coque inesgotável HUM HUM PHAT
OM A ti, com uma face aterrorizante e caninos à mostra HUM HUM PHAT
OM A ti, cujos mil braços resplandecem com luz HUM HUM PHAT
OM A ti, que seguras um machado, um laço erguido, uma lança e um
  khatanga HUM HUM PHAT

OM A ti, que vestes uma pele de tigre HUM HUM PHAT
OM Curvo-me a ti, cujo grande corpo cor-de-fumaça dissipa obstruções HUM HUM PHAT

Oito versos de louvor à Mãe

OM Prostro-me a Vajravarahi, a Mãe Abençoada HUM HUM PHAT
OM À Superior e poderosa Senhora do Saber, inconquistada pelos três reinos HUM HUM PHAT
OM A ti, que destróis todos os medos de espíritos maléficos com teu grande vajra HUM HUM PHAT
OM A ti, com olhos controladores, que permaneces como o assento-vajra inconquistado por outros HUM HUM PHAT
OM A ti, cuja feroz forma irada desseca Brahma HUM HUM PHAT
OM A ti, que aterrorizas e exterminas demônios, conquistando aqueles de outras direções HUM HUM PHAT
OM A ti, que conquistas todos os que nos tornam obtusos, rígidos e confusos HUM HUM PHAT
OM Curvo-me a Vajravarahi, a Grande Mãe, a consorte Dakini que satisfaz todos os desejos HUM HUM PHAT

Pedir a satisfação dos desejos

Tu, que destruíste igualmente o apego pelo samsara e pela paz solitária, assim como todas as conceitualizações,
Que vês todas as coisas que existem por todo o espaço;
Ó Protetor, dotado com forte compaixão, que eu seja abençoado pelas águas da tua compaixão,
E que as Dakinis me tomem sob seus cuidados amorosos.

Oferecer a torma às Deidades mundanas

Os guardiões direcionais, guardiões regionais, nagas e assim por diante, que residem nos oito grandes solos sepulcrais, ingressam instantaneamente na clara-luz e surgem na forma das Deidades de Heruka no aspecto de Pai e Mãe. De um HUM branco na língua de cada convidado, surge um vajra branco tridentado, através do qual eles compartilham da essência da torma, sorvendo-a por canudos de luz da espessura de apenas um grão de cevada.

OM KHA KHA, KHAHI KHAHI, SARWA YAKYA RAKYASA, BHUTA, TRETA, PISHATSA, UNATA, APAMARA, VAJRA DAKA, DAKI NÄDAYA, IMAM BALING GRIHANTU, SAMAYA RAKYANTU, MAMA SARWA SIDDHI METRA YATZANTU, YATIPAM, YATETAM, BHUDZATA, PIWATA, DZITRATA, MATI TRAMATA, MAMA SARWA KATAYA, SÄDSUKHAM BISHUDHAYE, SAHAYEKA BHAWÄNTU, HUM HUM PHAT PHAT SOHA   (2x)

Com a primeira recitação, oferecemos a torma aos convidados nas direções cardeais, e, com a segunda, aos convidados nas direções intermediárias.

Oferendas exteriores

OM AHRGHAM PARTITZA SOHA
OM PADÄM PARTITZA SOHA
OM VAJRA PUPE AH HUM SOHA
OM VAJRA DHUPE AH HUM SOHA
OM VAJRA DIWE AH HUM SOHA
OM VAJRA GÄNDHE AH HUM SOHA
OM VAJRA NEWIDE AH HUM SOHA
OM VAJRA SHAPTA AH HUM SOHA

Oferenda interior

Às bocas dos guardiões direcionais, guardiões regionais, nagas, e assim por diante, OM AH HUM

Pedidos

Vós, a completa reunião de deuses,
A completa reunião de nagas,
A completa reunião de causadores de mal,
A completa reunião de canibais,
A completa reunião de espíritos maléficos,
A completa reunião de fantasmas famintos,
A completa reunião de comedores-de-carne,
A completa reunião de causadores-de-loucura,
A completa reunião de causadores-de-esquecimento,
A completa reunião de dakas,

A completa reunião de espíritos femininos,
Todos vós, sem exceção,
Por favor, vinde aqui e ouvi-me.
Ó Gloriosos atendentes, velozes como o pensamento,
Que tomastes juramentos e compromissos-coração
De proteger a doutrina e beneficiar os seres vivos,
Vós que, com formas aterrorizantes e ira inesgotável,
Subjugais os malevolentes e destruís as forças das trevas,
Vós, que concedeis resultados às açõesióguicas
E tendes poderes e bênçãos inconcebíveis,
A vós, oito tipos de convidados, eu me prostro.

A todos vós, juntamente com vossas consortes, filhos e servos,
Peço, concedei-me a boa fortuna de todas as realizações.
Que eu e os demais praticantes
Tenhamos boa saúde, vida longa, poder,
Glória, fama, fortuna
E extensos prazeres.
Por favor, concedei-me as aquisições
Das ações pacificadoras, crescentes, controladoras e iradas.
Ó Guardiões, auxiliai-me sempre.
Erradicai toda morte prematura, doenças,
Danos causados por espíritos e obstruções.
Eliminai sonhos ruins,
Maus presságios e más ações.

Que haja felicidade no mundo e os anos por vir sejam bons,
Que as colheitas aumentem e o Dharma floresça.
Que toda bondade e felicidade aconteçam
E todos os desejos sejam realizados.

Se desejar, você pode fazer a oferenda tsog neste ponto. Ela tem início na página 336.

Purificar quaisquer equívocos cometidos durante esta prática com o mantra de cem letras de Heruka

OM VAJRA HERUKA SAMAYA, MANU PALAYA, HERUKA TENO PATITA, DRIDHO ME BHAWA, SUTO KAYO ME BHAWA, SUPO KAYO ME BHAWA, ANURAKTO ME BHAWA, SARWA SIDDHI ME PRAYATZA, SARWA KARMA SUTZA ME, TZITAM SHRIYAM KURU HUM, HA HA HA HA HO BHAGAWÄN, VAJRA HERUKA MA ME MUNTSA, HERUKA BHAWA, MAHA SAMAYA SATTO AH HUM PHAT

OM YOGA SHUDDHA SARWA DHARMA YOGA SHUDDHO HAM

VAJRA MU

Os seres mundanos regressam aos seus próprios locais, e a assembleia das Deidades da geração-em-frente dissolvem-se em mim.

Dissolução e geração das Deidades-ação

Os solos sepulcrais e o círculo de proteção se dissolvem na mansão celestial. A mansão celestial se dissolve nas Deidades da roda-compromisso. Elas se dissolvem nas Deidades da roda-corpo. Elas se dissolvem nas Deidades da roda-fala. Elas se dissolvem nas Deidades da roda-coração. Elas se dissolvem nas Quatro Ioguines da roda do grande êxtase. Elas se dissolvem em mim, a Deidade Principal Pai e Mãe, a natureza da gota indestrutível branca e vermelha. Eu, a Deidade Principal Pai e Mãe, também me converto em luz e me dissolvo na letra HUM no meu coração, por natureza, a vacuidade do Dharmakaya.

Do estado de vacuidade, nosso mundo surge como a Terra Pura de Heruka, Keajra. Eu e todos os seres sencientes surgimos como o Abençoado Heruka, com um corpo azul, uma face e dois braços, unido-em-abraço com Vajravarahi.

Meditação na primeira das cinco etapas do estágio de conclusão, a etapa de abençoar o *self*

Dentro do meu canal central, no centro da Roda do Dharma no meu coração, está uma gota do tamanho de uma pequena ervilha. Sua metade superior é branca, e a metade inferior, vermelha, e irradia

Heruka de Dois Braços

raios de luz de cinco cores. No seu centro, está uma minúscula letra HUM branca com um sombreado vermelho, da natureza de Heruka. O minúsculo *nada* de três curvas do HUM, tão fino quanto a ponta de um cabelo, é vermelho no topo e branco-avermelhado na base. Da natureza de grande êxtase, ele é extremamente brilhante, irradia luz vermelha e goteja néctar. Minha mente funde-se inseparavelmente com o *nada*.

Adornar nosso corpo com as Deidades-armadura

Sobre um mandala de lua, no meu coração, aparecem OM HA brancos, da natureza de Vajrasattva; sobre um sol, na minha cabeça, NAMA HI amarelos, da natureza de Vairochana; sobre um sol, na minha coroa, SOHA HU vermelhos, da natureza de Pemanarteshvara; sobre um sol, nos meus dois ombros, BOKE HE pretos, da natureza do Glorioso Heruka; sobre um sol, nos meus dois olhos, HUM HUM HO laranjas, da natureza de Vajrasurya; e sobre um sol, na minha testa, PHAT HAM verdes, da natureza de Paramashawa.

Sobre um mandala de sol, no umbigo da Mãe Principal, aparecem OM BAM vermelhos, da natureza de Vajravarahi; sobre um sol, no seu coração, HAM YOM azuis, da natureza de Yamani; sobre uma lua, na sua garganta, HRIM MOM brancos, da natureza de Mohani; sobre um sol, na sua cabeça, HRIM HRIM amarelos, da natureza de Sachalani; sobre um sol, na sua coroa, HUM HUM verdes, da natureza de Samtrasani; e sobre um sol, na sua testa, PHAT PHAT cor-de-fumaça, da natureza de Chandika.

O mantra-que-emana-das-quatro-faces

OM SUMBHANI SUMBHA HUM HUM PHAT
OM GRIHANA GRIHANA HUM HUM PHAT
OM GRIHANA PAYA GRIHANA PAYA HUM HUM PHAT
OM ANAYA HO BHAGAWÄN BYÄ RADZA HUM HUM PHAT

Dedicatória

Você pode recitar a dedicatória extensa ou a breve.

Dedicatória extensa

Pelas virtudes que acumulei e que ainda irei acumular,
Que eu confie sinceramente no meu sagrado Guia Espiritual,
A fonte suprema de todas as aquisições
E de toda a boa fortuna que experiencio.

As instruções do Guia Espiritual explicam claramente
A liberdade e dote desta preciosa forma humana, seu grande significado e como é difícil de encontrar,
O quão fácil é morrer, os perigos do renascimento inferior
E de que modo *buscar refúgio* e *observar ações e efeitos* nos protegem.

Através de contemplar bem esses pontos e obter profunda experiência,
Que eu mantenha firmemente a base das etapas do caminho;
E por compreender que o samsara é tão desprovido de essência quanto uma bananeira,
Que eu sempre mantenha renúncia.

Por compaixão, incapaz de suportar os sofrimentos dos seres vivos-mães,
Com uma mente que busca, unicamente, a conquista da suprema iluminação,
Que eu mantenha perfeitamente os votos das mentes aspirativa e de compromisso,
E treine sinceramente as seis perfeições e as quatro maneiras de reunir.

Tendo me tornado um recipiente puro através dos caminhos comuns, que eu receba as quatro iniciações
Que depositam os potenciais para alcançar os quatro corpos,
Purificam os quatro tipos de máculas
E me concedem o poder para meditar nos dois estágios.

Por praticar sinceramente tudo o que foi ensinado,
Que eu mantenha perfeitamente os votos e compromissos
Tomados naquela ocasião, diante das testemunhas –
Os Gurus, Budas, Bodhisattvas, Heróis e Dakinis.

Assim, que eu sempre mantenha puramente os dezenove compromissos das Cinco Famílias Búdicas:
Os seis compromissos de Buda Vairochana –

Buscar refúgio em Buda, Dharma e Sangha,
Abster-se de não virtude, praticar virtude e beneficiar os outros;

Os quatro compromissos de Buda Akshobya –
Manter um vajra e um sino, gerar a mim mesmo como a Deidade
  e confiar sinceramente no meu Guia Espiritual;
Os quatro compromissos de Buda Ratnasambhava –
Dar ajuda material, Dharma, destemor e amor;

Os três compromissos de Buda Amitabha –
Confiar nos ensinamentos de Sutra e nas duas classes, inferiores
  e superiores, de Tantra;
E os dois compromissos de Buda Amoghasiddhi –
Fazer oferendas ao meu Guia Espiritual e empenhar-me para manter
  puramente todos os votos que tomei.

Compreendendo que a prática do estágio de geração
Faz com que eu receba o cuidado especial do meu Yidam ao longo
  de todas as minhas vidas,
Receba as bênçãos das Deidades sagradas,
Causa o amadurecimento do meu *continuum* mental para gerar todas
  as etapas de conclusão

E purifica as máculas da aparência e concepção comuns;
Por praticá-la sinceramente em quatro sessões,
Que eu alcance a realização do estágio de geração
De perceber todos os objetos que aparecem como manifestações da Deidade.

Por praticar o ioga das três purificações,
Que eu receba as bênçãos do corpo, fala e mente de Heruka,
Purifique meu corpo, fala e mente, juntamente com todos os obstáculos,
E complete uma grande coleção de mérito.

Reunindo todas as elaborações na clara-luz,
Surgindo dela na forma de um *nada*,
Ingressando no centro da lua branco-avermelhada,
Na qual as vogais e consoantes aparecem como um reflexo,

E, a partir dela, completando todo o mandala de Heruka;
Compreendendo o significado disso e meditando nos três trazeres,
Que eu alcance o Corpo-Verdade, o Corpo-de-Deleite e o Corpo-Emanação
No momento da morte, bardo e renascimento.

Que eu alcance a realização do corpo-vajra –
As rodas-canais e assim por diante, que são os objetos a serem penetrados –
Simbolizados pelos quatro elementos, Monte Meru e o lótus,
Que são o lugar supremo dentro do qual Heruka está completo.

Meditando com perfeito conhecimento em quatro sessões
Na gota vermelha ardente do umbigo
Encontrando-se com a gota branca gotejante da coroa
Dentro do canal central no meu coração,

Que é o método para gerar Heruka definitivo,
Simbolizado pela união do branco e vermelho
Dentro da lua no centro do lótus;
Que eu alcance essas realizações do estágio de conclusão.

Por meditar em quatro sessões
No mandala exterior e no mandala de corpo de Heruka,
Que surgem de trazer o renascimento para o caminho que conduz
    ao Corpo-Emanação,
Que eu conclua a clara aparência dos mandalas exterior e interior
    do estágio de geração denso e sutil.

Por meditar nas Deusas dos portais nas portas dos sentidos,
Que eu reverta os ventos através das portas dos sentidos;
Por meditar nos Heróis e Heroínas nos vinte e quatro lugares,
Que eu reúna os ventos nos vinte e quatro canais;

Por meditar nas Deidades da roda do grande êxtase nas pétalas
    da Roda do Dharma,
Que eu reúna os ventos nos oito canais
Das direções cardeais e intermediárias no meu coração
E, então, que eu os reúna no meu canal central no coração.

Por meditar no Venerável Pai e Mãe interior,
Que minhas gotas brancas e vermelhas entrem em união,

E, então, que eu amadureça plenamente minhas raízes virtuosas
Para gerar as supremas etapas de conclusão.

Que eu alcance as realizações das cinco etapas do caminho profundo
Do significado secreto do Rei dos Tantras-Mãe
Tão claramente explicados por mahasiddha Ghantapa,
E, assim, que eu realize o estado do Glorioso Heruka nesta vida.

Através da etapa de abençoar o *self*,
Com minha mente absorta, em recitação vajra, nos ventos inseparáveis
 do mantra
E na letra HUM no centro do meu chacra do coração,
Que eu solte completamente os nós do canal no meu coração.

Através da etapa do vajra de várias qualidades,
Observando o minúsculo HUM e a lua, sol e gota
No centro do vajra nas extremidades inferior e superior do meu canal central,
Que eu alcance êxtase espontâneo estável e que minhas bodhichittas aumentem.

Através do fogo puro induzido pelo toque remoinhante das quatro lindas Deusas –
O mudra-compromisso, mudra-ação, mudra-fenômeno e o Mahamudra –
Derretendo as gotas dos meus setenta e dois mil canais,
Que eu complete a etapa de preencher com joias.

Através de manter a gota das Cinco Famílias envolvida pela respiração-vaso
Dentro da fonte-fenômenos em *dzöladhara*, no meu lugar secreto,
E através do forte movimento do arder e do gotejar do AH e do HAM,
Que eu receba o fluxo de bênçãos de todos os compassivos Conquistadores.

Por confiar nos métodos exterior e interior,
Tais como os três prazeres e as duas concentrações,
Que eu alcance a união inseparável do corpo-ilusório e da clara-luz
E, assim, complete a etapa da inconceptibilidade.

Em resumo, que eu nunca esteja separado do Venerável Guru Pai e Mãe,
Mas esteja sempre sob seus cuidados amorosos e receba suas bênçãos.
Deste modo, que eu conclua velozmente todos os solos e caminhos,
E alcance rapidamente o estado de Heruka.

Dedicatória breve

Assim, por minhas virtudes de corretamente fazer as oferendas, louvores, recitações e meditações
Do estágio de geração do Glorioso Heruka,
Que eu complete todas as etapas
Dos caminhos comum e incomum.

Para o bem de todos os seres vivos
Que eu me torne Heruka;
E, então, conduza cada ser vivo
Ao estado supremo de Heruka.

E, se eu não alcançar esse estado supremo nesta vida,
Que eu seja encontrado, na hora da minha morte, pelos Veneráveis Pai e Mãe e seus séquitos,
Com nuvens de oferendas extremamente belas, música celestial,
E muitos sinais auspiciosos e excelentes.

Então, ao final da clara-luz da morte,
Que eu seja conduzido à Terra Dakini,
A morada dos Detentores do Saber, que praticam o caminho supremo;
E que, ali, eu complete rapidamente esse caminho profundo.

Que a mais profunda prática e instrução de Heruka,
Praticada por milhões de poderosos iogues, aumente imensamente;
E que ela permaneça por muito tempo sem se degenerar,
Como a entrada principal para os que buscam libertação.

Que os Heróis, Dakinis e seus séquitos,
Que residem nos vinte e quatro lugares supremos deste mundo,
Que possuem um poder livre de obstruções para realizarem este método,
Nunca oscilem em ajudar continuamente os praticantes.

Preces auspiciosas

Que haja a auspiciosidade de um grande tesouro de bênçãos
Surgindo dos excelentes feitos do Guru-raiz e de todos os Gurus-linhagem,
Que realizaram a suprema aquisição de Buda Heruka
Por confiarem no excelente caminho secreto do Rei dos Tantras.

Que haja a auspiciosidade dos grandes e excelentes feitos das Três Joias –
A sagrada Joia Buda, a natureza de Heruka que tudo permeia;
A Joia Dharma secreta, magnífica e última, as escrituras e realizações
   do Tantra de Heruka;
E a suprema Joia Sangha, as assembleias de Deidades do séquito de Heruka.

Por toda a grande boa fortuna que existe
Nas preciosas mansões celestiais, tão extensas quanto os três mil mundos,
Adornadas com ornamentos semelhantes aos raios do Sol e da Lua,
Que todos os mundos e seus seres tenham felicidade, bondade, glória
   e prosperidade.

Preces pela Tradição Virtuosa

Para que a tradição de Je Tsongkhapa,
O Rei do Dharma, floresça,
Que todos os obstáculos sejam pacificados
E todas as condições favoráveis sejam abundantes.

Pelas duas coleções, minhas e dos outros,
Reunidas ao longo dos três tempos,
Que a doutrina do Conquistador Losang Dragpa
Floresça para sempre.

Prece *Migtsema* de nove versos

Tsongkhapa, ornamento-coroa dos eruditos da Terra das Neves,
Tu és Buda Shakyamuni e Vajradhara, a fonte de todas as conquistas,
Avalokiteshvara, o tesouro de inobservável compaixão,
Manjushri, a suprema sabedoria imaculada,
E Vajrapani, o destruidor das hostes de maras.
Ó Venerável Guru Buda, síntese das Três Joias,
Com meu corpo, fala e mente, respeitosamente faço pedidos:
Peço, concede tuas bênçãos para amadurecer e libertar a mim e aos outros,
E confere-nos as aquisições comuns e a suprema.   (3x)

A OFERENDA TSOG DO MANDALA DE CORPO DE HERUKA

Abençoar as oferendas interiores e exteriores, o ambiente e os seres, e as substâncias da oferenda tsog

OM AH HUM   (3x)

Sendo, por natureza, excelsa sabedoria, possuindo o aspecto da oferenda interior e das substâncias individuais de oferenda, e funcionando como objetos de prazer dos seis sentidos para gerar uma excelsa sabedoria especial de êxtase e vacuidade, inconcebíveis nuvens de oferendas exteriores, interiores e secretas, substâncias de compromisso e oferendas fascinantes cobrem o solo por inteiro e preenchem todo o espaço.

EH MA HO Grande manifestação de excelsa sabedoria.
Todos os reinos são reinos-vajra
E todos os lugares são magníficos palácios-vajra,
Dotados com vastas nuvens de oferendas de Samantabhadra,
Uma profusão de todos os prazeres desejados.
Todos os seres são, efetivamente, Heróis e Heroínas,
Tudo é imaculadamente puro
Sem, sequer, o nome de aparência impura equivocada.

HUM Todas as elaborações são completamente pacificadas no estado do Corpo-Verdade. O vento sopra e o fogo arde. Acima, sobre um tripé de três cabeças humanas, AH dentro de uma qualificada cuia de crânio, OM as substâncias individuais ardem. Acima disso estão OM AH HUM, cada qual resplandecendo com sua cor brilhante. Pelo soprar do vento e o arder do fogo, as substâncias derretem. Fervendo, elas rodopiam num grande vapor. Imensidões de raios de luz irradiam das três letras para as dez direções e convidam os três vajras juntamente com néctares. Eles se dissolvem separadamente nas três letras. Derretendo-se no néctar, elas se fundem com a mistura. Purificada, transformada e aumentada,
EH MA HO Isso se torna um fulgurante oceano de magníficos deleites.

OM AH HUM   (3x)

Fazer o convite aos convidados da oferenda tsog

PHAIM
Do palácio sagrado do Dharmakaya,
Grande Mestre, detentor da linhagem suprema do Vajrayana,
Que satisfazes nossas esperanças por todas as aquisições,
Ó Assembleia de Guru-raiz e Gurus-linhagem, por favor, vinde a este local.

Dos vinte e quatro lugares sagrados que existem por todo o mundo,
Ó Glorioso Heruka, cuja natureza é a compaixão de todos os Budas,
E todos os Heróis e Heroínas desses lugares,
Por favor, vinde aqui para conceder as aquisições que ansiamos.

Das terras puras e impuras das dez direções,
Ó Assembleia de Yidams, Budas, Bodhisattvas e Protetores do Dharma,
E todos os seres do samsara e do nirvana,
Por favor, vinde aqui como convidados desta oferenda tsog.

OM GURU VAJRADHARA CHAKRASAMBARA SÄMANDALA DEWA
SARWA BUDDHA BODHISATTÖ SAPARIWARA EH HAYE HI VAJRA
SAMAYA DZA DZA

PÄMA KAMALAYE TÖN

Fazer a oferenda tsog

HO Esse oceano de oferenda tsog de incontaminado néctar,
Abençoado por concentração, mantra e mudra,
Ofereço para agradar ao meu bondoso Guru-raiz Vajradhara Heruka
   Pai e Mãe.
OM AH HUM
Deleitado pelo desfrute desses magníficos objetos de desejo,
EH MA HO
Por favor, abençoa-me para que eu alcance a Terra Dakini exterior e interior.

HO Esse oceano de oferenda tsog de incontaminado néctar,
Abençoado por concentração, mantra e mudra,
Ofereço para agradar às Quatro Ioguines da roda do grande êxtase.
OM AH HUM

Dorje Shugden

Deleitadas pelo desfrute desses magníficos objetos de desejo,
EH MA HO
Por favor, abençoai-me para que eu alcance grande êxtase espontâneo.

HO Esse oceano de oferenda tsog de incontaminado néctar,
Abençoado por concentração, mantra e mudra,
Ofereço para agradar aos Heróis e Heroínas da mente-vajra.
OM AH HUM
Deleitados pelo desfrute desses magníficos objetos de desejo,
EH MA HO
Por favor, abençoai-me para que eu experiencie deleite com os
    mensageiros da Família da Mente-Vajra.

HO Esse oceano de oferenda tsog de incontaminado néctar,
Abençoado por concentração, mantra e mudra,
Ofereço para agradar aos Heróis e Heroínas da fala-vajra.
OM AH HUM
Deleitados pelo desfrute desses magníficos objetos de desejo,
EH MA HO
Por favor, abençoai-me para que eu experiencie deleite com os
    mensageiros da Família da Fala-Vajra.

HO Esse oceano de oferenda tsog de incontaminado néctar,
Abençoado por concentração, mantra e mudra,
Ofereço para agradar aos Heróis e Heroínas do corpo-vajra.
OM AH HUM
Deleitados pelo desfrute desses magníficos objetos de desejo,
EH MA HO
Por favor, abençoai-me para que eu experiencie deleite com os
    mensageiros da Família do Corpo-Vajra.

HO Esse oceano de oferenda tsog de incontaminado néctar,
Abençoado por concentração, mantra e mudra,
Ofereço para agradar às Deidades da roda-compromisso.
OM AH HUM
Deleitadas pelo desfrute desses magníficos objetos de desejo,
EH MA HO
Por favor, abençoai-me para que eu pacifique todos os obstáculos.

HO Esse oceano de oferenda tsog de incontaminado néctar,
Abençoado por concentração, mantra e mudra,
Ofereço para agradar a todos os outros Yidams, Budas, Bodhisattvas
    e Protetores do Dharma.
OM AH HUM
Deleitados pelo desfrute desses magníficos objetos de desejo,
EH MA HO
Por favor, abençoai-me para que eu alcance todas as realizações
    de Sutra e de Tantra.

HO Esse oceano de oferenda tsog de incontaminado néctar,
Abençoado por concentração, mantra e mudra,
Ofereço para agradar à assembleia de seres sencientes-mães.
OM AH HUM
Deleitados pelo desfrute desses magníficos objetos de desejo,
EH MA HO
Que o sofrimento e a aparência equivocada sejam apaziguados.

Oferendas exteriores

OM AHRGHAM PARTITZA SOHA
OM PADÄM PARTITZA SOHA
OM VAJRA PUPE AH HUM SOHA
OM VAJRA DHUPE AH HUM SOHA
OM VAJRA DIWE AH HUM SOHA
OM VAJRA GÄNDHE AH HUM SOHA
OM VAJRA NEWIDE AH HUM SOHA
OM VAJRA SHAPTA AH HUM SOHA

Oferenda interior

OM HUM BAM RIM RIM LIM LIM, KAM KHAM GAM GHAM NGAM,
TSAM TSHAM DZAM DZHAM NYAM, TrAM THrAM DrAM DHrAM
NAM, TAM THAM DAM DHAM NAM, PAM PHAM BAM BHAM, YAM
RAM LAM WAM, SHAM KAM SAM HAM HUM HUM PHAT OM AH HUM

Oferenda secreta e oferenda da talidade

Através do Pai e da Mãe se unirem em abraço, todas as Deidades principais e do séquito desfrutam uma experiência especial de grande êxtase e vacuidade.

Oito versos de louvor ao Pai

OM Prostro-me ao Abençoado, Senhor dos Heróis HUM HUM PHAT
OM A ti, com um brilho igual ao do fogo do grande éon HUM HUM PHAT
OM A ti, com um coque inesgotável HUM HUM PHAT
OM A ti, com uma face aterrorizante e caninos à mostra HUM HUM PHAT
OM A ti, cujos mil braços resplandecem com luz HUM HUM PHAT
OM A ti, que seguras um machado, um laço erguido, uma lança e um khatanga HUM HUM PHAT
OM A ti, que vestes uma pele de tigre HUM HUM PHAT
OM Curvo-me a ti, cujo grande corpo cor-de-fumaça dissipa obstruções HUM HUM PHAT

Oito versos de louvor à Mãe

OM Prostro-me a Vajravarahi, a Mãe Abençoada HUM HUM PHAT
OM À Superior e poderosa Senhora do Saber, inconquistada pelos três reinos HUM HUM PHAT
OM A ti, que destróis todos os medos de espíritos maléficos com teu grande vajra HUM HUM PHAT
OM A ti, com olhos controladores, que permaneces como o assento-vajra inconquistado por outros HUM HUM PHAT
OM A ti, cuja feroz forma irada desseca Brahma HUM HUM PHAT
OM A ti, que aterrorizas e exterminas demônios, conquistando aqueles de outras direções HUM HUM PHAT
OM A ti, que conquistas todos os que nos tornam obtusos, rígidos e confusos HUM HUM PHAT
OM Curvo-me a Vajravarahi, a Grande Mãe, a consorte Dakini que satisfaz todos os desejos HUM HUM PHAT

Fazer a oferenda tsog ao Guia Espiritual Vajrayana

EH MA HO Grande círculo do tsog!
Ó Grande Herói, nós entendemos
Que, seguindo no caminho dos Sugatas dos três tempos,
Tu és a fonte de todas as aquisições.
Abandonando todas as mentes de conceitualização,
Por favor, desfruta continuamente deste círculo do tsog.
AH LA LA HO

A resposta do Guia Espiritual Vajrayana

OM Com uma natureza inseparável dos três vajras,
Gero-me como o Guru-Deidade.
AH Este néctar de excelsa sabedoria e êxtase incontaminados,
HUM Sem afastar-me da bodhichitta,
Compartilho para deleitar as Deidades que moram em meu corpo.
AH HO MAHA SU KHA

Canção da Rainha da Primavera

HUM A todos vós, Tathagatas,
Heróis, Ioguines,
Dakas e Dakinis,
A todos vós eu faço este pedido:
Ó Heruka, que te deleitas em grande êxtase,
Tu te envolves na União de espontâneo êxtase,
Acompanhando a Senhora inebriada de êxtase
E deleitando-te de acordo com os rituais.
AH LA LA, LA LA HO, AH I AH, AH RA LI HO
Que a assembleia de imaculadas Dakinis
Olhe com amorosa afeição e cumpra todos os feitos.

HUM A todos vós, Tathagatas,
Heróis, Ioguines,
Dakas e Dakinis,
A todos vós eu faço este pedido:
Com uma mente completamente desperta por grande êxtase
E um corpo numa dança de constante meneio,

Ofereço às hostes de Dakinis
O grande êxtase de desfrutar do lótus do mudra.
AH LA LA, LA LA HO, AH I AH, AH RA LI HO
Que a assembleia de imaculadas Dakinis
Olhe com amorosa afeição e cumpra todos os feitos.

HUM A todos vós, Tathagatas,
Heróis, Ioguines,
Dakas e Dakinis,
A todos vós eu faço este pedido:
Vós, que dançais de maneira linda e pacífica,
Ó Protetor, Pleno de Êxtase, e hostes de Dakinis,
Por favor, vinde à minha frente e concedei-me vossas bênçãos,
E conferi-me grande êxtase espontâneo.
AH LA LA, LA LA HO, AH I AH, AH RA LI HO
Que a assembleia de imaculadas Dakinis
Olhe com amorosa afeição e cumpra todos os feitos.

HUM A todos vós, Tathagatas,
Heróis, Ioguines,
Dakas e Dakinis,
A todos vós eu faço este pedido:
Vós, que tendes a característica da libertação de grande êxtase,
Não dizeis que, numa única vida, a libertação possa ser alcançada
Por meio de várias práticas ascéticas de abandono do grande êxtase,
Mas que o grande êxtase reside no centro do supremo lótus.
AH LA LA, LA LA HO, AH I AH, AH RA LI HO
Que a assembleia de imaculadas Dakinis
Olhe com amorosa afeição e cumpra todos os feitos.

HUM A todos vós, Tathagatas,
Heróis, Ioguines,
Dakas e Dakinis,
A todos vós eu faço este pedido:
Qual lótus nascido no centro de um pântano,
Este método, embora nascido do apego, é impoluto pelas falhas do apego.
Ó Suprema Dakini, pelo êxtase de teu lótus,
Por favor, traz rapidamente a libertação das amarras do samsara.

AH LA LA, LA LA HO, AH I AH, AH RA LI HO
Que a assembleia de imaculadas Dakinis
Olhe com amorosa afeição e cumpra todos os feitos.

HUM A todos vós, Tathagatas,
Heróis, Ioguines,
Dakas e Dakinis,
A todos vós eu faço este pedido:
Assim como a essência do mel, na fonte do mel,
É bebida por enxames de abelhas de todas as direções,
Do mesmo modo, por vosso amplo lótus com seis características,
Por favor, satisfazei-nos com o gosto do grande êxtase.
AH LA LA, LA LA HO, AH I AH, AH RA LI HO
Que a assembleia de imaculadas Dakinis
Olhe com amorosa afeição e cumpra todos os feitos.

Abençoar a oferenda tsog remanescente

HUM Aparências impuras equivocadas são purificadas na vacuidade,
AH Grande néctar realizado a partir da excelsa sabedoria,
OM Isso se torna um vasto oceano de desejado prazer.
OM AH HUM   (3x)

Dar a oferenda tsog remanescente para os espíritos

HO Esse oceano de oferenda tsog remanescente de incontaminado néctar,
Abençoado por concentração, mantra e mudra,
Ofereço para agradar à assembleia de guardiões sob-juramento.
OM AH HUM
Deleitados pelo desfrute desses magníficos objetos de desejo,
EH MA HO
Por favor, executai ações perfeitas para ajudar os praticantes.

Sair com o que restou da oferenda tsog para os espíritos.

HO
Ó Convidados do restante, juntamente com vossos séquitos,
Por favor, desfrutai desse oceano de oferenda tsog remanescente.
Que aqueles que difundem a preciosa doutrina,

Os detentores da doutrina, seus benfeitores e outros,
E especialmente eu e os demais praticantes
Tenhamos boa saúde, vida longa, poder,
Glória, fama, fortuna
E extensos prazeres.
Por favor, concedei-me as aquisições
Das ações pacificadoras, crescentes, controladoras e iradas.
Vós, que estais comprometidos por juramentos, por favor, protegei-me
E ajudai-me a realizar todas as aquisições.
Erradicai toda morte prematura, doenças,
Danos causados por espíritos e obstruções.
Eliminai sonhos ruins,
Maus presságios e más ações.

Que haja felicidade no mundo e os anos por vir sejam bons,
Que as colheitas aumentem e o Dharma floresça.
Que toda bondade e felicidade aconteçam
E todos os desejos sejam realizados.

Por força dessa farta doação,
Que eu me torne um Buda para o benefício dos seres vivos,
E que, por minha generosidade, liberte
Todos os que não foram libertados pelos Budas anteriores.

Cólofon: Esta sadhana, ou prece ritual para aquisições espirituais, foi compilada de fontes tradicionais por Venerável Geshe Kelsang Gyatso Rinpoche. A estrofe dedicada ao Venerável Geshe Kelsang Gyatso Rinpoche, em *Pedidos aos Gurus-linhagem*, foi escrita pelo glorioso Protetor do Dharma, Duldzin Dorje Shugden, a pedido dos fiéis e devotados discípulos de Geshe Kelsang. Pedimos a permissão de Venerável Geshe Kelsang para incluir esse verso na sadhana para expressar nossa sincera gratidão por sua bondade, e para o uso, na prática individual ou em grupo, de praticantes que receberam dele a iniciação.

Assembleia de Boa Fortuna

A OFERENDA TSOG DO MANDALA DE CORPO DE HERUKA

Introdução

Para os praticantes de Tantra Ioga Supremo, em geral, e de Heruka e Vajrayogini, em particular, a oferenda tsog é muito importante para renovar compromissos e impedir obstáculos. É um método especial por meio do qual esses praticantes ficam sob os cuidados e a orientação dos Dakas e Dakinis, que concedem realizações do estágio de conclusão. Por fazer a oferenda tsog, sua riqueza, mérito e grande êxtase aumentarão enormemente. A oferenda tsog é o método principal para alcançar a Terra Dakini interior e exterior.

Um "tsog" é uma assembleia de Heróis e Heroínas. Quando você faz uma oferenda tsog, você deve considerar como Heróis e Heroínas tanto aqueles a quem a oferenda é feita quanto aqueles que estão fazendo a oferenda. Quando você se reunir com um grupo para fazer uma oferenda tsog, é muito importante que as pessoas se considerem, umas às outras, como Heróis e Heroínas. Se estiver fazendo este puja sozinho, você deve se visualizar rodeado por todos os seres vivos no aspecto de Heróis e Heroínas.

Os praticantes de Heruka e Vajrayogini têm um compromisso de fazer oferendas tsog no décimo e 25º dias de cada mês. Eles são denominados "os décimos" dias porque, de acordo com o calendário lunar, o primeiro "décimo" é dez dias após a lua nova, e o segundo "décimo", o 25º dia, é dez dias após a lua cheia. Khedrubje recebeu uma visão de Heruka, na qual Heruka disse a ele: "Os praticantes que sinceramente fazem a oferenda tsog sem que se esqueçam dos dois 'décimos-dias' de cada mês irão, definitivamente, renascer na Terra Dakini".

As substâncias da oferenda tsog podem ser colocadas em qualquer lugar adequado diante do altar, e podem consistir de alimentos limpos e frescos, tais como bolos, biscoitos, mel e frutas. Você pode oferecer, também, uma torma de oferenda tsog feita da maneira tradicional, de acordo com a ilustração na página 535.

Existem duas maneiras de fazer a oferenda tsog do mandala de corpo de Heruka: em associação com esta breve sadhana ou, se você tiver tempo para praticar a autogeração extensa, em associação com a sadhana *Essência do Vajrayana*. Mais informações sobre oferendas tsog podem ser encontradas no livro *Novo Guia à Terra Dakini*.

Se possível, você deve dispor sua oferenda interior, vajra, sino, damaru e mala sobre uma mesa pequena diante do seu assento de meditação, como mostrado na página 238. E então, com uma motivação pura e uma mente feliz, começar a prática propriamente dita.

Assembleia de Boa Fortuna

Visualizar os objetos de refúgio

No espaço à minha frente, aparecem Guru Heruka Pai e Mãe, rodeados pela assembleia de Gurus-diretos e Gurus-linhagem, Yidams, Budas, Bodhisattvas, Heróis, Dakinis e Protetores do Dharma.

Buscar refúgio e gerar a bodhichitta aspirativa

Eternamente, vou me refugiar
Em Buda, Dharma e Sangha.
Para o bem de todos os seres vivos,
Vou me tornar Heruka.   (3x)

Gerar a bodhichitta de compromisso

Para conduzir todos os seres vivos-mães ao estado de felicidade última,
Vou alcançar o mais rapidamente possível, ainda nesta vida,
O estado da União de Buda Heruka.
Com esse propósito, vou praticar as etapas do caminho de Heruka.   (3x)

Receber bênçãos

Guru Heruka Pai e Mãe, juntamente com todos os demais objetos de refúgio, dissolvem-se em mim, e eu recebo suas bênçãos.

Purificar nossa mente, nosso corpo e nossa fala *próprios*

Do estado de êxtase e vacuidade, eu surjo como Heruka com um corpo azul, uma face e duas mãos segurando vajra e sino, e unido-em-abraço com Vajravarahi. Estou em pé, com minha perna direita estendida.

OM SHRI VAJRA HE HE RU RU KAM HUM HUM PHAT DAKINI DZALA
  SHAMBARAM SOHA

Minha mente transformou-se na união de êxtase e vacuidade; meu corpo, no corpo de Heruka; e minha fala, no mantra de Heruka.

Purificar os outros seres, o ambiente e prazeres

Raios de luz se irradiam da letra HUM no meu coração,
Purificando todos os mundos e seus seres.
Tudo se torna imaculadamente puro,
Completamente preenchido por um vasto conjunto de oferendas
Da natureza de excelsa sabedoria e que concedem êxtase incontaminado.

Abençoar as oferendas interiores e exteriores, o ambiente e os seres, e as substâncias da oferenda tsog

OM AH HUM   (3x)

Sendo, por natureza, excelsa sabedoria, possuindo o aspecto da oferenda interior e das substâncias individuais de oferenda, e funcionando como objetos de prazer dos seis sentidos para gerar uma excelsa sabedoria especial de êxtase e vacuidade, inconcebíveis nuvens de oferendas exteriores, interiores e secretas, substâncias de compromisso e oferendas fascinantes cobrem o solo por inteiro e preenchem todo o espaço.

EH MA HO Grande manifestação de excelsa sabedoria.
Todos os reinos são reinos vajra
E todos os lugares são magníficos palácios-vajra,
Dotados com vastas nuvens de oferendas de Samantabhadra,
Uma profusão de todos os prazeres desejados.
Todos os seres são, efetivamente, Heróis e Heroínas,
Tudo é imaculadamente puro
Sem, sequer, o nome de aparência impura equivocada.

HUM Todas as elaborações são completamente pacificadas no estado do Corpo-Verdade. O vento sopra e o fogo arde. Acima, sobre um tripé de três cabeças humanas, AH dentro de uma qualificada cuia de crânio, OM as substâncias individuais ardem. Acima disso estão OM AH HUM, cada qual resplandecendo com sua cor brilhante. Pelo soprar do vento e o arder do fogo, as substâncias derretem. Fervendo, elas rodopiam num grande vapor. Imensidões de raios de luz irradiam das três letras para as dez direções e convidam os três vajras juntamente com néctares. Eles se dissolvem separadamente nas três letras. Derretendo-se no néctar, elas se fundem com a mistura. Purificada, transformada e aumentada,
EH MA HO Isso se torna um fulgurante oceano de magníficos deleites.

OM AH HUM   (3x)

Fazer o convite aos convidados da oferenda tsog

PHAIM
Do palácio sagrado do Dharmakaya,
Grande Mestre, detentor da linhagem suprema do Vajrayana,
Que satisfazes nossas esperanças por todas as aquisições,
Ó Assembleia de Guru-raiz e Gurus-linhagem, por favor, vinde a este local.

Dos vinte e quatro lugares sagrados que existem por todo o mundo,
Ó Glorioso Heruka, cuja natureza é a compaixão de todos os Budas,
E todos os Heróis e Heroínas desses lugares,
Por favor, vinde aqui para conceder as aquisições que ansiamos.

Das terras puras e impuras das dez direções,
Ó Assembleia de Yidams, Budas, Bodhisattvas e Protetores do Dharma,
E todos os seres do samsara e do nirvana,
Por favor, vinde aqui como convidados desta oferenda tsog.

OM GURU VAJRADHARA CHAKRASAMBARA SÄMANDALA DEWA SARWA BUDDHA BODHISATTÖ SAPARIWARA EH HAYE HI VAJRA SAMAYA DZA DZA

PÄMA KAMALAYE TÖN

Fazer a oferenda tsog

HO Esse oceano de oferenda tsog de incontaminado néctar,
Abençoado por concentração, mantra e mudra,
Ofereço para agradar ao meu bondoso Guru-raiz Vajradhara Heruka Pai e Mãe.
OM AH HUM
Deleitado pelo desfrute desses magníficos objetos de desejo,
EH MA HO
Por favor, abençoa-me para que eu alcance a Terra Dakini exterior e interior.

HO Esse oceano de oferenda tsog de incontaminado néctar,
Abençoado por concentração, mantra e mudra,
Ofereço para agradar às Quatro Ioguines da roda do grande êxtase.
OM AH HUM
Deleitadas pelo desfrute desses magníficos objetos de desejo,
EH MA HO
Por favor, abençoai-me para que eu alcance grande êxtase espontâneo.

HO Esse oceano de oferenda tsog de incontaminado néctar,
Abençoado por concentração, mantra e mudra,
Ofereço para agradar aos Heróis e Heroínas da mente-vajra.
OM AH HUM
Deleitados pelo desfrute desses magníficos objetos de desejo,
EH MA HO
Por favor, abençoai-me para que eu experiencie deleite com os mensageiros da Família da Mente-Vajra.

HO Esse oceano de oferenda tsog de incontaminado néctar,
Abençoado por concentração, mantra e mudra,
Ofereço para agradar aos Heróis e Heroínas da fala-vajra.
OM AH HUM
Deleitados pelo desfrute desses magníficos objetos de desejo,
EH MA HO
Por favor, abençoai-me para que eu experiencie deleite com os mensageiros da Família da Fala-Vajra.

HO Esse oceano de oferenda tsog de incontaminado néctar,
Abençoado por concentração, mantra e mudra,
Ofereço para agradar aos Heróis e Heroínas do corpo-vajra.
OM AH HUM
Deleitados pelo desfrute desses magníficos objetos de desejo,
EH MA HO
Por favor, abençoai-me para que eu experiencie deleite com os mensageiros da Família do Corpo-Vajra.

HO Esse oceano de oferenda tsog de incontaminado néctar,
Abençoado por concentração, mantra e mudra,
Ofereço para agradar às Deidades da roda-compromisso.
OM AH HUM
Deleitadas pelo desfrute desses magníficos objetos de desejo,
EH MA HO
Por favor, abençoai-me para que eu pacifique todos os obstáculos.

HO Esse oceano de oferenda tsog de incontaminado néctar,
Abençoado por concentração, mantra e mudra,
Ofereço para agradar a todos os outros Yidams, Budas, Bodhisattvas e Protetores do Dharma.
OM AH HUM
Deleitados pelo desfrute desses magníficos objetos de desejo,
EH MA HO
Por favor, abençoai-me para que eu alcance todas as realizações de Sutra e de Tantra.

HO Esse oceano de oferenda tsog de incontaminado néctar,
Abençoado por concentração, mantra e mudra,
Ofereço para agradar à assembleia de seres sencientes-mães.
OM AH HUM
Deleitados pelo desfrute desses magníficos objetos de desejo,
EH MA HO
Que o sofrimento e a aparência equivocada sejam apaziguados.

Oferendas exteriores

OM AHRGHAM PARTITZA SOHA
OM PADÄM PARTITZA SOHA
OM VAJRA PUPE AH HUM SOHA
OM VAJRA DHUPE AH HUM SOHA
OM VAJRA DIWE AH HUM SOHA
OM VAJRA GÄNDHE AH HUM SOHA
OM VAJRA NEWIDE AH HUM SOHA
OM VAJRA SHAPTA AH HUM SOHA

Oferenda interior

OM HUM BAM RIM RIM LIM LIM, KAM KHAM GAM GHAM NGAM, TSAM TSHAM DZAM DZHAM NYAM, TrAM THrAM DrAM DHrAM NAM, TAM THAM DAM DHAM NAM, PAM PHAM BAM BHAM, YAM RAM LAM WAM, SHAM KAM SAM HAM HUM HUM PHAT OM AH HUM

Oferenda secreta e oferenda da talidade

Através do Pai e da Mãe unirem-se em abraço, todas as Deidades principais e do séquito desfrutam uma experiência especial de grande êxtase e vacuidade.

Oito versos de louvor ao Pai

OM Prostro-me ao Abençoado, Senhor dos Heróis HUM HUM PHAT
OM A ti, com um brilho igual ao do fogo do grande éon HUM HUM PHAT
OM A ti, com um coque inesgotável HUM HUM PHAT
OM A ti, com uma face aterrorizante e caninos à mostra HUM HUM PHAT
OM A ti, cujos mil braços resplandecem com luz HUM HUM PHAT
OM A ti, que seguras um machado, um laço erguido, uma lança e um khatanga HUM HUM PHAT
OM A ti, que vestes uma pele de tigre HUM HUM PHAT
OM Curvo-me a ti, cujo grande corpo cor-de-fumaça dissipa obstruções HUM HUM PHAT

Oito versos de louvor à Mãe

OM Prostro-me a Vajravarahi, a Mãe Abençoada HUM HUM PHAT

OM À Superior e poderosa Senhora do Saber, inconquistada pelos três reinos HUM HUM PHAT

OM A ti, que destróis todos os medos de espíritos maléficos com teu grande vajra HUM HUM PHAT

OM A ti, com olhos controladores, que permaneces como o assento-vajra inconquistado por outros HUM HUM PHAT

OM A ti, cuja feroz forma irada desseca Brahma HUM HUM PHAT

OM A ti, que aterrorizas e exterminas demônios, conquistando aqueles de outras direções HUM HUM PHAT

OM A ti, que conquistas todos os que nos tornam obtusos, rígidos e confusos HUM HUM PHAT

OM Curvo-me a Vajravarahi, a Grande Mãe, a consorte Dakini que satisfaz todos os desejos HUM HUM PHAT

Fazer a oferenda tsog ao Guia Espiritual Vajrayana

EH MA HO Grande círculo do tsog!
Ó Grande Herói, nós entendemos
Que, seguindo no caminho dos Sugatas dos três tempos,
Tu és a fonte de todas as aquisições.
Abandonando todas as mentes de conceitualização,
Por favor, desfruta continuamente deste círculo do tsog.
AH LA LA HO

A resposta do Guia Espiritual Vajrayana

OM Com uma natureza inseparável dos três vajras,
Gero-me como o Guru-Deidade.
AH Este néctar de excelsa sabedoria e êxtase incontaminados,
HUM Sem afastar-me da bodhichitta,
Compartilho para deleitar as Deidades que moram em meu corpo.
AH HO MAHA SU KHA

Canção da Rainha da Primavera

HUM A todos vós, Tathagatas,
Heróis, Ioguines,
Dakas e Dakinis,
A todos vós eu faço este pedido:
Ó Heruka, que te deleitas em grande êxtase,
Tu te envolves na União de espontâneo êxtase,
Acompanhando a Senhora inebriada de êxtase
E deleitando-te de acordo com os rituais.
AH LA LA, LA LA HO, AH I AH, AH RA LI HO
Que a assembleia de imaculadas Dakinis
Olhe com amorosa afeição e cumpra todos os feitos.

HUM A todos vós, Tathagatas,
Heróis, Ioguines,
Dakas e Dakinis,
A todos vós eu faço este pedido:
Com uma mente completamente desperta por grande êxtase
E um corpo numa dança de constante meneio,
Ofereço às hostes de Dakinis
O grande êxtase de desfrutar do lótus do mudra.
AH LA LA, LA LA HO, AH I AH, AH RA LI HO
Que a assembleia de imaculadas Dakinis
Olhe com amorosa afeição e cumpra todos os feitos.

HUM A todos vós, Tathagatas,
Heróis, Ioguines,
Dakas e Dakinis,
A todos vós eu faço este pedido:
Vós, que dançais de maneira linda e pacífica,
Ó Protetor, Pleno de Êxtase, e hostes de Dakinis,
Por favor, vinde à minha frente e concedei-me vossas bênçãos,
E conferi-me grande êxtase espontâneo.
AH LA LA, LA LA HO, AH I AH, AH RA LI HO
Que a assembleia de imaculadas Dakinis
Olhe com amorosa afeição e cumpra todos os feitos.

HUM A todos vós, Tathagatas,
Heróis, Ioguines,
Dakas e Dakinis,
A todos vós eu faço este pedido:
Vós, que tendes a característica da libertação de grande êxtase,
Não dizeis que, numa única vida, a libertação possa ser alcançada
Por meio de várias práticas ascéticas de abandono do grande êxtase,
Mas que o grande êxtase reside no centro do supremo lótus.
AH LA LA, LA LA HO, AH I AH, AH RA LI HO
Que a assembleia de imaculadas Dakinis
Olhe com amorosa afeição e cumpra todos os feitos.

HUM A todos vós, Tathagatas,
Heróis, Ioguines,
Dakas e Dakinis,
A todos vós eu faço este pedido:
Qual lótus nascido no centro de um pântano,
Este método, embora nascido do apego, é impoluto pelas falhas do apego.
Ó Suprema Dakini, pelo êxtase de teu lótus,
Por favor, traz rapidamente a libertação das amarras do samsara.
AH LA LA, LA LA HO, AH I AH, AH RA LI HO
Que a assembleia de imaculadas Dakinis
Olhe com amorosa afeição e cumpra todos os feitos.

HUM A todos vós, Tathagatas,
Heróis, Ioguines,
Dakas e Dakinis,
A todos vós eu faço este pedido:
Assim como a essência do mel, na fonte do mel,
É bebida por enxames de abelhas de todas as direções,
Do mesmo modo, por vosso amplo lótus com seis características,
Por favor, satisfazei-nos com o gosto do grande êxtase.
AH LA LA, LA LA HO, AH I AH, AH RA LI HO
Que a assembleia de imaculadas Dakinis
Olhe com amorosa afeição e cumpra todos os feitos.

Abençoar a oferenda tsog remanescente

HUM Aparências impuras equivocadas são purificadas na vacuidade,
AH Grande néctar realizado a partir da excelsa sabedoria,
OM Isso se torna um vasto oceano de desejado prazer.
OM AH HUM   (3x)

Dar a oferenda tsog remanescente para os espíritos

HO Esse oceano de oferenda tsog remanescente de incontaminado néctar,
Abençoado por concentração, mantra e mudra,
Ofereço para agradar à assembleia de guardiões sob-juramento.
OM AH HUM
Deleitados pelo desfrute desses magníficos objetos de desejo,
EH MA HO
Por favor, executai ações perfeitas para ajudar os praticantes.

Sair com o que restou da oferenda tsog para os espíritos.

HO
Ó Convidados do restante, juntamente com vossos séquitos,
Por favor, desfrutai desse oceano de oferenda tsog remanescente.
Que aqueles que difundem a preciosa doutrina,
Os detentores da doutrina, seus benfeitores e outros,
E especialmente eu e os demais praticantes
Tenhamos boa saúde, vida longa, poder,
Glória, fama, fortuna
E extensos prazeres.
Por favor, concedei-me as aquisições
Das ações pacificadoras, crescentes, controladoras e iradas.
Vós, que estais comprometidos por juramentos, por favor, protegei-me
E ajudai-me a realizar todas as aquisições.
Erradicai toda morte prematura, doenças,
Danos causados por espíritos e obstruções.
Eliminai sonhos ruins,
Maus presságios e más ações.

Que haja felicidade no mundo e os anos por vir sejam bons,
Que as colheitas aumentem e o Dharma floresça.
Que toda bondade e felicidade aconteçam
E todos os desejos sejam realizados.

Por força dessa farta doação,
Que eu me torne um Buda para o benefício dos seres vivos,
E que, por minha generosidade, liberte
Todos os que não foram libertados pelos Budas anteriores.

Dedicatória

Assim, por minhas virtudes de corretamente fazer as oferendas, louvores,
    recitações e meditações
Do estágio de geração do Glorioso Heruka,
Que eu complete todas as etapas
Dos caminhos comum e incomum.

Para o benefício de todos os seres vivos
Que eu me torne Heruka;
E, então, conduza cada ser vivo
Ao estado supremo de Heruka.

E, se eu não alcançar esse estado supremo nesta vida,
Que eu seja encontrado, na hora da minha morte, pelos Veneráveis Pai
    e Mãe e seus séquitos,
Com nuvens de oferendas extremamente belas, música celestial,
E muitos sinais auspiciosos e excelentes.

Então, ao final da clara-luz da morte,
Que eu seja conduzido à Terra Dakini,
A morada dos Detentores do Saber, que praticam o caminho supremo;
E que, ali, eu conclua rapidamente esse caminho profundo.

Que a mais profunda prática e instrução de Heruka,
Praticada por milhões de poderosos iogues, aumente imensamente;
E que ela permaneça por muito tempo sem se degenerar,
Como a entrada principal para os que buscam libertação.

Que os Heróis, Dakinis e seus séquitos,
Que residem nos vinte e quatro lugares supremos deste mundo,
Que possuem um poder livre de obstruções para realizarem este método,
Nunca oscilem em ajudar continuamente os praticantes.

Preces auspiciosas

Que haja a auspiciosidade de um grande tesouro de bênçãos
Surgindo dos excelentes feitos do Guru-raiz e de todos os Gurus-linhagem,
Que realizaram a suprema aquisição de Buda Heruka
Por confiarem no excelente caminho secreto do Rei dos Tantras.

Que haja a auspiciosidade dos grandes e excelentes feitos das Três Joias –
A sagrada Joia Buda, a natureza de Heruka que tudo permeia;
A Joia Dharma secreta, magnífica e última, as escrituras e realizações
    do Tantra de Heruka;
E a suprema Joia Sangha, as assembleias de Deidades do séquito de Heruka.

Por toda a grande boa fortuna que existe
Nas preciosas mansões celestiais, tão extensas como os três mil mundos,
Adornadas com ornamentos semelhantes aos raios do Sol e da Lua,
Que todos os mundos e seus seres tenham felicidade, bondade, glória
    e prosperidade.

Preces pela Tradição Virtuosa

Para que a tradição de Je Tsongkhapa,
O Rei do Dharma, floresça,
Que todos os obstáculos sejam pacificados
E todas as condições favoráveis sejam abundantes.

Pelas duas coleções, minhas e dos outros,
Reunidas ao longo dos três tempos,
Que a doutrina do Conquistador Losang Dragpa
Floresça para sempre.

Prece *Migtsema* de nove versos

Tsongkhapa, ornamento-coroa dos eruditos da Terra das Neves,
Tu és Buda Shakyamuni e Vajradhara, a fonte de todas as conquistas,
Avalokiteshvara, o tesouro de inobservável compaixão,
Manjushri, a suprema sabedoria imaculada,
E Vajrapani, o destruidor das hostes de maras.
Ó Venerável Guru Buda, síntese das Três Joias,
Com meu corpo, fala e mente, respeitosamente faço pedidos:
Peço, concede tuas bênçãos para amadurecer e libertar a mim e aos outros,
E confere-nos as aquisições comuns e a suprema.   (3x)

Cólofon: Esta sadhana, ou prece ritual para aquisições espirituais, foi compilada a partir de fontes tradicionais por Venerável Geshe Kelsang Gyatso Rinpoche.

Joia Preliminar ao Retiro de Heruka

PRELIMINARES PARA O RETIRO
DO MANDALA DE CORPO DE HERUKA

Introdução

Na manhã do dia em que o seu retiro tiver início, você deve limpar sua sala de meditação e a área ao redor dela. Diante de um altar contendo estátuas ou figuras de Buda Shakyamuni, Je Tsongkhapa, Heruka, do seu Guia Espiritual e do Dharmapala Dorje Shugden, você deve dispor tormas, oferendas exteriores e oferendas tsog.

Você deve dispor três tormas, que podem ser feitas da maneira tradicional (de acordo com a ilustração na página 534) ou que podem consistir simplesmente de qualquer alimento limpo e fresco, como mel ou bolos. A torma central é para as Deidades da roda do grande êxtase (Heruka Pai e Mãe e as Quatro Ioguines), a torma à esquerda da torma central (nossa direita) é para os séquitos supramundanos de Heruka, e a torma à direita da torma central (nossa esquerda) é para os séquitos mundanos de Heruka.

Diante das tormas, disponha três fileiras de oferendas. A primeira fileira, mais próxima do altar, é para as Deidades supramundanas geradas-em-frente, e a segunda fileira é para os Dakas e Dakinis mundanos. Essas duas fileiras começam do lado esquerdo do altar (nossa direita) e são compostas de AHRGHAM, PADÄM, PUPE, DHUPE, DIWE, GÄNDHE e NEWIDE. Não é colocado nada para a oferenda SHAPTA. A terceira fileira, que é para as Deidades autogeradas, começa do lado direito do altar (nossa esquerda) e é composta de AHRGHAM, PADÄM, ÄNTZAMANAM, PUPE, DHUPE, DIWE, GÄNDHE e NEWIDE. Sobre uma mesa pequena, diante do seu assento de meditação, disponha sua oferenda interior, vajra, sino, damaru, mala e sadhana.

À tarde, antes do jantar, você deve dar início às práticas preliminares propriamente ditas. Primeiro, sente-se no seu assento de meditação e pratique a sadhana *Joia-Coração* com meditação no Lamrim, especialmente a meditação sobre bodhichitta, para pacificar obstáculos, receber bênçãos e gerar uma motivação pura. Depois, pratique a sadhana *Joia Preliminar ao Retiro de Heruka*.

Joia Preliminar ao Retiro de Heruka

Recite o seguinte, enquanto se concentra no seu significado:

Buscar refúgio

Eu e todos os seres sencientes, até alcançarmos a iluminação,
Nos refugiamos em Buda, Dharma e Sangha.   (3x)

Gerar bodhichitta

Pelas virtudes que coleto, praticando o dar e as outras perfeições,
Que eu me torne um Buda para o benefício de todos.   (3x)

Autogeração instantânea

Em um instante, eu me torno Heruka, com um corpo azul, uma face e duas mãos segurando vajra e sino, e unido-em-abraço com Vajravarahi. Estou em pé, com minha perna direita estendida.

Medite brevemente em orgulho divino.

Abençoar a oferenda interior

OM KHANDAROHI HUM HUM PHAT
OM SOBHAWA SHUDDHA SARWA DHARMA SOBHAWA SHUDDHO HAM
Tudo se torna vacuidade.

Do estado de vacuidade, do YAM vem vento; do RAM vem fogo; do AH, um tripé de três cabeças humanas. Sobre ele, do AH aparece uma ampla e vasta cuia de crânio. Dentro dela, do OM, KHAM, AM, TRAM, HUM

Khandarohi

vêm os cinco néctares; e do LAM, MAM, PAM, TAM, BAM vêm as cinco carnes, cada qual marcado por uma das letras. O vento sopra, o fogo arde e as substâncias dentro da cuia de crânio derretem e se fundem. Acima delas, do HUM surge um khatanga branco de cabeça para baixo, que cai e se derrete na cuia de crânio, fazendo com que as substâncias assumam cor de mercúrio. Acima disso, três fileiras sobrepostas de vogais e consoantes transformam-se em OM AH HUM. Deles, raios de luz atraem o néctar de excelsa sabedoria do coração de todos os Tathagatas, Heróis e Ioguines das dez direções. Quando isso é adicionado, o conteúdo aumenta e se torna vasto.

OM AH HUM   (3x)

Com forte concentração, contemple que o néctar diante de você possui três qualidades: é um néctar-medicinal, que previne todas as doenças; é um néctar-vital, que destrói a morte; e é um néctar-sabedoria, que erradica todas as delusões. Agora, prove o néctar e medite brevemente sobre êxtase e vacuidade.

Abençoar a sala de meditação, os implementos e a si próprio

Segurando o recipiente da oferenda interior com sua mão direita, esparja com seu dedo anular esquerdo a oferenda interior três vezes sobre a sala, seu assento, seus implementos e sobre seu próprio corpo, enquanto você recita:

OM AH HUM

Contemple que tudo está abençoado e purificado.

Impedir obstáculos

Imagine que Deusas Khandarohi vermelhas iradas emanam de seu coração e afastam, de cada uma das dez direções, todos os espíritos obstrutores e demais obstáculos. Enquanto imagina isso, toque o damaru e o sino e recite muitas vezes:

OM KHANDAROHI HUM HUM PHAT

Pense que, até a conclusão do seu retiro, todos os espíritos obstrutores e demais obstáculos foram banidos a uma grande distância.

Meditação sobre o círculo de proteção

Visualize o círculo de proteção. Abaixo, está o solo-vajra; ao redor, a cerca-vajra; e acima, a tenda-vajra e o dossel-vajra. Todos são de cor azul e constituídos de vajras indestrutíveis. Fora, está uma imensidão de chamas de cinco cores: vermelho, branco, amarelo, verde e azul – as chamas são, todas, da natureza das cinco excelsas sabedorias. Elas giram em sentido anti-horário. Imagine isso muito fortemente e então recite:

OM SUMBHANI SUMBHA HUM HUM PHAT
OM GRIHANA GRIHANA HUM HUM PHAT
OM GRIHANA PAYA GRIHANA PAYA HUM HUM PHAT
OM ANAYA HO BHAGAWÄN BYÄ RADZA HUM HUM PHAT

Gere a firme convicção de que o círculo de proteção realmente existe e é totalmente efetivo em protegê-lo de danos e obstáculos.

Estabelecer as fronteiras do retiro

Agora, lembre-se das fronteiras de corpo, fala e mente do seu retiro e tome firmemente a resolução de não as ultrapassar até que o retiro seja concluído. Medite nessa determinação por algum tempo.

Abençoar o assento de meditação

Segure o sino com a mão esquerda, na altura do seu umbigo. Sua mão deve estar com a palma voltada para cima, e a abertura do sino deve estar voltada para o seu umbigo. Segure o vajra com a mão direita e coloque a palma da mão sobre seu joelho direito, de maneira que a ponta dos seus dedos toquem seu assento de meditação. Contemple fortemente que seu assento de meditação é da natureza de sabedoria- -vajra, indestrutível e imutável. Recite, então, sete vezes:

OM AH: VAJRA AHSANA HUM SOHA

Abençoar o mala

Com orgulho divino de ser Heruka, mantenha sua mão direita com a palma voltada para cima, na altura do coração, e contemple que ela é da natureza de êxtase. Coloque o mala na mão direita e cubra-o com a mão esquerda, que é da natureza da vacuidade. Então, lembrando que a natureza do mala é vacuidade, recite três ou sete vezes:

OM PÄMA NIRTE SHÖRI HUM HUM PHAT

Agora, sopre o mala entre suas mãos. Com forte concentração, contemple que seu mala é, agora, da natureza da fala-vajra, inseparável de grande êxtase e vacuidade.

Abençoar o vajra e o sino

Segure o vajra com a mão direita, na altura do seu coração, e o sino com a mão esquerda. Contemple que o vajra é o método, e o sino, a sabedoria; e então, recite:

O vajra é o método, e o sino é a sabedoria. Juntos, eles são a natureza da bodhichitta última.

OM VAJRA AH HUM

Toque então o sino, enquanto você recita:

OM VAJRA GHANTA HUM

Preces dedicatórias

Para o bem de todos os seres vivos
Que eu me torne Heruka;
E, então, conduza cada ser vivo
Ao estado supremo de Heruka.

E, se eu não alcançar esse estado supremo nesta vida,
Que eu seja encontrado, na hora da minha morte, pelos Veneráveis Pai
  e Mãe e seus séquitos,
Com nuvens de oferendas extremamente belas, música celestial,
E muitos sinais auspiciosos e excelentes.

Então, ao final da clara-luz da morte,
Que eu seja conduzido à Terra Dakini,
A morada dos Detentores do Saber, que praticam o caminho supremo;
E que, ali, eu complete rapidamente esse caminho profundo.

Que a mais profunda prática e instrução de Heruka,
Praticada por milhões de poderosos iogues, aumente imensamente;
E que ela permaneça por muito tempo sem se degenerar,
Como a entrada principal para os que buscam libertação.

Que os Heróis, Dakinis e seus séquitos,
Que residem nos vinte e quatro lugares supremos deste mundo,
Que possuem um poder livre de obstruções para realizarem este método,
Nunca oscilem em ajudar continuamente os praticantes.

Preces pela Tradição Virtuosa

Para que a tradição de Je Tsongkhapa,
O Rei do Dharma, floresça,
Que todos os obstáculos sejam pacificados
E todas as condições favoráveis sejam abundantes.

Pelas duas coleções, minhas e dos outros,
Reunidas ao longo dos três tempos,
Que a doutrina do Conquistador Losang Dragpa
Floresça para sempre.

Prece *Migtsema* de nove versos

Tsongkhapa, ornamento-coroa dos eruditos da Terra das Neves,
Tu és Buda Shakyamuni e Vajradhara, a fonte de todas as conquistas,
Avalokiteshvara, o tesouro de inobservável compaixão,
Manjushri, a suprema sabedoria imaculada,
E Vajrapani, o destruidor das hostes de maras.
Ó Venerável Guru Buda, síntese das Três Joias,
Com meu corpo, fala e mente, respeitosamente faço pedidos:
Peço, concede tuas bênçãos para amadurecer e libertar a mim e aos outros,
E confere-nos as aquisições comuns e a suprema.   (3x)

Agora, descanse um pouco e, após anoitecer, comece a primeira sessão completa do seu retiro.

Cólofon: Esta sadhana, ou prece ritual para aquisições espirituais, foi escrita a partir de fontes tradicionais por Venerável Geshe Kelsang Gyatso Rinpoche.

*Oferenda Ardente do Mandala
de Corpo de Heruka*

Nota do Tradutor: Nesta sadhana, são citados dois tipos de gramínea: "couch grass" e "kusha grass", em inglês. "Couch grass" (nome científico *Elymus repens*, sinonímia *Agropyron repens*) foi traduzido como "grama-de-ponta". "Kusha grass" (nome científico *Desmostachya bipinnata*) foi parcialmente traduzido como grama *kusha*, uma vez que não foram encontrados relatos de sua ocorrência no Brasil.

Introdução

O propósito desta prática ritual é cumprir os compromissos do retiro-aproximador e purificar as negatividades, quedas morais e equívocos cometidos durante o retiro.

Primeiro, você deve encontrar um local que seja adequado para realizar uma oferenda ardente. Se esse local nunca foi utilizado anteriormente para essa prática ritual, peça permissão para os guardiões locais por meio de oferecer-lhes uma torma, e imagine que eles estão felizes com as suas atividades. Depois, purifique o solo tocando-o com sua mão direita enquanto segura um vajra, e recite:

OM HANA HANA KRODHA HUM PHAT

As Deidades iradas destroem todos os obstáculos, e as bênçãos do corpo, fala e mente de todos os Budas purificam todas as falhas do local.

Isso, associado com a recitação de uma centena do mantra-essência de Heruka, é a purificação convencional. Para a purificação última, contemple enquanto você recita:

Todos os fenômenos, tais como o solo, tornam-se vacuidade, completamente purificados de existência inerente.

No solo, que é naturalmente branco ou que foi pintado de branco, comece determinando o centro exato do mandala e, a partir dele, desenhe linhas para cada uma das direções cardeais e intermediárias. Pegue um pedaço de fio, prenda uma extremidade no centro e descreva três circunferências concêntricas. O raio da primeira circunferência deve ser de aproximadamente vinte centímetros de comprimento {meio cúbito}; o raio da segunda circunferência deve ser quatro dedos maior que o da primeira; e o raio da terceira circunferência deve ser quatro dedos maior que o da segunda. A segunda circunferência é denominada "*Muren*", e a terceira, "*Kakyer*".

Agora, em cada uma das quatro linhas cardeais, marque um ponto a uma distância de dois dedos além do círculo exterior. A partir desses pontos, meça a distância para cada uma das quatro linhas intermediárias e junte essas linhas para formar um quadrado. No centro da lareira, desenhe um lótus de oito pétalas e, no centro do lótus, desenhe um vajra, com oito dedos de comprimento e um dedo de largura. Dentro de *Muren*, desenhe um círculo de fogo, e dentro de *Kakyer*, um rosário de vajras. Em cada um dos quatro cantos exteriores da lareira, desenhe uma meia-lua marcada com um vajra. A lareira está ilustrada na página 536. Quando você tiver concluído a preparação da lareira, construa um círculo de pequenas peças de lenha limpa ao redor de *Muren*.

À sua direita, você deve colocar uma mesa adequada, coberta com um tecido branco. Sobre a mesa, disponha dois conjuntos de oferendas exteriores, consistindo de AHRGHAM, PADÄM, ÄNTZAMANAM, PROKYANAM, PUPE, DHUPE, ALOKE, GÄNDHE e NEWIDE. Diante desses dois conjuntos de oferendas exteriores, disponha duas fileiras das doze substâncias ardentes que serão oferecidas às Deidades-Fogo mundana e supramundanas, desde a madeira lactescente até a substância pacificadora especial. À direita ou esquerda das oferendas exteriores, disponha as tormas – uma para a Deidade-Fogo e duas tormas *tambula* (ver ilustração na página 535) para as Deidades-Fogo mundana e supramundanas. Você pode fazer tormas tradicionais ou, simplesmente, usar bolos. Você deve também dispor dois tecidos brancos (tais como echarpes de seda) para representar conjuntos de vestes, um pequeno maço de grama *kusha* e uma bandeira de vento para avivar o fogo. Você deve colocar a manteiga derretida, concha e funil (ver ilustrações na página 537) próximos à lareira, de modo que estejam à mão.

Sobre uma mesa pequena à sua esquerda, disponha o vaso, oferenda interior, vajra, sino, damaru, e assim por diante (ver ilustração na página 538). Desse modo, reúna todos os artigos rituais necessários.

Oferenda Ardente do Mandala de Corpo de Heruka

O ritual propriamente dito tem três partes:

1. *As preliminares;*
2. *A prática propriamente dita;*
3. *As práticas finais.*

AS PRELIMINARES

Antes de realizar a oferenda ardente, você deve praticar a autogeração até a "Dissolução e Geração das Deidades-ação" (páginas 291–327), mas sem incluí-la. Durante a autogeração, após a recitação de mantra – incluindo "Purificar quaisquer equívocos cometidos durante a recitação de mantra com o mantra de cem letras de Heruka" (página 321) –, você deve focar sua mente no vaso-ação e realizar a água de limpeza por meio de recitar diversas vezes o mantra de Khandarohi.

Abençoar o vajra e o sino

O vajra é o método, e o sino é a sabedoria. Juntos, eles são a natureza da bodhichitta última.

Enquanto mantém esse pensamento, segure o vajra entre os dedos polegar e anular da sua mão direita, na altura do coração e recite:

OM SARWA TATHAGATA SIDDHI VAJRA SAMAYA TIKTA EKA TÖN DHARAYAMI VAJRA SATTO HI HI HI HI HI HUM HUM HUM PHAT SOHA

Agora, com os dedos polegar e anular da mão esquerda, segure o sino na altura do seu quadril esquerdo enquanto você recita:

OM VAJRA GHANTA HUM

Contemple:

Eu deleito Vajrasattva e a assembleia de seres sagrados.

Segure o vajra enquanto você recita:

HUM
É excelente manter o vajra,
A atividade de Dharma da perfeita libertação
Que liberta todos os seres vivos da confusão;
Portanto, com deleite, eu mantenho o vajra.
HUM HUM HUM HO HO HO

Segure o vajra na altura do seu quadril direito e toque o sino, de modo que o badalo se mova a partir do centro para cada uma das oito direções, enquanto você recita:

OM VAJRA DHARMA RANITA, PARANITA, SAMPARANITA, SARWA BUDDHA KHYETRA PATZALINI PENJA PARAMITA NADA SOBHAWA BENZA SATTO HRIDAYA, SANTO KHANI HUM HUM HUM HO HO HO SOHA

A partir de agora até que a oferenda ardente seja concluída, não deixe que nem o vajra nem o sino saiam de suas mãos.

Limpar a base da lareira, as oferendas e a si próprio

Segurando a grama kusha do vaso-ação com sua mão direita, molhe as pontas na água de limpeza do vaso e, começando a partir do seu lado esquerdo e descrevendo um círculo para a direita, esparja a base da lareira, todas as substâncias de oferenda, a concha, o funil e a si mesmo três vezes, enquanto você recita o mantra-ação:

OM KHANDAROHI HUM HUM PHAT

Agora, esparja a oferenda interior três vezes da mesma maneira.

APÊNDICE II – SADHANAS: OFERENDA ARDENTE DO MANDALA DE CORPO DE HERUKA

Abençoar as substâncias a serem oferecidas à Deidade-Fogo mundana

OM KHANDAROHI HUM HUM PHAT
OM SOBHAWA SHUDDHA SARWA DHARMA SOBHAWA SHUDDHO HAM
Tudo se torna vacuidade.

Do estado de vacuidade, de KAMs vêm vastas e amplas cuias de crânio, dentro das quais, de HUMs surgem água para beber, água para os pés, água para a boca, água para espargir, flores, incenso, luzes, perfume, alimentos e música. Por sua natureza, vacuidade, cada uma delas tem o aspecto individual de uma das substâncias de oferenda, e funcionam como objetos de prazer dos seis sentidos para proporcionar especial êxtase incontaminado.

OM AHRGHAM AH HUM
OM PADÄM AH HUM
OM ÄNTZAMANAM AH HUM
OM PROKYANAM AH HUM
OM VAJRA PUPE AH HUM
OM VAJRA DHUPE AH HUM
OM VAJRA DIWE AH HUM
OM VAJRA GÄNDHE AH HUM
OM VAJRA NEWIDE AH HUM
OM VAJRA SHAPTA AH HUM

Agora, mantenha ambas as mãos no mudra de purificar as substâncias: junte os dois punhos-vajra, com os dedos médios levantados e tocando-se nas pontas. Recite:

OM SOHA

contemple que todas essas substâncias são purificadas.

OM AH SOHA

contemple que a madeira lactescente é purificada.

OM SHRI SOHA

contemple que a manteiga derretida é purificada.

OM DZIM SOHA

contemple que os grãos são purificados.

OM KURU KURU SOHA

Contemple:

As demais substâncias são purificadas de todas as impurezas e tornam-se a natureza dos cinco néctares interiores.

Acender o fogo

Acenda a tocha, enquanto você recita três vezes:

OM AH HUM

Acenda a lenha na lareira:

OM KHANDAROHI HUM HUM PHAT

Agora, purifique o fogo, espargindo-o três vezes com a água de limpeza e três vezes com a oferenda interior, enquanto você recita:

OM KHANDAROHI HUM HUM PHAT

Abane o fogo com a bandeira de vento, enquanto você recita:

OM DZÖ LA DZÖ LA HUM

HUM

Despeje sete conchas de manteiga derretida no fogo, de modo que ele arda enquanto você recita o mantra-essência do Pai:

OM SHRI VAJRA HE HE RU RU KAM HUM HUM PHAT DAKINI DZALA SHAMBARAM SOHA

Preparar o assento de grama *kusha*

Segurando o pacote de grama kusha com ambas as mãos, na altura do seu coração, recite sete vezes:

OM VAJRA SATTO AH

OM
Esta grama *kusha* é limpa e virtuosa,
A essência de tudo o que cresce na terra.
Ela agrada aos divinos Brâmanes
E traz deleite a todas as Três Joias.
Por favor, pacifica todos os meus obstáculos
E torna tudo auspicioso.

Enquanto você recita:

OM VAJRA SATTO AH

passe um pouco de grama kusha ao assistente que, começando a partir do lado esquerdo da lareira, coloca quatro pares ao redor de Kakyer, com as pontas apontando em sentido horário. Depois, você deve dispor o restante da grama kusha no formato de uma cruz diagonal e colocá-la no centro da lareira.

Agora, segurando vajra e sino e com as palmas das mãos juntas, recite:

Ó Abençoado Vajrasattva, por favor, pacifica todos os obstáculos e torna tudo auspicioso.

A PRÁTICA PROPRIAMENTE DITA

A prática propriamente dita tem três partes:

1. *Oferenda inicial à Deidade-Fogo mundana;*
2. *Oferendas às Deidades-Fogo supramundanas;*
3. *Oferenda final à Deidade-Fogo mundana.*

OFERENDA INICIAL À DEIDADE-FOGO MUNDANA

A oferenda inicial à Deidade-Fogo mundana tem três partes:

1. *Gerar a lareira e a Deidade-Fogo, e absorver o ser-de-sabedoria;*
2. *Fazer oferendas e louvores e proclamar o compromisso;*
3. *Oferecer as substâncias ardentes e, uma vez mais, fazer oferendas.*

Deidade-Fogo

GERAR A LAREIRA E A DEIDADE-FOGO, E ABSORVER O SER-DE-SABEDORIA

Gerar a lareira e a Deidade-Fogo

Para purificar a lareira, esparja água de limpeza e recite:

OM KHANDAROHI HUM HUM PHAT
OM SOBHAWA SHUDDHA SARWA DHARMA SOBHAWA SHUDDHO HAM
Tudo se torna vacuidade.

Do estado de vacuidade, surge um HUM branco que se derrete e se transforma numa lareira de excelsa sabedoria. Ela é branca, seu formato é circular, e está completa com *Muren* e *Kakyer*. Dentro de *Kakyer*, há um rosário de vajras. Em cada um dos quatro cantos, há uma meia-lua marcada com um vajra. Tudo é claro e desobstruído.

No centro da lareira, do RAM surge um triângulo de fogo ardente, no centro do qual está um lótus de várias cores e um assento de lua. Sobre isso, do RAM surge um lótus branco marcado com um RAM. Isso se transforma completamente na Deidade-Fogo, cujo corpo é branco e tem um aspecto muito pacífico, com uma face e quatro mãos. Suas mãos direitas seguram um mala de cristal e um lótus branco, e suas mãos esquerdas seguram um vaso de gargalo longo e um tridente. Usa vestes de seda branca e ornamentos de joias. Em seu coração, há um triângulo de fogo marcado com um RAM.

Convidar e absorver o ser-de-sabedoria

Raios de luz se irradiam da letra-semente no coração do ser-de--compromisso, e manifestam-se como a Deidade irada Takkiraja, que convida a Deidade-Fogo – semelhante à visualização – para vir do sudeste, rodeada por um séquito de Rishis.

Mantenha sua mão direita no mudra do destemor e mova o polegar enquanto você recita:

OM
Ó Grande Ser, vem a este local, vem a este local, por favor,
Supremo Brâmane, divino Rishi.
Por favor, vem a este local
Para desfrutar do alimento da concha ardente.
VAJRA DHARA AHNGYA PAYATI SOHA

Por favor, permanece no assento de grama *kusha* dentro de *Kakyer*, o limite do fogo na lareira.

Afaste os espíritos obstrutores que estão seguindo o ser-de-sabedoria, espargindo água de limpeza e recitando:

OM KHANDAROHI HUM HUM PHAT

DZA HUM BAM HO
O ser-de-sabedoria torna-se não dual com o ser-de-compromisso.

FAZER OFERENDAS E LOUVORES
E PROCLAMAR O COMPROMISSO

Oferecer as quatro águas

OM AH HRIH PRAVARA SÄKARAM PROKYANAM PARTITZA HUM SOHA
OM AH HRIH PRAVARA SÄKARAM ÄNTZAMANAM PARTITZA HUM SOHA
OM AH HRIH PRAVARA SÄKARAM AHRGHAM PARTITZA HUM SOHA
OM AH HRIH PRAVARA SÄKARAM PADÄM PARTITZA HUM SOHA

Oferecer as demais oferendas exteriores

OM AGNIYE AHDIBÄ AHDIBÄ AMBISHA AMBISHA MAHA SHRIYE HAMBÄ KABÄ BAHA NAYE VAJRA PUPE AH HUM SOHA
VAJRA DHUPE AH HUM SOHA
VAJRA ALOKE AH HUM SOHA
VAJRA GÄNDHE AH HUM SOHA
VAJRA NEWIDE AH HUM SOHA
VAJRA SHAPTA AH HUM SOHA

Oferenda interior

OM AGNIYE AHDIBÄ AHDIBÄ AMBISHA AMBISHA MAHA SHRIYE HAMBÄ KABÄ BAHA NAYE OM AH HUM

Louvor

Toque o sino enquanto você recita as seguintes estrofes:

Senhor do mundo, Filho de Brahma, poderoso Protetor,
Rei das Deidades-Fogo, iniciado por Takki,
Que consomes todas as delusões com tua sabedoria suprema,
A ti, Ó Protetor Deidade-Fogo, eu me prostro.

Se você deseja fazer extensos louvores, continue com:

Ó Filho de Brahma, Protetor do mundo,
Rei das Deidades-Fogo, supremo Rishi,
Tu manifestas essa forma movido por compaixão,
Para proteger plenamente todos os seres vivos.

No aspecto de um Rishi realizado nos mantras-conhecimento,
Com a luz de sabedoria consumindo as delusões
E um brilho ardente como o fogo do éon,
Tu és dotado de clarividência e poderes miraculosos.

Por teus meios habilidosos, montas um veículo-emanação.
Segurando um mala, recitas mantras-conhecimento.
Seguras um vaso de néctar-essencial
E trazes alívio a todos com o néctar do Dharma.

Tu és livre de falhas e tens perfeita pureza.
Embora permaneças no mundo, passaste para além do sofrimento;
Embora tenhas alcançado a paz, tens grande compaixão;
Portanto, faço louvores e prostrações a ti.

Proclamar o compromisso

Recite três vezes:

OM VAJRA AHNALA MAHA BHUTA DZÖLA DZÖLAYA, SARWA BHÄMI KURU, SARWA DUTRAM HUM PHAT, TIRSHA DZA HUM BAM HO: SAMAYA TÖN SAMAYA HO

OFERECER AS SUBSTÂNCIAS ARDENTES E, UMA VEZ MAIS, FAZER OFERENDAS

Contemple:

A língua da Deidade-Fogo está no aspecto de um vajra branco marcado com uma letra RAM, e a boca do funil está marcada com uma letra HUM irradiando raios de luz.

Oferenda inicial da manteiga derretida

Segurando o funil sobre o fogo com sua mão esquerda e segurando a concha com sua mão direita, pegue sete conchas de manteiga derretida e despeje-as no funil, enquanto recita:

OM AGNIYE AHDIBÄ AHDIBÄ AMBISHA AMBISHA MAHA SHRIYE HAMBÄ KABÄ BAHA NAYE SOHA

Enquanto toca o sino, recite o seguinte:

Para todos nós discípulos, nossos benfeitores e outros, que todos os obstáculos para alcançar libertação e onisciência, todas as transgressões dos três votos, todas as não virtudes naturais, toda inauspiciosidade, toda concentração pouco clara, toda recitação incorreta de mantras, e todas as falhas de excesso e omissão nos rituais sejam purificados SHÄNTING KURUYE SOHA.

Agora, ofereça cada substância ardente três ou sete vezes enquanto você recita os mantras, e toque o sino enquanto recita as preces. Imagine que a Deidade promete executar seus feitos.

Você deve guardar uma pequena quantidade de cada substância para a oferenda final.

Oferecer a madeira lactescente

A madeira lactescente torna-se néctar, a natureza da Árvore Bodhi.
OM AGNIYE AHDIBÄ AHDIBÄ AMBISHA AMBISHA MAHA SHRIYE HAMBÄ KABÄ BAHA NAYE
OM BODHI PIKYAYE

Para todos nós discípulos, nossos benfeitores e outros, que todos os obstáculos para alcançar libertação e onisciência, todas as transgressões dos três votos, todas as não virtudes naturais, toda inauspiciosidade, toda concentração pouco clara, toda recitação incorreta de mantras, todas as falhas de excesso e omissão nos rituais, e especialmente todos os obstáculos ao aumento de vitalidade sejam purificados SHÄNTING KURUYE SOHA.

Oferecer a manteiga derretida

OM AGNIYE AHDIBÄ AHDIBÄ AMBISHA AMBISHA MAHA SHRIYE HAMBÄ KABÄ BAHA NAYE
OM AGNIYE
Para todos nós discípulos, nossos benfeitores e outros, que todos os obstáculos para alcançar libertação e onisciência, todas as transgressões dos três votos, todas as não virtudes naturais, toda inauspiciosidade, toda concentração pouco clara, toda recitação incorreta de mantras, todas as falhas de excesso e omissão nos rituais, e especialmente todos os obstáculos ao aumento de riqueza sejam purificados SHÄNTING KURUYE SOHA.

Oferecer as sementes de gergelim

OM AGNIYE AHDIBÄ AHDIBÄ AMBISHA AMBISHA MAHA SHRIYE HAMBÄ KABÄ BAHA NAYE
OM SARWA PAPAM DAHANA VAJRA YE
Para todos nós discípulos, nossos benfeitores e outros, que todos os obstáculos para alcançar libertação e onisciência, todas as transgressões dos três votos, todas as não virtudes naturais, toda inauspiciosidade, toda concentração pouco clara, toda recitação incorreta de mantras, todas as falhas de excesso e omissão nos rituais, e especialmente todas as negatividades sejam purificados SHÄNTING KURUYE SOHA.

Oferecer a grama-de-ponta

OM AGNIYE AHDIBÄ AHDIBÄ AMBISHA AMBISHA MAHA SHRIYE HAMBÄ KABÄ BAHA NAYE
OM VAJRA AHYUKE
Para todos nós discípulos, nossos benfeitores e outros, que todos os obstáculos para alcançar libertação e onisciência, todas as transgressões

dos três votos, todas as não virtudes naturais, toda inauspiciosidade, toda concentração pouco clara, toda recitação incorreta de mantras, todas as falhas de excesso e omissão nos rituais, e especialmente todos os obstáculos ao aumento do tempo de vida sejam purificados SHÄNTING KURUYE SOHA.

Oferecer o arroz

OM AGNIYE AHDIBÄ AHDIBÄ AMBISHA AMBISHA MAHA SHRIYE HAMBÄ KABÄ BAHA NAYE
OM VAJRA PUTRAYE
Para todos nós discípulos, nossos benfeitores e outros, que todos os obstáculos para alcançar libertação e onisciência, todas as transgressões dos três votos, todas as não virtudes naturais, toda inauspiciosidade, toda concentração pouco clara, toda recitação incorreta de mantras, todas as falhas de excesso e omissão nos rituais, e especialmente todos os obstáculos ao aumento de mérito sejam purificados SHÄNTING KURUYE SOHA.

Oferecer o farelo de bolo (*crumbled cake*) misturado com iogurte

OM AGNIYE AHDIBÄ AHDIBÄ AMBISHA AMBISHA MAHA SHRIYE HAMBÄ KABÄ BAHA NAYE
OM SARWA SAMPA DE
Para todos nós discípulos, nossos benfeitores e outros, que todos os obstáculos para alcançar libertação e onisciência, todas as transgressões dos três votos, todas as não virtudes naturais, toda inauspiciosidade, toda concentração pouco clara, toda recitação incorreta de mantras, todas as falhas de excesso e omissão nos rituais, e especialmente todos os obstáculos ao êxtase supremo sejam purificados SHÄNTING KURUYE SOHA.

Oferecer a grama *kusha*

OM AGNIYE AHDIBÄ AHDIBÄ AMBISHA AMBISHA MAHA SHRIYE HAMBÄ KABÄ BAHA NAYE
OM AHTRATI HATA VAJRA YE
Para todos nós discípulos, nossos benfeitores e outros, que todos os obstáculos para alcançar libertação e onisciência, todas as transgressões dos três votos, todas as não virtudes naturais, toda inauspiciosidade, toda concentração pouco clara, toda recitação incorreta de mantras, todas as

falhas de excesso e omissão nos rituais, e especialmente todos os obstáculos
à suprema pureza sejam purificados SHÄNTING KURUYE SOHA.

Oferecer as sementes de mostarda branca

OM AGNIYE AHDIBÄ AHDIBÄ AMBISHA AMBISHA MAHA SHRIYE
   HAMBÄ KABÄ BAHA NAYE
OM SARWA AHRTA SIDDHA YE
Para todos nós discípulos, nossos benfeitores e outros, que todos os
obstáculos para alcançar libertação e onisciência, todas as transgressões
dos três votos, todas as não virtudes naturais, toda inauspiciosidade, toda
concentração pouco clara, toda recitação incorreta de mantras, todas as
falhas de excesso e omissão nos rituais, e especialmente todos os obstáculos
criados por espíritos sejam purificados SHÄNTING KURUYE SOHA.

Oferecer a cevada com casca

OM AGNIYE AHDIBÄ AHDIBÄ AMBISHA AMBISHA MAHA SHRIYE
   HAMBÄ KABÄ BAHA NAYE
OM VAJRA BINZAYE
Para todos nós discípulos, nossos benfeitores e outros, que todos os
obstáculos para alcançar libertação e onisciência, todas as transgressões
dos três votos, todas as não virtudes naturais, toda inauspiciosidade,
toda concentração pouco clara, toda recitação incorreta de mantras,
todas as falhas de excesso e omissão nos rituais, e especialmente todos
os obstáculos à riqueza e às colheitas abundantes sejam purificados
SHÄNTING KURUYE SOHA.

Oferecer a cevada sem casca

OM AGNIYE AHDIBÄ AHDIBÄ AMBISHA AMBISHA MAHA SHRIYE
   HAMBÄ KABÄ BAHA NAYE
OM MAHA BEGAYE
Para todos nós discípulos, nossos benfeitores e outros, que todos os
obstáculos para alcançar libertação e onisciência, todas as transgressões
dos três votos, todas as não virtudes naturais, toda inauspiciosidade,
toda concentração pouco clara, toda recitação incorreta de mantras,
todas as falhas de excesso e omissão nos rituais, e especialmente todos
os obstáculos aos excelentes poderes mentais rápidos sejam purificados
SHÄNTING KURUYE SOHA.

Oferecer as ervilhas

OM AGNIYE AHDIBÄ AHDIBÄ AMBISHA AMBISHA MAHA SHRIYE HAMBÄ KABÄ BAHA NAYE
OM MAHA BALAYE
Para todos nós discípulos, nossos benfeitores e outros, que todos os obstáculos para alcançar libertação e onisciência, todas as transgressões dos três votos, todas as não virtudes naturais, toda inauspiciosidade, toda concentração pouco clara, toda recitação incorreta de mantras, todas as falhas de excesso e omissão nos rituais, e especialmente todos os obstáculos ao incremento de vigor sejam purificados SHÄNTING KURUYE SOHA.

Oferecer o trigo

OM AGNIYE AHDIBÄ AHDIBÄ AMBISHA AMBISHA MAHA SHRIYE HAMBÄ KABÄ BAHA NAYE
OM VAJRA GHAMA RI
Para todos nós discípulos, nossos benfeitores e outros, que todos os obstáculos para alcançar libertação e onisciência, todas as transgressões dos três votos, todas as não virtudes naturais, toda inauspiciosidade, toda concentração pouco clara, toda recitação incorreta de mantras, todas as falhas de excesso e omissão nos rituais, e especialmente que toda e qualquer doença sejam purificados SHÄNTING KURUYE SOHA.

Oferecer a substância pacificadora especial

OM AGNIYE AHDIBÄ AHDIBÄ AMBISHA AMBISHA MAHA SHRIYE HAMBÄ KABÄ BAHA NAYE
Para todos nós discípulos, nossos benfeitores e outros, que todos os obstáculos para alcançar libertação e onisciência, todas as transgressões dos três votos, todas as não virtudes naturais, toda inauspiciosidade, toda concentração pouco clara, toda recitação incorreta de mantras, todas as falhas de excesso e omissão nos rituais, e especialmente todos os obstáculos à conquista das aquisições supremas sejam purificados SHÄNTING KURUYE SOHA.

Oferecer as quatro águas

OM AH HRIH PRAVARA SÄKARAM PROKYANAM PARTITZA HUM SOHA
OM AH HRIH PRAVARA SÄKARAM ÄNTZAMANAM PARTITZA HUM SOHA
OM AH HRIH PRAVARA SÄKARAM AHRGHAM PARTITZA HUM SOHA
OM AH HRIH PRAVARA SÄKARAM PADÄM PARTITZA HUM SOHA

OFERENDAS ÀS DEIDADES-FOGO SUPRAMUNDANAS

Isto tem três partes:

1. Gerar a mansão celestial e os assentos no coração da Deidade-Fogo;
2. Gerar as Deidades nos seus lugares;
3. As etapas de fazer oferendas às Deidades.

GERAR A MANSÃO CELESTIAL E OS ASSENTOS NO CORAÇÃO DA DEIDADE-FOGO

No centro de um mandala de fogo ardente no coração da Deidade-Fogo, de um DHRUM vem uma mansão celestial, que é quadrada, com quatro entradas. As paredes, adornadas com joias, possuem cinco camadas que, a partir de fora para dentro, são de cor branca, amarela, vermelha, verde e azul. Ao redor do topo da parede, está uma cornija vermelha preciosamente decorada, cravejada de joias quadradas, triangulares e de outros formatos. Sobre isto, estão quatro níveis de frisos dourados. Sobre isto e projetando-se para fora, estão caibros, cujas extremidades têm a forma de monstros-marinhos, com cordões longos e semilongos de pérolas que pendem de suas bocas. Sobressaindo acima disso, estão *sharpu*, decorações especiais de joias, suspensas dos beirais. Acima disso, está um parapeito no formato de meias-pétalas de lótus. O parapeito está adornado com oito estandartes da vitória e outros oito estandartes, todos eles dispostos em vasos dourados, e sobre os quatro cantos estão para-sóis.

Ao redor da base exterior da parede, há um rebordo vermelho para os objetos de desejo. Sobre esse rebordo, estão deusas de várias cores e em diversas posturas fazendo oferendas. Nos cantos exteriores dos portais e dos saguões, assim como nos quatro cantos exteriores e nos quatro cantos interiores da mansão, encontram-se meias-luas, sobre as quais estão joias vermelhas adornadas por vajras no seu topo.

Diante de cada entrada, há uma arcada quadrada com onze níveis, sustentada por quatro pilares assentados em vasos sobre pedestais quadrados. Acima de cada arcada, está uma Roda do Dharma, flanqueada à sua direita por um cervo macho e, à esquerda, por um cervo fêmea. À direita e à esquerda de cada arcada, estão árvores-que-concedem-desejos dispostas em vasos dourados, das quais pendem as sete posses preciosas de um rei. No espaço ao redor, estão Siddhas, e, emergindo de nuvens, estão deusas e deuses oferecedores segurando guirlandas de flores, tornando tudo primorosamente belo.

Para além disso, encontra-se o círculo de proteção de uma cerca de vajras de diversos tamanhos, e assim por diante. Rodeando o círculo de proteção, estão chamas-vajra de cinco cores que ardem como o fogo do éon. Elas rodopiam em sentido anti-horário, cobrindo todas as direções – acima, abaixo e tudo ao redor. Para além disso, estão os oito grandes solos sepulcrais. Em cada solo sepulcral há uma árvore, ao pé da qual está sentado um guardião direcional. No topo da árvore há um guardião regional, com a parte superior do seu corpo emergindo dos galhos. Há um lago, no qual vive um naga, e acima de cada lago há uma nuvem. Há uma montanha, no topo da qual está uma estupa branca, e há um fogo-sabedoria.

Por todos os solos sepulcrais, vagueiam pássaros e animais selvagens – tais como corvos, corujas, abutres, lobos, chacais e cobras – e espíritos, tais como os causadores-de-mal, zumbis e canibais que emitem o som "Kili Kili". Há também iogues e ioguines, tais como aqueles que alcançaram aquisições e Detentores-do-Saber, mantendo seus compromissos puramente. Eles estão todos praticando, estritamente focados, o caminho de Heruka. Estão nus, com o cabelo livremente solto, e estão adornados com cinco mudras. Eles seguram tambores de mão, cuias de crânio e khatangas, e usam coroas adornadas com crânios. Todos os seres que habitam os solos sepulcrais conferem ao local um senso de deslumbramento.

Dentro da mansão celestial, oito pilares sustentam vigas-vajra que adornam o teto. O telhado é coroado no seu topo por uma joia preciosa e um vajra. No interior da mansão celestial, nas quatro portas e nos quatro cantos, estão oito assentos-cadáver. Dentro deste círculo, está a roda-corpo branca, com oito raios e um rosário de rodas na sua borda. Dentro disto, está a roda-fala vermelha, com oito raios e um rosário de lótus na sua borda. Dentro disto, está a roda-coração azul, com oito raios e um rosário de vajras na sua borda. No seu centro, está a roda do grande êxtase, um lótus de oito pétalas de várias cores, com um rosário de facas curvas na sua borda.

Assim, visualize claramente a mansão celestial e os assentos.

GERAR AS DEIDADES NOS SEUS LUGARES

No assento de sol central, aparecem HUM BAM; nas pétalas de lótus das quatro direções cardeais da roda do grande êxtase, RIM RIM LIM LIM; nos oito raios da roda-coração, KAM KHAM GAM GHAM NGAM TSAM TSHAM DZAM; nos oito raios da roda-fala, DZHAM NYAM TrAM THrAM DrAM DHrAM NAM TAM; nos oito raios da roda-corpo, THAM DAM DHAM NAM PAM PHAM BAM BHAM; e nas quatro portas e nos quatro cantos, YAM RAM LAM WAM SHAM KAM SAM HAM.

Isso se transforma completamente e, no assento de sol central, surge o Glorioso Heruka, com um corpo azul-escuro e quatro faces. A face principal é azul-escura, a face esquerda é verde, a face detrás é vermelha, e a face direita é amarela. Cada face possui três olhos e um rosário de vajras de cinco hastes na sua testa. Sua perna direita está estendida e pisa a cabeça de Bhairawa negro, que tem quatro mãos. As duas primeiras mãos estão com as palmas unidas, a segunda mão direita segura um damaru, e a segunda mão esquerda, uma espada. Sua perna esquerda, dobrada, pisa o peito da vermelha Kalarati, que tem quatro mãos. As duas primeiras mãos estão com as palmas unidas, e as outras duas seguram uma cuia de crânio e um khatanga. Ambos os seres sob seus pés têm uma face e três olhos e estão adornados com cinco mudras.

Ele tem doze braços. Os dois primeiros abraçam Vajravarahi, com sua mão direita segurando um vajra de cinco hastes, e sua mão esquerda, um sino. As duas mãos seguintes seguram uma pele ensanguentada de um elefante branco, estendida atrás das suas costas; a mão direita segura a pata dianteira esquerda, e a mão esquerda, a pata traseira esquerda. Ambas as mãos estão no mudra ameaçador, com as pontas dos dedos estendidos na altura das sobrancelhas. Sua terceira mão direita segura um damaru; a quarta, um machado; a quinta, uma faca curva; e a sexta, um tridente voltado para cima. Sua terceira mão esquerda segura um khatanga marcado com um vajra; a quarta, uma cuia de crânio repleta de sangue; a quinta, um laço-vajra; e a sexta, uma cabeça de Brahma com quatro faces.

Seu cabelo está preso num coque, marcado com um vajra cruzado. Cada cabeça está adornada com uma coroa de cinco crânios, unidos pelo topo e pela base por um rosário de vajras pretos. No lado esquerdo da sua coroa, está uma meia-lua ligeiramente inclinada. Suas expressões faciais mudam, e seus quatro conjuntos de quatro caninos estão expostos e são aterrorizantes. Ele mostra os nove estados de ânimo: três estados de ânimo físicos – de majestade, heroísmo e ameaça; três estados de ânimo verbais – de riso, ira e ferocidade; e três estados de ânimo mentais – de compaixão, cuidado atencioso e serenidade. Na parte inferior do seu corpo, ele usa uma pele de tigre, e no seu pescoço, um colar longo de cinquenta cabeças humanas unidas por vísceras humanas. Adornado com seis mudras, seu corpo inteiro está coberto por cinzas de osso humano.

Unida-em-abraço ao Abençoado, está a Abençoada Mãe Vajravarahi, que tem um corpo vermelho, uma face, duas mãos e três olhos. Ela está nua, com o cabelo livremente solto e, na parte inferior do seu corpo, usa uma veste feita de fragmentos de crânio. Sua mão esquerda, abraçando o pescoço do Pai, segura uma cuia de crânio repleta com o sangue dos quatro maras. Sua mão direita, no mudra ameaçador, brande uma faca curva, opondo-se às forças malignas das dez direções. Seu corpo brilha com um esplendor igual ao do fogo do éon. Suas duas pernas estão enganchadas ao redor das coxas do Pai. Ela é da natureza da grande compaixão extasiante. Adornada com cinco mudras, ela usa uma coroa de cinco crânios humanos e um colar de cinquenta crânios humanos.

APÊNDICE II – SADHANAS: OFERENDA ARDENTE DO MANDALA DE CORPO DE HERUKA

Na pétala leste do lótus, está Dakini azul-escura; na pétala norte, está Lama verde; na pétala oeste, está Khandarohi vermelha, e na pétala sul, está Rupini amarela. Cada uma delas tem uma face, com três olhos e caninos à mostra, e estão nuas, com o cabelo livremente solto. Cada uma delas tem duas mãos, a direita segurando uma faca curva, e a esquerda, uma cuia de crânio, com um khatanga apoiado na dobra do seu cotovelo esquerdo. Elas estão em pé, com sua perna direita estendida, e estão adornadas com cinco mudras. Usam uma coroa de cinco crânios humanos e um colar longo de cinquenta crânios humanos. Nas quatro pétalas intermediárias, tais como [a denominada] Fogo, estão cuias de crânio repletas com os cinco néctares.

Na roda-coração, na haste leste, Puliramalaya, estão Khandakapala e Partzandi; na haste norte, Dzalandhara, estão Mahakankala e Tzändriakiya; na haste oeste, Odiyana, estão Kankala e Parbhawatiya; na haste sul, Arbuta, estão Vikatadamshtri e Mahanasa; na haste fogo, Godawari, estão Suraberi e Biramatiya; na haste livre-por-meio-da-verdade, Rameshöri, estão Amitabha e Karwariya; na haste vento, Dewikoti, estão Vajraprabha e Lamkeshöriya; e na haste poderosa, Malawa, estão Vajradeha e Drumatzaya.

Na roda-fala, na haste leste, Kamarupa, estão Ankuraka e Airawatiya; na haste norte, Ote, estão Vajrajatila e Mahabhairawi; na haste oeste, Trishakune, estão Mahavira e Bayubega; na haste sul, Kosala, estão Vajrahumkara e Surabhakiya; na haste fogo, Kalinga, estão Subhadra e Shamadewi; na haste livre-por-meio-da-verdade, Lampaka, estão Vajrabhadra e Suwatre; Na haste vento, Kancha, estão Mahabhairawa e Hayakarna; e na haste poderosa, Himalaya, estão Virupaksha e Khaganana.

Na roda-corpo, na haste leste, Pretapuri, estão Mahabala e Tzatrabega; na haste norte, Grihadewata, estão Ratnavajra e Khandarohi; na haste oeste, Shauraktra, estão Hayagriva e Shaundini; na haste sul, Suwanadvipa, estão Akashagarbha e Tzatrawarmini; na haste fogo, Nagara, estão Shri Heruka e Subira; na haste livre-por-meio-da-verdade, Sindhura, estão Pemanarteshvara e Mahabala; na haste vento, Maru, estão Vairochana e Tzatrawartini; e na haste poderosa, Kuluta, estão Vajrasattva e Mahabire.

Todos os 24 Heróis, tais como Khandakapala, têm uma face, duas mãos e três olhos, e suas cabeças estão adornadas com uma coroa de cinco crânios humanos. Eles seguram um vajra e um sino e estão unidos-em-abraço às suas consortes. Seus cabelos estão presos num coque, adornado com um vajra e uma meia-lua. Eles usam um rosário de vajras em suas testas e estão adornados com seis mudras. Usando um colar longo de cinquenta cabeças humanas e, na parte inferior do corpo, uma pele de tigre, eles estão em pé, com a perna direita estendida.

Todas as 24 Heroínas, tais como Partzandi, têm uma face, duas mãos e três olhos, os quais são vermelhos e ardem como fogo. Suas mãos direitas, erguidas no mudra ameaçador, seguram uma faca curva, e suas mãos esquerdas, abraçando o pescoço do Pai, seguram uma cuia de crânio repleta com o sangue dos quatro maras. Suas duas pernas estão enganchadas ao redor das coxas do Pai. Usando uma coroa de cinco crânios humanos, um colar de cinquenta crânios humanos e, na parte inferior do corpo, uma veste feita de fragmentos de crânio, elas têm o cabelo livremente solto e estão adornadas com cinco mudras.

Sobre assentos-cadáver, ao redor das Deidades da roda-corpo, estão: no leste, Kakase azul-escura; no norte, Ulukase verde; no oeste, Shönase vermelha; no sul, Shukarase amarela; no assento-cadáver fogo, Yamadhati; que é azul no lado direito e amarela no esquerdo; no assento-cadáver livre-por-meio-da-verdade, Yamaduti, que é amarela no lado direito e vermelha no esquerdo; no assento-cadáver vento, Yamadangtrini, que é vermelha no lado direito e verde no esquerdo; e no assento-cadáver poderoso, Yamamatani, que é verde no lado direito e azul no esquerdo.

Essas Heroínas têm uma face com três olhos e caninos à mostra, e estão nuas com o cabelo livremente solto. Elas têm duas mãos, a direita segurando uma faca curva, e a esquerda, uma cuia de crânio, e, com a dobra do cotovelo esquerdo, seguram firmemente um khatanga. Estão adornadas com cinco mudras e estão em pé, com a perna direita estendida. Usam uma coroa de cinco crânios humanos e um colar longo de cinquenta crânios humanos.

Uma imensidão de luz branca irradia dos corpos de todas as Deidades.

Colocar a armadura

No coração do Principal, de OM HA brancos, aparece Vajrasattva branco, com três faces – branca, vermelha e negra – e seis braços. Suas três mãos direitas seguram um vajra, um damaru e uma cabeça; e suas três mãos esquerdas seguram um sino, uma cuia de crânio e um khatanga. Ele abraça Varahi.

Na sua cabeça, de NAMA HI amarelos, aparece Vairochana amarelo, com uma face e quatro braços. Suas duas mãos direitas seguram uma roda e um damaru, e suas duas mãos esquerdas seguram um sino e uma cuia de crânio, juntamente com um khatanga. Ele abraça Yamani.

Na sua coroa, de SOHA HU vermelhos, aparece Pemanarteshvara, com uma face e quatro braços. Suas duas mãos direitas seguram um lótus e um damaru, e suas duas mãos esquerdas seguram um sino e uma cuia de crânio, juntamente com um khatanga. Ele abraça Mohani.

Nos seus dois ombros, de BOKE HE pretos, aparece Heruka negro, com uma face e quatro braços. Suas duas mãos direitas seguram um vajra e um damaru, e suas duas mãos esquerdas seguram um sino e uma cuia de crânio, juntamente com um khatanga. Ele abraça Sachalani.

Nos seus dois olhos, de HUM HUM HO laranjas, aparece Vajrasurya laranja, com uma face e quatro braços. Suas duas mãos direitas seguram uma joia e um damaru, e suas duas mãos esquerdas seguram um sino e uma cuia de crânio, juntamente com um khatanga. Ele abraça Samtrasani.

Na sua testa, de PHAT HAM verdes – por natureza, o poder físico de todos os seus membros –, aparece Paramashawa, com uma face e quatro braços. Suas duas mãos direitas seguram uma espada e um damaru, e suas duas mãos esquerdas seguram um sino e uma cuia de crânio, juntamente com um khatanga. Ele abraça Chandika.

Vajrasattva está sobre um mandala de lua e tem uma aura de luar. Os outros cinco estão sobre mandalas de sol e têm auras de luz do Sol; eles têm uma face e três olhos, e estão adornados com seis mudras. Usando uma coroa de cinco crânios humanos, um colar de cinquenta crânios humanos e, na parte inferior do corpo, uma pele de tigre, eles estão em pé, com a perna direita estendida.

No umbigo da Senhora Principal, de OM BAM vermelhos, aparece Vajravarahi vermelha, com três faces – vermelha, azul e verde – e seis braços. Suas três mãos direitas seguram uma faca curva, uma cabeça de Brahma e um gancho de ferro; e suas três mãos esquerdas seguram uma cuia de crânio, um khatanga e um laço. Ela abraça Vajrasattva.

No seu coração, de HAM YOM azuis, aparece Yamani azul abraçando Vairochana; na sua garganta, de HRIM MOM brancos, Mohani branca abraçando Pemanarteshvara; na sua cabeça, de HRIM HRIM amarelos, Sachalani amarela abraçando Heruka; na sua coroa, de HUM HUM verdes, Samtrasani verde abraçando Vajrasurya; e na sua testa, de PHAT PHAT cor-de-fumaça (por natureza, o poder físico de todos os seus membros), Chandika cor-de-fumaça abraçando Paramashawa.

Mohani está sobre um mandala de lua e tem uma aura de luar. As outras cinco estão sobre mandalas de sol e têm auras de luz do Sol; elas têm uma face e três olhos, e estão adornadas com cinco mudras. Elas têm quatro braços; suas duas mãos direitas seguram um damaru e uma faca curva, e suas duas mãos esquerdas seguram um sino e uma cuia de crânio, juntamente com um khatanga. Usando uma coroa de cinco crânios humanos e um colar de cinquenta crânios humanos, elas estão nuas, com o cabelo livremente solto, e estão em pé, com a perna direita estendida.

Convidar e absorver os seres-de-sabedoria

PHAIM
Os seres-de-sabedoria, o mandala sustentado e sustentador, são convidados juntamente com as Deidades Que-Concedem-Iniciação.

OM SHRI HERUKA AHRGHAM, PADÄM, PUPE, DHUPE, DIWE, GÄNDHE, NEWIDE, SHAPTA PARTITZA HUM SOHA

VAJRA ANKUSHA DZA
VAJRA PASHA HUM
VAJRA POTA BAM
VAJRA GHANTA HO

Cada um dos seres-de-sabedoria torna-se não dual com seu respectivo ser-de-compromisso.

Conceder iniciação e adornar a coroa

Ó, todos vós, Tathagatas, por favor, concedei a iniciação.

Solicitados desse modo, as oito Deusas dos portais afastam os impedimentos, os Heróis recitam versos auspiciosos, as Heroínas cantam canções-vajra, e as Rupavajras e as demais fazem oferendas. O Principal decide mentalmente conceder a iniciação, e as Quatro Mães, juntamente com Varahi, segurando vasos adornados com joias e repletos com os cinco néctares, conferem a iniciação pela coroa de suas cabeças.

"Assim como todos os Tathagatas concederam ablução
No momento do nascimento [de Buda],
Também nós, agora, concedemos ablução
Com a água pura dos deuses.

OM SARWA TATHAGATA ABHIKEKATA SAMAYA SHRIYE HUM"

Dizendo isso, elas concedem a iniciação com uma corrente de néctar através da coroa. Todas as Deidades tornam-se da natureza de grande êxtase. O excesso de néctar remanescente na coroa transforma-se completamente, e o Principal é adornado com Vajrasattva; Vajravarahi, com Akshobya; as Quatro Mães, com Ratnasambhava; as Deidades da roda-coração, com Akshobya; as Deidades da roda-fala, com Amitabha; as Deidades da roda-corpo, com Vairochana; e as Deidades da roda-compromisso, com Amoghasiddhi.

AS ETAPAS DE FAZER OFERENDAS ÀS DEIDADES

Abençoar as substâncias de oferenda

OM KHANDAROHI HUM HUM PHAT
OM SOBHAWA SHUDDHA SARWA DHARMA SOBHAWA SHUDDHO HAM
Tudo se torna vacuidade.

Do estado de vacuidade, de KAMs vêm vastas e amplas cuias de crânio, dentro das quais, de HUMs surgem água para beber, água para os pés, água para a boca, água para espargir, flores, incenso, luzes, perfume, alimentos e música. Por sua natureza, vacuidade, cada uma delas tem o aspecto individual de uma das substâncias de oferenda, e funcionam como objetos de prazer dos seis sentidos para proporcionar especial êxtase incontaminado.

OM AHRGHAM AH HUM
OM PADÄM AH HUM
OM ÄNTZAMANAM AH HUM
OM PROKYANAM AH HUM
OM VAJRA PUPE AH HUM
OM VAJRA DHUPE AH HUM
OM VAJRA DIWE AH HUM
OM VAJRA GÄNDHE AH HUM
OM VAJRA NEWIDE AH HUM
OM VAJRA SHAPTA AH HUM

Oferendas exteriores

OM AH HRIH PRAVARA SÄKARAM AHRGHAM PARTITZA HUM SOHA
OM AH HRIH PRAVARA SÄKARAM PADÄM PARTITZA HUM SOHA
OM AH HRIH PRAVARA SÄKARAM ÄNTZAMANAM PARTITZA HUM SOHA
OM AH HRIH PRAVARA SÄKARAM PROKYANAM PARTITZA HUM SOHA
OM VAJRA PUPE AH HUM SOHA
OM VAJRA DHUPE AH HUM SOHA
OM VAJRA DIWE AH HUM SOHA
OM VAJRA GÄNDHE AH HUM SOHA
OM VAJRA NEWIDE AH HUM SOHA
OM VAJRA SHAPTA AH HUM SOHA

Oferecer as dezesseis deusas-conhecimento

OM VAJRA WINI HUM HUM PHAT
OM VAJRA WAMSHE HUM HUM PHAT
OM VAJRA MITAMGI HUM HUM PHAT
OM VAJRA MURANDZE HUM HUM PHAT

OM VAJRA HÄSA HUM HUM PHAT
OM VAJRA LASÄ HUM HUM PHAT

OM VAJRA GIRTI HUM HUM PHAT
OM VAJRA NIRTÄ HUM HUM PHAT

OM VAJRA PUPE HUM HUM PHAT
OM VAJRA DHUPE HUM HUM PHAT
OM VAJRA DIWE HUM HUM PHAT
OM VAJRA GÄNDHE HUM HUM PHAT

OM RUPA BENZ HUM HUM PHAT
OM RASA BENZ HUM HUM PHAT
OM PARSHE BENZ HUM HUM PHAT
OM DHARMA DHATU BENZ HUM HUM PHAT

Oferenda interior

OM SHRI VAJRA HE HE RU RU KAM HUM HUM PHAT DAKINI DZALA SHAMBARAM SOHA OM AH HUM

OM VAJRA BEROTZANIYE HUM HUM PHAT SOHA OM AH HUM

OM RIM RIM LIM LIM, KAM KHAM GAM GHAM NGAM, TSAM TSHAM DZAM DZHAM NYAM, TrAM THrAM DrAM DHrAM NAM, TAM THAM DAM DHAM NAM, PAM PHAM BAM BHAM, YAM RAM LAM WAM, SHAM KAM SAM HAM HUM HUM PHAT OM AH HUM

Oito versos de louvor ao Pai

OM Prostro-me ao Abençoado, Senhor dos Heróis HUM HUM PHAT
OM A ti, com um brilho igual ao do fogo do grande éon HUM HUM PHAT
OM A ti, com um coque inesgotável HUM HUM PHAT
OM A ti, com uma face aterrorizante e caninos à mostra HUM HUM PHAT
OM A ti, cujos mil braços resplandecem com luz HUM HUM PHAT
OM A ti, que seguras um machado, um laço erguido, uma lança e um khatanga HUM HUM PHAT
OM A ti, que vestes uma pele de tigre HUM HUM PHAT
OM Curvo-me a ti, cujo grande corpo cor-de-fumaça dissipa obstruções HUM HUM PHAT

Oito versos de louvor à Mãe

OM Prostro-me a Vajravarahi, a Mãe Abençoada HUM HUM PHAT
OM À Superior e poderosa Senhora do Saber, inconquistada pelos três reinos HUM HUM PHAT
OM A ti, que destróis todos os medos de espíritos maléficos com teu grande vajra HUM HUM PHAT
OM A ti, com olhos controladores, que permaneces como o assento-vajra inconquistado por outros HUM HUM PHAT
OM A ti, cuja feroz forma irada desseca Brahma HUM HUM PHAT
OM A ti, que aterrorizas e exterminas demônios, conquistando aqueles de outras direções HUM HUM PHAT
OM A ti, que conquistas todos os que nos tornam obtusos, rígidos e confusos HUM HUM PHAT
OM Curvo-me a Vajravarahi, a Grande Mãe, a consorte Dakini que satisfaz todos os desejos HUM HUM PHAT

Oferecer as substâncias ardentes

Agora, contemple:

As línguas das Deidades estão no aspecto de vajras brancos, da natureza de luz, marcados com uma letra HUM.

Oferenda inicial da manteiga derretida

OM SHRI VAJRA HE HE RU RU KAM HUM HUM PHAT DAKINI DZALA SHAMBARAM SOHA
Para todos nós discípulos, nossos benfeitores e outros, que todos os obstáculos para alcançar libertação e onisciência, todas as transgressões dos três votos, todas as não virtudes naturais, toda inauspiciosidade, toda concentração pouco clara, toda recitação incorreta de mantras, e todas as falhas de excesso e omissão nos rituais sejam purificados SHÄNTING KURUYE SOHA.

Cada uma das doze substâncias deve ser oferecida, primeiro, à Deidade Principal Pai e Mãe e, depois, às Deidades do séquito.
Quando fazemos muitas oferendas de cada uma das doze substâncias – tais como a madeira lactescente – à Deidade Principal Pai e Mãe,

devemos recitar, para a primeira oferenda, os mantras das Deidades, o mantra da substância e a prece de pedido; para a segunda oferenda e as subsequentes, você deve recitar apenas os mantras das Deidades; e para a última oferenda, você deve recitar uma vez mais todos os três: os mantras das Deidades, o mantra da substância e a prece de pedido.

Quando fizer as oferendas às Deidades do séquito, você deve fazer duas vezes cada oferenda.

A madeira lactescente e a manteiga derretida são as substâncias ardentes principais. Visto que, cada vez que uma dessas substâncias é oferecida, juntamente com [a recitação de] um mantra, isso é contado como 'uma oferenda ardente', você deve tentar oferecer muitas delas.

Desse modo, você deve terminar de oferecer as substâncias de oferenda.

Oferecer a madeira lactescente à Deidade Principal Pai e Mãe

A madeira lactescente torna-se néctar, a natureza da Árvore Bodhi.
OM SHRI VAJRA HE HE RU RU KAM HUM HUM PHAT DAKINI DZALA SHAMBARAM SOHA
OM VAJRA BEROTZANIYE HUM HUM PHAT SOHA
OM BODHI PIKYAYE
Para todos nós discípulos, nossos benfeitores e outros, que todos os obstáculos para alcançar libertação e onisciência, todas as transgressões dos três votos, todas as não virtudes naturais, toda inauspiciosidade, toda concentração pouco clara, toda recitação incorreta de mantras, todas as falhas de excesso e omissão nos rituais, e especialmente todos os obstáculos ao aumento de vitalidade sejam purificados SHÄNTING KURUYE SOHA.

Oferecer a madeira lactescente aos séquitos (2x)

OM DAKINIYE HUM HUM PHAT
OM LAME HUM HUM PHAT
OM KHANDAROHI HUM HUM PHAT
OM RUPINIYE HUM HUM PHAT

OM KARA KARA HUM HUM PHAT, OM PARTZANDI HUM HUM PHAT, OM KURU KURU HUM HUM PHAT, OM TZÄNDRIAKIYE HUM HUM PHAT, OM BÄNDHA BÄNDHA HUM HUM PHAT, OM PARBHAWATIYE HUM HUM PHAT, OM TrASAYA TrASAYA HUM HUM PHAT, OM MAHANASE HUM HUM PHAT, OM KYOMBHAYA

KYOMBHAYA HUM HUM PHAT, OM BIRAMATIYE HUM HUM PHAT, OM HROM HROM HUM HUM PHAT, OM KARWARIYE HUM HUM PHAT, OM HRAH HRAH HUM HUM PHAT, OM LAMKESHÖRIYE HUM HUM PHAT, OM PHAIM PHAIM HUM HUM PHAT, OM DRUMATZAYE HUM HUM PHAT

OM PHAT PHAT HUM HUM PHAT, OM AIRAWATIYE HUM HUM PHAT, OM DAHA DAHA HUM HUM PHAT, OM MAHABHAIRAWI HUM HUM PHAT, OM PATSA PATSA HUM HUM PHAT, OM BAYUBEGE HUM HUM PHAT, OM BHAKYA BHAKYA BASA RUDHI ÄNTRA MALA WALAMBINE HUM HUM PHAT, OM SURABHAKIYE HUM HUM PHAT, OM GRIHANA GRIHANA SAPTA PATALA GATA BHUDZAMGAM SARWAMPA TARDZAYA TARDZAYA HUM HUM PHAT, OM SHAMADEWI HUM HUM PHAT, OM AKANDYA AKANDYA HUM HUM PHAT, OM SUWATRE HUM HUM PHAT, OM HRIM HRIM HUM HUM PHAT, OM HAYAKARNE HUM HUM PHAT, OM GYÖN GYÖN HUM HUM PHAT, OM KHAGANANE HUM HUM PHAT

OM KYAMA KYAMA HUM HUM PHAT, OM TZATRABEGE HUM HUM PHAT, OM HAM HAM HUM HUM PHAT, OM KHANDAROHI HUM HUM PHAT, OM HIM HIM HUM HUM PHAT, OM SHAUNDINI HUM HUM PHAT, OM HUM HUM HUM HUM PHAT, OM TZATRAWARMINI HUM HUM PHAT, OM KILI KILI HUM HUM PHAT, OM SUBIRE HUM HUM PHAT, OM SILI SILI HUM HUM PHAT, OM MAHABALE HUM HUM PHAT, OM HILI HILI HUM HUM PHAT, OM TZATRAWARTINI HUM HUM PHAT, OM DHILI DHILI HUM HUM PHAT, OM MAHABIRE HUM HUM PHAT

OM KAKASE HUM HUM PHAT, OM ULUKASE HUM HUM PHAT, OM SHÖNASE HUM HUM PHAT, OM SHUKARASE HUM HUM PHAT, OM YAMADHATI HUM HUM PHAT, OM YAMADUTI HUM HUM PHAT, OM YAMADANGTRINI HUM HUM PHAT, OM YAMAMATANI HUM HUM PHAT

OM BODHI PIKYAYE
Para todos nós discípulos, nossos benfeitores e outros, que todos os obstáculos para alcançar libertação e onisciência, todas as transgressões dos três votos, todas as não virtudes naturais, toda inauspiciosidade, toda concentração pouco clara, toda recitação incorreta de mantras, todas as falhas de excesso e omissão nos rituais, e especialmente todos os obstáculos ao aumento de vitalidade sejam purificados SHÄNTING KURUYE SOHA.

Oferecer a manteiga derretida à Deidade Principal Pai e Mãe

OM SHRI VAJRA HE HE RU RU KAM HUM HUM PHAT DAKINI DZALA SHAMBARAM SOHA
OM VAJRA BEROTZANIYE HUM HUM PHAT SOHA
OM AGNIYE
Para todos nós discípulos, nossos benfeitores e outros, que todos os obstáculos para alcançar libertação e onisciência, todas as transgressões dos três votos, todas as não virtudes naturais, toda inauspiciosidade, toda concentração pouco clara, toda recitação incorreta de mantras, todas as falhas de excesso e omissão nos rituais, e especialmente todos os obstáculos ao aumento de riqueza sejam purificados SHÄNTING KURUYE SOHA.

Oferecer a manteiga derretida aos séquitos (2x)

OM DAKINIYE HUM HUM PHAT
OM LAME HUM HUM PHAT
OM KHANDAROHI HUM HUM PHAT
OM RUPINIYE HUM HUM PHAT

OM KARA KARA HUM HUM PHAT, OM PARTZANDI HUM HUM PHAT, OM KURU KURU HUM HUM PHAT, OM TZÄNDRIAKIYE HUM HUM PHAT, OM BÄNDHA BÄNDHA HUM HUM PHAT, OM PARBHAWATIYE HUM HUM PHAT, OM TrASAYA TrASAYA HUM HUM PHAT, OM MAHANASE HUM HUM PHAT, OM KYOMBHAYA KYOMBHAYA HUM HUM PHAT, OM BIRAMATIYE HUM HUM PHAT, OM HROM HROM HUM HUM PHAT, OM KARWARIYE HUM HUM PHAT, OM HRAH HRAH HUM HUM PHAT, OM LAMKESHÖRIYE HUM HUM PHAT, OM PHAIM PHAIM HUM HUM PHAT, OM DRUMATZAYE HUM HUM PHAT

OM PHAT PHAT HUM HUM PHAT, OM AIRAWATIYE HUM HUM PHAT, OM DAHA DAHA HUM HUM PHAT, OM MAHABHAIRAWI HUM HUM PHAT, OM PATSA PATSA HUM HUM PHAT, OM BAYUBEGE HUM HUM PHAT, OM BHAKYA BHAKYA BASA RUDHI ÄNTRA MALA WALAMBINE HUM HUM PHAT, OM SURABHAKIYE HUM HUM PHAT, OM GRIHANA GRIHANA SAPTA PATALA GATA BHUDZAMGAM SARWAMPA TARDZAYA TARDZAYA HUM HUM PHAT, OM SHAMADEWI HUM HUM PHAT, OM AKANDYA AKANDYA HUM HUM PHAT, OM SUWATRE HUM HUM PHAT, OM HRIM HRIM HUM HUM PHAT, OM HAYAKARNE HUM HUM PHAT, OM GYÖN GYÖN HUM HUM PHAT, OM KHAGANANE HUM HUM PHAT

OM KYAMA KYAMA HUM HUM PHAT, OM TZATRABEGE HUM HUM PHAT, OM HAM HAM HUM HUM PHAT, OM KHANDAROHI HUM HUM PHAT, OM HIM HIM HUM HUM PHAT, OM SHAUNDINI HUM HUM PHAT, OM HUM HUM HUM HUM PHAT, OM TZATRAWARMINI HUM HUM PHAT, OM KILI KILI HUM HUM PHAT, OM SUBIRE HUM HUM PHAT, OM SILI SILI HUM HUM PHAT, OM MAHABALE HUM HUM PHAT, OM HILI HILI HUM HUM PHAT, OM TZATRAWARTINI HUM HUM PHAT, OM DHILI DHILI HUM HUM PHAT, OM MAHABIRE HUM HUM PHAT

OM KAKASE HUM HUM PHAT, OM ULUKASE HUM HUM PHAT, OM SHÖNASE HUM HUM PHAT, OM SHUKARASE HUM HUM PHAT, OM YAMADHATI HUM HUM PHAT, OM YAMADUTI HUM HUM PHAT, OM YAMADANGTRINI HUM HUM PHAT, OM YAMAMATANI HUM HUM PHAT

OM AGNIYE
Para todos nós discípulos, nossos benfeitores e outros, que todos os obstáculos para alcançar libertação e onisciência, todas as transgressões dos três votos, todas as não virtudes naturais, toda inauspiciosidade, toda concentração pouco clara, toda recitação incorreta de mantras, todas as falhas de excesso e omissão nos rituais, e especialmente todos os obstáculos ao aumento de riqueza sejam purificados SHÄNTING KURUYE SOHA.

Oferecer as sementes de gergelim à Deidade Principal Pai e Mãe

OM SHRI VAJRA HE HE RU RU KAM HUM HUM PHAT DAKINI DZALA SHAMBARAM SOHA
OM VAJRA BEROTZANIYE HUM HUM PHAT SOHA
OM SARWA PAPAM DAHANA VAJRA YE
Para todos nós discípulos, nossos benfeitores e outros, que todos os obstáculos para alcançar libertação e onisciência, todas as transgressões dos três votos, todas as não virtudes naturais, toda inauspiciosidade, toda concentração pouco clara, toda recitação incorreta de mantras, todas as falhas de excesso e omissão nos rituais, e especialmente todas as negatividades sejam purificados SHÄNTING KURUYE SOHA.

Oferecer as sementes de gergelim aos séquitos (2x)

OM DAKINIYE HUM HUM PHAT
OM LAME HUM HUM PHAT
OM KHANDAROHI HUM HUM PHAT
OM RUPINIYE HUM HUM PHAT

OM KARA KARA HUM HUM PHAT, OM PARTZANDI HUM HUM PHAT, OM KURU KURU HUM HUM PHAT, OM TZÄNDRIAKIYE HUM HUM PHAT, OM BÄNDHA BÄNDHA HUM HUM PHAT, OM PARBHAWATIYE HUM HUM PHAT, OM TrASAYA TrASAYA HUM HUM PHAT, OM MAHANASE HUM HUM PHAT, OM KYOMBHAYA KYOMBHAYA HUM HUM PHAT, OM BIRAMATIYE HUM HUM PHAT, OM HROM HROM HUM HUM PHAT, OM KARWARIYE HUM HUM PHAT, OM HRAH HRAH HUM HUM PHAT, OM LAMKESHÖRIYE HUM HUM PHAT, OM PHAIM PHAIM HUM HUM PHAT, OM DRUMATZAYE HUM HUM PHAT

OM PHAT PHAT HUM HUM PHAT, OM AIRAWATIYE HUM HUM PHAT, OM DAHA DAHA HUM HUM PHAT, OM MAHABHAIRAWI HUM HUM PHAT, OM PATSA PATSA HUM HUM PHAT, OM BAYUBEGE HUM HUM PHAT, OM BHAKYA BHAKYA BASA RUDHI ÄNTRA MALA WALAMBINE HUM HUM PHAT, OM SURABHAKIYE HUM HUM PHAT, OM GRIHANA GRIHANA SAPTA PATALA GATA BHUDZAMGAM SARWAMPA TARDZAYA TARDZAYA HUM HUM PHAT, OM SHAMADEWI HUM HUM PHAT, OM AKANDYA AKANDYA HUM HUM PHAT, OM SUWATRE HUM HUM PHAT, OM HRIM HRIM HUM HUM PHAT, OM HAYAKARNE HUM HUM PHAT, OM GYÖN GYÖN HUM HUM PHAT, OM KHAGANANE HUM HUM PHAT

OM KYAMA KYAMA HUM HUM PHAT, OM TZATRABEGE HUM HUM PHAT, OM HAM HAM HUM HUM PHAT, OM KHANDAROHI HUM HUM PHAT, OM HIM HIM HUM HUM PHAT, OM SHAUNDINI HUM HUM PHAT, OM HUM HUM HUM HUM PHAT, OM TZATRAWARMINI HUM HUM PHAT, OM KILI KILI HUM HUM PHAT, OM SUBIRE HUM HUM PHAT, OM SILI SILI HUM HUM PHAT, OM MAHABALE HUM HUM PHAT, OM HILI HILI HUM HUM PHAT, OM TZATRAWARTINI HUM HUM PHAT, OM DHILI DHILI HUM HUM PHAT, OM MAHABIRE HUM HUM PHAT

OM KAKASE HUM HUM PHAT, OM ULUKASE HUM HUM PHAT, OM
SHÖNASE HUM HUM PHAT, OM SHUKARASE HUM HUM PHAT, OM
YAMADHATI HUM HUM PHAT, OM YAMADUTI HUM HUM PHAT,
OM YAMADANGTRINI HUM HUM PHAT, OM YAMAMATANI HUM
HUM PHAT

OM SARWA PAPAM DAHANA VAJRA YE
Para todos nós discípulos, nossos benfeitores e outros, que todos os obstáculos para alcançar libertação e onisciência, todas as transgressões dos três votos, todas as não virtudes naturais, toda inauspiciosidade, toda concentração pouco clara, toda recitação incorreta de mantras, todas as falhas de excesso e omissão nos rituais, e especialmente todas as negatividades sejam purificados SHÄNTING KURUYE SOHA.

Oferecer a grama-de-ponta à Deidade Principal Pai e Mãe

OM SHRI VAJRA HE HE RU RU KAM HUM HUM PHAT DAKINI DZALA
   SHAMBARAM SOHA
OM VAJRA BEROTZANIYE HUM HUM PHAT SOHA
OM VAJRA AHYUKE
Para todos nós discípulos, nossos benfeitores e outros, que todos os obstáculos para alcançar libertação e onisciência, todas as transgressões dos três votos, todas as não virtudes naturais, toda inauspiciosidade, toda concentração pouco clara, toda recitação incorreta de mantras, todas as falhas de excesso e omissão nos rituais, e especialmente todos os obstáculos ao aumento do tempo de vida sejam purificados SHÄNTING KURUYE SOHA.

Oferecer a grama-de-ponta aos séquitos (2x)

OM DAKINIYE HUM HUM PHAT
OM LAME HUM HUM PHAT
OM KHANDAROHI HUM HUM PHAT
OM RUPINIYE HUM HUM PHAT

OM KARA KARA HUM HUM PHAT, OM PARTZANDI HUM HUM
PHAT, OM KURU KURU HUM HUM PHAT, OM TZÄNDRIAKIYE
HUM HUM PHAT, OM BÄNDHA BÄNDHA HUM HUM PHAT, OM
PARBHAWATIYE HUM HUM PHAT, OM TrASAYA TrASAYA HUM
HUM PHAT, OM MAHANASE HUM HUM PHAT, OM KYOMBHAYA

KYOMBHAYA HUM HUM PHAT, OM BIRAMATIYE HUM HUM PHAT, OM HROM HROM HUM HUM PHAT, OM KARWARIYE HUM HUM PHAT, OM HRAH HRAH HUM HUM PHAT, OM LAMKESHÖRIYE HUM HUM PHAT, OM PHAIM PHAIM HUM HUM PHAT, OM DRUMATZAYE HUM HUM PHAT

OM PHAT PHAT HUM HUM PHAT, OM AIRAWATIYE HUM HUM PHAT, OM DAHA DAHA HUM HUM PHAT, OM MAHABHAIRAWI HUM HUM PHAT, OM PATSA PATSA HUM HUM PHAT, OM BAYUBEGE HUM HUM PHAT, OM BHAKYA BHAKYA BASA RUDHI ÄNTRA MALA WALAMBINE HUM HUM PHAT, OM SURABHAKIYE HUM HUM PHAT, OM GRIHANA GRIHANA SAPTA PATALA GATA BHUDZAMGAM SARWAMPA TARDZAYA TARDZAYA HUM HUM PHAT, OM SHAMADEWI HUM HUM PHAT, OM AKANDYA AKANDYA HUM HUM PHAT, OM SUWATRE HUM HUM PHAT, OM HRIM HRIM HUM HUM PHAT, OM HAYAKARNE HUM HUM PHAT, OM GYÖN GYÖN HUM HUM PHAT, OM KHAGANANE HUM HUM PHAT

OM KYAMA KYAMA HUM HUM PHAT, OM TZATRABEGE HUM HUM PHAT, OM HAM HAM HUM HUM PHAT, OM KHANDAROHI HUM HUM PHAT, OM HIM HIM HUM HUM PHAT, OM SHAUNDINI HUM HUM PHAT, OM HUM HUM HUM HUM PHAT, OM TZATRAWARMINI HUM HUM PHAT, OM KILI KILI HUM HUM PHAT, OM SUBIRE HUM HUM PHAT, OM SILI SILI HUM HUM PHAT, OM MAHABALE HUM HUM PHAT, OM HILI HILI HUM HUM PHAT, OM TZATRAWARTINI HUM HUM PHAT, OM DHILI DHILI HUM HUM PHAT, OM MAHABIRE HUM HUM PHAT

OM KAKASE HUM HUM PHAT, OM ULUKASE HUM HUM PHAT, OM SHÖNASE HUM HUM PHAT, OM SHUKARASE HUM HUM PHAT, OM YAMADHATI HUM HUM PHAT, OM YAMADUTI HUM HUM PHAT, OM YAMADANGTRINI HUM HUM PHAT, OM YAMAMATANI HUM HUM PHAT

OM VAJRA AHYUKE
Para todos nós discípulos, nossos benfeitores e outros, que todos os obstáculos para alcançar libertação e onisciência, todas as transgressões dos três votos, todas as não virtudes naturais, toda inauspiciosidade, toda concentração pouco clara, toda recitação incorreta de mantras, todas as falhas de excesso e omissão nos rituais, e especialmente

todos os obstáculos ao aumento do tempo de vida sejam purificados SHÄNTING KURUYE SOHA.

Oferecer o arroz à Deidade Principal Pai e Mãe

OM SHRI VAJRA HE HE RU RU KAM HUM HUM PHAT DAKINI DZALA SHAMBARAM SOHA
OM VAJRA BEROTZANIYE HUM HUM PHAT SOHA
OM VAJRA PUTRAYE

Para todos nós discípulos, nossos benfeitores e outros, que todos os obstáculos para alcançar libertação e onisciência, todas as transgressões dos três votos, todas as não virtudes naturais, toda inauspiciosidade, toda concentração pouco clara, toda recitação incorreta de mantras, todas as falhas de excesso e omissão nos rituais, e especialmente todos os obstáculos ao aumento de mérito sejam purificados SHÄNTING KURUYE SOHA.

Oferecer o arroz aos séquitos (2x)

OM DAKINIYE HUM HUM PHAT
OM LAME HUM HUM PHAT
OM KHANDAROHI HUM HUM PHAT
OM RUPINIYE HUM HUM PHAT

OM KARA KARA HUM HUM PHAT, OM PARTZANDI HUM HUM PHAT, OM KURU KURU HUM HUM PHAT, OM TZÄNDRIAKIYE HUM HUM PHAT, OM BÄNDHA BÄNDHA HUM HUM PHAT, OM PARBHAWATIYE HUM HUM PHAT, OM TrASAYA TrASAYA HUM HUM PHAT, OM MAHANASE HUM HUM PHAT, OM KYOMBHAYA KYOMBHAYA HUM HUM PHAT, OM BIRAMATIYE HUM HUM PHAT, OM HROM HROM HUM HUM PHAT, OM KARWARIYE HUM HUM PHAT, OM HRAH HRAH HUM HUM PHAT, OM LAMKESHÖRIYE HUM HUM PHAT, OM PHAIM PHAIM HUM HUM PHAT, OM DRUMATZAYE HUM HUM PHAT

OM PHAT PHAT HUM HUM PHAT, OM AIRAWATIYE HUM HUM PHAT, OM DAHA DAHA HUM HUM PHAT, OM MAHABHAIRAWI HUM HUM PHAT, OM PATSA PATSA HUM HUM PHAT, OM BAYUBEGE HUM HUM PHAT, OM BHAKYA BHAKYA BASA RUDHI ÄNTRA MALA WALAMBINE HUM HUM PHAT, OM SURABHAKIYE HUM HUM PHAT, OM GRIHANA GRIHANA SAPTA PATALA GATA BHUDZAMGAM SARWAMPA TARDZAYA TARDZAYA HUM HUM

PHAT, OM SHAMADEWI HUM HUM PHAT, OM AKANDYA AKANDYA
HUM HUM PHAT, OM SUWATRE HUM HUM PHAT, OM HRIM HRIM
HUM HUM PHAT, OM HAYAKARNE HUM HUM PHAT, OM GYÖN
GYÖN HUM HUM PHAT, OM KHAGANANE HUM HUM PHAT

OM KYAMA KYAMA HUM HUM PHAT, OM TZATRABEGE HUM HUM
PHAT, OM HAM HAM HUM HUM PHAT, OM KHANDAROHI HUM
HUM PHAT, OM HIM HIM HUM HUM PHAT, OM SHAUNDINI HUM
HUM PHAT, OM HUM HUM HUM HUM PHAT, OM TZATRAWARMINI
HUM HUM PHAT, OM KILI KILI HUM HUM PHAT, OM SUBIRE HUM
HUM PHAT, OM SILI SILI HUM HUM PHAT, OM MAHABALE HUM
HUM PHAT, OM HILI HILI HUM HUM PHAT, OM TZATRAWARTINI
HUM HUM PHAT, OM DHILI DHILI HUM HUM PHAT, OM
MAHABIRE HUM HUM PHAT

OM KAKASE HUM HUM PHAT, OM ULUKASE HUM HUM PHAT, OM
SHÖNASE HUM HUM PHAT, OM SHUKARASE HUM HUM PHAT, OM
YAMADHATI HUM HUM PHAT, OM YAMADUTI HUM HUM PHAT,
OM YAMADANGTRINI HUM HUM PHAT, OM YAMAMATANI HUM
HUM PHAT

OM VAJRA PUTRAYE
Para todos nós discípulos, nossos benfeitores e outros, que todos os
obstáculos para alcançar libertação e onisciência, todas as transgressões
dos três votos, todas as não virtudes naturais, toda inauspiciosidade, toda
concentração pouco clara, toda recitação incorreta de mantras, todas as
falhas de excesso e omissão nos rituais, e especialmente todos os obstáculos
ao aumento de mérito sejam purificados SHÄNTING KURUYE SOHA.

Oferecer o farelo de bolo (*crumbled cake*) misturado com iogurte à Deidade Principal Pai e Mãe

OM SHRI VAJRA HE HE RU RU KAM HUM HUM PHAT DAKINI DZALA
    SHAMBARAM SOHA
OM VAJRA BEROTZANIYE HUM HUM PHAT SOHA
OM SARWA SAMPA DE
Para todos nós discípulos, nossos benfeitores e outros, que todos os
obstáculos para alcançar libertação e onisciência, todas as transgressões
dos três votos, todas as não virtudes naturais, toda inauspiciosidade, toda
concentração pouco clara, toda recitação incorreta de mantras, todas as

falhas de excesso e omissão nos rituais, e especialmente todos os obstáculos ao êxtase supremo sejam purificados SHÄNTING KURUYE SOHA.

Oferecer o farelo de bolo misturado com iogurte aos séquitos (2x)

OM DAKINIYE HUM HUM PHAT
OM LAME HUM HUM PHAT
OM KHANDAROHI HUM HUM PHAT
OM RUPINIYE HUM HUM PHAT

OM KARA KARA HUM HUM PHAT, OM PARTZANDI HUM HUM PHAT, OM KURU KURU HUM HUM PHAT, OM TZÄNDRIAKIYE HUM HUM PHAT, OM BÄNDHA BÄNDHA HUM HUM PHAT, OM PARBHAWATIYE HUM HUM PHAT, OM TrASAYA TrASAYA HUM HUM PHAT, OM MAHANASE HUM HUM PHAT, OM KYOMBHAYA KYOMBHAYA HUM HUM PHAT, OM BIRAMATIYE HUM HUM PHAT, OM HROM HROM HUM HUM PHAT, OM KARWARIYE HUM HUM PHAT, OM HRAH HRAH HUM HUM PHAT, OM LAMKESHÖRIYE HUM HUM PHAT, OM PHAIM PHAIM HUM HUM PHAT, OM DRUMATZAYE HUM HUM PHAT

OM PHAT PHAT HUM HUM PHAT, OM AIRAWATIYE HUM HUM PHAT, OM DAHA DAHA HUM HUM PHAT, OM MAHABHAIRAWI HUM HUM PHAT, OM PATSA PATSA HUM HUM PHAT, OM BAYUBEGE HUM HUM PHAT, OM BHAKYA BHAKYA BASA RUDHI ÄNTRA MALA WALAMBINE HUM HUM PHAT, OM SURABHAKIYE HUM HUM PHAT, OM GRIHANA GRIHANA SAPTA PATALA GATA BHUDZAMGAM SARWAMPA TARDZAYA TARDZAYA HUM HUM PHAT, OM SHAMADEWI HUM HUM PHAT, OM AKANDYA AKANDYA HUM HUM PHAT, OM SUWATRE HUM HUM PHAT, OM HRIM HRIM HUM HUM PHAT, OM HAYAKARNE HUM HUM PHAT, OM GYÖN GYÖN HUM HUM PHAT, OM KHAGANANE HUM HUM PHAT

OM KYAMA KYAMA HUM HUM PHAT, OM TZATRABEGE HUM HUM PHAT, OM HAM HAM HUM HUM PHAT, OM KHANDAROHI HUM HUM PHAT, OM HIM HIM HUM HUM PHAT, OM SHAUNDINI HUM HUM PHAT, OM HUM HUM HUM HUM PHAT, OM TZATRAWARMINI HUM HUM PHAT, OM KILI KILI HUM HUM PHAT, OM SUBIRE HUM HUM PHAT, OM SILI SILI HUM HUM PHAT, OM MAHABALE HUM HUM PHAT, OM HILI HILI HUM HUM PHAT, OM TZATRAWARTINI HUM HUM PHAT, OM DHILI DHILI HUM HUM PHAT, OM MAHABIRE HUM HUM PHAT

OM KAKASE HUM HUM PHAT, OM ULUKASE HUM HUM PHAT, OM
SHÖNASE HUM HUM PHAT, OM SHUKARASE HUM HUM PHAT, OM
YAMADHATI HUM HUM PHAT, OM YAMADUTI HUM HUM PHAT,
OM YAMADANGTRINI HUM HUM PHAT, OM YAMAMATANI HUM
HUM PHAT

OM SARWA SAMPA DE
Para todos nós discípulos, nossos benfeitores e outros, que todos os
obstáculos para alcançar libertação e onisciência, todas as transgressões
dos três votos, todas as não virtudes naturais, toda inauspiciosidade, toda
concentração pouco clara, toda recitação incorreta de mantras, todas as
falhas de excesso e omissão nos rituais, e especialmente todos os obstáculos
ao êxtase supremo sejam purificados SHÄNTING KURUYE SOHA.

Oferecer a grama *kusha* à Deidade Principal Pai e Mãe

OM SHRI VAJRA HE HE RU RU KAM HUM HUM PHAT DAKINI DZALA
  SHAMBARAM SOHA
OM VAJRA BEROTZANIYE HUM HUM PHAT SOHA
OM AHTRATI HATA VAJRA YE
Para todos nós discípulos, nossos benfeitores e outros, que todos os
obstáculos para alcançar libertação e onisciência, todas as transgressões
dos três votos, todas as não virtudes naturais, toda inauspiciosidade, toda
concentração pouco clara, toda recitação incorreta de mantras, todas as
falhas de excesso e omissão nos rituais, e especialmente todos os obstáculos
à suprema pureza sejam purificados SHÄNTING KURUYE SOHA.

Oferecer a grama *kusha* aos séquitos (2x)

OM DAKINIYE HUM HUM PHAT
OM LAME HUM HUM PHAT
OM KHANDAROHI HUM HUM PHAT
OM RUPINIYE HUM HUM PHAT

OM KARA KARA HUM HUM PHAT, OM PARTZANDI HUM HUM
PHAT, OM KURU KURU HUM HUM PHAT, OM TZÄNDRIAKIYE
HUM HUM PHAT, OM BÄNDHA BÄNDHA HUM HUM PHAT, OM
PARBHAWATIYE HUM HUM PHAT, OM TrASAYA TrASAYA HUM
HUM PHAT, OM MAHANASE HUM HUM PHAT, OM KYOMBHAYA
KYOMBHAYA HUM HUM PHAT, OM BIRAMATIYE HUM HUM PHAT,
OM HROM HROM HUM HUM PHAT, OM KARWARIYE HUM HUM

PHAT, OM HRAH HRAH HUM HUM PHAT, OM LAMKESHÖRIYE
HUM HUM PHAT, OM PHAIM PHAIM HUM HUM PHAT, OM
DRUMATZAYE HUM HUM PHAT

OM PHAT PHAT HUM HUM PHAT, OM AIRAWATIYE HUM HUM
PHAT, OM DAHA DAHA HUM HUM PHAT, OM MAHABHAIRAWI
HUM HUM PHAT, OM PATSA PATSA HUM HUM PHAT, OM
BAYUBEGE HUM HUM PHAT, OM BHAKYA BHAKYA BASA RUDHI
ÄNTRA MALA WALAMBINE HUM HUM PHAT, OM SURABHAKIYE
HUM HUM PHAT, OM GRIHANA GRIHANA SAPTA PATALA GATA
BHUDZAMGAM SARWAMPA TARDZAYA TARDZAYA HUM HUM
PHAT, OM SHAMADEWI HUM HUM PHAT, OM AKANDYA AKANDYA
HUM HUM PHAT, OM SUWATRE HUM HUM PHAT, OM HRIM HRIM
HUM HUM PHAT, OM HAYAKARNE HUM HUM PHAT, OM GYÖN
GYÖN HUM HUM PHAT, OM KHAGANANE HUM HUM PHAT

OM KYAMA KYAMA HUM HUM PHAT, OM TZATRABEGE HUM HUM
PHAT, OM HAM HAM HUM HUM PHAT, OM KHANDAROHI HUM
HUM PHAT, OM HIM HIM HUM HUM PHAT, OM SHAUNDINI HUM
HUM PHAT, OM HUM HUM HUM HUM PHAT, OM TZATRAWARMINI
HUM HUM PHAT, OM KILI KILI HUM HUM PHAT, OM SUBIRE HUM
HUM PHAT, OM SILI SILI HUM HUM PHAT, OM MAHABALE HUM
HUM PHAT, OM HILI HILI HUM HUM PHAT, OM TZATRAWARTINI
HUM HUM PHAT, OM DHILI DHILI HUM HUM PHAT, OM MAHABIRE
HUM HUM PHAT

OM KAKASE HUM HUM PHAT, OM ULUKASE HUM HUM PHAT, OM
SHÖNASE HUM HUM PHAT, OM SHUKARASE HUM HUM PHAT, OM
YAMADHATI HUM HUM PHAT, OM YAMADUTI HUM HUM PHAT,
OM YAMADANGTRINI HUM HUM PHAT, OM YAMAMATANI HUM
HUM PHAT

OM AHTRATI HATA VAJRA YE
Para todos nós discípulos, nossos benfeitores e outros, que todos os obstáculos para alcançar libertação e onisciência, todas as transgressões dos três votos, todas as não virtudes naturais, toda inauspiciosidade, toda concentração pouco clara, toda recitação incorreta de mantras, todas as falhas de excesso e omissão nos rituais, e especialmente todos os obstáculos à suprema pureza sejam purificados SHÄNTING KURUYE SOHA.

Oferecer as sementes de mostarda branca à Deidade Principal Pai e Mãe

OM SHRI VAJRA HE HE RU RU KAM HUM HUM PHAT DAKINI DZALA SHAMBARAM SOHA
OM VAJRA BEROTZANIYE HUM HUM PHAT SOHA
OM SARWA AHRTA SIDDHA YE
Para todos nós discípulos, nossos benfeitores e outros, que todos os obstáculos para alcançar libertação e onisciência, todas as transgressões dos três votos, todas as não virtudes naturais, toda inauspiciosidade, toda concentração pouco clara, toda recitação incorreta de mantras, todas as falhas de excesso e omissão nos rituais, e especialmente todos os obstáculos criados por espíritos sejam purificados SHÄNTING KURUYE SOHA.

Oferecer as sementes de mostarda branca aos séquitos (2x)

OM DAKINIYE HUM HUM PHAT
OM LAME HUM HUM PHAT
OM KHANDAROHI HUM HUM PHAT
OM RUPINIYE HUM HUM PHAT

OM KARA KARA HUM HUM PHAT, OM PARTZANDI HUM HUM PHAT, OM KURU KURU HUM HUM PHAT, OM TZÄNDRIAKIYE HUM HUM PHAT, OM BÄNDHA BÄNDHA HUM HUM PHAT, OM PARBHAWATIYE HUM HUM PHAT, OM TrASAYA TrASAYA HUM HUM PHAT, OM MAHANASE HUM HUM PHAT, OM KYOMBHAYA KYOMBHAYA HUM HUM PHAT, OM BIRAMATIYE HUM HUM PHAT, OM HROM HROM HUM HUM PHAT, OM KARWARIYE HUM HUM PHAT, OM HRAH HRAH HUM HUM PHAT, OM LAMKESHÖRIYE HUM HUM PHAT, OM PHAIM PHAIM HUM HUM PHAT, OM DRUMATZAYE HUM HUM PHAT

OM PHAT PHAT HUM HUM PHAT, OM AIRAWATIYE HUM HUM PHAT, OM DAHA DAHA HUM HUM PHAT, OM MAHABHAIRAWI HUM HUM PHAT, OM PATSA PATSA HUM HUM PHAT, OM BAYUBEGE HUM HUM PHAT, OM BHAKYA BHAKYA BASA RUDHI ÄNTRA MALA WALAMBINE HUM HUM PHAT, OM SURABHAKIYE HUM HUM PHAT, OM GRIHANA GRIHANA SAPTA PATALA GATA BHUDZAMGAM SARWAMPA TARDZAYA TARDZAYA HUM HUM PHAT, OM SHAMADEWI HUM HUM PHAT, OM AKANDYA AKANDYA HUM HUM PHAT, OM SUWATRE HUM HUM PHAT, OM HRIM HRIM HUM HUM PHAT, OM HAYAKARNE HUM HUM PHAT, OM GYÖN GYÖN HUM HUM PHAT, OM KHAGANANE HUM HUM PHAT

OM KYAMA KYAMA HUM HUM PHAT, OM TZATRABEGE HUM HUM PHAT, OM HAM HAM HUM HUM PHAT, OM KHANDAROHI HUM HUM PHAT, OM HIM HIM HUM HUM PHAT, OM SHAUNDINI HUM HUM PHAT, OM HUM HUM HUM HUM PHAT, OM TZATRAWARMINI HUM HUM PHAT, OM KILI KILI HUM HUM PHAT, OM SUBIRE HUM HUM PHAT, OM SILI SILI HUM HUM PHAT, OM MAHABALE HUM HUM PHAT, OM HILI HILI HUM HUM PHAT, OM TZATRAWARTINI HUM HUM PHAT, OM DHILI DHILI HUM HUM PHAT, OM MAHABIRE HUM HUM PHAT

OM KAKASE HUM HUM PHAT, OM ULUKASE HUM HUM PHAT, OM SHÖNASE HUM HUM PHAT, OM SHUKARASE HUM HUM PHAT, OM YAMADHATI HUM HUM PHAT, OM YAMADUTI HUM HUM PHAT, OM YAMADANGTRINI HUM HUM PHAT, OM YAMAMATANI HUM HUM PHAT

OM SARWA AHRTA SIDDHA YE
Para todos nós discípulos, nossos benfeitores e outros, que todos os obstáculos para alcançar libertação e onisciência, todas as transgressões dos três votos, todas as não virtudes naturais, toda inauspiciosidade, toda concentração pouco clara, toda recitação incorreta de mantras, todas as falhas de excesso e omissão nos rituais, e especialmente todos os obstáculos criados por espíritos sejam purificados SHÄNTING KURUYE SOHA.

Oferecer a cevada com casca à Deidade Principal Pai e Mãe

OM SHRI VAJRA HE HE RU RU KAM HUM HUM PHAT DAKINI DZALA SHAMBARAM SOHA
OM VAJRA BEROTZANIYE HUM HUM PHAT SOHA
OM VAJRA BINZAYE
Para todos nós discípulos, nossos benfeitores e outros, que todos os obstáculos para alcançar libertação e onisciência, todas as transgressões dos três votos, todas as não virtudes naturais, toda inauspiciosidade, toda concentração pouco clara, toda recitação incorreta de mantras, todas as falhas de excesso e omissão nos rituais, e especialmente todos os obstáculos à riqueza e às colheitas abundantes sejam purificados SHÄNTING KURUYE SOHA.

Oferecer a cevada com casca aos séquitos (2x)

OM DAKINIYE HUM HUM PHAT
OM LAME HUM HUM PHAT
OM KHANDAROHI HUM HUM PHAT
OM RUPINIYE HUM HUM PHAT

OM KARA KARA HUM HUM PHAT, OM PARTZANDI HUM HUM PHAT, OM KURU KURU HUM HUM PHAT, OM TZÄNDRIAKIYE HUM HUM PHAT, OM BÄNDHA BÄNDHA HUM HUM PHAT, OM PARBHAWATIYE HUM HUM PHAT, OM TrASAYA TrASAYA HUM HUM PHAT, OM MAHANASE HUM HUM PHAT, OM KYOMBHAYA KYOMBHAYA HUM HUM PHAT, OM BIRAMATIYE HUM HUM PHAT, OM HROM HROM HUM HUM PHAT, OM KARWARIYE HUM HUM PHAT, OM HRAH HRAH HUM HUM PHAT, OM LAMKESHÖRIYE HUM HUM PHAT, OM PHAIM PHAIM HUM HUM PHAT, OM DRUMATZAYE HUM HUM PHAT

OM PHAT PHAT HUM HUM PHAT, OM AIRAWATIYE HUM HUM PHAT, OM DAHA DAHA HUM HUM PHAT, OM MAHABHAIRAWI HUM HUM PHAT, OM PATSA PATSA HUM HUM PHAT, OM BAYUBEGE HUM HUM PHAT, OM BHAKYA BHAKYA BASA RUDHI ÄNTRA MALA WALAMBINE HUM HUM PHAT, OM SURABHAKIYE HUM HUM PHAT, OM GRIHANA GRIHANA SAPTA PATALA GATA BHUDZAMGAM SARWAMPA TARDZAYA TARDZAYA HUM HUM PHAT, OM SHAMADEWI HUM HUM PHAT, OM AKANDYA AKANDYA HUM HUM PHAT, OM SUWATRE HUM HUM PHAT, OM HRIM HRIM HUM HUM PHAT, OM HAYAKARNE HUM HUM PHAT, OM GYÖN GYÖN HUM HUM PHAT, OM KHAGANANE HUM HUM PHAT

OM KYAMA KYAMA HUM HUM PHAT, OM TZATRABEGE HUM HUM PHAT, OM HAM HAM HUM HUM PHAT, OM KHANDAROHI HUM HUM PHAT, OM HIM HIM HUM HUM PHAT, OM SHAUNDINI HUM HUM PHAT, OM HUM HUM HUM HUM PHAT, OM TZATRAWARMINI HUM HUM PHAT, OM KILI KILI HUM HUM PHAT, OM SUBIRE HUM HUM PHAT, OM SILI SILI HUM HUM PHAT, OM MAHABALE HUM HUM PHAT, OM HILI HILI HUM HUM PHAT, OM TZATRAWARTINI HUM HUM PHAT, OM DHILI DHILI HUM HUM PHAT, OM MAHABIRE HUM HUM PHAT

OM KAKASE HUM HUM PHAT, OM ULUKASE HUM HUM PHAT, OM SHÖNASE HUM HUM PHAT, OM SHUKARASE HUM HUM PHAT, OM YAMADHATI HUM HUM PHAT, OM YAMADUTI HUM HUM PHAT, OM YAMADANGTRINI HUM HUM PHAT, OM YAMAMATANI HUM HUM PHAT

OM VAJRA BINZAYE
Para todos nós discípulos, nossos benfeitores e outros, que todos os obstáculos para alcançar libertação e onisciência, todas as transgressões dos três votos, todas as não virtudes naturais, toda inauspiciosidade, toda concentração pouco clara, toda recitação incorreta de mantras, todas as falhas de excesso e omissão nos rituais, e especialmente todos os obstáculos à riqueza e às colheitas abundantes sejam purificados SHÄNTING KURUYE SOHA.

Oferecer a cevada sem casca à Deidade Principal Pai e Mãe

OM SHRI VAJRA HE HE RU RU KAM HUM HUM PHAT DAKINI DZALA SHAMBARAM SOHA
OM VAJRA BEROTZANIYE HUM HUM PHAT SOHA
OM MAHA BEGAYE
Para todos nós discípulos, nossos benfeitores e outros, que todos os obstáculos para alcançar libertação e onisciência, todas as transgressões dos três votos, todas as não virtudes naturais, toda inauspiciosidade, toda concentração pouco clara, toda recitação incorreta de mantras, todas as falhas de excesso e omissão nos rituais, e especialmente todos os obstáculos aos excelentes poderes mentais rápidos sejam purificados SHÄNTING KURUYE SOHA.

Oferecer a cevada sem casca aos séquitos (2x)

OM DAKINIYE HUM HUM PHAT
OM LAME HUM HUM PHAT
OM KHANDAROHI HUM HUM PHAT
OM RUPINIYE HUM HUM PHAT

OM KARA KARA HUM HUM PHAT, OM PARTZANDI HUM HUM PHAT, OM KURU KURU HUM HUM PHAT, OM TZÄNDRIAKIYE HUM HUM PHAT, OM BÄNDHA BÄNDHA HUM HUM PHAT, OM PARBHAWATIYE HUM HUM PHAT, OM TrASAYA TrASAYA HUM

HUM PHAT, OM MAHANASE HUM HUM PHAT, OM KYOMBHAYA
KYOMBHAYA HUM HUM PHAT, OM BIRAMATIYE HUM HUM PHAT,
OM HROM HROM HUM HUM PHAT, OM KARWARIYE HUM HUM
PHAT, OM HRAH HRAH HUM HUM PHAT, OM LAMKESHÖRIYE
HUM HUM PHAT, OM PHAIM PHAIM HUM HUM PHAT, OM
DRUMATZAYE HUM HUM PHAT

OM PHAT PHAT HUM HUM PHAT, OM AIRAWATIYE HUM HUM
PHAT, OM DAHA DAHA HUM HUM PHAT, OM MAHABHAIRAWI
HUM HUM PHAT, OM PATSA PATSA HUM HUM PHAT, OM
BAYUBEGE HUM HUM PHAT, OM BHAKYA BHAKYA BASA RUDHI
ÄNTRA MALA WALAMBINE HUM HUM PHAT, OM SURABHAKIYE
HUM HUM PHAT, OM GRIHANA GRIHANA SAPTA PATALA GATA
BHUDZAMGAM SARWAMPA TARDZAYA TARDZAYA HUM HUM
PHAT, OM SHAMADEWI HUM HUM PHAT, OM AKANDYA AKANDYA
HUM HUM PHAT, OM SUWATRE HUM HUM PHAT, OM HRIM HRIM
HUM HUM PHAT, OM HAYAKARNE HUM HUM PHAT, OM GYÖN
GYÖN HUM HUM PHAT, OM KHAGANANE HUM HUM PHAT

OM KYAMA KYAMA HUM HUM PHAT, OM TZATRABEGE HUM HUM
PHAT, OM HAM HAM HUM HUM PHAT, OM KHANDAROHI HUM
HUM PHAT, OM HIM HIM HUM HUM PHAT, OM SHAUNDINI HUM
HUM PHAT, OM HUM HUM HUM HUM PHAT, OM TZATRAWARMINI
HUM HUM PHAT, OM KILI KILI HUM HUM PHAT, OM SUBIRE HUM
HUM PHAT, OM SILI SILI HUM HUM PHAT, OM MAHABALE HUM
HUM PHAT, OM HILI HILI HUM HUM PHAT, OM TZATRAWARTINI
HUM HUM PHAT, OM DHILI DHILI HUM HUM PHAT, OM MAHABIRE
HUM HUM PHAT

OM KAKASE HUM HUM PHAT, OM ULUKASE HUM HUM PHAT, OM
SHÖNASE HUM HUM PHAT, OM SHUKARASE HUM HUM PHAT, OM
YAMADHATI HUM HUM PHAT, OM YAMADUTI HUM HUM PHAT,
OM YAMADANGTRINI HUM HUM PHAT, OM YAMAMATANI HUM
HUM PHAT

OM MAHA BEGAYE
Para todos nós discípulos, nossos benfeitores e outros, que todos os
obstáculos para alcançar libertação e onisciência, todas as transgressões
dos três votos, todas as não virtudes naturais, toda inauspiciosidade,
toda concentração pouco clara, toda recitação incorreta de mantras,
todas as falhas de excesso e omissão nos rituais, e especialmente todos

os obstáculos aos excelentes poderes mentais rápidos sejam purificados SHÄNTING KURUYE SOHA.

Oferecer as ervilhas à Deidade Principal Pai e Mãe

OM SHRI VAJRA HE HE RU RU KAM HUM HUM PHAT DAKINI DZALA SHAMBARAM SOHA
OM VAJRA BEROTZANIYE HUM HUM PHAT SOHA
OM MAHA BALAYE

Para todos nós discípulos, nossos benfeitores e outros, que todos os obstáculos para alcançar libertação e onisciência, todas as transgressões dos três votos, todas as não virtudes naturais, toda inauspiciosidade, toda concentração pouco clara, toda recitação incorreta de mantras, todas as falhas de excesso e omissão nos rituais, e especialmente todos os obstáculos ao incremento de vigor sejam purificados SHÄNTING KURUYE SOHA.

Oferecer as ervilhas aos séquitos (2x)

OM DAKINIYE HUM HUM PHAT
OM LAME HUM HUM PHAT
OM KHANDAROHI HUM HUM PHAT
OM RUPINIYE HUM HUM PHAT

OM KARA KARA HUM HUM PHAT, OM PARTZANDI HUM HUM PHAT, OM KURU KURU HUM HUM PHAT, OM TZÄNDRIAKIYE HUM HUM PHAT, OM BÄNDHA BÄNDHA HUM HUM PHAT, OM PARBHAWATIYE HUM HUM PHAT, OM TrASAYA TrASAYA HUM HUM PHAT, OM MAHANASE HUM HUM PHAT, OM KYOMBHAYA KYOMBHAYA HUM HUM PHAT, OM BIRAMATIYE HUM HUM PHAT, OM HROM HROM HUM HUM PHAT, OM KARWARIYE HUM HUM PHAT, OM HRAH HRAH HUM HUM PHAT, OM LAMKESHÖRIYE HUM HUM PHAT, OM PHAIM PHAIM HUM HUM PHAT, OM DRUMATZAYE HUM HUM PHAT

OM PHAT PHAT HUM HUM PHAT, OM AIRAWATIYE HUM HUM PHAT, OM DAHA DAHA HUM HUM PHAT, OM MAHABHAIRAWI HUM HUM PHAT, OM PATSA PATSA HUM HUM PHAT, OM BAYUBEGE HUM HUM PHAT, OM BHAKYA BHAKYA BASA RUDHI ÄNTRA MALA WALAMBINE HUM HUM PHAT, OM SURABHAKIYE HUM HUM PHAT, OM GRIHANA GRIHANA SAPTA PATALA GATA BHUDZAMGAM SARWAMPA TARDZAYA TARDZAYA HUM HUM PHAT, OM SHAMADEWI HUM HUM PHAT, OM AKANDYA AKANDYA

HUM HUM PHAT, OM SUWATRE HUM HUM PHAT, OM HRIM HRIM
HUM HUM PHAT, OM HAYAKARNE HUM HUM PHAT, OM GYÖN
GYÖN HUM HUM PHAT, OM KHAGANANE HUM HUM PHAT

OM KYAMA KYAMA HUM HUM PHAT, OM TZATRABEGE HUM HUM
PHAT, OM HAM HAM HUM HUM PHAT, OM KHANDAROHI HUM
HUM PHAT, OM HIM HIM HUM HUM PHAT, OM SHAUNDINI HUM
HUM PHAT, OM HUM HUM HUM HUM PHAT, OM TZATRAWARMINI
HUM HUM PHAT, OM KILI KILI HUM HUM PHAT, OM SUBIRE HUM
HUM PHAT, OM SILI SILI HUM HUM PHAT, OM MAHABALE HUM
HUM PHAT, OM HILI HILI HUM HUM PHAT, OM TZATRAWARTINI
HUM HUM PHAT, OM DHILI DHILI HUM HUM PHAT, OM MAHABIRE
HUM HUM PHAT

OM KAKASE HUM HUM PHAT, OM ULUKASE HUM HUM PHAT, OM
SHÖNASE HUM HUM PHAT, OM SHUKARASE HUM HUM PHAT, OM
YAMADHATI HUM HUM PHAT, OM YAMADUTI HUM HUM PHAT,
OM YAMADANGTRINI HUM HUM PHAT, OM YAMAMATANI HUM
HUM PHAT

OM MAHA BALAYE
Para todos nós discípulos, nossos benfeitores e outros, que todos os obstáculos para alcançar libertação e onisciência, todas as transgressões dos três votos, todas as não virtudes naturais, toda inauspiciosidade, toda concentração pouco clara, toda recitação incorreta de mantras, todas as falhas de excesso e omissão nos rituais, e especialmente todos os obstáculos ao incremento de vigor sejam purificados SHÄNTING KURUYE SOHA.

Oferecer o trigo à Deidade Principal Pai e Mãe

OM SHRI VAJRA HE HE RU RU KAM HUM HUM PHAT DAKINI DZALA
   SHAMBARAM SOHA
OM VAJRA BEROTZANIYE HUM HUM PHAT SOHA
OM VAJRA GHAMA RI
Para todos nós discípulos, nossos benfeitores e outros, que todos os obstáculos para alcançar libertação e onisciência, todas as transgressões dos três votos, todas as não virtudes naturais, toda inauspiciosidade, toda concentração pouco clara, toda recitação incorreta de mantras, todas as falhas de excesso e omissão nos rituais, e especialmente que toda e qualquer doença sejam purificados SHÄNTING KURUYE SOHA.

Oferecer o trigo aos séquitos (2x)

OM DAKINIYE HUM HUM PHAT
OM LAME HUM HUM PHAT
OM KHANDAROHI HUM HUM PHAT
OM RUPINIYE HUM HUM PHAT

OM KARA KARA HUM HUM PHAT, OM PARTZANDI HUM HUM PHAT, OM KURU KURU HUM HUM PHAT, OM TZÄNDRIAKIYE HUM HUM PHAT, OM BÄNDHA BÄNDHA HUM HUM PHAT, OM PARBHAWATIYE HUM HUM PHAT, OM TrASAYA TrASAYA HUM HUM PHAT, OM MAHANASE HUM HUM PHAT, OM KYOMBHAYA KYOMBHAYA HUM HUM PHAT, OM BIRAMATIYE HUM HUM PHAT, OM HROM HROM HUM HUM PHAT, OM KARWARIYE HUM HUM PHAT, OM HRAH HRAH HUM HUM PHAT, OM LAMKESHÖRIYE HUM HUM PHAT, OM PHAIM PHAIM HUM HUM PHAT, OM DRUMATZAYE HUM HUM PHAT

OM PHAT PHAT HUM HUM PHAT, OM AIRAWATIYE HUM HUM PHAT, OM DAHA DAHA HUM HUM PHAT, OM MAHABHAIRAWI HUM HUM PHAT, OM PATSA PATSA HUM HUM PHAT, OM BAYUBEGE HUM HUM PHAT, OM BHAKYA BHAKYA BASA RUDHI ÄNTRA MALA WALAMBINE HUM HUM PHAT, OM SURABHAKIYE HUM HUM PHAT, OM GRIHANA GRIHANA SAPTA PATALA GATA BHUDZAMGAM SARWAMPA TARDZAYA TARDZAYA HUM HUM PHAT, OM SHAMADEWI HUM HUM PHAT, OM AKANDYA AKANDYA HUM HUM PHAT, OM SUWATRE HUM HUM PHAT, OM HRIM HRIM HUM HUM PHAT, OM HAYAKARNE HUM HUM PHAT, OM GYÖN GYÖN HUM HUM PHAT, OM KHAGANANE HUM HUM PHAT

OM KYAMA KYAMA HUM HUM PHAT, OM TZATRABEGE HUM HUM PHAT, OM HAM HAM HUM HUM PHAT, OM KHANDAROHI HUM HUM PHAT, OM HIM HIM HUM HUM PHAT, OM SHAUNDINI HUM HUM PHAT, OM HUM HUM HUM HUM PHAT, OM TZATRAWARMINI HUM HUM PHAT, OM KILI KILI HUM HUM PHAT, OM SUBIRE HUM HUM PHAT, OM SILI SILI HUM HUM PHAT, OM MAHABALE HUM HUM PHAT, OM HILI HILI HUM HUM PHAT, OM TZATRAWARTINI HUM HUM PHAT, OM DHILI DHILI HUM HUM PHAT, OM MAHABIRE HUM HUM PHAT

OM KAKASE HUM HUM PHAT, OM ULUKASE HUM HUM PHAT, OM
SHÖNASE HUM HUM PHAT, OM SHUKARASE HUM HUM PHAT, OM
YAMADHATI HUM HUM PHAT, OM YAMADUTI HUM HUM PHAT,
OM YAMADANGTRINI HUM HUM PHAT, OM YAMAMATANI HUM
HUM PHAT

OM VAJRA GHAMA RI
Para todos nós discípulos, nossos benfeitores e outros, que todos os
obstáculos para alcançar libertação e onisciência, todas as transgressões
dos três votos, todas as não virtudes naturais, toda inauspiciosidade,
toda concentração pouco clara, toda recitação incorreta de mantras,
todas as falhas de excesso e omissão nos rituais, e especialmente que
toda e qualquer doença sejam purificados SHÄNTING KURUYE SOHA.

Oferecer a substância pacificadora especial à Deidade Principal Pai e Mãe

Visto que não existe um mantra específico para a substância pacificadora especial, ela deve ser oferecida com os mantras das Deidades:

OM SHRI VAJRA HE HE RU RU KAM HUM HUM PHAT DAKINI DZALA
 SHAMBARAM SOHA
OM VAJRA BEROTZANIYE HUM HUM PHAT SOHA
Para todos nós discípulos, nossos benfeitores e outros, que todos os
obstáculos para alcançar libertação e onisciência, todas as transgressões
dos três votos, todas as não virtudes naturais, toda inauspiciosidade,
toda concentração pouco clara, toda recitação incorreta de mantras,
todas as falhas de excesso e omissão nos rituais, e especialmente todos
os obstáculos à conquista das aquisições supremas sejam purificados
SHÄNTING KURUYE SOHA.

Oferecer a substância pacificadora especial aos séquitos (2x)

OM DAKINIYE HUM HUM PHAT
OM LAME HUM HUM PHAT
OM KHANDAROHI HUM HUM PHAT
OM RUPINIYE HUM HUM PHAT

OM KARA KARA HUM HUM PHAT, OM PARTZANDI HUM HUM
PHAT, OM KURU KURU HUM HUM PHAT, OM TZÄNDRIAKIYE
HUM HUM PHAT, OM BÄNDHA BÄNDHA HUM HUM PHAT, OM

PARBHAWATIYE HUM HUM PHAT, OM TrASAYA TrASAYA HUM
HUM PHAT, OM MAHANASE HUM HUM PHAT, OM KYOMBHAYA
KYOMBHAYA HUM HUM PHAT, OM BIRAMATIYE HUM HUM PHAT,
OM HROM HROM HUM HUM PHAT, OM KARWARIYE HUM HUM
PHAT, OM HRAH HRAH HUM HUM PHAT, OM LAMKESHÖRIYE
HUM HUM PHAT, OM PHAIM PHAIM HUM HUM PHAT, OM
DRUMATZAYE HUM HUM PHAT

OM PHAT PHAT HUM HUM PHAT, OM AIRAWATIYE HUM HUM
PHAT, OM DAHA DAHA HUM HUM PHAT, OM MAHABHAIRAWI
HUM HUM PHAT, OM PATSA PATSA HUM HUM PHAT, OM
BAYUBEGE HUM HUM PHAT, OM BHAKYA BHAKYA BASA RUDHI
ÄNTRA MALA WALAMBINE HUM HUM PHAT, OM SURABHAKIYE
HUM HUM PHAT, OM GRIHANA GRIHANA SAPTA PATALA GATA
BHUDZAMGAM SARWAMPA TARDZAYA TARDZAYA HUM HUM
PHAT, OM SHAMADEWI HUM HUM PHAT, OM AKANDYA AKANDYA
HUM HUM PHAT, OM SUWATRE HUM HUM PHAT, OM HRIM HRIM
HUM HUM PHAT, OM HAYAKARNE HUM HUM PHAT, OM GYÖN
GYÖN HUM HUM PHAT, OM KHAGANANE HUM HUM PHAT

OM KYAMA KYAMA HUM HUM PHAT, OM TZATRABEGE HUM HUM
PHAT, OM HAM HAM HUM HUM PHAT, OM KHANDAROHI HUM
HUM PHAT, OM HIM HIM HUM HUM PHAT, OM SHAUNDINI HUM
HUM PHAT, OM HUM HUM HUM HUM PHAT, OM TZATRAWARMINI
HUM HUM PHAT, OM KILI KILI HUM HUM PHAT, OM SUBIRE HUM
HUM PHAT, OM SILI SILI HUM HUM PHAT, OM MAHABALE HUM
HUM PHAT, OM HILI HILI HUM HUM PHAT, OM TZATRAWARTINI
HUM HUM PHAT, OM DHILI DHILI HUM HUM PHAT, OM MAHABIRE
HUM HUM PHAT

OM KAKASE HUM HUM PHAT, OM ULUKASE HUM HUM PHAT, OM
SHÖNASE HUM HUM PHAT, OM SHUKARASE HUM HUM PHAT, OM
YAMADHATI HUM HUM PHAT, OM YAMADUTI HUM HUM PHAT,
OM YAMADANGTRINI HUM HUM PHAT, OM YAMAMATANI HUM
HUM PHAT

Para todos nós discípulos, nossos benfeitores e outros, que todos os obstáculos para alcançar libertação e onisciência, todas as transgressões dos três votos, todas as não virtudes naturais, toda inauspiciosidade, toda concentração pouco clara, toda recitação incorreta de mantras, todas as falhas de excesso e omissão nos rituais, e especialmente todos

os obstáculos à conquista das aquisições supremas sejam purificados
SHÄNTING KURUYE SOHA.

Ablução

Agora, contemple:

Budas emanam-se do coração das Deidades, segurando, ao alto, vasos brancos repletos de néctar branco. Aqueles que desejamos beneficiar estão sentados sobre mandalas de lua. Eles recebem ablução, por meio da qual todas as suas doenças, espíritos, negatividades, obstruções e assim por diante são purificados; e seus corpos tornam-se tão claros quanto cristal.

Ofereça três ou sete conchas de manteiga, enquanto você recita:

OM HRIH HA HA HUM HUM PHAT

Oferecer as vestes

Imagine oferecendo vestes novas à Deidade-Fogo, enquanto você recita:

OM VAJRA WASA SÄ SOHA

Oferecer a torma *tambula*

Ofereça a tambula à Deidade-Fogo, enquanto você recita:

OM VAJRA TAMBULAYE SOHA

Oferendas exteriores

OM VAJRA PUPE AH HUM SOHA
OM VAJRA DHUPE AH HUM SOHA
OM VAJRA DIWE AH HUM SOHA
OM VAJRA GÄNDHE AH HUM SOHA
OM VAJRA NEWIDE AH HUM SOHA
OM VAJRA SHAPTA AH HUM SOHA

OM VAJRA WINI HUM HUM PHAT
OM VAJRA WAMSHE HUM HUM PHAT

OM VAJRA MITAMGI HUM HUM PHAT
OM VAJRA MURANDZE HUM HUM PHAT

OM VAJRA HASÄ HUM HUM PHAT
OM VAJRA LASÄ HUM HUM PHAT
OM VAJRA GIRTI HUM HUM PHAT
OM VAJRA NIRTÄ HUM HUM PHAT

OM VAJRA PUPE HUM HUM PHAT
OM VAJRA DHUPE HUM HUM PHAT
OM VAJRA DIWE HUM HUM PHAT
OM VAJRA GÄNDHE HUM HUM PHAT

OM RUPA BENZ HUM HUM PHAT
OM RASA BENZ HUM HUM PHAT
OM PARSHE BENZ HUM HUM PHAT
OM DHARMA DHATU BENZ HUM HUM PHAT

Oferenda interior

OM SHRI VAJRA HE HE RU RU KAM HUM HUM PHAT DAKINI DZALA SHAMBARAM SOHA OM AH HUM

OM VAJRA BEROTZANIYE HUM HUM PHAT SOHA OM AH HUM

OM RIM RIM LIM LIM, KAM KHAM GAM GHAM NGAM, TSAM TSHAM DZAM DZHAM NYAM, TrAM THrAM DrAM DHrAM NAM, TAM THAM DAM DHAM NAM, PAM PHAM BAM BHAM, YAM RAM LAM WAM, SHAM KAM SAM HAM HUM HUM PHAT OM AH HUM

Oito versos de louvor ao Pai

OM Prostro-me ao Abençoado, Senhor dos Heróis HUM HUM PHAT
OM A ti, com um brilho igual ao do fogo do grande éon HUM HUM PHAT
OM A ti, com um coque inesgotável HUM HUM PHAT
OM A ti, com uma face aterrorizante e caninos à mostra HUM HUM PHAT
OM A ti, cujos mil braços resplandecem com luz HUM HUM PHAT
OM A ti, que seguras um machado, um laço erguido, uma lança e um khatanga HUM HUM PHAT
OM A ti, que vestes uma pele de tigre HUM HUM PHAT
OM Curvo-me a ti, cujo grande corpo cor-de-fumaça dissipa obstruções HUM HUM PHAT

Oito versos de louvor à Mãe

OM Prostro-me a Vajravarahi, a Mãe Abençoada HUM HUM PHAT
OM À Superior e poderosa Senhora do Saber, inconquistada pelos três reinos HUM HUM PHAT
OM A ti, que destróis todos os medos de espíritos maléficos com teu grande vajra HUM HUM PHAT
OM A ti, com olhos controladores, que permaneces como o assento-vajra inconquistado por outros HUM HUM PHAT
OM A ti, cuja feroz forma irada desseca Brahma HUM HUM PHAT
OM A ti, que aterrorizas e exterminas demônios, conquistando aqueles de outras direções HUM HUM PHAT
OM A ti, que conquistas todos os que nos tornam obtusos, rígidos e confusos HUM HUM PHAT
OM Curvo-me a Vajravarahi, a Grande Mãe, a consorte Dakini que satisfaz todos os desejos HUM HUM PHAT

Prostração

OM PARNA MAMI SARWA TATHAGATÄN

Agora, ofereça água para beber:

OM AH HRIH PRAVARA SÄKARAM AHRGHAM PARTITZA HUM SOHA

Pedir indulgência

Para purificar quaisquer falhas de excesso ou omissão, tais como a ausência de qualquer artigo ritual, junte as palmas das mãos na altura do seu coração e, enquanto você segura uma flor, recite:

O que quer que tenha sido feito por confusão,
Inclusive a mais ínfima ação falha,
Ó Protetor, porque tu és o refúgio de todos os seres,
É próprio de ti ser paciente com isso.

Quaisquer erros que eu tenha cometido
Por não encontrar, não entender
Ou não ter a habilidade,
Por favor, ó Protetor, sê paciente com tudo isso.

Pedir a satisfação dos desejos

Ó Abençoados, a assembleia de Deidades do Glorioso Chakrasambara, para todos nós discípulos, nossos benfeitores e outros, por favor, pacifica completamente todas as nossas circunstâncias adversas e condições desfavoráveis, nossas negatividades, obstruções, doenças, espíritos, obstáculos e assim por diante, acumulados no samsara durante infinitas vidas, desde tempos sem início. Por favor, aumenta nosso tempo de vida, mérito, glória, riqueza, boas qualidades de escritura e de realização, e assim por diante. Principalmente, por favor, abençoa-nos para gerarmos, em nosso *continuum* mental, cada uma das etapas dos caminhos comum e incomum, e que alcancemos rapidamente o estado da união de Heruka.

Você pode fazer o pedido geral acima ou pedidos específicos para a satisfação de desejos.

Agora, recite sete vezes:

OM VAJRA SATTO AH

Purificar quaisquer equívocos cometidos durante esta prática com o mantra de cem letras de Heruka

OM VAJRA HERUKA SAMAYA, MANU PALAYA, HERUKA TENO PATITA, DRIDHO ME BHAWA, SUTO KAYO ME BHAWA, SUPO KAYO ME BHAWA, ANURAKTO ME BHAWA, SARWA SIDDHI ME PRAYATZA, SARWA KARMA SUTZA ME, TZITAM SHRIYAM KURU HUM, HA HA HA HA HO BHAGAWÄN, VAJRA HERUKA MA ME MUNTSA, HERUKA BHAWA, MAHA SAMAYA SATTO AH HUM PHAT

Partida das Deidades-Fogo supramundanas

OM
Vós, que satisfazeis o bem-estar de todos os seres vivos,
E concedeis aquisições à medida que eles necessitam,
Por favor, regressai à Terra dos Budas,
E retornai novamente a este local no futuro.

OM AH: OM SHRI VAJRA HE HE RU RU KAM HUM HUM PHAT DAKINI DZALA SHAMBARAM SOHA HUM MU

Imagine:

Os seres-de-sabedoria retornam às suas moradas naturais, e os seres-de-compromisso dissolvem-se em mim.

OFERENDA FINAL À DEIDADE-FOGO MUNDANA

Agora, faça oferendas à Deidade-Fogo mundana na lareira:

OM AGNIYE AHDIBÄ AHDIBÄ AMBISHA AMBISHA MAHA SHRIYE HAMBÄ KABÄ BAHA NAYE VAJRA PUPE PARTITZA HUM SOHA
VAJRA DHUPE PARTITZA HUM SOHA
VAJRA DIWE PARTITZA HUM SOHA
VAJRA GÄNDHE PARTITZA HUM SOHA
VAJRA NEWIDE PARTITZA HUM SOHA
VAJRA SHAPTA PARTITZA HUM SOHA

e a oferenda interior:

OM AGNIYE AHDIBÄ AHDIBÄ AMBISHA AMBISHA MAHA SHRIYE HAMBÄ KABÄ BAHA NAYA OM AH HUM

Agora, ofereça água para espargir e água para a boca:

OM AH HRIH PRAVARA SÄKARAM PROKYANAM PARTITZA HUM SOHA
OM AH HRIH PRAVARA SÄKARAM ÄNTZAMANAM PARTITZA HUM SOHA

Oferecer a torma *tambula*

OM VAJRA TAMBULAYE SOHA

Oferecer as vestes

OM VAJRA WASA SÄ SOHA

Oferecer as substâncias ardentes

Agora, ofereça as substâncias ardentes remanescentes à Deidade-Fogo mundana:

Oferecer a madeira lactescente

A madeira lactescente torna-se néctar, a natureza da Árvore Bodhi.
OM AGNIYE AHDIBÄ AHDIBÄ AMBISHA AMBISHA MAHA SHRIYE HAMBÄ KABÄ BAHA NAYE
OM BODHI PIKYAYE
Para todos nós discípulos, nossos benfeitores e outros, que todos os obstáculos para alcançar libertação e onisciência, todas as transgressões dos três votos, todas as não virtudes naturais, toda inauspiciosidade, toda concentração pouco clara, toda recitação incorreta de mantras, todas as falhas de excesso e omissão nos rituais, e especialmente todos os obstáculos ao aumento de vitalidade sejam purificados SHÄNTING KURUYE SOHA.

Oferecer a manteiga derretida

OM AGNIYE AHDIBÄ AHDIBÄ AMBISHA AMBISHA MAHA SHRIYE HAMBÄ KABÄ BAHA NAYE
OM AGNIYE
Para todos nós discípulos, nossos benfeitores e outros, que todos os obstáculos para alcançar libertação e onisciência, todas as transgressões dos três votos, todas as não virtudes naturais, toda inauspiciosidade, toda concentração pouco clara, toda recitação incorreta de mantras, todas as falhas de excesso e omissão nos rituais, e especialmente todos os obstáculos ao aumento de riqueza sejam purificados SHÄNTING KURUYE SOHA.

Oferecer as sementes de gergelim

OM AGNIYE AHDIBÄ AHDIBÄ AMBISHA AMBISHA MAHA SHRIYE HAMBÄ KABÄ BAHA NAYE
OM SARWA PAPAM DAHANA VAJRA YE
Para todos nós discípulos, nossos benfeitores e outros, que todos os obstáculos para alcançar libertação e onisciência, todas as transgressões dos três votos, todas as não virtudes naturais, toda inauspiciosidade, toda concentração pouco clara, toda recitação incorreta de mantras, todas as falhas de excesso e omissão nos rituais, e especialmente todas as negatividades sejam purificados SHÄNTING KURUYE SOHA.

Oferecer a grama-de-ponta

OM AGNIYE AHDIBÄ AHDIBÄ AMBISHA AMBISHA MAHA SHRIYE HAMBÄ KABÄ BAHA NAYE
OM VAJRA AHYUKE
Para todos nós discípulos, nossos benfeitores e outros, que todos os obstáculos para alcançar libertação e onisciência, todas as transgressões dos três votos, todas as não virtudes naturais, toda inauspiciosidade, toda concentração pouco clara, toda recitação incorreta de mantras, todas as falhas de excesso e omissão nos rituais, e especialmente todos os obstáculos ao aumento do tempo de vida sejam purificados SHÄNTING KURUYE SOHA.

Oferecer o arroz

OM AGNIYE AHDIBÄ AHDIBÄ AMBISHA AMBISHA MAHA SHRIYE HAMBÄ KABÄ BAHA NAYE
OM VAJRA PUTRAYE
Para todos nós discípulos, nossos benfeitores e outros, que todos os obstáculos para alcançar libertação e onisciência, todas as transgressões dos três votos, todas as não virtudes naturais, toda inauspiciosidade, toda concentração pouco clara, toda recitação incorreta de mantras, todas as falhas de excesso e omissão nos rituais, e especialmente todos os obstáculos ao aumento de mérito sejam purificados SHÄNTING KURUYE SOHA.

Oferecer o farelo de bolo (*crumbled cake*) misturado com iogurte

OM AGNIYE AHDIBÄ AHDIBÄ AMBISHA AMBISHA MAHA SHRIYE HAMBÄ KABÄ BAHA NAYE
OM SARWA SAMPA DE
Para todos nós discípulos, nossos benfeitores e outros, que todos os obstáculos para alcançar libertação e onisciência, todas as transgressões dos três votos, todas as não virtudes naturais, toda inauspiciosidade, toda concentração pouco clara, toda recitação incorreta de mantras, todas as falhas de excesso e omissão nos rituais, e especialmente todos os obstáculos ao êxtase supremo sejam purificados SHÄNTING KURUYE SOHA.

Oferecer a grama *kusha*

OM AGNIYE AHDIBÄ AHDIBÄ AMBISHA AMBISHA MAHA SHRIYE HAMBÄ KABÄ BAHA NAYE
OM AHTRATI HATA VAJRA YE
Para todos nós discípulos, nossos benfeitores e outros, que todos os obstáculos para alcançar libertação e onisciência, todas as transgressões dos três votos, todas as não virtudes naturais, toda inauspiciosidade, toda concentração pouco clara, toda recitação incorreta de mantras, todas as falhas de excesso e omissão nos rituais, e especialmente todos os obstáculos à suprema pureza sejam purificados SHÄNTING KURUYE SOHA.

Oferecer as sementes de mostarda branca

OM AGNIYE AHDIBÄ AHDIBÄ AMBISHA AMBISHA MAHA SHRIYE HAMBÄ KABÄ BAHA NAYE
OM SARWA AHRTA SIDDHA YE
Para todos nós discípulos, nossos benfeitores e outros, que todos os obstáculos para alcançar libertação e onisciência, todas as transgressões dos três votos, todas as não virtudes naturais, toda inauspiciosidade, toda concentração pouco clara, toda recitação incorreta de mantras, todas as falhas de excesso e omissão nos rituais, e especialmente todos os obstáculos criados por espíritos sejam purificados SHÄNTING KURUYE SOHA.

Oferecer a cevada com casca

OM AGNIYE AHDIBÄ AHDIBÄ AMBISHA AMBISHA MAHA SHRIYE HAMBÄ KABÄ BAHA NAYE
OM VAJRA BINZAYE
Para todos nós discípulos, nossos benfeitores e outros, que todos os obstáculos para alcançar libertação e onisciência, todas as transgressões dos três votos, todas as não virtudes naturais, toda inauspiciosidade, toda concentração pouco clara, toda recitação incorreta de mantras, todas as falhas de excesso e omissão nos rituais, e especialmente todos os obstáculos à riqueza e às colheitas abundantes sejam purificados SHÄNTING KURUYE SOHA.

Oferecer a cevada sem casca

OM AGNIYE AHDIBÄ AHDIBÄ AMBISHA AMBISHA MAHA SHRIYE HAMBÄ KABÄ BAHA NAYE
OM MAHA BEGAYE
Para todos nós discípulos, nossos benfeitores e outros, que todos os obstáculos para alcançar libertação e onisciência, todas as transgressões dos três votos, todas as não virtudes naturais, toda inauspiciosidade, toda concentração pouco clara, toda recitação incorreta de mantras, todas as falhas de excesso e omissão nos rituais, e especialmente todos os obstáculos aos excelentes poderes mentais rápidos sejam purificados SHÄNTING KURUYE SOHA.

Oferecer as ervilhas

OM AGNIYE AHDIBÄ AHDIBÄ AMBISHA AMBISHA MAHA SHRIYE HAMBÄ KABÄ BAHA NAYE
OM MAHA BALAYE
Para todos nós discípulos, nossos benfeitores e outros, que todos os obstáculos para alcançar libertação e onisciência, todas as transgressões dos três votos, todas as não virtudes naturais, toda inauspiciosidade, toda concentração pouco clara, toda recitação incorreta de mantras, todas as falhas de excesso e omissão nos rituais, e especialmente todos os obstáculos ao incremento de vigor sejam purificados SHÄNTING KURUYE SOHA.

Oferecer o trigo

OM AGNIYE AHDIBÄ AHDIBÄ AMBISHA AMBISHA MAHA SHRIYE HAMBÄ KABÄ BAHA NAYE
OM VAJRA GHAMA RI
Para todos nós discípulos, nossos benfeitores e outros, que todos os obstáculos para alcançar libertação e onisciência, todas as transgressões dos três votos, todas as não virtudes naturais, toda inauspiciosidade, toda concentração pouco clara, toda recitação incorreta de mantras, todas as falhas de excesso e omissão nos rituais, e especialmente que toda e qualquer doença sejam purificados SHÄNTING KURUYE SOHA.

Oferecer a substância pacificadora especial

OM AGNIYE AHDIBÄ AHDIBÄ AMBISHA AMBISHA MAHA SHRIYE HAMBÄ KABÄ BAHA NAYE

Para todos nós discípulos, nossos benfeitores e outros, que todos os obstáculos para alcançar libertação e onisciência, todas as transgressões dos três votos, todas as não virtudes naturais, toda inauspiciosidade, toda concentração pouco clara, toda recitação incorreta de mantras, todas as falhas de excesso e omissão nos rituais, e especialmente todos os obstáculos à conquista das aquisições supremas sejam purificados SHÄNTING KURUYE SOHA.

Louvor

Enquanto você toca o sino, recite:

Senhor do mundo, Filho de Brahma, poderoso Protetor,
Rei das Deidades-Fogo, iniciado por Takki,
Que consomes todas as delusões com tua sabedoria suprema,
A ti, Ó Protetor Deidade-Fogo, eu me prostro.

Se você deseja fazer louvores extensos, continue com:

Ó Filho de Brahma, Protetor do mundo,
Rei das Deidades-Fogo, supremo Rishi,
Tu manifestas essa forma movido por compaixão,
Para proteger plenamente todos os seres vivos.

No aspecto de um Rishi realizado nos mantras-conhecimento,
Com a luz de sabedoria consumindo as delusões
E um brilho ardente como o fogo do éon,
Tu és dotado de clarividência e poderes miraculosos.

Por teus meios habilidosos, montas um veículo-emanação.
Segurando um mala, recitas mantras-conhecimento.
Seguras um vaso de néctar-essencial
E trazes alívio a todos com o néctar do Dharma.

Tu és livre de falhas e tens perfeita pureza.
Embora permaneças no mundo, passaste para além do sofrimento;

Embora tenhas alcançado a paz, tens grande compaixão;
Portanto, faço louvores e prostrações a ti.

Agora, ofereça água para a boca e água para espargir:

OM AH HRIH PRAVARA SÄKARAM ÄNTZAMANAM PARTITZA HUM SOHA
OM AH HRIH PRAVARA SÄKARAM PROKYANAM PARTITZA HUM SOHA

Ofereça flores, incenso, luzes, perfume, alimentos e música:

OM AGNIYE AHDIBÄ AHDIBÄ AMBISHA AMBISHA MAHA SHRIYE HAMBÄ KABÄ BAHA NAYE VAJRA PUPE PARTITZA HUM SOHA
VAJRA DHUPE PARTITZA HUM SOHA
VAJRA DIWE PARTITZA HUM SOHA
VAJRA GÄNDHE PARTITZA HUM SOHA
VAJRA NEWIDE PARTITZA HUM SOHA
VAJRA SHAPTA PARTITZA HUM SOHA

Abençoar a torma

OM KHANDAROHI HUM HUM PHAT
OM SOBHAWA SHUDDHA SARWA DHARMA SOBHAWA SHUDDHO HAM
Tudo se torna vacuidade.

Do estado de vacuidade, do YAM vem vento; do RAM vem fogo; do AH, um tripé de três cabeças humanas. Sobre ele, do AH aparece uma ampla e vasta cuia de crânio. Dentro dela, do OM, KHAM, AM, TRAM, HUM vêm os cinco néctares; e do LAM, MAM, PAM, TAM, BAM vêm as cinco carnes, cada qual marcado por uma das letras. O vento sopra, o fogo arde e as substâncias dentro da cuia de crânio derretem e se fundem. Acima delas, do HUM surge um khatanga branco de cabeça para baixo, que cai e se derrete na cuia de crânio, fazendo com que as substâncias assumam cor de mercúrio. Acima disso, três fileiras sobrepostas de vogais e consoantes transformam-se em OM AH HUM. Deles, raios de luz atraem o néctar de excelsa sabedoria do coração de todos os Tathagatas, Heróis e Ioguines das dez direções. Quando isso é adicionado, o conteúdo aumenta e se torna vasto.
OM AH HUM   (3x)

Oferecer a torma

Ofereça a torma, recitando três vezes:

OM AGNIYE AHDIBÄ AHDIBÄ AMBISHA AMBISHA MAHA SHRIYE HAMBÄ KABÄ BAHA NAYE AHKAROMUKAM SARWA DHARMANÄN ADENUWATEN NADÖ DA OM AH HUM PHAT SOHA

Ofereça, mais uma vez, as oferendas que estão próximas e música, como antes:

OM AGNIYE AHDIBÄ AHDIBÄ AMBISHA AMBISHA MAHA SHRIYE HAMBÄ KABÄ BAHA NAYE VAJRA PUPE PARTITZA HUM SOHA
VAJRA DHUPE PARTITZA HUM SOHA
VAJRA DIWE PARTITZA HUM SOHA
VAJRA GÄNDHE PARTITZA HUM SOHA
VAJRA NEWIDE PARTITZA HUM SOHA
VAJRA SHAPTA PARTITZA HUM SOHA

Pedir assistência

Toque o sino enquanto você recita:

Ó Deidade, que consomes o que é queimado no fogo,
Rei dos Rishis e Senhor dos espíritos,
Juntamente com as hostes de Deidades-Fogo do sudeste,
A vós eu faço oferendas, louvores e prostrações.

Que eu e os demais praticantes
Tenhamos boa saúde, vida longa, poder,
Glória, fama, fortuna
E extensos prazeres.
Por favor, concedei-me as aquisições
Das ações pacificadoras, crescentes, controladoras e iradas.
Vós, que estais comprometidos por juramentos, por favor, protegei-me,
E ajudai-me a realizar todas as aquisições.
Erradicai toda morte prematura, doenças,
Danos causados por espíritos e obstruções.
Eliminai sonhos ruins,
Maus presságios e más ações.

Que haja felicidade no mundo e os anos por vir sejam bons,
Que as colheitas aumentem e o Dharma floresça.
Que toda bondade e felicidade aconteçam
E todos os desejos sejam realizados.

Agora, ofereça água para beber:

OM AH HRIH PRAVARA SÄKARAM AHRGHAM PARTITZA HUM SOHA

Pedir indulgência

O que quer que tenha sido feito por confusão,
Inclusive a mais ínfima ação falha,
Ó Protetor, porque tu és o refúgio de todos os seres,
É próprio de ti ser paciente com isso.

OM VAJRA SATTO AH

Partida da Deidade-Fogo mundana

Ó, Devorador de oferendas ardentes,
Tu, que realizas os propósitos – o teu próprio e os dos outros –,
Por favor, parte e retorna no momento apropriado
Para ajudar-me a alcançar todas as aquisições.

Contemple:

OM MU
O ser-de-sabedoria, Deidade-Fogo, retorna à sua morada natural, e o ser-de-compromisso assume o aspecto de um fogo ardente.

AS PRÁTICAS FINAIS

Dissolução e geração das Deidades-ação

Os solos sepulcrais e o círculo de proteção se dissolvem na mansão celestial. A mansão celestial se dissolve nas Deidades da roda-compromisso. Elas se dissolvem nas Deidades da roda-corpo. Elas se dissolvem nas Deidades da roda-fala. Elas se dissolvem nas Deidades da roda-coração. Elas se dissolvem nas Quatro Ioguines da roda do grande êxtase. Elas se dissolvem em mim, a Deidade Principal Pai e

Mãe, a natureza da gota indestrutível branca e vermelha. Eu, a Deidade Principal Pai e Mãe, também me converto em luz e me dissolvo na letra HUM no meu coração, por natureza, a vacuidade do Dharmakaya.

A letra HUM se transforma completamente, e eu surjo como o Abençoado Heruka, com um corpo azul, uma face e duas mãos. Eu seguro um vajra e um sino e estou em pé, com minha perna direita estendida. Estou unido-em-abraço com Vajravarahi vermelha, que tem uma face e duas mãos segurando uma faca curva e uma cuia de crânio.

Meditação na primeira das cinco etapas do estágio de conclusão, a etapa de abençoar o *self*

Dentro do meu canal central, no centro da Roda do Dharma no meu coração, está uma gota do tamanho de uma pequena ervilha. Sua metade superior é branca e a metade inferior, vermelha, e irradia raios de luz de cinco cores. No seu centro, está uma minúscula letra HUM branca com um sombreado vermelho, da natureza de Heruka. O minúsculo *nada* de três curvas do HUM, tão fino quanto a ponta de um cabelo, é vermelho no topo e branco-avermelhado na base. Da natureza de grande êxtase, ele é extremamente brilhante, irradia luz vermelha e goteja néctar. Minha mente funde-se inseparavelmente com o *nada*.

Adornar nosso corpo com as Deidades-armadura

Sobre um mandala de lua, no meu coração, aparecem OM HA brancos, da natureza de Vajrasattva; sobre um sol, na minha cabeça, NAMA HI amarelos, da natureza de Vairochana; sobre um sol, na minha coroa, SOHA HU vermelhos, da natureza de Pemanarteshvara; sobre um sol, nos meus dois ombros, BOKE HE pretos, da natureza do Glorioso Heruka; sobre um sol, nos meus dois olhos, HUM HUM HO laranjas, da natureza de Vajrasurya; e sobre um sol, na minha testa, PHAT HAM verdes, da natureza de Paramashawa.

Sobre um mandala de sol, no umbigo da Mãe Principal, aparecem OM BAM vermelhos, da natureza de Vajravarahi; sobre um sol, no seu coração, HAM YOM azuis, da natureza de Yamani; sobre uma lua, na sua garganta, HRIM MOM brancos, da natureza de Mohani; sobre um sol, na sua cabeça,

HRIM HRIM amarelos, da natureza de Sachalani; sobre um sol, na sua coroa, HUM HUM verdes, da natureza de Samtrasani; e sobre um sol, na sua testa, PHAT PHAT cor-de-fumaça, da natureza de Chandika.

O mantra-que-emana-das-quatro-faces

OM SUMBHANI SUMBHA HUM HUM PHAT
OM GRIHANA GRIHANA HUM HUM PHAT
OM GRIHANA PAYA GRIHANA PAYA HUM HUM PHAT
OM ANAYA HO BHAGAWÄN BYÄ RADZA HUM HUM PHAT

Dedicatória

Agora, recite as preces dedicatórias extensas e as preces auspiciosas que estão na sadhana de autogeração (páginas 330–335).

Preces pela Tradição Virtuosa

Para que a tradição de Je Tsongkhapa,
O Rei do Dharma, floresça,
Que todos os obstáculos sejam pacificados
E todas as condições favoráveis sejam abundantes.

Pelas duas coleções, minhas e dos outros,
Reunidas ao longo dos três tempos,
Que a doutrina do Conquistador Losang Dragpa
Floresça para sempre.

Prece *Migtsema* de nove versos

Tsongkhapa, ornamento-coroa dos eruditos da Terra das Neves,
Tu és Buda Shakyamuni e Vajradhara, a fonte de todas as conquistas,
Avalokiteshvara, o tesouro de inobservável compaixão,
Manjushri, a suprema sabedoria imaculada,
E Vajrapani, o destruidor das hostes de maras.
Ó Venerável Guru Buda, síntese das Três Joias,
Com meu corpo, fala e mente, respeitosamente faço pedidos:
Peço, concede tuas bênçãos para amadurecer e libertar a mim e aos outros,
E confere-nos as aquisições comuns e a suprema.   (3x)

Cólofon: Esta sadhana, ou prece ritual para aquisições espirituais, foi traduzida sob a compassiva orientação de Venerável Geshe Kelsang Gyatso Rinpoche.

União-do-Não-Mais-Aprender

SADHANA DE AUTOINICIAÇÃO DO MANDALA DE CORPO DE HERUKA

Introdução

Por se empenharem nesta prática de autoiniciação, aqueles que concluíram um retiro-aproximador de ações do mandala de corpo de Heruka poderão manter seus votos e compromissos tântricos e as bênçãos das quatro iniciações do mandala de corpo que receberam do seu Guia Espiritual.

Diante de um altar com uma estátua ou figura de Heruka, você deve dispor três tormas. Elas podem ser feitas da maneira tradicional (de acordo com a ilustração que está na página 534) ou podem simplesmente consistir de qualquer alimento fresco e limpo, como mel ou bolos. A torma central é para as Deidades da roda do grande êxtase (Heruka Pai e Mãe e para as Quatro Ioguines); a torma à esquerda da torma central (nossa direita) é para os séquitos supramundanos de Heruka; e a torma à direita da torma central (nossa esquerda), para os séquitos mundanos de Heruka.

Diante das tormas, dispomos cinco fileiras de oferendas. A primeira fileira (mais próxima do altar) é para o mandala realizado. Essa fileira começa a partir do lado esquerdo do altar (nossa direita) e consiste de AHRGHAM, PADÄM, ÄNTZAMANAM, PROKYANAM, PUPE, DHUPE, DIWE, GÄNDHE e NEWIDE. A segunda fileira é para os convidados supramundanos e mundanos; a terceira fileira, para as Deidades do vaso; e a quarta fileira, para as Deidades Que-Concedem-Iniciação. Essas três fileiras também começam a partir do lado esquerdo do altar (nossa direita) e consistem de AHRGHAM, PADÄM, PUPE, DHUPE, DIWE, GÄNDHE e NEWIDE. A quinta fileira, que é para as Deidades autogeradas, começa a partir do lado direito do altar (nossa esquerda) e consiste de AHRGHAM, PADÄM, ÄNTZAMANAM, PUPE, DHUPE, DIWE, GÄNDHE e NEWIDE.

A oferenda tsog pode ser colocada em qualquer lugar adequado diante do altar e pode consistir de alimentos frescos e limpos, como bolos, biscoitos, mel e frutas. Você também pode oferecer uma torma de oferenda tsog feita da maneira tradicional (de acordo com a ilustração que está na página 535). Você também pode dispor, caso os tenha, os objetos rituais de iniciação: o vajra, o sino, o khatanga, o damaru, o kapala, o cordão de brâmane e as substâncias secretas para a iniciação secreta.

Sobre uma pequena mesa diante do seu assento, coloque, da esquerda para a direita, a sua oferenda interior, vajra, sino, damaru e *mala*; coloque também uma pequena concha, um vajra diminuto com um longo fio de mantra de cinco cores enrolado em torno dele, e dois vasos contendo água açafroada – o vaso-vitória adornado com um vajra e o vaso-ação adornado com uma faca curva (veja a ilustração na página 538).

Tendo feito essas preparações, você deve dar início à prática propriamente dita, com uma motivação pura e uma mente feliz. Se para você não for possível preparar o altar e as oferendas da maneira como estão descritas aqui, simplesmente imagine que elas estão realmente presentes diante de você e pratique a sadhana com forte fé.

União-do-Não-Mais-Aprender

A PRÁTICA PROPRIAMENTE DITA

Este tópico tem seis partes:

1. *Realizar o mandala;*
2. *Realizar os vasos;*
3. *Oferendas ao mandala;*
4. *Entrar no mandala;*
5. *Receber as iniciações;*
6. *Conclusão.*

REALIZAR O MANDALA

Isto é feito de acordo com a seção da sadhana de autogeração, desde "as práticas preliminares" *até* "purificar quaisquer equívocos cometidos durante a recitação de mantra com o mantra de cem letras de Heruka", *inclusive (páginas 291–321).*

REALIZAR OS VASOS

Gerar os vasos e as Deidades dentro deles

OM KHANDAROHI HUM HUM PHAT
OM SOBHAWA SHUDDHA SARWA DHARMA SOBHAWA SHUDDHO HAM
Tudo se torna vacuidade.

Do estado de vacuidade, de PAMs surgem lótus de várias cores, e de AHs surgem luas. Sobre eles, de BAMs surgem vasos brancos adornados com joias, possuindo todas as características essenciais – tais como um bojo grande, um gargalo longo e a borda da boca virada para baixo.

OM DAB DE DAB DE MAHA DAB DE SOHA

A água dos vasos e a água do divino rio Ganges tornam-se inseparáveis. No centro de um lótus de oito pétalas, dentro do vaso-vitória, estão as vogais e consoantes em posição vertical, que são, por natureza, os sinais e indicações de um ser plenamente iluminado. Isso se transforma completamente, e ali surge um mandala de lua, com um sombreado vermelho. Refletidas nele, estão as formas das vogais e consoantes. No centro, está uma letra HUM branca com um sombreado vermelho. Disso, raios de luz de cinco cores se irradiam, e na extremidade de cada raio de luz está uma assembleia de Deidades das Cinco Rodas de Heruka. Elas conduzem todos os migrantes ao estado das Deidades das Cinco Rodas e convidam instantaneamente todos os Heróis, Ioguines e assim por diante, que existem desde tempos sem início, para virem das Terras Puras das dez direções, onde residem. Eles entram na união-de-abraço e se desfazem e dissolvem no *nada* da letra HUM, e, por meio disso, a letra HUM se torna da natureza de alegria espontânea.

OM AH HUM OM SARWA BIRA YOGINI KAYA WAKA CHITTA VAJRA SOBHAWA ÄMAKO HAM
OM VAJRA SHUDDHA SARWA DHARMA VAJRA SHUDDHO HAM

A lua, vogais, consoantes e o HUM se transformam completamente, e as sessenta e duas Deidades e seus lugares surgem plena e instantaneamente.

Assim, no círculo exterior dentro do vaso-vitória, nas direções cardeais e intermediárias, estão assentos-cadáver. Dentro disso, está a roda-corpo, branca; dentro disso, está a roda-fala, vermelha; dentro disso, está a roda-coração, azul; e no centro, está a roda do grande êxtase – um lótus de várias cores, com um mandala de sol no seu centro. Sobre isso, está Heruka Pai e Mãe. Na pétala leste do lótus, está Dakini negra; no norte, Lama verde; no oeste, Khandarohi vermelha; e no sul, Rupini amarela. Nas quatro pétalas nas direções intermediárias – o sudeste e assim por diante – estão cuias de crânio repletas com cinco néctares. Nas oito hastes da roda-coração, estão os Heróis e Heroínas da Família Coração;

nas oito hastes da roda-fala, estão os Heróis e Heroínas da Família Fala; e nas oito hastes da roda-corpo, estão os Heróis e Heroínas da Família Corpo. Ao redor disto, nas direções cardeais e intermediárias, estão as oito Heroínas dos portais.

No lugar onde o vajra adorna o vaso-vitória, está um lótus e um assento de sol. Sobre isto, do HUM e do PAM surge um vajra e uma faca curva marcada com um HUM e um PAM, dos quais surge o Glorioso Heruka Pai e Mãe.

Dentro do vaso-ação, e no lugar onde ele está adornado com uma faca curva, está um lótus e um assento de sol. Sobre esses assentos de sol, do PAM surge uma faca curva marcada com um PAM. Ambos transformam-se completamente, e Khandarohi surge em ambos os lugares.

PHAIM
A Assembleia de seres-de-sabedoria e os seres-de-sabedoria das Deidades dos lugares adornados são convidados juntamente com as Deidades Que-Concedem-Iniciação.

OM AHRGHAM PARTITZA HUM SOHA

VAJRA ANKUSHA DZA
VAJRA PASHA HUM
VAJRA POTA BAM
VAJRA GHÄNTA HO

Os seres-de-sabedoria tornam-se inseparáveis dos seus respectivos seres-de-compromisso.

As Deidades Que-Concedem-Iniciação conferem a iniciação, e a coroa de cada uma está adornada com o seu respectivo Senhor da linhagem.

Abençoar as oferendas

OM KHANDAROHI HUM HUM PHAT
OM SOBHAWA SHUDDHA SARWA DHARMA SOBHAWA SHUDDHO HAM
Tudo se torna vacuidade.

Do estado de vacuidade, de KAMs vêm vastas e amplas cuias de crânio, dentro das quais, de HUMs surgem água para beber, água para os pés, flores, incenso, luzes, perfume, alimentos e música. Por sua natureza, vacuidade, cada uma delas tem o aspecto individual de uma das substâncias de oferenda, e funcionam como objetos de prazer dos seis sentidos para proporcionar especial êxtase incontaminado.

OM AHRGHAM AH HUM
OM PADÄM AH HUM
OM VAJRA PUPE AH HUM
OM VAJRA DHUPE AH HUM
OM VAJRA DIWE AH HUM
OM VAJRA GÄNDHE AH HUM
OM VAJRA NEWIDE AH HUM
OM VAJRA SHAPTA AH HUM

Fazer as oferendas

Oferendas exteriores

OM AHRGHAM PARTITZA HUM SOHA
OM PADÄM PARTITZA HUM SOHA
OM VAJRA PUPE AH HUM SOHA
OM VAJRA DHUPE AH HUM SOHA
OM VAJRA DIWE AH HUM SOHA
OM VAJRA GÄNDHE AH HUM SOHA
OM VAJRA NEWIDE AH HUM SOHA
OM VAJRA SHAPTA AH HUM SOHA

OM AH VAJRA ADARSHE HUM
OM AH VAJRA WINI HUM
OM AH VAJRA GÄNDHE HUM
OM AH VAJRA RASE HUM
OM AH VAJRA PARSHE HUM
OM AH VAJRA DHARME HUM

Oferenda interior

OM HUM BAM RIM RIM LIM LIM, KAM KHAM GAM GHAM NGAM, TSAM TSHAM DZAM DZHAM NYAM, TrAM THrAM DrAM DHrAM NAM, TAM THAM DAM DHAM NAM, PAM PHAM BAM BHAM, YAM RAM LAM WAM, SHAM KAM SAM HAM HUM HUM PHAT OM AH HUM

OM KHANDAROHI HUM HUM PHAT OM AH HUM

Oferenda secreta e oferenda da talidade (*thatness*)

Pai e Mãe entram na união-de-abraço. As Deidades dos vasos absorvem-se na concentração de êxtase espontâneo e talidade inseparáveis, e deleitam-se na oferenda da talidade.

Oferenda do mantra

OM HUM BAM RIM RIM LIM LIM, KAM KHAM GAM GHAM NGAM, TSAM TSHAM DZAM DZHAM NYAM, TrAM THrAM DrAM DHrAM NAM, TAM THAM DAM DHAM NAM, PAM PHAM BAM BHAM, YAM RAM LAM WAM, SHAM KAM SAM HAM HUM HUM PHAT

Oito versos de louvor ao Pai

OM NAMO BHAGAWATE WIRE SHAYA HUM HUM PHAT
OM MAHA KÄLWA AHGNI SAMNI BHAYA HUM HUM PHAT
OM DZATA MUGUTRA KORTAYA HUM HUM PHAT
OM DHAMKHATRA KARA LOTRA BHIKHANA MUKAYA HUM HUM PHAT
OM SAHARA BHUNDZA BHASURAYA HUM HUM PHAT
OM PARASHUWA SHODHÄDA SHULA KHATAMGA DHARINE HUM HUM PHAT
OM BHÄGADZINAM WARA DHARAYA HUM HUM PHAT
OM MAHA DHUMBA ÄNDHAKARA WAWUKAYA HUM HUM PHAT

Oito versos de louvor à Mãe

OM NAMO BHAGAWATI VAJRA VARAHI BAM HUM HUM PHAT
OM NAMO ARYA APARADZITE TRE LOKYA MATI BIYE SHÖRI HUM HUM PHAT
OM NAMA SARWA BUTA BHAYA WAHI MAHA VAJRE HUM HUM PHAT
OM NAMO VAJRA SANI ADZITE APARADZITE WASHAM KARANITRA HUM HUM PHAT
OM NAMO BHRAMANI SHOKANI ROKANI KROTE KARALENI HUM HUM PHAT
OM NAMA DRASANI MARANI PRABHE DANI PARADZAYE HUM HUM PHAT
OM NAMO BIDZAYE DZAMBHANI TAMBHANI MOHANI HUM HUM PHAT
OM NAMO VAJRA VARAHI MAHA YOGINI KAME SHÖRI KHAGE HUM HUM PHAT

Abençoar a água nos vasos

Raios de luz se irradiam do rosário de mantra no coração da Deidade Principal do vaso e absorvem os néctares-sabedoria de todos os Budas e Bodhisattvas das dez direções, que se dissolvem na água dos vasos.

HUM

Segure o mala com a sua mão direita e o fio de mantra com a esquerda – o vajra diminuto, numa das suas extremidades, deve estar colocado numa pequena concha preenchida com água açafroada, no topo do vaso-vitória – e recite os mantras:

O mantra-essência do Pai

OM SHRI VAJRA HE HE RU RU KAM HUM HUM PHAT DAKINI DZALA SHAMBARAM SOHA   (108x)

O mantra-essência-aproximador do Pai

OM HRIH HA HA HUM HUM PHAT   (21x)

O mantra-essência da Mãe

OM VAJRA BEROTZANIYE HUM HUM PHAT SOHA   (108x)

O mantra-essência-aproximador da Mãe

OM SARWA BUDDHA DAKINIYE VAJRA WARNANIYE HUM HUM PHAT SOHA   (21x)

O mantra-essência condensado das sessenta Deidades

OM RIM RIM LIM LIM, KAM KHAM GAM GHAM NGAM, TSAM TSHAM DZAM DZHAM NYAM, TrAM THrAM DrAM DHrAM NAM, TAM THAM DAM DHAM NAM, PAM PHAM BAM BHAM, YAM RAM LAM WAM, SHAM KAM SAM HAM HUM HUM PHAT   (21x)

Coloque, no sentido anti-horário, o fio de mantra ao redor do vaso--ação e recite:

OM KHANDAROHI HUM HUM PHAT   (108x)

Coloque, no sentido anti-horário, o fio de mantra ao redor de ambos os vasos e recite várias vezes:

OM SARWA TATHAGATA ABHIKEKATA SAMAYA SHRIYE HUM

Focando a água que está na concha, recite:

OM VAJRA AMRITA UDAKA HUM

OM AH HUM   (7x)

Contemple:

Cada átomo da água que está na concha torna-se néctar-sabedoria, da natureza de átomos-vajra.

OM HRIH HA HA HUM HUM PHAT

Ofereça a água dos dois vasos:

HUM   (7x)

Ofereça flores para cada vaso:

OM KHANDAROHI HUM HUM PHAT

OM SARWA TATHAGATA PUPE PARTITZA SOHA
OM SARWA TATHAGATA DHUPE PARTITZA SOHA
OM SARWA TATHAGATA DIWE PARTITZA SOHA
OM SARWA TATHAGATA GÄNDHE PARTITZA SOHA
OM SARWA TATHAGATA NEWIDE PARTITZA SOHA
OM SARWA TATHAGATA SHAPTA PARTITZA SOHA

Esparja o ambiente com a água de limpeza do vaso-ação:

OM KHANDAROHI HUM HUM PHAT

Até que eu tenha concluído as atividades de realizar o mandala, por favor, pacifica todos os obstáculos.

Através do fogo de grande êxtase, as Deidades dentro dos vasos dissolvem-se e tornam-se um só sabor com a água dos vasos, que é da natureza da bodhichitta. As Deidades dos lugares adornados também se dissolvem, e cada uma aparece no aspecto do seu respectivo implemento manual.

OFERENDAS AO MANDALA

Assim como a chama de uma vela dividida em duas, eu, o Principal, manifesto uma segunda forma do lado de fora da porta leste do mandala para executar as ações das oferendas.

Abençoar as oferendas exteriores

OM KHANDAROHI HUM HUM PHAT
OM SOBHAWA SHUDDHA SARWA DHARMA SOBHAWA SHUDDHO HAM
Tudo se torna vacuidade.

Do estado de vacuidade, de KAMs vêm vastas e amplas cuias de crânio, dentro das quais, de HUMs surgem água para beber, água para os pés, água para a boca, água para espargir, flores, incenso, luzes, perfume, alimentos e música. Por sua natureza, vacuidade, cada uma delas tem o aspecto individual de uma das substâncias de oferenda, e funcionam como objetos de prazer dos seis sentidos para proporcionar especial êxtase incontaminado.

OM AHRGHAM AH HUM
OM PADÄM AH HUM
OM ÄNTZAMANAM AH HUM
OM PROKYANAM AH HUM
OM VAJRA PUPE AH HUM
OM VAJRA DHUPE AH HUM
OM VAJRA DIWE AH HUM
OM VAJRA GÄNDHE AH HUM
OM VAJRA NEWIDE AH HUM
OM VAJRA SHAPTA AH HUM

OM RUPA AH HUM
OM SHAPTA AH HUM
OM GÄNDHE AH HUM
OM RASA AH HUM
OM PARSHE AH HUM

Deusas oferecedoras emanam do meu coração e fazem as oferendas.

Oferendas exteriores

OM AHRGHAM PARTITZA HUM SOHA
OM PADÄM PARTITZA HUM SOHA
OM ÄNTZAMANAM PARTITZA HUM SOHA
OM PROKYANAM PARTITZA HUM SOHA
OM VAJRA PUPE AH HUM SOHA
OM VAJRA DHUPE AH HUM SOHA
OM VAJRA DIWE AH HUM SOHA
OM VAJRA GÄNDHE AH HUM SOHA
OM VAJRA NEWIDE AH HUM SOHA
OM VAJRA SHAPTA AH HUM SOHA

OM VAJRA WINI HUM HUM PHAT
OM VAJRA WAMSHE HUM HUM PHAT
OM VAJRA MITAMGI HUM HUM PHAT
OM VAJRA MURANDZE HUM HUM PHAT

OM VAJRA HASÄ HUM HUM PHAT
OM VAJRA LASÄ HUM HUM PHAT
OM VAJRA GIRTI HUM HUM PHAT
OM VAJRA NIRTÄ HUM HUM PHAT

OM VAJRA PUPE HUM HUM PHAT
OM VAJRA DHUPE HUM HUM PHAT
OM VAJRA DIWE HUM HUM PHAT
OM VAJRA GÄNDHE HUM HUM PHAT

OM RUPA BENZ HUM HUM PHAT
OM RASA BENZ HUM HUM PHAT
OM PARSHE BENZ HUM HUM PHAT
OM DHARMA DHATU BENZ HUM HUM PHAT

OM SHRI HERUKA SAPARIWARA MAHA SAPTA RATNA PARTITZA HUM SOHA

Oferenda interior

OM HUM BAM RIM RIM LIM LIM, KAM KHAM GAM GHAM NGAM, TSAM TSHAM DZAM DZHAM NYAM, TrAM THrAM DrAM DHrAM NAM, TAM THAM DAM DHAM NAM, PAM PHAM BAM BHAM, YAM RAM LAM WAM, SHAM KAM SAM HAM HUM HUM PHAT OM AH HUM

Oferenda secreta

O Pai entra em união com a Mãe. A bodhichitta derrete e, à medida que desce da coroa para a garganta, ele experiencia alegria; à medida que desce da garganta para o coração, ele experiencia suprema alegria; à medida que desce do coração para o umbigo, ele experiencia extraordinária alegria; e, à medida que desce do umbigo para a extremidade da joia, ele gera excelsa sabedoria espontânea, e todas as Deidades experienciam grande êxtase.

Oferenda da talidade (*thatness*)

As Deidades do mandala absorvem-se na concentração de êxtase espontâneo e talidade inseparáveis, e deleitam-se na oferenda da talidade.

Oito versos de louvor ao Pai

OM Prostro-me ao Abençoado, Senhor dos Heróis HUM HUM PHAT
OM A ti, com um brilho igual ao do fogo do grande éon HUM HUM PHAT
OM A ti, com um coque inesgotável HUM HUM PHAT
OM A ti, com uma face aterrorizante e caninos à mostra HUM HUM PHAT
OM A ti, cujos mil braços resplandecem com luz HUM HUM PHAT
OM A ti, que seguras um machado, um laço erguido, uma lança e um khatanga HUM HUM PHAT
OM A ti, que vestes uma pele de tigre HUM HUM PHAT
OM Curvo-me a ti, cujo grande corpo cor-de-fumaça dissipa obstruções HUM HUM PHAT

Oito versos de louvor à Mãe

OM Prostro-me a Vajravarahi, a Mãe Abençoada HUM HUM PHAT
OM À Superior e poderosa Senhora do Saber, inconquistada pelos três reinos HUM HUM PHAT
OM A ti, que destróis todos os medos de espíritos maléficos com teu grande vajra HUM HUM PHAT
OM A ti, com olhos controladores, que permaneces como o assento-vajra inconquistado por outros HUM HUM PHAT
OM A ti, cuja feroz forma irada desseca Brahma HUM HUM PHAT
OM A ti, que aterrorizas e exterminas demônios, conquistando aqueles de outras direções HUM HUM PHAT

OM A ti, que conquistas todos os que nos tornam obtusos, rígidos
e confusos HUM HUM PHAT
OM Curvo-me a Vajravarahi, a Grande Mãe, a consorte Dakini que
satisfaz todos os desejos HUM HUM PHAT

ENTRAR NO MANDALA

Abençoar as oferendas às Deidades Que-Concedem-Iniciação

OM KHANDAROHI HUM HUM PHAT
OM SOBHAWA SHUDDHA SARWA DHARMA SOBHAWA SHUDDHO HAM
Tudo se torna vacuidade.

Do estado de vacuidade, de KAMs vêm vastas e amplas cuias de crânio, dentro das quais, de HUMs surgem água para beber, água para os pés, flores, incenso, luzes, perfume, alimentos e música. Por sua natureza, vacuidade, cada uma delas tem o aspecto individual de uma das substâncias de oferenda, e funcionam como objetos de prazer dos seis sentidos para proporcionar especial êxtase incontaminado.

OM AHRGHAM AH HUM
OM PADÄM AH HUM
OM VAJRA PUPE AH HUM
OM VAJRA DHUPE AH HUM
OM VAJRA DIWE AH HUM
OM VAJRA GÄNDHE AH HUM
OM VAJRA NEWIDE AH HUM
OM VAJRA SHAPTA AH HUM

Primeiro, ofereça um mandala:

Oferecimento do mandala de solicitação

OM VAJRA BHUMI AH HUM
Grande e poderoso solo dourado,
OM VAJRA REKHE AH HUM
Na fronteira, a cerca férrea rodeia o círculo exterior.
No centro, Monte Meru, o rei das montanhas,
Em torno do qual há quatro continentes:
A leste, Purvavideha, ao sul, Jambudipa,
A oeste, Aparagodaniya, ao norte, Uttarakuru.
Cada um tem dois subcontinentes:
Deha e Videha, Tsamara e Abatsamara,
Satha e Uttaramantrina, Kurava e Kaurava.
A montanha de joias, a árvore-que-concede-desejos,
A vaca-que-concede-desejos e a colheita não semeada.
A preciosa roda, a preciosa joia,
A preciosa rainha, o precioso ministro,
O precioso elefante, o precioso supremo cavalo,
O precioso general e o grande vaso-tesouro.
A deusa da beleza, a deusa das grinaldas,
A deusa da música, a deusa da dança,
A deusa das flores, a deusa do incenso,
A deusa da luz e a deusa do perfume.
O Sol e a Lua, o precioso guarda-sol,
O estandarte da vitória em cada direção.
No centro, os tesouros tanto de deuses quanto de homens,
Uma coleção de excelências que nada exclui.
Ofereço isso a vós, meu bondoso Guru-raiz, inseparável do Glorioso Heruka,
A todos vós, sagrados e gloriosos Gurus;
Por favor, aceitai com compaixão pelos seres migrantes
E, uma vez aceito, por favor, concedei-nos vossas bênçãos.

Ó Tesouro de Compaixão, meu Refúgio e Protetor,
Ofereço a ti a montanha, continentes, objetos preciosos, vaso-tesouro,
    Sol e Lua,
Os quais surgiram dos meus agregados, fontes e elementos,
Como aspectos da excelsa sabedoria de êxtase espontâneo e vacuidade.

Quando me tornar um puro recipiente
Pelos caminhos comuns, abençoa-me, para ingressar
Na essência da prática da boa fortuna,
O supremo veículo, Vajrayana.

IDAM GURU RATNA MANDALAKAM NIRYATAYAMI

Pedido

Recite três vezes o que se segue:

Ó Grande Alegre Professor
Por favor, ouve o que agora direi.
Estou em busca de um método especial
Para alcançar a grande iluminação.
Por favor, concede-me os compromissos;
Por favor, concede-me os votos;
Por favor, concede-me refúgio
Em Buda, Dharma e Sangha;
E, por favor, guia-me à cidade suprema da grande libertação.

Colocar a fita sobre os olhos

OM CHAKYU BANDHA WARAMANAYE HUM

Receber a guirlanda de flores

AH KAM BIRA HUM

Abençoar as três portas

Agora, esparja água de limpeza do vaso-ação enquanto recita:

OM KHANDAROHI HUM HUM PHAT

Eu tenho a clareza de Heruka. Meus três lugares – a coroa, garganta e coração – estão marcados por OM, AH e HUM.

Imagine que Guru Heruka faz as perguntas, e você responde:

"Querido, quem és tu e o que procuras?"
Sou um Afortunado em busca de grande êxtase.

"Querido, por que procuras grande êxtase?"
Para cumprir o compromisso da suprema Budeidade.

Tomar os votos bodhisattva

Busco refúgio nas Três Joias
E confesso todas e cada uma das minhas ações negativas.
Regozijo-me nas virtudes de todos os seres
E prometo realizar a iluminação de um Buda.   (3x)

Gerar a mente de todos os iogas

Sobre uma lua em meu coração, está um vajra branco em pé. A lua e o vajra são da natureza da minha bodhichitta convencional e da minha bodhichitta última.

OM SARWA YOGA TSITA UPATAYAMI

Para estabilizar as duas bodhichittas, recite:

OM SURA TE SAMAYA TÖN HO: SIDDHI VAJRA YATA SUKAM

Prometer guardar segredo

Guru Heruka dá a você o seguinte conselho:

"Hoje, receberás as bênçãos de todos os Tathagatas. Não deves revelar este mandala supremamente secreto de todos os Tathagatas aos que não ingressaram no mandala ou aos que não têm fé."

Imagine que você entra no mandala e fica diante do Principal do mandala, enquanto você recita:

HUM DZA HUM

Imagine que você está circum-ambulando três vezes, em sentido anti-horário, o Principal do mandala, enquanto você recita:

MAHA RATA SUTRITHA SUTOKO SUSUGO VAJRA SATTO ADHI SIDDHA MI

Faça três prostrações, tocando sua testa, garganta e coração, enquanto você recita:

OM NAMATE HUM
NAMAMI HUM
NAMO NAMA HUM SOHA

Tomar os votos tântricos

Recite três vezes:

Todos os Budas e Bodhisattvas
Por favor, ouvi o que agora direi.
Deste momento em diante,
Até que eu alcance a essência da iluminação,
Eu, cujo nome é Akshobya,
Irei gerar a insuperável e sagrada mente de iluminação,
Assim como todos os Conquistadores dos três tempos
Asseguraram sua própria iluminação dessa maneira.

Manterei os votos e compromissos, gerais e específicos, das Cinco Famílias Búdicas.
Resgatarei aqueles que não foram resgatados do renascimento inferior,
Libertarei aqueles que não foram libertados do renascimento samsárico,
Darei fôlego – a vida espiritual do Vajrayana – àqueles incapazes de praticar o Caminho Vajrayana,
E conduzirei todos os seres ao estado além da dor, o estado de iluminação.

Tomar os votos incomuns do Tantra-Mãe

Recite três vezes:

Ó Glorioso Heruka e todos os Heróis,
E todos vós, incontáveis Bodhisattvas,
Ioguines Nangdze e assim por diante,
Por favor, ouvi o que agora direi.

Deste momento em diante,
Até que eu permaneça em não-dualidade,
Manterei perfeitamente
As vinte e duas práticas puras da não-dualidade.

Gerar a base para absorver os seres-de-sabedoria

OM SOBHAWA SHUDDHA SARWA DHARMA SOBHAWA SHUDDHO HAM
Tudo se torna vacuidade.

Do estado de vacuidade, eu surjo como Heruka, de cor azul, com quatro faces e doze braços, juntamente com minha consorte. No meu coração, minha gota indestrutível transforma-se no Principal Pai e Mãe. As pétalas do canal do coração, nas quatro direções, transformam-se nas Quatro Ioguines do coração, e as pétalas do canal do coração, nas quatro direções intermediárias, transformam-se em cuias de crânios repletas de néctares. Dos canais e gotas dos meus vinte e quatro lugares surgem vinte e quatro Heróis e vinte e quatro Heroínas, e dos canais das oito portas dos sentidos surgem as oito Heroínas dos portais.

Os lugares do corpo da Deidade principal estão marcados com OM HA, NAMA HI, SOHA HU, BOKE HE, HUM HUM HO, e PHAT HAM.

Os lugares do corpo da consorte estão marcados com OM BAM, HAM YOM, HRIM MOM, HRIM HRIM, HUM HUM, e PHAT PHAT.

Pedido para absorver os seres-de-sabedoria

Por favor, concede-me as bênçãos
De todos os Heróis e Heroínas,
E faz com que o Glorioso Heruka
Desça sobre mim.

Dissolver os seres-de-sabedoria

Raios de luz se irradiam do HUM no coração da Deidade principal do mandala, que é inseparável do meu Guru. Eles convidam todos os Budas e Bodhisattvas, juntamente com todos os Heróis e Heroínas – todos eles no aspecto das Deidades de Chakrasambara. Assim como a chuva que cai, eles descem e entram no meu corpo através de cada poro capilar. Eles se dissolvem em mim, e eu me torno inseparável de Heruka Pai e Mãe.

Enquanto toca o sino e o damaru, recite:

OM HRIH HA HA HUM HUM PHAT

OM TIKTRA MAHA KRODHA AH BE SHAYA HUM

Para estabilizar as bênçãos, recite:

TIKTRA VAJRA

Agora, ofereça a flor ao Principal do mandala:

OM PRATITZA VAJRA HO

Agora, toque sua própria coroa com a flor:

OM PRATI GRIHANA TÖN IMAM SATTO MAHABALA

Imagine que você purificou os seus olhos e alcançou olhos-vajra. Encoraje-se, recitando:

"Hoje, ó Glorioso Heruka,
Procuraste abrir teus olhos;
E, por abri-los, obtiveste
Insuperáveis olhos-vajra, que tudo podem ver."

OM VAJRA NETRA APAHARA PATRA LAM HRIH

Remova a fita dos olhos.

HE VAJRA PASHÄ

Assim, você é exortado a olhar. Pense:

Vejo claramente, por inteiro, o mandala sustentador e sustentado.

Medite nesse mandala imaginado.

RECEBER AS INICIAÇÕES

A iniciação-vaso do discípulo-vajra

Primeiro, ofereça um mandala e, depois, faça o seguinte pedido três vezes:

Por favor, concede-me a iniciação,
A Verdade do Dharma, que tem um significado inconcebível.

Abençoar os objetos rituais da iniciação

Esparja água do vaso-ação e recite:

OM KHANDAROHI HUM HUM PHAT
OM SOBHAWA SHUDDHA SARWA DHARMA SOBHAWA SHUDDHO HAM
Tudo se torna vacuidade.

Do estado de vacuidade, surgem os objetos rituais da iniciação – a água do vaso, a coroa, o vajra e o sino – que se transformam instantaneamente em Akshobya, Ratnasambhava, Amitabha e Amoghasiddhi Pai e Mãe, respectivamente.

Do HUM, no coração do Principal, que é inseparável do meu Guru, raios de luz se irradiam e convidam os seres-de-sabedoria juntamente com as Deidades Que-Concedem-Iniciação.

PHAIM
DZA HUM BAM HO
Eles se tornam não-duais.

As Deidades Que-Concedem-Iniciação conferem iniciação às Deidades dos objetos rituais da iniciação, e suas coroas estão adornadas com Vajrasattva.

Oferendas às Deidades dos objetos rituais da iniciação

OM AHRGHAM PARTITZA HUM SOHA
OM PADÄM PARTITZA HUM SOHA
OM VAJRA PUPE AH HUM SOHA
OM VAJRA DHUPE AH HUM SOHA
OM VAJRA DIWE AH HUM SOHA
OM VAJRA GÄNDHE AH HUM SOHA
OM VAJRA NEWIDE AH HUM SOHA
OM VAJRA SHAPTA AH HUM SOHA

Transformar as Deidades nos objetos rituais da iniciação

Os Pais e as Mães entram em união e se dissolvem na natureza de grande êxtase, do qual surgem como os objetos rituais da iniciação – a água do vaso, a coroa, o vajra e o sino.

Receber a iniciação-água de Akshobya

Raios de luz se irradiam do HUM no coração da Deidade principal do mandala, que é inseparável do meu Guru, e convidam as Deidades Que-Concedem-Iniciação – o Abençoado Chakrasambara juntamente com seu séquito.

OM AHRGHAM PARTITZA HUM SOHA
OM PADÄM PARTITZA HUM SOHA
OM VAJRA PUPE PARTITZA HUM SOHA
OM VAJRA DHUPE PARTITZA HUM SOHA
OM VAJRA DIWE PARTITZA HUM SOHA
OM VAJRA GÄNDHE PARTITZA HUM SOHA
OM VAJRA NEWIDE PARTITZA HUM SOHA
OM VAJRA SHAPTA PARTITZA HUM SOHA

Com o propósito de proteger os migrantes,
Buda recebeu a iniciação.
Da mesma forma, Ó Detentor do Vajra,
Por favor, concede-me a iniciação.

Solicitados desse modo, as oito Deusas dos portais afastam os impedimentos, os Heróis recitam versos auspiciosos, as Heroínas cantam canções-vajra, e as Rupavajras e as demais fazem oferendas. O Principal e as Deidades do mandala decidem conceder a iniciação, e as Quatro Mães, juntamente com Varahi, segurando vasos adornados com joias e repletos com os cinco néctares, conferem a iniciação pela coroa de minha cabeça.

A auspiciosidade que surge do Dharmadhatu
É o corpo ardente do Glorioso Heruka, rei do destemor.

Pela verdade do vajra que desfruta o lótus de sabedoria Varahi,
Que haja a auspiciosidade de permanecer em grande êxtase.

"Por conceder iniciação a ti,
Dar-te-ei o grande vajra
Que surge dos três segredos de todos os Budas
E é um objeto de prostração nos três reinos".

OM TSATRA BIRA TAM ABHIKINTZA MI

Agora, prove um pouco de água do vaso-vitória, sorvendo-a três vezes, e toque a sua coroa com um pouco da água.

Dizendo isso, eles concedem a iniciação-água de Akshobya. Eu recebo o poder para purificar o agregado consciência e transformá-lo na sabedoria do Dharmadhatu.

Receber a iniciação-coroa de Ratnasambhava

"Por conceder iniciação a ti,
Dar-te-ei o grande vajra
Que surge dos três segredos de todos os Budas
E é um objeto de prostração nos três reinos".

OM SARWA BUDDHA DAKINIYE VAJRA WARNANIYE HUM HUM PHAT SOHA

Enquanto toca o sino, recite:

OM RIM RIM LIM LIM, KAM KHAM GAM GHAM NGAM, TSAM TSHAM DZAM DZHAM NYAM, TrAM THrAM DrAM DHrAM NAM, TAM THAM DAM DHAM NAM, PAM PHAM BAM BHAM, YAM RAM LAM WAM, SHAM KAM SAM HAM HUM HUM PHAT

Agora, toque a sua cabeça com a coroa.

Dizendo isso, eles concedem a iniciação-coroa de Ratnasambhava. Eu recebo o poder para purificar o agregado sensação e transformá-lo na sabedoria da igualdade.

Receber a iniciação-vajra de Amitabha

"Por conceder iniciação a ti,
Dar-te-ei o grande vajra
Que surge dos três segredos de todos os Budas
E é um objeto de prostração nos três reinos".

Assim como todos os Budas
Alcançaram a iluminação mantendo o vajra,
Hoje, o Glorioso Heruka e a assembleia de Heróis
Concederão a iniciação a ti.

Agora, toque o seu coração, garganta e testa com o vajra e imagine que está experienciando grande êxtase incontaminado.

Dizendo isso, eles concedem a iniciação-vajra de Amitabha. Eu recebo o poder para purificar o agregado discriminação e transformá-lo na sabedoria da realização individual.

Receber a iniciação-sino de Amoghasiddhi

"Por conceder iniciação a ti,
Dar-te-ei o grande vajra
Que surge dos três segredos de todos os Budas
E é um objeto de prostração nos três reinos".

É ensinado que todas as Ioguines
Seguem o som do sino.
Deves sempre segurá-lo
E alcançar a iluminação suprema dos Conquistadores.

Agora, coloque o sino na sua mão esquerda e imagine que está experienciando grande êxtase incontaminado.

Dizendo isso, eles concedem a iniciação-sino de Amoghasiddhi. Eu recebo o poder para purificar o agregado fatores de composição e transformá-lo na sabedoria de realizar atividades.

Receber a iniciação-nome de Vairochana

"Por conceder iniciação a ti,
Dar-te-ei o grande vajra
Que surge dos três segredos de todos os Budas
E é um objeto de prostração nos três reinos".

OM VAJRA SATTO TAM ABHIKINTZA MI
VAJRA NAMA ABHIKEKATA

Agora, toque o sino enquanto você recita:

Ó Glorioso, tu és chamado Tathagata Vajra Akshobya
[*ou qualquer que seja o seu nome secreto*]

Dizendo isso, eles concedem a iniciação-nome de Vairochana. Eu recebo o poder para purificar o agregado forma e transformá-lo na sabedoria semelhante-a-um-espelho.

Desse modo, eu recebi a iniciação das Cinco Famílias Búdicas. As máculas das cinco delusões e dos cinco agregados são purificadas; e eu recebo o poder para alcançar o estado das Cinco Famílias Búdicas.

Receber a iniciação-mantra

Um rosário do mantra-essência surge do coração do Principal do mandala, inseparável do meu Guru. Saindo por sua boca, ele entra por minha boca e circunda, em sentido anti-horário, a letra HUM no meu coração. Raios de luz se irradiam do HUM e do rosário de mantra, purificando todas as máculas.

OM SHRI VAJRA HE HE RU RU KAM HUM HUM PHAT DAKINI DZALA
    SHAMBARAM SOHA   (3x)

Receber a iniciação da prática comum – a prática do vajra, grande êxtase

Eu me torno Vajrasattva, de cor branca, juntamente com minha consorte. Do HUM surge um vajra, a natureza de grande êxtase.

Agora, coloque o vajra na sua mão direita e recite:

Para manter sempre em minha mente a prática do grande êxtase,
Eu nunca irei me separar do vajra.

OM SARWA TATHAGATA SIDDHI VAJRA SAMAYA TIKTRA EKATAM
    DARA YAMI OM HA HA HA HA HI

Receber a iniciação da prática incomum – a prática do ioga do corpo, fala e mente de Heruka

Eu me torno Heruka, com um corpo azul, quatro faces e doze braços, juntamente com minha consorte.

OM SHRI VAJRA HE HE RU RU KAM HUM HUM PHAT DAKINI DZALA
    SHAMBARAM SOHA   (3x)

OM VAJRA BEROTZANIYE HUM HUM PHAT SOHA   (3x)

O khatanga simboliza o corpo de Heruka,
O damaru simboliza a fala de Heruka,
A cuia de crânio simboliza a mente de Heruka de êxtase e vacuidade inseparáveis,
E o cordão de brâmane indica que tudo isso é da natureza de grande êxtase e sabedoria não conceitual;
Realizando isso, eu nunca irei me separar deles.

Heruka Pai e Mãe, do tamanho apenas de um polegar, permanecem no meu coração.

Receber a iniciação da predição

Eu me torno a suprema Deidade, o Guru Conquistador Shakyamuni.

Encoraje-se a si mesmo, recitando:

"Em breve, tu irás te tornar um Tathagata chamado Glorioso Heruka.
SHRI HERUKA DAKINI NAMA SARWA TATHAGATA SIDDHI SAMAYA TAM BUBU WASA
Tu serás vitorioso sobre todas as hostes de maras
E residirás na cidade suprema da iluminação".

Receber a iniciação-vaso do Guia Espiritual Vajrayana

Primeiro, ofereça um mandala e, depois, faça o seguinte pedido três vezes:

Ó Grande Herói,
Por favor, concede-me, aqui e agora,
A iniciação irreversível
Que conduz os migrantes à ausência-de-sinais.

Gerar a si mesmo como o Mestre Espiritual supremo, Vajradhara

Esparja água do vaso-ação sobre si mesmo e recite:

OM KHANDAROHI HUM HUM PHAT
OM SOBHAWA SHUDDHA SARWA DHARMA SOBHAWA SHUDDHO HAM
Tudo se torna vacuidade.

Do estado de vacuidade, sobre um trono de leões, lótus e sol, de um HUM surge um vajra marcado com um HUM. Disso, eu surjo como Vajradhara, com um corpo azul, uma face e duas mãos segurando vajra e sino, e estou unido-em-abraço com Vajra Nyem Ma, que tem um corpo azul e segura uma faca curva e uma cuia de crânio. Na minha coroa, está uma letra OM, na minha garganta, uma letra AH, e no meu coração, uma letra HUM. Raios de luz se irradiam do HUM no coração do Principal, que é inseparável do Guru, e convidam os seres-de-sabedoria.

PHAIM
DZA HUM BAM HO
Tornamo-nos não duais.

Acima, estão para-sóis; à direita, estandartes da vitória; à esquerda, os demais estandartes; e, em toda a volta, estão nuvens de oferendas.

Tomar os três compromissos

Esparja o vajra e o sino com a água do vaso-ação:

OM KHANDAROHI HUM HUM PHAT
OM SOBHAWA SHUDDHA SARWA DHARMA SOBHAWA SHUDDHO HAM
Tudo se torna vacuidade.

Do estado de vacuidade, do HUM surge um vajra, da natureza de Vajrasattva, e do AH surge um sino, da natureza de Vajra Nyem Ma.

O compromisso-mente do vajra

Segure o vajra na altura do seu coração:

OM MAHA VAJRA HUM

A excelsa sabedoria de grande êxtase inseparável da vacuidade é
   o vajra secreto.
Para lembrar isso, eu irei sempre manter um vajra.

O compromisso-fala do sino

Toque o sino.

OM VAJRA GHANTA AH

O som do sino revela a ausência de existência inerente de todos os fenômenos.
Para lembrar isso, eu irei sempre manter um sino.

O mudra-compromisso do corpo

Gerar o meu corpo como o corpo da Deidade é o mudra-compromisso imutável.
Por meio de unir isso com o mudra-sabedoria, eu alcançarei todas as aquisições.

A iniciação-Guia Espiritual Vajrayana propriamente dita

Eu, Vajradhara, uno-me em abraço com minha consorte e gero êxtase e vacuidade inseparáveis, a natureza da iniciação-Mestre Vajra.

"Assim como todos os Tathagatas concederam ablução
No momento do nascimento [de Buda],
Também nós, agora, concedemos ablução
Com a água pura dos deuses.

OM SARWA TATHAGATA ABHIKEKATA SAMAYA SHRIYE HUM
OM TSATRA BIRA TAM ABHIKINTZA MI"

Dizendo isso, as Deidades Que-Concedem-Iniciação concedem a iniciação. Meu corpo é preenchido por inteiro com néctar, e eu gero grande êxtase. Todas as máculas são purificadas, e o excesso de água remanescente em minha coroa transforma-se em um ornamento-coroa, da natureza das Cinco Famílias Búdicas.

As Deidades Que-Concedem-Iniciação dissolvem-se através da coroa da minha cabeça.

OM SUPRATIKTRA VAJRA YE SOHA

Eu me torno o Rei do Dharma dos três mundos.

Oferendas à autogeração

OM AHRGHAM PARTITZA HUM SOHA
OM PADÄM PARTITZA HUM SOHA
OM ÄNTZAMANAM PARTITZA HUM SOHA
OM VAJRA PUPE AH HUM SOHA
OM VAJRA DHUPE AH HUM SOHA
OM VAJRA DIWE AH HUM SOHA
OM VAJRA GÄNDHE AH HUM SOHA
OM VAJRA NEWIDE AH HUM SOHA
OM VAJRA SHAPTA AH HUM SOHA

As três práticas para a vida diária dadas por Vajradhara

Contemple enquanto você recita:

"Deves desfrutar os cinco objetos de desejo com a experiência de êxtase
e vacuidade inseparáveis.
Deves fazer oferendas a ti mesmo, considerando a ti mesmo como
Heruka, a corporificação de todos os Heróis e Ioguines.
Deves beneficiar todos os seres vivos com o entendimento de que
o mundo e seus habitantes são como uma ilusão".

Assim, eu recebi a iniciação-vaso no mandala de corpo de Guru Heruka.
Todas as falhas do meu corpo são purificadas, eu recebi o poder para
meditar no estágio de geração profundo do mandala de corpo e terei a
boa fortuna de alcançar o Corpo-Emanação resultante.

Receber a iniciação secreta

Primeiro, ofereça um mandala e, depois, faça o seguinte pedido três vezes:

Ó Grande Ser, o Principal,
Por favor, ajuda-me a me tornar igual a ti
E, por favor, protege-me
De me afogar no pântano do samsara.

Eu me torno Amitabha, de cor vermelha, segurando um lótus e um sino.
Através do som da alegria do Guru-Deidade Pai e Mãe, o Principal do

mandala, em união, todos os Heróis e Heroínas são convidados. Eles entram pelas bocas do Pai e da Mãe e, devido ao fogo de grande êxtase, fundem-se nas bodhichittas branca e vermelha no coração.

Receber a substância secreta, a bodhichitta branca e vermelha de Guru Heruka Pai e Mãe

"Este é o compromisso supremo
Dos Heróis e Heroínas.
Discernindo o sabor com os cinco elementos-sabedoria,
Deves experienciar este êxtase".

Dessa maneira, você é exortado. Agora, prove a substância secreta, considerando-a como a bodhichitta vermelha e branca, da natureza de todos os Heróis e Heroínas.

Ó, que grande êxtase!

Na dependência de provar a bodhichitta, êxtase e vacuidade unem-se inseparavelmente. Essa é a iniciação secreta.

Heruka Pai e Mãe emanam do coração de Guru Pai e Mãe e se dissolvem na minha garganta.

Assim, eu recebi a iniciação secreta no mandala da bodhichitta convencional – a gota branca e vermelha de Guru Heruka Pai e Mãe. Todas as falhas da minha fala são purificadas, eu recebi o poder para meditar no estágio de conclusão do corpo-ilusório e terei a boa fortuna de alcançar o Corpo-de-Deleite resultante.

Receber a iniciação mudra-sabedoria

Primeiro, ofereça um mandala e, depois, faça o seguinte pedido três vezes:

Ó Grande Ser, o Principal,
Por favor, ajuda-me a me tornar igual a ti
E, por favor, protege-me
De me afogar no pântano do samsara.

Agora, imagine que uma emanação de Vajravarahi aparece à sua frente e que Guru Heruka diz:

"Querido, dou-te
Esta Deusa, uma magnífica consorte".

Desse modo, Guru Heruka apresenta-a. Agora, Vajravarahi pergunta para você:

"Querido, tendo respeito por mim,
Gostarias de experimentar os cinco néctares, as cinco sabedorias oniscientes?"

Você responde:

Ó Deusa, por que eu não haveria de me deleitar
Com todos os compromissos que explicaste?

Vajravarahi fica deleitada e diz:

"Que maravilhoso, na dependência do meu lótus
Tu podes alcançar a Budeidade nesta vida.
PÄMA BHANJA HO".

Agora, esparja a si mesmo e a deusa-conhecimento com a água do vaso-ação:

OM KHANDAROHI HUM HUM PHAT
OM SOBHAWA SHUDDHA SARWA DHARMA SOBHAWA SHUDDHO HAM
Tudo se torna vacuidade.

Do estado de vacuidade, sobre um lótus e sol, do HUM surge um vajra, marcado com um HUM. Disso, eu surjo como o Abençoado Glorioso Heruka, com quatro faces e doze braços.

Do BAM, surge uma faca curva marcada com um BAM, e disso surge a deusa-conhecimento, a Abençoada Vajravarahi, segurando uma faca curva e uma cuia de crânio. Nós entramos em união.

Pensando que, na dependência desse método, irei gerar êxtase incontaminado, eu entro em união. À medida que a bodhichitta desce da minha coroa para a minha garganta, experiencio alegria; à medida que desce da minha garganta para o meu coração, experiencio suprema alegria; à medida que desce do meu coração para o meu umbigo, experiencio extraordinária alegria; e, à medida que desce do meu umbigo para a extremidade da minha joia, experiencio alegria espontânea inseparável da vacuidade, a natureza da iniciação mudra-sabedoria.

Quando surgimos dessa meditação sobre grande êxtase e vacuidade, tomamos a seguinte determinação:

Doravante, até que eu alcance
A essência da iluminação,
Vou trabalhar unicamente para o benefício
Dos seres vivos semelhantes-a-um-sonho.

Assim, eu recebi a iniciação mudra-sabedoria no mandala *bhaga*. Todas as falhas da minha mente são purificadas, eu recebi o poder para meditar no estágio de conclusão da clara-luz do Mahamudra e terei a boa fortuna de alcançar o Corpo-Verdade resultante.

Receber a iniciação da palavra

Primeiro, ofereça um mandala e, depois, faça o seguinte pedido três vezes:

Através da tua bondade, eu recebi
As três iniciações principais.
Agora, através da tua bondade, por favor, concede-me
A quarta iniciação preciosa.

Imagine que Guru Heruka diz:

"Quando recebeste a terceira iniciação, imaginaste teu corpo como o corpo-Deidade e tua mente como êxtase e vacuidade inseparáveis. Por aprimorar continuamente esse corpo-Deidade e mente imaginados, por fim alcançarás o efetivo corpo-Deidade resultante, que surge do teu vento indestrutível no aspecto de Pai e Mãe em união, e tua mente irá se tornar a união inseparável de êxtase espontâneo e vacuidade. Isso é a União-do-Não-Mais-Aprender."

Por ouvir essas palavras, eu desenvolvo um sentimento alegre. Isso é a iniciação da palavra.

"A verdade última é naturalmente bela,
Ela é completamente diferente da forma física.
Sem esse mudra, não existe outro método para alcançar a Budeidade.
Querido, desfruta o contato desse mudra,
Pois não existe contato mais elevado".

Assim, eu recebi a iniciação da preciosa palavra no mandala da mente última de iluminação. Todas as falhas do meu corpo, fala e mente são purificadas, eu recebi o poder para meditar no estágio de conclusão da inconceptibilidade e terei a boa fortuna de alcançar a união resultante de Vajradhara.

Agora, ofereça um mandala de agradecimento para agradecer o seu Guru pela bondade de conceder as quatro iniciações.

Oferecer o mandala de agradecimento

OM VAJRA BHUMI AH HUM
Grande e poderoso solo dourado,
OM VAJRA REKHE AH HUM
Na fronteira, a cerca férrea rodeia o círculo exterior.
No centro, Monte Meru, o rei das montanhas,
Em torno do qual há quatro continentes:
A leste, Purvavideha, ao sul, Jambudipa,
A oeste, Aparagodaniya, ao norte, Uttarakuru.
Cada um tem dois subcontinentes:
Deha e Videha, Tsamara e Abatsamara,
Satha e Uttaramantrina, Kurava e Kaurava.
A montanha de joias, a árvore-que-concede-desejos,
A vaca-que-concede-desejos e a colheita não semeada.
A preciosa roda, a preciosa joia,
A preciosa rainha, o precioso ministro,
O precioso elefante, o precioso supremo cavalo,

O precioso general e o grande vaso-tesouro.
A deusa da beleza, a deusa das grinaldas,
A deusa da música, a deusa da dança,
A deusa das flores, a deusa do incenso,
A deusa da luz e a deusa do perfume.
O Sol e a Lua, o precioso guarda-sol,
O estandarte da vitória em cada direção.
No centro, os tesouros tanto de deuses quanto de homens,
Uma coleção de excelências que nada exclui.
Ofereço isso a vós, meu bondoso Guru-raiz, inseparável do Glorioso Heruka,
A todos vós, sagrados e gloriosos Gurus;
Por favor, aceitai com compaixão pelos seres migrantes
E, uma vez aceito, por favor, concedei-nos vossas bênçãos.

O chão espargido com perfume e salpicado de flores,
A Grande Montanha, quatro continentes, Sol e Lua,
Percebidos como Terra de Buda e assim oferecidos.
Que todos os seres desfrutem dessas Terras Puras.

Em resumo, que eu nunca esteja separado do Venerável Guru Pai e Mãe,
Mas esteja sempre sob seus cuidados amorosos e receba suas bênçãos.
Deste modo, que eu conclua velozmente todos os solos e caminhos,
E alcance rapidamente o estado de Heruka.

IDAM GURU RATNA MANDALAKAM NIRYATAYAMI

Abençoar as oferendas exteriores

OM KHANDAROHI HUM HUM PHAT
OM SOBHAWA SHUDDHA SARWA DHARMA SOBHAWA SHUDDHO HAM
Tudo se torna vacuidade.

Do estado de vacuidade, de KAMs vêm vastas e amplas cuias de crânio, dentro das quais, de HUMs surgem água para beber, água para os pés, flores, incenso, luzes, perfume, alimentos e música. Por sua natureza, vacuidade, cada uma delas tem o aspecto individual de uma das substâncias de oferenda, e funcionam como objetos de prazer dos seis sentidos para proporcionar especial êxtase incontaminado.

OM AHRGHAM AH HUM
OM PADÄM AH HUM
OM VAJRA PUPE AH HUM
OM VAJRA DHUPE AH HUM
OM VAJRA DIWE AH HUM
OM VAJRA GÄNDHE AH HUM
OM VAJRA NEWIDE AH HUM
OM VAJRA SHAPTA AH HUM

Abençoar as tormas

OM KHANDAROHI HUM HUM PHAT
OM SOBHAWA SHUDDHA SARWA DHARMA SOBHAWA SHUDDHO HAM
Tudo se torna vacuidade.

Do estado de vacuidade, do YAM vem vento; do RAM vem fogo; do AH, um tripé de três cabeças humanas. Sobre ele, do AH aparece uma ampla e vasta cuia de crânio. Dentro dela, do OM, KHAM, AM, TRAM, HUM vêm os cinco néctares; e do LAM, MAM, PAM, TAM, BAM vêm as cinco carnes, cada qual marcado por uma das letras. O vento sopra, o fogo arde e as substâncias dentro da cuia de crânio derretem e se fundem. Acima delas, do HUM surge um khatanga branco de cabeça para baixo, que cai e se derrete na cuia de crânio, fazendo com que as substâncias assumam cor de mercúrio. Acima disso, três fileiras sobrepostas de vogais e consoantes transformam-se em OM AH HUM. Deles, raios de luz atraem o néctar de excelsa sabedoria do coração de todos os Tathagatas, Heróis e Ioguines das dez direções. Quando isso é adicionado, o conteúdo aumenta e se torna vasto.

OM AH HUM   (3x)

Oferecer a torma às Deidades supramundanas

De um HUM branco na língua de todas as Deidades do mandala, surge um vajra branco tridentado, através do qual elas compartilham da essência da torma, sorvendo-a por canudos de luz da espessura de apenas um grão de cevada.

Oferecer a torma às Deidades da roda do grande êxtase

OM VAJRA AH RA LI HO: DZA HUM BAM HO: VAJRA DAKINI SAMAYA
   TÖN TRISHAYA HO   (3x)

Oferecer a torma às Deidades da roda-coração, roda-fala e roda-corpo

OM KARA KARA, KURU KURU, BÄNDHA BÄNDHA, TrASAYA
TrASAYA, KYOMBHAYA KYOMBHAYA, HROM HROM, HRAH HRAH,
PHAIM PHAIM, PHAT PHAT, DAHA DAHA, PATSA PATSA, BHAKYA
BHAKYA BASA RUDHI ÄNTRA MALA WALAMBINE, GRIHANA
GRIHANA SAPTA PATALA GATA BHUDZAMGAM SARWAMPA
TARDZAYA TARDZAYA, AKANDYA AKANDYA, HRIM HRIM, GYÖN
GYÖN, KYAMA KYAMA, HAM HAM, HIM HIM, HUM HUM, KILI KILI,
SILI SILI, HILI HILI, DHILI DHILI, HUM HUM PHAT

Oferecer a torma às Deidades da roda-compromisso

OM VAJRA AH RA LI HO: DZA HUM BAM HO: VAJRA DAKINI SAMAYA
   TÖN TRISHAYA HO   (2x)

Oferendas exteriores

OM AHRGHAM PARTITZA SOHA
OM PADÄM PARTITZA SOHA
OM ÄNTZAMANAM PARTITZA SOHA
OM PROKYANAM PARTITZA SOHA
OM VAJRA PUPE AH HUM SOHA
OM VAJRA DHUPE AH HUM SOHA
OM VAJRA DIWE AH HUM SOHA
OM VAJRA GÄNDHE AH HUM SOHA

OM VAJRA NEWIDE AH HUM SOHA
OM VAJRA SHAPTA AH HUM SOHA

OM AH VAJRA ADARSHE HUM
OM AH VAJRA WINI HUM
OM AH VAJRA GÄNDHE HUM
OM AH VAJRA RASE HUM
OM AH VAJRA PARSHE HUM
OM AH VAJRA DHARME HUM

Oferenda interior

OM HUM BAM RIM RIM LIM LIM, KAM KHAM GAM GHAM NGAM, TSAM TSHAM DZAM DZHAM NYAM, TrAM THrAM DrAM DHrAM NAM, TAM THAM DAM DHAM NAM, PAM PHAM BAM BHAM, YAM RAM LAM WAM, SHAM KAM SAM HAM HUM HUM PHAT OM AH HUM

Oferenda secreta e oferenda da talidade

Através do Pai e da Mãe se unirem em abraço, todas as Deidades principais e do séquito desfrutam uma experiência especial de grande êxtase e vacuidade.

Oito versos de louvor ao Pai

OM Prostro-me ao Abençoado, Senhor dos Heróis HUM HUM PHAT
OM A ti, com um brilho igual ao do fogo do grande éon HUM HUM PHAT
OM A ti, com um coque inesgotável HUM HUM PHAT
OM A ti, com uma face aterrorizante e caninos à mostra HUM HUM PHAT
OM A ti, cujos mil braços resplandecem com luz HUM HUM PHAT
OM A ti, que seguras um machado, um laço erguido, uma lança e um khatanga HUM HUM PHAT
OM A ti, que vestes uma pele de tigre HUM HUM PHAT
OM Curvo-me a ti, cujo grande corpo cor-de-fumaça dissipa obstruções HUM HUM PHAT

Oito versos de louvor à Mãe

OM Prostro-me a Vajravarahi, a Mãe Abençoada HUM HUM PHAT
OM À Superior e poderosa Senhora do Saber, inconquistada pelos três reinos HUM HUM PHAT

OM A ti, que destróis todos os medos de espíritos maléficos com teu
   grande vajra HUM HUM PHAT
OM A ti, com olhos controladores, que permaneces como o assento-vajra
   inconquistado por outros HUM HUM PHAT
OM A ti, cuja feroz forma irada desseca Brahma HUM HUM PHAT
OM A ti, que aterrorizas e exterminas demônios, conquistando aqueles
   de outras direções HUM HUM PHAT
OM A ti, que conquistas todos os que nos tornam obtusos, rígidos
   e confusos HUM HUM PHAT
OM Curvo-me a Vajravarahi, a Grande Mãe, a consorte Dakini que
   satisfaz todos os desejos HUM HUM PHAT

Pedir a satisfação dos desejos

Tu, que destruíste igualmente o apego pelo samsara e pela paz solitária,
   assim como todas as conceitualizações,
Que vês todas as coisas que existem por todo o espaço;
Ó Protetor, dotado com forte compaixão, que eu seja abençoado pelas
   águas da tua compaixão,
E que as Dakinis me tomem sob seus cuidados amorosos.

Oferecer a tomar às Deidades mundanas

Os guardiões direcionais, guardiões regionais, nagas e assim por diante,
que residem nos oito grandes solos sepulcrais, ingressam instantaneamente
na clara-luz e surgem na forma das Deidades de Heruka no aspecto de Pai
e Mãe. De um HUM branco na língua de cada convidado, surge um vajra
branco tridentado, através do qual eles compartilham da essência da torma,
sorvendo-a por canudos de luz da espessura de apenas um grão de cevada.

OM KHA KHA, KHAHI KHAHI, SARWA YAKYA RAKYASA, BHUTA,
TRETA, PISHATSA, UNATA, APAMARA, VAJRA DAKA, DAKI NÄDAYA,
IMAM BALING GRIHANTU, SAMAYA RAKYANTU, MAMA SARWA
SIDDHI METRA YATZANTU, YATIPAM, YATETAM, BHUDZATA,
PIWATA, DZITRATA, MATI TRAMATA, MAMA SARWA KATAYA,
SÄDSUKHAM BISHUDHAYE, SAHAYEKA BHAWÄNTU, HUM HUM
PHAT PHAT SOHA   (2x)

Com a primeira recitação, oferecemos a torma aos convidados nas direções cardeais e, com a segunda recitação, aos convidados das direções intermediárias.

Oferendas exteriores

OM AHRGHAM PARTITZA SOHA
OM PADÄM PARTITZA SOHA
OM VAJRA PUPE AH HUM SOHA
OM VAJRA DHUPE AH HUM SOHA
OM VAJRA DIWE AH HUM SOHA
OM VAJRA GÄNDHE AH HUM SOHA
OM VAJRA NEWIDE AH HUM SOHA
OM VAJRA SHAPTA AH HUM SOHA

Oferenda interior

Às bocas dos guardiões direcionais, guardiões regionais, nagas, e assim por diante, OM AH HUM

Pedidos

Vós, a completa reunião de deuses,
A completa reunião de nagas,
A completa reunião de causadores de mal,
A completa reunião de canibais,
A completa reunião de espíritos maléficos,
A completa reunião de fantasmas famintos,
A completa reunião de comedores-de-carne,
A completa reunião de causadores-de-loucura,
A completa reunião de causadores-de-esquecimento,
A completa reunião de dakas,
A completa reunião de espíritos femininos,
Todos vós, sem exceção,
Por favor, vinde aqui e ouvi-me.
Ó Gloriosos atendentes, velozes como o pensamento,
Que tomastes juramentos e compromissos-coração
De proteger a doutrina e beneficiar os seres vivos,
Vós que, com formas aterrorizantes e ira inesgotável,

Subjugais os malevolentes e destruís as forças das trevas,
Vós, que concedeis resultados às ações ióguicas
E tendes poderes e bênçãos inconcebíveis,
A vós, oito tipos de convidados, eu me prostro.

A todos vós, juntamente com vossas consortes, filhos e servos,
Peço, concedei-me a boa fortuna de todas as realizações.
Que eu e os demais praticantes
Tenhamos boa saúde, vida longa, poder,
Glória, fama, fortuna
E extensos prazeres.
Por favor, concedei-me as aquisições
Das ações pacificadoras, crescentes, controladoras e iradas.
Ó Guardiões, auxiliai-me sempre.
Erradicai toda morte prematura, doenças,
Danos causados por espíritos e obstruções.
Eliminai sonhos ruins,
Maus presságios e más ações.

Que haja felicidade no mundo e os anos por vir sejam bons,
Que as colheitas aumentem e o Dharma floresça.
Que toda bondade e felicidade aconteçam
E todos os desejos sejam realizados.

Neste ponto, você deve fazer a oferenda tsog que está na sadhana de autogeração (páginas 336–345)

Purifique quaisquer erros ou equívocos feitos durante esta prática ritual por meio de recitar o seguinte:

OM VAJRA HERUKA SAMAYA, MANU PALAYA, HERUKA TENO PATITA, DRIDHO ME BHAWA, SUTO KAYO ME BHAWA, SUPO KAYO ME BHAWA, ANURAKTO ME BHAWA, SARWA SIDDHI ME PRAYATZA, SARWA KARMA SUTZA ME, TZITAM SHRIYAM KURU HUM, HA HA HA HA HO BHAGAWÄN, VAJRA HERUKA MA ME MUNTSA, HERUKA BHAWA, MAHA SAMAYA SATTO AH HUM PHAT

Eu me dissolvo em Guru Heruka, o Principal do mandala, e nós nos tornamos não duais.

CONCLUSÃO

Dissolução e geração das Deidades-ação

Os solos sepulcrais e o círculo de proteção se dissolvem na mansão celestial. A mansão celestial se dissolve nas Deidades da roda-compromisso. Elas se dissolvem nas Deidades da roda-corpo. Elas se dissolvem nas Deidades da roda-fala. Elas se dissolvem nas Deidades da roda-coração. Elas se dissolvem nas Quatro Ioguines da roda do grande êxtase. Elas se dissolvem em mim, a Deidade Principal Pai e Mãe, a natureza da gota indestrutível branca e vermelha. Eu, a Deidade Principal Pai e Mãe, também me converto em luz e me dissolvo na letra HUM no meu coração, por natureza, a vacuidade do Dharmakaya.

Do estado de vacuidade, nosso mundo surge como a Terra Pura de Heruka, Keajra. Eu e todos os seres sencientes surgimos como o Abençoado Heruka, com um corpo azul, uma face e dois braços, unido-em-abraço com Vajravarahi.

Meditação na primeira das cinco etapas do estágio de conclusão, a etapa de abençoar o *self*

Dentro do meu canal central, no centro da Roda do Dharma no meu coração, está uma gota do tamanho de uma pequena ervilha. Sua metade superior é branca e a metade inferior, vermelha, e irradia raios de luz de cinco cores. No seu centro, está uma minúscula letra HUM branca com um sombreado vermelho, da natureza de Heruka. O minúsculo *nada* de três curvas do HUM, tão fino quanto a ponta de um cabelo, é vermelho no topo e branco-avermelhado na base. Da natureza de grande êxtase, ele é extremamente brilhante, irradia luz vermelha e goteja néctar. Minha mente funde-se inseparavelmente com o *nada*.

Adornar nosso corpo com as Deidades-armadura

Sobre um mandala de lua, no meu coração, aparecem OM HA brancos, da natureza de Vajrasattva; sobre um sol, na minha cabeça, NAMA HI amarelos, da natureza de Vairochana; sobre um sol, na minha coroa, SOHA HU vermelhos, da natureza de Pemanarteshvara; sobre um sol, nos meus dois ombros, BOKE HE pretos, da natureza do Glorioso Heruka; sobre um sol, nos meus dois olhos, HUM HUM HO laranjas, da natureza de Vajrasurya; e sobre um sol, na minha testa, PHAT HAM verdes, da natureza de Paramashawa.

Sobre um mandala de sol, no umbigo da Mãe Principal, aparecem OM BAM vermelhos, da natureza de Vajravarahi; sobre um sol, no seu coração, HAM YOM azuis, da natureza de Yamani; sobre uma lua, na sua garganta, HRIM MOM brancos, da natureza de Mohani; sobre um sol, na sua cabeça, HRIM HRIM amarelos, da natureza de Sachalani; sobre um sol, na sua coroa, HUM HUM verdes, da natureza de Samtrasani; e sobre um sol, na sua testa, PHAT PHAT cor-de-fumaça, da natureza de Chandika.

O mantra-que-emana-das-quatro-faces

OM SUMBHANI SUMBHA HUM HUM PHAT
OM GRIHANA GRIHANA HUM HUM PHAT
OM GRIHANA PAYA GRIHANA PAYA HUM HUM PHAT
OM ANAYA HO BHAGAWÄN BYÄ RADZA HUM HUM PHAT

Dedicatória

Agora, recite a dedicatória extensa ou a breve, seguida pelas preces auspiciosas que estão na sadhana de autogeração (páginas 330–335).

Cólofon: Esta sadhana, ou prece ritual para aquisições espirituais, foi compilada de fontes tradicionais por Venerável Geshe Kelsang Gyatso Rinpoche.

Apêndice III
O Tantra-Raiz
de Heruka e Vajrayogini

CAPÍTULOS *UM* E *CINQUENTA E UM*
DO TANTRA-RAIZ CONDENSADO DE HERUKA

Introdução

Os *Tantras-Raiz de Heruka* pertencem ao Tantra Ioga Supremo do Budismo Vajrayana. Buda ensinou os *Tantras-Raiz de Heruka* extenso, mediano e condensado. O *Tantra-Raiz Condensado de Heruka*, que possui 51 capítulos, foi traduzido do sânscrito para o tibetano.

Os comentários ao *Tantra-Raiz Condensado de Heruka*, proferidos por Buda Shakyamuni, e muitos outros comentários escritos por mestres budistas indianos (como os mahasiddhas Naropa e Lawapa) também foram traduzidos. Comentários posteriores foram escritos por eruditos tântricos tibetanos, fundamentados no comentário de Je Tsongkhapa ao *Tantra-Raiz Condensado de Heruka*, intitulado *Clara Iluminação de Todos os Significados Ocultos*.

Eu traduzi o primeiro e o último capítulos do *Tantra-Raiz Condensado de Heruka* do tibetano para o inglês. Como Je Tsongkhapa disse, cada palavra do Tantra-Raiz tem muitos significados diferentes. Eu não traduzi as palavras, mas seu significado oculto. Meu propósito ao fazer isso é beneficiar as pessoas deste mundo moderno.

Geshe Kelsang Gyatso
2003

O Tantra-Raiz de Heruka e Vajrayogini

Proferido pelo Abençoado, Buda Shakyamuni, a pedido de Vajrapani.

Assim, irei explicar o grande e magnífico segredo –
As instruções das etapas do caminho de Heruka –
O insuperável de todos os insuperáveis,
Que satisfaz o desejo por todas as aquisições.
Gera a Terra Pura de Heruka com a mansão celestial
E a ti mesmo como o glorioso Buda Heruka em abraço com Vajravarahi,
Com um séquito de trinta e seis Dakinis e vinte e quatro Heróis;
Reúne sempre, no supremo segredo do grande êxtase,
A natureza de tudo.
Assim, Heruka – imputado a esse grande êxtase
Que é inseparável da vacuidade de tudo –,
É o Abençoado, Heruka definitivo,
A síntese de todos os Dakas e Dakinis.
E Heruka, que aparece com um corpo azul,
Quatro faces e doze braços,
É Heruka interpretativo, ensinado para compromisso.
O supremo segredo do grande êxtase
Surge pelo derretimento das gotas dentro do canal central;
Assim, é difícil encontrar no mundo
Uma pessoa que experiencie um êxtase como este.
Quando examinado, não há corpo:
Deves conhecer todas as coisas do mesmo modo.
Os compromissos, meditações, recitações
E demais rituais serão explicados.

Os praticantes devem, sempre, fazer oferendas,
Sejam elas copiosas ou sumárias,
À assembleia de Deidades do mandala de Heruka,
Especialmente no décimo e vigésimo quinto dias de cada mês.
Com a motivação da mente compassiva da bodhichitta
E a sabedoria que realiza a vacuidade de todos os fenômenos,
O praticante pode confiar nos três mensageiros (ou mensageiras):
Um que seja emanação, um que possua realizações,
Ou um que esteja mantendo puramente os compromissos.
O êxtase surgido do derretimento de tuas próprias gotas
Deve ser oferecido a Heruka, que reside em teu coração.
Porque Heruka está sempre no coração do praticante,
Inseparável dele (ou dela),
Qualquer um que veja, ouça, toque ou lembre de um praticante como este
Irá receber, com absoluta certeza, as bênçãos de Heruka.
Os praticantes têm o grande poder de curar a si mesmos
E de acumular mérito e sabedoria;
Eles podem alcançar rapidamente aquisições
Por meio de meditação e recitação dos mantras.
Como prática básica, deves sempre manter os compromissos;
Quebrá-los irá destruir as bênçãos
Que recebeste quando a iniciação foi concedida
E, assim, não realizarás aquisição alguma.
O êxtase surgido por derreter as gotas dentro do canal central,
Misturado totalmente com a vacuidade de tudo,
É o segredo supremo do grande êxtase
Que dá surgimento a todas as cinco aquisições:
Aquisições pacificadoras, crescentes e controladoras,
Aquisições por meio de ações iradas,
E a aquisição suprema da iluminação.

Por penetrar o ponto da ponta inferior de teu canal central,
Quando estiver unido à ponta inferior do canal central do mudra,
O vento-sabedoria irá entrar em teu canal central;
Por obter profunda experiência com essa meditação,
Alcançarás o segredo supremo do grande êxtase.
Poderás também confiar nos quatro mudras e praticá-los –

Compromisso, ação, fenômenos e grande;
As quatro diferentes maneiras de abraço devem ser conhecidas.
O êxtase experienciado por praticante tão puro
É inigualável e supremo a qualquer êxtase experienciado por deuses
  ou humanos.
O lugar onde irás meditar sobre o grande segredo
Pode ser uma montanha, floresta, cemitério, vilarejo ou cidade.
Tendo encontrado um lugar adequado, sem nenhum obstáculo,
Deves continuamente empenhar-te para realizar
O mandala sustentador e sustentado de Heruka.

Isto conclui o Capítulo Um: *Síntese do Tantra-Raiz de Heruka*.

As demais instruções, que são difíceis de encontrar,
E que estão ocultas nas escrituras –
A maneira de realizar os mandalas de Heruka –
Serão, também, brevemente explicadas.

Para começar, deves meditar no significado de Shri Heruka,
A união de grande êxtase e vacuidade.
Depois, medita nas imaginações corretas que acreditam que:
O local é a própria Terra Pura de Heruka,
Aparecendo sob o aspecto do mandala sustentador,
Do círculo de proteção e da mansão celestial;
Teu corpo é o segredo supremo do grande êxtase,
Aparecendo sob a forma do corpo azul de Heruka,
Adornado com os cinco ornamentos,
E em abraço com a consorte-sabedoria Vajravarahi;
Tua fala é da natureza do mantra de AHLIKALI,
A fonte de todos os mantras;
Tu recebes as bênçãos e a iniciação;
Teu corpo está adornado com a proteção interior:
O círculo de proteção dos mantras-armadura;
As Deidades das Cinco Rodas aparecem na mansão celestial;
Os migrantes dos seis reinos são purificados
Pela emanação de raios de luz-sabedoria;
Oferendas exteriores, interiores e do mantra de oito versos são feitas;
Treina em clara aparência e em orgulho divino
Para além da aparência e concepções comuns –
Assim, expliquei os quatorze pontos essenciais.
Aqueles que sinceramente se empenharem nessa prática
Irão purificar todas as negatividades rapidamente,
Sempre tomando renascimentos elevados, de boa fortuna,
E irão alcançar o estado do Buda Conquistador.

Assim como o fogo destrói rapidamente os objetos,
As recitações e meditações de Heruka e de Vajrayogini
Destroem o sofrimento rapidamente.
Quando tais praticantes experienciarem a morte,
Diversas emanações irão para eles aparecer
Com oferendas – como flores e linda música –

E os conduzirão à Terra Pura de Keajra.
Para tais praticantes, a morte é apenas um mero nome –
Eles são, simplesmente, transferidos da prisão do samsara
Para a Terra Pura de Buda Heruka.
A boa fortuna da prática do Tantra de Heruka
Será extremamente difícil de encontrar no futuro –
Assim, não deves desperdiçar a oportunidade que tens agora.
Os doze braços de Heruka indicam que o praticante será liberto
Dos doze elos dependente-relacionados do samsara;
Pisar sobre Bhairawa e Kalarati demonstra vitória sobre os maras –
Assim, deves empenhar-te em praticar essas instruções.
Gera a ti mesmo como o principal do mandala,
Rodeado pelos Heróis e Heroínas das Cinco Rodas,
Todos eles deleitados com o supremo segredo do grande êxtase.
Ao final da sessão, o sustentador e o sustentado
Dissolvem-se, todos, em grande êxtase e vacuidade –
Medita nessa união de êxtase e vacuidade.
A partir disso, surge como a Deidade-ação Heruka
Que se envolve nas práticas subsequentes.

O Abençoado aparece sob muitos diferentes aspectos
Para beneficiar todos os seres vivos, que têm diferentes desejos e anseios.
Dentre os diversos métodos que o Abençoado demonstrou
Para satisfazer os diversos desejos e anseios dos seres vivos,
As instruções de Sutra e as quatro classes de Tantra são supremos –
Os Tantras Ação, Performance, Ioga e Ioga Supremo.
Nunca deves abandonar o Tantra Ioga Supremo,
Mas compreender que ele tem um significado inconcebível
E que é a verdadeira essência do Budadharma.
Para os que não compreendem a verdadeira natureza das coisas, a vacuidade,
É difícil compreender o profundo significado do Tantra Ioga Supremo.
No entanto, as emanações de Buda Vajradhara permeiam todos os lugares
E a linhagem búdica de todos os seres vivos está sempre com eles;
Assim, por fim todos os seres vivos, sem exceção,
Irão conquistar o supremo estado da iluminação, a Budeidade.

Isto conclui o Capítulo Cinquenta e Um: *A Conclusão do Tantra-Raiz de Heruka*.

O mantra condensado de Heruka, Vajrayogini, das trinta e seis Dakinis e dos vinte e quatro Heróis

OM HUM BAM, RIM RIM LIM LIM, KAM KHAM GAM GHAM, NGAM TSAM TSHAM DZAM, DZHAM NYAM TrAM THrAM, DrAM DHrAM NAM TAM, THAM DAM DHAM NAM, PAM PHAM BAM BHAM, YAM RAM LAM WAM, SHAM KAM SAM HAM, HUM HUM PHAT

Para o benefício de todos os seres vivos,
Que eu me torne Heruka;
E, então, conduza cada ser vivo
Ao estado supremo de Heruka.

Cólofon: Este texto foi traduzido por Venerável Geshe Kelsang Gyatso Rinpoche, 2003.

Apêndice IV
Jornada de Êxtase

COMO FAZER UM RETIRO-APROXIMADOR
DO MANDALA DE CORPO DE HERUKA

Introdução

OS PRATICANTES SINCEROS da sadhana *O Ioga de Buda Heruka* podem fazer um retiro-aproximador do mandala de corpo de Heruka de acordo com as seguintes instruções.

Após dispor os objetos rituais, a torma e demais oferendas – do modo tradicional ou simples – você deve fazer, na noite do primeiro dia em que o retiro tem início, a prática d'*O Ioga de Buda Heruka*, desde *Buscar refúgio* até *Recitar os mantras*, inclusive; depois, faça as oferendas tsog e de torma como apresentadas a seguir. A sessão deve ser finalizada com a recitação da *Dedicatória* e demais preces da sadhana.

Começando o segundo dia, se você planeja fazer quatro sessões de retiro por dia, você deve fazer, nas primeiras três sessões, a prática d'*O Ioga de Buda Heruka*, desde *Buscar refúgio* até a *Dedicatória* e as preces remanescentes, inclusive, sem quaisquer adições. Na quarta, ou última sessão, você deve fazer a prática d'*O Ioga de Buda Heruka* desde *Buscar refúgio* até *Recitar os mantras* e, então, fazer as oferendas de torma como apresentadas a seguir; a sessão deve ser concluída com a recitação da *Dedicatória* e demais preces da sadhana.

Após ter coletado 100 mil recitações do mantra-essência de Heruka, 100 mil recitações do mantra tri-OM de Vajrayogini e 10 mil recitações do mantra-condensado das 62 Deidades do mandala de corpo de Heruka, você precisa então fazer um puja do fogo, ou oferenda ardente. Essa prática e sua explicação podem ser encontradas nas páginas 375–441 e 180–181. Desse modo, o seu retiro-aproximador do mandala de corpo de Heruka será concluído. Até que o puja do fogo seja finalizado, você deve fazer, no mínimo, duas sessões d'*O Ioga de Buda Heruka* todos os dias, fazendo oferendas de torma na última sessão.

Uma vez que você tenha concluído o retiro-aproximador do mandala de corpo de Heruka, você pode se empenhar na prática de autoiniciação do mandala de corpo de Heruka, que pode ser encontrada na sadhana *União-do-Não-Mais-Aprender*. É muito importante que, sempre que recitar a sadhana *O Ioga de Buda Heruka*, você deve se concentrar fortemente no seu significado, livre de distração e motivação impura. Entre as sessões, você deve ler cuidadosamente o comentário a essa sadhana, apresentado no capítulo *A Prática do Mandala de Corpo de Heruka*, no livro *Budismo Moderno*.

Geshe Kelsang Gyatso
Abril de 2010

Jornada de Êxtase

OFERENDA DA TORMA

Após termos feito a prática d' O Ioga de Buda Heruka – desde "Buscar refúgio" (página 241) até "Recitar os mantras" (página 246), inclusive –, fazemos agora a oferenda da torma.

Abençoar a oferenda interior

OM KHANDAROHI HUM HUM PHAT
OM SOBHAWA SHUDDHA SARWA DHARMA SOBHAWA SHUDDHO HAM
Tudo se torna vacuidade.

Do estado de vacuidade, do YAM vem vento; do RAM vem fogo; do AH, um tripé de três cabeças humanas. Sobre ele, do AH aparece uma ampla e vasta cuia de crânio. Dentro dela, do OM, KHAM, AM, TRAM, HUM vêm os cinco néctares; e do LAM, MAM, PAM, TAM, BAM vêm as cinco carnes, cada qual marcado por uma das letras. O vento sopra, o fogo arde e as substâncias dentro da cuia de crânio derretem e se fundem. Acima delas, do HUM surge um khatanga branco de cabeça para baixo, que cai e se derrete na cuia de crânio, fazendo com que as substâncias assumam cor de mercúrio. Acima disso, três fileiras sobrepostas de vogais e consoantes transformam-se em OM AH HUM. Deles, raios de luz atraem o néctar de excelsa sabedoria do coração de todos os Tathagatas, Heróis e Ioguines das dez direções. Quando isso é adicionado, o conteúdo aumenta e se torna vasto.
OM AH HUM   (3x)

Abençoar as oferendas exteriors

OM KHANDAROHI HUM HUM PHAT
OM SOBHAWA SHUDDHA SARWA DHARMA SOBHAWA SHUDDHO HAM
Tudo se torna vacuidade.

Do estado de vacuidade, de KAMs vêm vastas e amplas cuias de crânio, dentro das quais, de HUMs surgem água para beber, água para banhar, água para a boca, flores, incenso, luzes, perfume, alimentos e música. Por sua natureza, vacuidade, cada uma delas tem o aspecto individual de uma das substâncias de oferenda, e funcionam como objetos de prazer dos seis sentidos para proporcionar especial êxtase incontaminado.

OM AHRGHAM AH HUM
OM PADÄM AH HUM
OM ÄNTZAMANAM AH HUM
OM VAJRA PUPE AH HUM
OM VAJRA DHUPE AH HUM
OM VAJRA DIWE AH HUM
OM VAJRA GÄNDHE AH HUM
OM VAJRA NEWIDE AH HUM
OM VAJRA SHAPTA AH HUM

Abençoar as tormas

OM KHANDAROHI HUM HUM PHAT
OM SOBHAWA SHUDDHA SARWA DHARMA SOBHAWA SHUDDHO HAM
Tudo se torna vacuidade.

Do estado de vacuidade, do YAM vem vento; do RAM vem fogo; do AH, um tripé de três cabeças humanas. Sobre ele, do AH aparece uma ampla e vasta cuia de crânio. Dentro dela, do OM, KHAM, AM, TRAM, HUM vêm os cinco néctares; e do LAM, MAM, PAM, TAM, BAM vêm as cinco carnes, cada qual marcado por uma das letras. O vento sopra, o fogo arde e as substâncias dentro da cuia de crânio derretem e se fundem. Acima delas, do HUM surge um khatanga branco de cabeça para baixo, que cai e se derrete na cuia de crânio, fazendo com que as substâncias assumam cor de mercúrio. Acima disso, três fileiras sobrepostas de vogais e consoantes transformam-se em OM AH HUM.

Deles, raios de luz atraem o néctar de excelsa sabedoria do coração de todos os Tathagatas, Heróis e Ioguines das dez direções. Quando isso é adicionado, o conteúdo aumenta e se torna vasto.
OM AH HUM   (3x)

Fazer o convite aos convidados das tormas

PHAIM
Raios de luz se irradiam da letra HUM no assento de sol no meu coração e convidam, ao espaço à minha frente, toda a assembleia das Deidades de Chakrasambara juntamente com seus séquitos mundanos, tais como os guardiões direcionais que residem nos oito solos sepulcrais.

OM AHRGHAM PARTITZA SOHA
OM PADÄM PARTITZA SOHA
OM ÄNTZAMANAM AH HUM
OM VAJRA PUPE AH HUM SOHA
OM VAJRA DHUPE AH HUM SOHA
OM VAJRA DIWE AH HUM SOHA
OM VAJRA GÄNDHE AH HUM SOHA
OM VAJRA NEWIDE AH HUM SOHA
OM VAJRA SHAPTA AH HUM SOHA

De um HUM branco na língua de cada convidado, surge um vajra branco tridentado, através do qual eles compartilham da essência da torma, sorvendo-a por canudos de luz da espessura de apenas um grão de cevada.

Oferecer a torma principal

OM VAJRA AH RA LI HO: DZA HUM BAM HO: VAJRA DAKINI SAMAYA
   TÖN TRISHAYA HO   (3x)

Com a primeira recitação, ofereça a torma ao Pai Principal; com a segunda, à Mãe Principal; e com a terceira, às Quatro Ioguines, começando a partir do leste e prosseguindo em sentido anti-horário.

Oferecer a torma às Deidades da roda-coração, da roda-fala e da roda-corpo

OM KARA KARA, KURU KURU, BÄNDHA BÄNDHA, TrASAYA TrASAYA, KYOMBHAYA KYOMBHAYA, HROM HROM, HRAH HRAH, PHAIM PHAIM, PHAT PHAT, DAHA DAHA, PATSA PATSA, BHAKYA BHAKYA BASA RUDHI ÄNTRA MALA WALAMBINE, GRIHANA GRIHANA SAPTA PATALA GATA BHUDZAMGAM SARWAMPA TARDZAYA TARDZAYA, AKANDYA AKANDYA, HRIM HRIM, GYÖN GYÖN, KYAMA KYAMA, HAM HAM, HIM HIM, HUM HUM, KILI KILI, SILI SILI, HILI HILI, DHILI DHILI, HUM HUM PHAT

Oferecer a torma às Deidades da roda-compromisso

OM VAJRA AH RA LI HO: DZA HUM BAM HO: VAJRA DAKINI SAMAYA TÖN TRISHAYA HO   (2x)

Oferendas exteriores

OM AHRGHAM PARTITZA SOHA
OM PADÄM PARTITZA SOHA
OM ÄNTZAMANAM AH HUM
OM VAJRA PUPE AH HUM SOHA
OM VAJRA DHUPE AH HUM SOHA
OM VAJRA DIWE AH HUM SOHA
OM VAJRA GÄNDHE AH HUM SOHA
OM VAJRA NEWIDE AH HUM SOHA
OM VAJRA SHAPTA AH HUM SOHA

OM AH VAJRA ADARSHE HUM
OM AH VAJRA WINI HUM
OM AH VAJRA GÄNDHE HUM
OM AH VAJRA RASE HUM
OM AH VAJRA PARSHE HUM
OM AH VAJRA DHARME HUM

Oferenda interior

OM HUM BAM RIM RIM LIM LIM, KAM KHAM GAM GHAM NGAM, TSAM TSHAM DZAM DZHAM NYAM, TrAM THrAM DrAM DHrAM NAM, TAM THAM DAM DHAM NAM, PAM PHAM BAM BHAM, YAM RAM LAM WAM, SHAM KAM SAM HAM HUM HUM PHAT OM AH HUM

Oferenda secreta e oferenda da talidade

Através do Pai e da Mãe se unirem em abraço, todas as Deidades principais e do séquito desfrutam uma experiência especial de grande êxtase e vacuidade.

Oito versos de louvor ao Pai

OM Prostro-me ao Abençoado, Senhor dos Heróis HUM HUM PHAT
OM A ti, com um brilho igual ao do fogo do grande éon HUM HUM PHAT
OM A ti, com um coque inesgotável HUM HUM PHAT
OM A ti, com uma face aterrorizante e caninos à mostra HUM HUM PHAT
OM A ti, cujos mil braços resplandecem com luz HUM HUM PHAT
OM A ti, que seguras um machado, um laço erguido, uma lança e um khatanga HUM HUM PHAT
OM A ti, que vestes uma pele de tigre HUM HUM PHAT
OM Curvo-me a ti, cujo grande corpo cor-de-fumaça dissipa obstruções HUM HUM PHAT

Oito versos de louvor à Mãe

OM Prostro-me a Vajravarahi, a Mãe Abençoada HUM HUM PHAT
OM À Superior e poderosa Senhora do Saber, inconquistada pelos três reinos HUM HUM PHAT
OM A ti, que destróis todos os medos de espíritos maléficos com teu grande vajra HUM HUM PHAT
OM A ti, com olhos controladores, que permaneces como o assento-vajra inconquistado por outros HUM HUM PHAT
OM A ti, cuja feroz forma irada desseca Brahma HUM HUM PHAT
OM A ti, que aterrorizas e exterminas demônios, conquistando aqueles de outras direções HUM HUM PHAT
OM A ti, que conquistas todos os que nos tornam obtusos, rígidos e confusos HUM HUM PHAT
OM Curvo-me a Vajravarahi, a Grande Mãe, a consorte Dakini que satisfaz todos os desejos HUM HUM PHAT

Pedir a satisfação dos desejos

Tu, que destruíste igualmente o apego pelo samsara e pela paz solitária, assim como todas as conceitualizações,
Que vês todas as coisas que existem por todo o espaço;
Ó Protetor, dotado com forte compaixão, que eu seja abençoado pelas águas da tua compaixão,
E que as Dakinis me tomem sob seus cuidados amorosos.

Oferecer a torma às Deidades mundanas

Os guardiões direcionais, guardiões regionais, nagas e assim por diante, que residem nos oito grandes solos sepulcrais, ingressam instantaneamente na clara-luz e surgem na forma das Deidades de Heruka no aspecto de Pai e Mãe. De um HUM branco na língua de cada convidado, surge um vajra branco tridentado, através do qual eles compartilham da essência da torma, sorvendo-a por canudos de luz da espessura de apenas um grão de cevada.

OM KHA KHA, KHAHI KHAHI, SARWA YAKYA RAKYASA, BHUTA, TRETA, PISHATSA, UNATA, APAMARA, VAJRA DAKA, DAKI NÄDAYA, IMAM BALING GRIHANTU, SAMAYA RAKYANTU, MAMA SARWA SIDDHI METRA YATZANTU, YATIPAM, YATETAM, BHUDZATA, PIWATA, DZITRATA, MATI TRAMATA, MAMA SARWA KATAYA, SÄDSUKHAM BISHUDHAYE, SAHAYEKA BHAWÄNTU, HUM HUM PHAT PHAT SOHA   (2x)

> Com a primeira recitação, ofereça a torma aos convidados nas direções cardeais, e, com a segunda, aos convidados nas direções intermediárias.

Oferendas exteriores

OM AHRGHAM PARTITZA SOHA
OM PADÄM PARTITZA SOHA
OM ÄNTZAMANAM AH HUM
OM VAJRA PUPE AH HUM SOHA
OM VAJRA DHUPE AH HUM SOHA
OM VAJRA DIWE AH HUM SOHA
OM VAJRA GÄNDHE AH HUM SOHA
OM VAJRA NEWIDE AH HUM SOHA
OM VAJRA SHAPTA AH HUM SOHA

Oferenda interior

Às bocas dos guardiões direcionais, guardiões regionais, nagas, e assim por diante, OM AH HUM

Pedidos

Vós, a completa reunião de deuses,
A completa reunião de nagas,
A completa reunião de causadores de mal,
A completa reunião de canibais,
A completa reunião de espíritos maléficos,
A completa reunião de fantasmas famintos,
A completa reunião de comedores-de-carne,
A completa reunião de causadores-de-loucura,
A completa reunião de causadores-de-esquecimento,
A completa reunião de dakas,
A completa reunião de espíritos femininos,
Todos vós, sem exceção,
Por favor, vinde aqui e ouvi-me.
Ó Gloriosos atendentes, velozes como o pensamento,
Que tomastes juramentos e compromissos-coração
De proteger a doutrina e beneficiar os seres vivos,
Vós que, com formas aterrorizantes e ira inesgotável,
Subjugais os malevolentes e destruís as forças das trevas,
Vós, que concedeis resultados às ações iógicas
E tendes poderes e bênçãos inconcebíveis,
A vós, oito tipos de convidados, eu me prostro.

A todos vós, juntamente com vossas consortes, filhos e servos,
Peço, concedei-me a boa fortuna de todas as realizações.
Que eu e os demais praticantes
Tenhamos boa saúde, vida longa, poder,
Glória, fama, fortuna
E extensos prazeres.
Por favor, concedei-me as aquisições
Das ações pacificadoras, crescentes, controladoras e iradas.
Ó Guardiões, auxiliai-me sempre.

Erradicai toda morte prematura, doenças,
Danos causados por espíritos e obstruções.
Eliminai sonhos ruins,
Maus presságios e más ações.

Que haja felicidade no mundo e os anos por vir sejam bons,
Que as colheitas aumentem e o Dharma floresça.
Que toda bondade e felicidade aconteçam
E todos os desejos sejam realizados.

Se desejar, você pode fazer a oferenda tsog neste ponto. Ela tem início na página 508.

Purificar quaisquer equívocos cometidos durante esta prática com o mantra de cem letras de Heruka

OM VAJRA HERUKA SAMAYA, MANU PALAYA, HERUKA TENO PATITA, DRIDHO ME BHAWA, SUTO KAYO ME BHAWA, SUPO KAYO ME BHAWA, ANURAKTO ME BHAWA, SARWA SIDDHI ME PRAYATZA, SARWA KARMA SUTZA ME, TZITAM SHRIYAM KURU HUM, HA HA HA HA HO BHAGAWÄN, VAJRA HERUKA MA ME MUNTSA, HERUKA BHAWA, MAHA SAMAYA SATTO AH HUM PHAT

OM YOGA SHUDDHA SARWA DHARMA YOGA SHUDDHO HAM

VAJRA MU

Os seres mundanos regressam aos seus próprios locais, e a assembleia das Deidades da geração-em-frente dissolvem-se em mim.

Dissolução e geração das Deidades-ação

Os solos sepulcrais e o círculo de proteção se dissolvem na mansão celestial. A mansão celestial se dissolve nas Deidades da roda-compromisso. Elas se dissolvem nas Deidades da roda-corpo. Elas se dissolvem nas Deidades da roda-fala. Elas se dissolvem nas Deidades da roda-coração. Elas se dissolvem nas Quatro Ioguines da roda do grande êxtase. Elas se dissolvem em mim, a Deidade Principal Pai e Mãe, a natureza da gota indestrutível branca e vermelha. Eu, a Deidade Principal Pai e Mãe, também me converto em luz e me dissolvo na letra HUM no meu coração, por natureza, a vacuidade do Dharmakaya.

APÊNDICE IV – JORNADA DE ÊXTASE

Do estado de vacuidade, nosso mundo surge como a Terra Pura de Heruka, Keajra. Eu e todos os seres sencientes surgimos como o Abençoado Heruka, com um corpo azul, uma face e dois braços, unido-em-abraço com Vajravarahi.

A sessão deve ser concluída recitando a Dedicatória *e as preces remanescentes da sadhana* O Ioga de Buda Heruka *(páginas 246–248).*

A OFERENDA TSOG DO MANDALA DE CORPO DE HERUKA

Abençoar as oferendas interiores e exteriores, o ambiente e os seres, e as substâncias da oferenda tsog

OM AH HUM   (3x)

Sendo, por natureza, excelsa sabedoria, possuindo o aspecto da oferenda interior e das substâncias individuais de oferenda, e funcionando como objetos de prazer dos seis sentidos para gerar uma excelsa sabedoria especial de êxtase e vacuidade, inconcebíveis nuvens de oferendas exteriores, interiores e secretas, substâncias de compromisso e oferendas fascinantes cobrem o solo por inteiro e preenchem todo o espaço.

EH MA HO Grande manifestação de excelsa sabedoria.
Todos os reinos são reinos vajra
E todos os lugares são magníficos palácios-vajra,
Dotados com vastas nuvens de oferendas de Samantabhadra,
Uma profusão de todos os prazeres desejados.
Todos os seres são, efetivamente, Heróis e Heroínas,
Tudo é imaculadamente puro
Sem, sequer, o nome de aparência impura equivocada.

HUM Todas as elaborações são completamente pacificadas no estado do Corpo-Verdade. O vento sopra e o fogo arde. Acima, sobre um tripé de três cabeças humanas, AH dentro de uma qualificada cuia de crânio, OM as substâncias individuais ardem. Acima disso estão OM AH HUM, cada qual resplandecendo com sua cor brilhante. Pelo soprar do vento e o arder do fogo, as substâncias derretem. Fervendo, elas rodopiam num grande vapor. Imensidões de raios de luz irradiam-se das três letras para as dez direções e convidam os três vajras juntamente com néctares. Eles se dissolvem separadamente nas três letras. Derretendo-se no néctar, elas se fundem com a mistura. Purificada, transformada e aumentada,
EH MA HO Isso se torna um fulgurante oceano de magníficos deleites.

OM AH HUM   (3x)

Fazer o convite aos convidados da oferenda tsog

PHAIM
Do palácio sagrado do Dharmakaya,
Grande Mestre, detentor da linhagem suprema do Vajrayana,
Que satisfazes nossas esperanças por todas as aquisições,
Ó Assembleia de Guru-raiz e Gurus-linhagem, por favor, vinde a este local.

Dos vinte e quatro lugares sagrados que existem por todo o mundo,
Ó Glorioso Heruka, cuja natureza é a compaixão de todos os Budas,
E todos os Heróis e Heroínas desses lugares,
Por favor, vinde aqui para conceder as aquisições que ansiamos.

Das terras puras e impuras das dez direções,
Ó Assembleia de Yidams, Budas, Bodhisattvas e Protetores do Dharma,
E todos os seres do samsara e do nirvana,
Por favor, vinde aqui como convidados desta oferenda tsog.

OM GURU VAJRADHARA CHAKRASAMBARA SÄMANDALA DEWA SARWA BUDDHA BODHISATTO SAPARIWARA EH HAYE HI VAJRA SAMAYA DZA DZA

PÄMA KAMALAYE TÖN

Fazer a oferenda tsog

HO Esse oceano de oferenda tsog de incontaminado néctar,
Abençoado por concentração, mantra e mudra,
Ofereço para agradar ao meu bondoso Guru-raiz, Guru Sumati Buda Heruka.
OM AH HUM
Deleitado pelo desfrute desses magníficos objetos de desejo,
EH MA HO
Por favor, abençoa-me para que eu alcance a Terra Dakini exterior e interior.

HO Esse oceano de oferenda tsog de incontaminado néctar,
Abençoado por concentração, mantra e mudra,
Ofereço para agradar às Quatro Ioguines da roda do grande êxtase.
OM AH HUM
Deleitadas pelo desfrute desses magníficos objetos de desejo,
EH MA HO
Por favor, abençoai-me para que eu alcance grande êxtase espontâneo.

HO Esse oceano de oferenda tsog de incontaminado néctar,
Abençoado por concentração, mantra e mudra,
Ofereço para agradar aos Heróis e Heroínas da mente-vajra.
OM AH HUM
Deleitados pelo desfrute desses magníficos objetos de desejo,
EH MA HO
Por favor, abençoai-me para que eu experiencie deleite com os mensageiros da Família da Mente-Vajra.

HO Esse oceano de oferenda tsog de incontaminado néctar,
Abençoado por concentração, mantra e mudra,
Ofereço para agradar aos Heróis e Heroínas da fala-vajra.
OM AH HUM
Deleitados pelo desfrute desses magníficos objetos de desejo,
EH MA HO
Por favor, abençoai-me para que eu experiencie deleite com os mensageiros da Família da Fala-Vajra.

HO Esse oceano de oferenda tsog de incontaminado néctar,
Abençoado por concentração, mantra e mudra,
Ofereço para agradar aos Heróis e Heroínas do corpo-vajra.
OM AH HUM
Deleitados pelo desfrute desses magníficos objetos de desejo,
EH MA HO
Por favor, abençoai-me para que eu experiencie deleite com os mensageiros da Família do Corpo-Vajra.

HO Esse oceano de oferenda tsog de incontaminado néctar,
Abençoado por concentração, mantra e mudra,
Ofereço para agradar às Deidades da roda-compromisso.
OM AH HUM

Deleitadas pelo desfrute desses magníficos objetos de desejo,
EH MA HO
Por favor, abençoai-me para que eu pacifique todos os obstáculos.

HO Esse oceano de oferenda tsog de incontaminado néctar,
Abençoado por concentração, mantra e mudra,
Ofereço para agradar a todos os outros Yidams, Budas, Bodhisattvas e
  Protetores do Dharma.
OM AH HUM
Deleitados pelo desfrute desses magníficos objetos de desejo,
EH MA HO
Por favor, abençoai-me para que eu alcance todas as realizações de Sutra
  e de Tantra.

HO Esse oceano de oferenda tsog de incontaminado néctar,
Abençoado por concentração, mantra e mudra,
Ofereço para agradar à assembleia de seres sencientes-mães.
OM AH HUM
Deleitados pelo desfrute desses magníficos objetos de desejo,
EH MA HO
Que o sofrimento e a aparência equivocada sejam apaziguados.

Oferendas exteriores

OM AHRGHAM PARTITZA SOHA
OM PADÄM PARTITZA SOHA
OM VAJRA PUPE AH HUM SOHA
OM VAJRA DHUPE AH HUM SOHA
OM VAJRA DIWE AH HUM SOHA
OM VAJRA GÄNDHE AH HUM SOHA
OM VAJRA NEWIDE AH HUM SOHA
OM VAJRA SHAPTA AH HUM SOHA

Oferenda interior

OM HUM BAM RIM RIM LIM LIM, KAM KHAM GAM GHAM NGAM,
TSAM TSHAM DZAM DZHAM NYAM, TrAM THrAM DrAM DHrAM
NAM, TAM THAM DAM DHAM NAM, PAM PHAM BAM BHAM, YAM
RAM LAM WAM, SHAM KAM SAM HAM HUM HUM PHAT OM AH HUM

Oferenda secreta e oferenda da talidade

Através do Pai e da Mãe se unirem em abraço, todas as Deidades principais e do séquito desfrutam uma experiência especial de grande êxtase e vacuidade.

Oito versos de louvor ao Pai

OM Prostro-me ao Abençoado, Senhor dos Heróis HUM HUM PHAT
OM A ti, com um brilho igual ao do fogo do grande éon HUM HUM PHAT
OM A ti, com um coque inesgotável HUM HUM PHAT
OM A ti, com uma face aterrorizante e caninos à mostra HUM HUM PHAT
OM A ti, cujos mil braços resplandecem com luz HUM HUM PHAT
OM A ti, que seguras um machado, um laço erguido, uma lança e um khatanga HUM HUM PHAT
OM A ti, que vestes uma pele de tigre HUM HUM PHAT
OM Curvo-me a ti, cujo grande corpo cor-de-fumaça dissipa obstruções HUM HUM PHAT

Oito versos de louvor à Mãe

OM Prostro-me a Vajravarahi, a Mãe Abençoada HUM HUM PHAT
OM À Superior e poderosa Senhora do Saber, inconquistada pelos três reinos HUM HUM PHAT
OM A ti, que destróis todos os medos de espíritos maléficos com teu grande vajra HUM HUM PHAT
OM A ti, com olhos controladores, que permaneces como o assento-vajra inconquistado por outros HUM HUM PHAT
OM A ti, cuja feroz forma irada desseca Brahma HUM HUM PHAT
OM A ti, que aterrorizas e exterminas demônios, conquistando aqueles de outras direções HUM HUM PHAT
OM A ti, que conquistas todos os que nos tornam obtusos, rígidos e confusos HUM HUM PHAT
OM Curvo-me a Vajravarahi, a Grande Mãe, a consorte Dakini que satisfaz todos os desejos HUM HUM PHAT

Fazer a oferenda tsog ao Guia Espiritual Vajrayana

EH MA HO Grande círculo do tsog!
Ó Grande Herói, nós entendemos
Que, seguindo no caminho dos Sugatas dos três tempos,
Tu és a fonte de todas as aquisições.
Abandonando todas as mentes de conceitualização,
Por favor, desfruta continuamente deste círculo do tsog.
AH LA LA HO

A resposta do Guia Espiritual Vajrayana

OM Com uma natureza inseparável dos três vajras,
Gero-me como o Guru-Deidade.
AH Este néctar de excelsa sabedoria e êxtase incontaminados,
HUM Sem afastar-me da bodhichitta,
Compartilho para deleitar as Deidades que moram em meu corpo.
AH HO MAHA SU KHA

Canção da Rainha da Primavera

HUM A todos vós, Tathagatas,
Heróis, Ioguines,
Dakas e Dakinis,
A todos vós eu faço este pedido:
Ó Heruka, que te deleitas em grande êxtase,
Tu te envolves na União de espontâneo êxtase,
Acompanhando a Senhora inebriada de êxtase
E deleitando-te de acordo com os rituais.
AH LA LA, LA LA HO, AH I AH, AH RA LI HO
Que a assembleia de imaculadas Dakinis
Olhe com amorosa afeição e cumpra todos os feitos.

HUM A todos vós, Tathagatas,
Heróis, Ioguines,
Dakas e Dakinis,
A todos vós eu faço este pedido:
Com uma mente completamente desperta por grande êxtase

E um corpo numa dança de constante meneio,
Ofereço às hostes de Dakinis
O grande êxtase de desfrutar do lótus do mudra.
AH LA LA, LA LA HO, AH I AH, AH RA LI HO
Que a assembleia de imaculadas Dakinis
Olhe com amorosa afeição e cumpra todos os feitos.

HUM A todos vós, Tathagatas,
Heróis, Ioguines,
Dakas e Dakinis,
A todos vós eu faço este pedido:
Vós, que dançais de maneira linda e pacífica,
Ó Protetor, Pleno de Êxtase, e hostes de Dakinis,
Por favor, vinde à minha frente e concedei-me vossas bênçãos,
E conferi-me grande êxtase espontâneo.
AH LA LA, LA LA HO, AH I AH, AH RA LI HO
Que a assembleia de imaculadas Dakinis
Olhe com amorosa afeição e cumpra todos os feitos.

HUM A todos vós, Tathagatas,
Heróis, Ioguines,
Dakas e Dakinis,
A todos vós eu faço este pedido:
Vós, que tendes a característica da libertação de grande êxtase,
Não dizeis que, numa única vida, a libertação possa ser alcançada
Por meio de várias práticas ascéticas de abandono do grande êxtase,
Mas que o grande êxtase reside no centro do supremo lótus.
AH LA LA, LA LA HO, AH I AH, AH RA LI HO
Que a assembleia de imaculadas Dakinis
Olhe com amorosa afeição e cumpra todos os feitos.

HUM A todos vós, Tathagatas,
Heróis, Ioguines,
Dakas e Dakinis,
A todos vós eu faço este pedido:
Qual lótus nascido no centro de um pântano,
Este método, embora nascido do apego, é impoluto pelas falhas do apego.
Ó Suprema Dakini, pelo êxtase de teu lótus,

Por favor, traz rapidamente a libertação das amarras do samsara.
AH LA LA, LA LA HO, AH I AH, AH RA LI HO
Que a assembleia de imaculadas Dakinis
Olhe com amorosa afeição e cumpra todos os feitos.

HUM A todos vós, Tathagatas,
Heróis, Ioguines,
Dakas e Dakinis,
A todos vós eu faço este pedido:
Assim como a essência do mel, na fonte do mel,
É bebida por enxames de abelhas de todas as direções,
Do mesmo modo, por vosso amplo lótus com seis características,
Por favor, satisfazei-nos com o gosto do grande êxtase.
AH LA LA, LA LA HO, AH I AH, AH RA LI HO
Que a assembleia de imaculadas Dakinis
Olhe com amorosa afeição e cumpra todos os feitos.

Abençoar a oferenda tsog remanescente

HUM Aparências impuras equivocadas são purificadas na vacuidade,
AH Grande néctar realizado a partir da excelsa sabedoria,
OM Isso se torna um vasto oceano de desejado prazer.
OM AH HUM   (3x)

Dar a oferenda tsog remanescente para os espíritos

HO Esse oceano de oferenda tsog remanescente de incontaminado néctar,
Abençoado por concentração, mantra e mudra,
Ofereço para agradar à assembleia de guardiões sob-juramento.
OM AH HUM
Deleitados pelo desfrute desses magníficos objetos de desejo,
EH MA HO
Por favor, executai ações perfeitas para ajudar os praticantes.

Sair com o que restou da oferenda tsog para os espíritos.

HO
Ó Convidados do restante, juntamente com vossos séquitos,
Por favor, desfrutai desse oceano de oferenda tsog remanescente.

Que aqueles que difundem a preciosa doutrina,
Os detentores da doutrina, seus benfeitores e outros,
E especialmente eu e os demais praticantes
Tenhamos boa saúde, vida longa, poder,
Glória, fama, fortuna
E extensos prazeres.
Por favor, concedei-me as aquisições
Das ações pacificadoras, crescentes, controladoras e iradas.
Vós, que estais comprometidos por juramentos, por favor, protegei-me
E ajudai-me a realizar todas as aquisições.
Erradicai toda morte prematura, doenças,
Danos causados por espíritos e obstruções.
Eliminai sonhos ruins,
Maus presságios e más ações.

Que haja felicidade no mundo e os anos por vir sejam bons,
Que as colheitas aumentem e o Dharma floresça.
Que toda bondade e felicidade aconteçam
E todos os desejos sejam realizados.

Por força dessa farta doação,
Que eu me torne um Buda para o benefício dos seres vivos,
E que, por minha generosidade, liberte
Todos os que não foram libertados pelos Budas anteriores.

Cólofon: Esta sadhana, ou prece ritual, para aquisições espirituais de Buda Heruka foi escrita a partir de fontes tradicionais por Venerável Geshe Kelsang Gyatso Rinpoche. Abril de 2010.

Apêndice V
Diagramas e Ilustrações

Quadros das Deidades 519
Letras-sementes 525
Objetos rituais 533

Quadros das Deidades

Lugar Interior	Lugar exterior	Herói (*Bodhisattva*)	Heroína
contorno do couro cabeludo	Puliramalaya	Khandakapala (*Samantabhadra*)	Partzandi
coroa	Dzalandhara	Mahakankala (*Manjushri*)	Tzändriakiya
orelha direita	Odiyana	Kankala (*Avalokiteshvara*)	Parbhawatiya
nuca	Arbuta	Vikatadamshtri (*Ksitigarbha*)	Mahanasa
orelha esquerda	Godawari	Suraberi (*Vajrapani*)	Biramatiya
ponto entre as sobrancelhas	Rameshori	Amitabha (*Maitreya*)	Karwariya
os dois olhos	Dewikoti	Vajraprabha (*Akashagarbha*)	Lamkeshoriya
os dois ombros	Malawa	Vajradeha (*Akashakosha – Tesouro do Espaço*)	Drumatzaya

As Deidades da roda-coração

APÊNDICE V – DIAGRAMAS E ILUSTRAÇÕES: QUADROS DAS DEIDADES

Lugar Interior	Lugar exterior	Herói (*Bodhisattva*)	Heroína
as duas axilas	Kamarupa	Ankuraka (*Sarvanivaranaviskambini*)	Airawatiya
os dois mamilos	Ote	Vajrajatila (*Gadze Dhupe – Incenso de Elefante*)	Mahabhairawi
umbigo	Trishakune	Mahavira (*Lodro Mitsepa – Sabedoria Inesgotável*)	Bayubega
ponta do nariz	Kosala	Vajrahumkara (*Yeshe Tog – Excelsa Sabedoria Suprema*)	Surabhakiya
boca	Kalinga	Subhadra (*Monpa Kunjom – Dissipador de Toda Escuridão*)	Shamadewi
garganta	Lampaka	Vajrabhadra (*Powa Tseg – Confiança Que Realiza*)	Suwatre
coração	Kancha	Mahabhairawa (*Ngensong Kunden – Libertando Todos os Reinos Inferiores*)	Hayakarna
os dois testículos	Himalaya	Virupaksha (*Drawa Chenkyio – Rede de Luz*)	Khaganana

As Deidades da roda-fala

Lugar Interior	Lugar exterior	Herói (*Bodhisattva*)	Heroína
ponta do órgão sexual	Pretapuri	Mahabala (*Dao Shonnu – Luar Juvenil*)	Tzatrabega (*Gyenpung – Ornamento do Ombro*)
ânus	Grihadewata	Ratnavajra (*Dorje Ö – Luz Vajra*)	Khandarohi (*Sordang – Libertadora Individual*)
as duas coxas	Shauraktra	Hayagriva (*Nyima Ökyi Nyingpo – Essência da Luz do Sol*)	Shaundini (*Macha Chenmo – A Grande Poderosa*)
as duas panturrilhas	Suwanadvipa	Akashagarbha (*Dorje Öser – Raios de Luz Vajra*)	Tzatrawarmini (*Logyonma – A Que se Veste com Folhas*)
os oito dedos das mãos e os oito dedos dos pés	Nagara	Shri Heruka (*Tuchen Tog – Aquisição Poderosa*)	Subira (*Dorje Lukugyu – Círculo Contínuo de Vajras*)
dorso dos pés	Sindhura	Pemanarteshvara (*Norsang – Riqueza Excelente*)	Mahabala (*Chirdog Chenmo – Grande Pacificadora*)
os dois polegares e os dois dedões dos pés	Maru	Vairochana (*Sangden – Cuidador Excelente*)	Tzatrawartini (*Tsugtor Kharmo – Ushnisha Branca*)
os dois joelhos	Kuluta	Vajrasattva (*Lodro Gyatso – Oceano de Sabedoria*)	Mahabire (*Dorje Jigma – Vajra Irado*)

As Deidades da roda-corpo

APÊNDICE V – DIAGRAMAS E ILUSTRAÇÕES: QUADROS DAS DEIDADES

Porta	Heroína	Bodhisattva	Consorte
raiz da língua	Kakase	Kaouri	Aparajita
umbigo	Ulukase	Tzowri	Amritakundalini
órgão sexual	Shonase	Bukase	Hayagriva
ânus	Shukarase	Petali	Yamantaka
ponto entre as sobrancelhas	Yamadhati	Kamari	Niladanda
as duas orelhas	Yamaduti	Shawati	Takkiraja
os dois olhos	Yamadangtrini	Dzandali	Achala
as duas narinas	Yamamatani	Tombini	Mahabala

As Deidades da roda-compromisso

Letras-Sementes

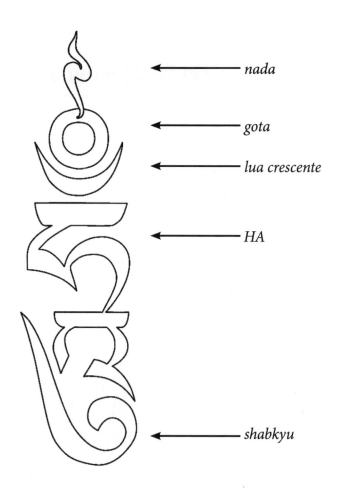

A letra HUM

APÊNDICE V – DIAGRAMAS E ILUSTRAÇÕES: LETRAS-SEMENTES

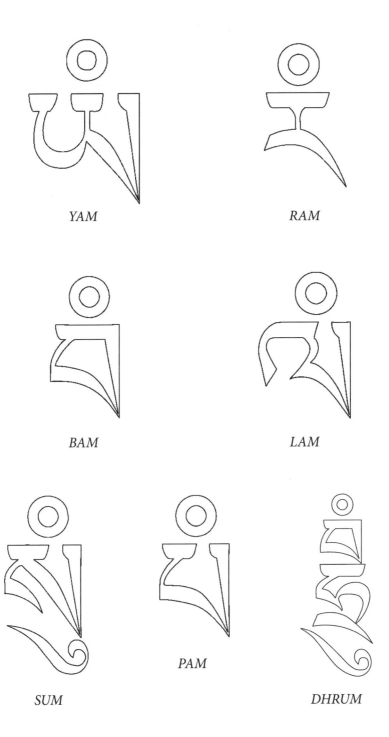

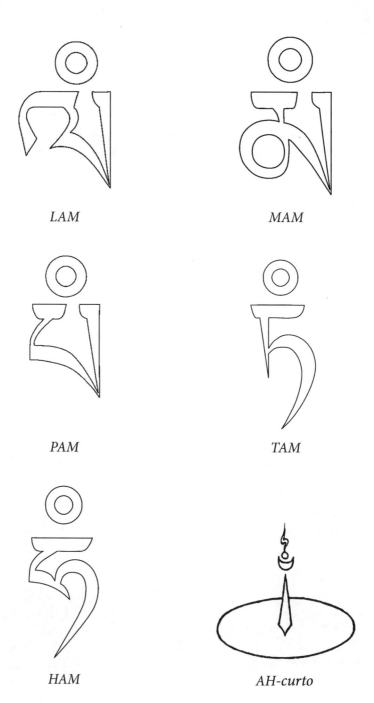

LAM MAM

PAM TAM

HAM AH-curto

APÊNDICE V – DIAGRAMAS E ILUSTRAÇÕES: LETRAS-SEMENTES

OM HA

NA MA HI

SO HA HU

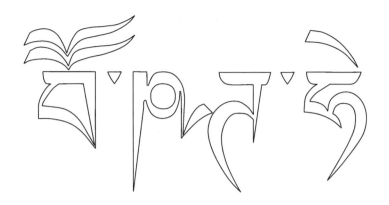

BO KE HE

HUM HUM HO

PHAT HUM

APÊNDICE V – DIAGRAMAS E ILUSTRAÇÕES: LETRAS-SEMENTES

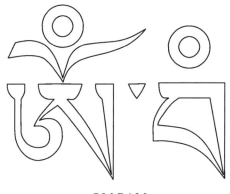

OM BAM

HAM YOM

HRIH MOM

HRIM HRIM

HUM HUM

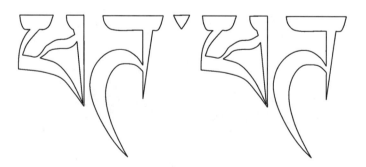

PHAT PHAT

Objetos Rituais

Oferenda de tormas para a assembleia de Heruka

APÊNDICE V – DIAGRAMAS E ILUSTRAÇÕES: OBJETOS RITUAIS

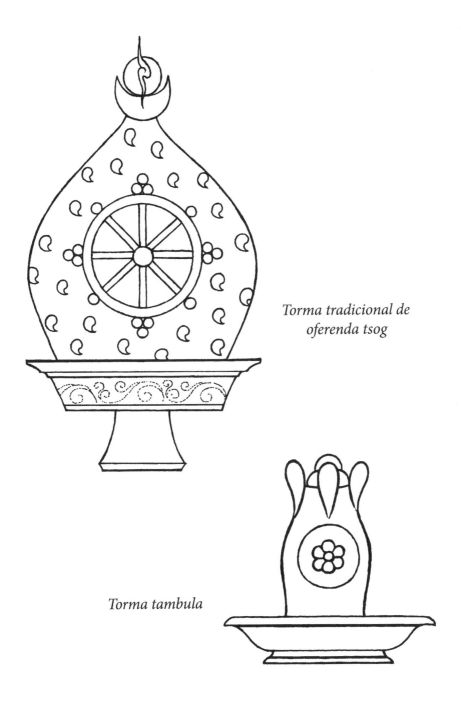

Torma tradicional de oferenda tsog

Torma tambula

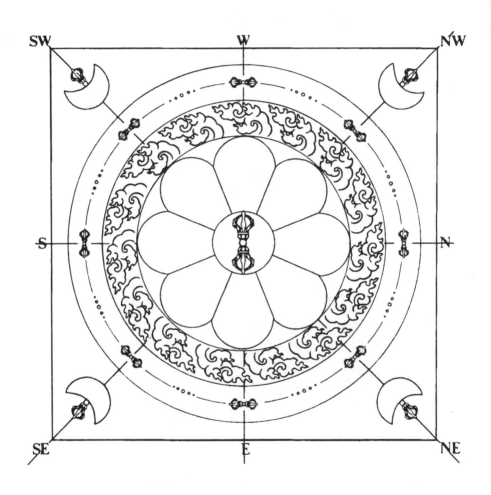

Mandala para o puja do fogo de Heruka

APÊNDICE V – DIAGRAMAS E ILUSTRAÇÕES: OBJETOS RITUAIS

Khatanga, vaso-vitória, funil do puja do fogo e concha do puja do fogo

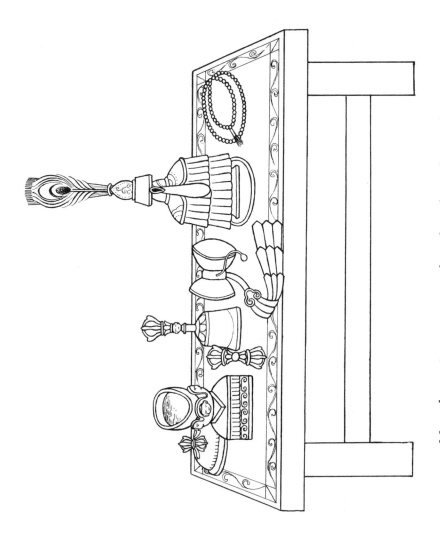

Mesa do praticante para a oferenda ardente de Heruka

APÊNDICE V – DIAGRAMAS E ILUSTRAÇÕES: OBJETOS RITUAIS

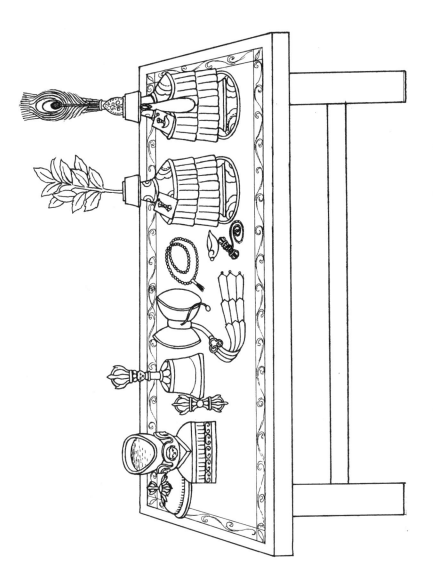

Mesa do praticante para a autoiniciação de Heruka

Glossário

Ações não virtuosas Caminhos que levam aos reinos inferiores. As ações não virtuosas são incontáveis, mas a maioria delas está incluída nestas dez: matar, roubar, má conduta sexual, mentir, discurso divisor, discurso ofensivo, vã tagarelice, cobiça, maldade e sustentar visões errôneas. Consultar *Caminho Alegre da Boa Fortuna*.

Agarramento ao em-si Mente conceitual que considera, ou sustenta, qualquer fenômeno como sendo inerentemente existente. A mente de agarramento ao em-si dá surgimento a todas as demais delusões, como a raiva e o apego. É a causa-raiz de todo sofrimento e insatisfação. Consultar *Novo Coração de Sabedoria* e *Oceano de Néctar*.

Agregado(s) contaminado(s) Qualquer um dos agregados forma, sensação, discriminação, fatores de composição e consciência de um ser samsárico. Consultar *Novo Coração de Sabedoria*.

Aparência dual A aparência de um objeto à mente juntamente com a aparência da existência inerente do objeto. Consultar *Contemplações Significativas*, *Budismo Moderno* e *Novo Coração de Sabedoria*.

Apego Fator mental deludido que observa seu objeto contaminado, considera-o como causa de felicidade e deseja-o. Consultar *Caminho Alegre da Boa Fortuna* e *Como Entender a Mente*.

Aquisição subsequente Período entre as sessões de meditação. Consultar *Caminho Alegre da Boa Fortuna*.

Atisha (982–1054) Famoso erudito budista indiano e mestre de meditação. Ele foi abade do grande monastério budista de Vikramashila durante o período em que o Budismo Mahayana florescia na Índia. Foi convidado, posteriormente, a ir ao Tibete com o objetivo de reintroduzir o puro Budismo naquele país. Ele é o autor do primeiro texto sobre as etapas do caminho, *Luz para o Caminho*. Sua tradição ficou conhecida posteriormente como "a Tradição Kadampa". Consultar *Caminho Alegre da Boa Fortuna* e *Budismo Moderno*.

Base de designação, base de imputação Todos os fenômenos são designados, ou imputados, sobre suas partes. Por essa razão, qualquer uma das partes individuais ou a coleção completa das partes de qualquer fenômeno é a sua base de designação, ou base de imputação. Um fenômeno é designado pela mente na dependência da base de designação do fenômeno que aparece à mente. Consultar *Novo Coração de Sabedoria* e *Oceano de Néctar*.

Behar Um tipo de espírito malévolo. Consultar *Joia-Coração*.

Bênção Transformação da nossa mente (de um estado negativo para um estado positivo, de um estado infeliz para um estado feliz, de um estado de fraqueza para um estado de vigor) através da inspiração de seres sagrados, como nosso Guia Espiritual, Budas e Bodhisattvas.

Bhaga Palavra sânscrita para o órgão sexual feminino.

Bodhisattva Uma pessoa que gerou a bodhichitta espontânea, mas que ainda não se tornou um Buda. A partir do momento que um praticante gera a bodhichitta não artificial, ou espontânea, ele (ou ela) torna-se um Bodhisattva e ingressa no primeiro Caminho Mahayana, o Caminho da Acumulação. Um Bodhisattva comum é um Bodhisattva que não realizou a vacuidade diretamente, e um Bodhisattva superior é um Bodhisattva que obteve uma realização direta da vacuidade. Consultar *Caminho Alegre da Boa Fortuna* e *Contemplações Significativas*.

Brahma Um deus mundano, que habita o primeiro reino da forma. Consultar *Oceano de Néctar*.

Budismo Kadampa Escola budista mahayana fundada pelo grande mestre budista indiano Atisha (982–1054). Ver também Kadampa, Nova Tradição Kadampa e Tradição Kadampa.

Caminho profundo O caminho profundo inclui todas as práticas de sabedoria que conduzem a uma realização direta da vacuidade e, por fim, ao Corpo-Verdade de um Buda. Consultar *Caminho Alegre da Boa Fortuna* e *Oceano de Néctar*.

Caminho vasto O caminho vasto inclui todas as práticas do método, desde o cultivo inicial da compaixão até a aquisição final do Corpo-Forma de um Buda. Consultar *Caminho Alegre da Boa Fortuna*.

Campo de Mérito Em geral, refere-se às Três Joias. Assim como sementes exteriores crescem num campo de cultivo, as sementes virtuosas interiores, produzidas pelas ações virtuosas, crescem na dependência da Joia Buda, da Joia Dharma e da Joia Sangha. Também conhecido como "Campo para Acumular Mérito".

Canal central O principal canal, localizado bem no centro do corpo, e onde as rodas-canais, ou *chakras*, estão localizadas ao longo de sua extensão. Consultar *Clara-Luz de Êxtase*.

Canais Corredores interiores sutis do corpo através dos quais fluem gotas sutis, movidas pelos ventos interiores. Consultar *Mahamudra-Tantra*.

Carma Termo sânscrito que significa "ação". Por força da nossa intenção, fazemos ações com nosso corpo, fala e mente, e todas essas ações produzem efeitos. O efeito das ações virtuosas é felicidade, e o efeito das ações negativas é sofrimento. Consultar *Como Transformar a sua Vida* e *Caminho Alegre da Boa Fortuna*.

Chakra Ver roda-canal.

Cinco etapas do estágio de conclusão Em geral, essas etapas referem-se à fala-isolada, mente-isolada, corpo-ilusório, clara-luz e união. Na prática de Heruka, elas se referem às etapas de abençoar o *self*, o vajra de várias qualidades, preencher com joias, *dzöladhara* e inconceptibilidade. Consultar

Clara-Luz de Êxtase, Mahamudra-Tantra, As Instruções Orais do Mahamudra e *Solos e Caminhos Tântricos*.

Cinco excelsas sabedorias A sabedoria onisciente de Buda tem cinco partes: (1) a excelsa sabedoria semelhante-a-um-espelho, que percebe todos os fenômenos simultaneamente, da mesma maneira que um espelho reflete objetos; (2) a excelsa sabedoria da igualdade, que realiza que todos os fenômenos são iguais na vacuidade; (3) a excelsa sabedoria da análise individual, que realiza todos os fenômenos individuais diretamente; (4) a excelsa sabedoria de realizar atividades, cuja função é realizar todas as atividades de um Buda; e (5) a excelsa sabedoria do Dharmadhatu, que realiza o Dharmadatu, a natureza última de todos os fenômenos.

Clara-luz Uma mente muito sutil manifesta que percebe uma aparência semelhante a um espaço vazio, claro. Consultar *Budismo Moderno, Clara-Luz de Êxtase, Mahamudra-Tantra* e *Solos e Caminhos Tântricos*.

Clara-luz-exemplo Uma mente de clara-luz que realiza a vacuidade por meio de uma imagem genérica. Consultar *Clara-Luz de Êxtase* e *Solos e Caminhos Tântricos*.

Clara-luz-significativa Uma mente de clara-luz que realiza a vacuidade diretamente, sem uma imagem genérica. "Clara-luz-significativa" e "Terra Dakini interior" são sinônimos. Consultar *Clara-Luz de Êxtase*.

Coleção de mérito Ação virtuosa motivada por bodhichitta e a causa principal para se obter o Corpo-Forma de um Buda. Exemplos: fazer oferendas e prostrações aos seres sagrados com a motivação de bodhichitta; e praticar as perfeições de dar, disciplina moral e paciência.

Coleção de sabedoria Ação mental virtuosa motivada por bodhichitta e a causa principal para se obter o Corpo-Verdade de um Buda. Exemplos: ouvir com atenção e contemplar ensinamentos sobre a vacuidade e meditar neles com a motivação de bodhichitta.

Compaixão Uma mente que deseja que os outros se libertem do sofrimento. Ver também grande compaixão. Consultar *Budismo Moderno, Novo Oito Passos para a Felicidade* e *Compaixão Universal*.

Compromissos Promessas e juramentos tomados quando nos empenhamos em determinadas práticas espirituais.

Concentração Fator mental que faz sua mente primária permanecer estritamente focada em seu objeto. Consultar *Como Entender a Mente*, *Caminho Alegre da Boa Fortuna* e *Contemplações Significativas*.

Confissão Purificação de carma negativo por meio dos quatro poderes oponentes – o poder da confiança, o poder do arrependimento, o poder da força oponente e o poder da promessa. Consultar *O Voto Bodhisattva*.

Conhecedor válido/mente válida Conhecedor que é não enganoso com respeito ao seu objeto conectado. Existem dois tipos de conhecedores válidos: conhecedores válidos subsequentes e conhecedores válidos diretos. Consultar *Como Entender a Mente* e *Novo Coração de Sabedoria*.

Contínua-lembrança (mindfulness) Fator mental que atua, ou funciona, para não esquecer o objeto compreendido pela mente primária. Consultar *Como Entender a Mente*, *Contemplações Significativas* e *Clara-Luz de Êxtase*.

Cordão de brâmane O termo tibetano para "cordão de brâmane" é "*tsang pi kupa*", no qual "*tsang pa*" significa "pureza", e "*kupa*" significa "cordão". Assim, um cordão de brâmane é um cordão ritual que simboliza a sabedoria onisciente não conceitual, que é completamente pura.

Corpo-Deidade Corpo-divino. Quando um praticante obtém um corpo-ilusório, ele (ou ela) alcança o corpo-divino efetivo (ou seja, o corpo-Deidade), mas não o corpo da Deidade. O corpo da Deidade é, necessariamente, o corpo de um ser iluminado tântrico. Ver também corpo-Divino. Consultar *Solos e Caminhos Tântricos*.

Corpo-divino Um corpo sutil que surge do vento-montaria da clara-luz-exemplo última ou da clara-luz-significativa. Ver também corpo-Deidade. Consultar *Solos e Caminhos Tântricos*.

Corpo-ilusório O corpo-divino sutil que é desenvolvido, principalmente, a partir da gota indestrutível. Quando um praticante do Tantra Ioga Supremo sai da meditação da mente-isolada da clara-luz-exemplo última, ele (ou ela) obtém um corpo que não é o mesmo que seu corpo físico comum. Esse novo corpo é o corpo-ilusório. Ele tem a mesma aparência que o corpo da Deidade pessoal do estágio de geração, exceto que sua cor é branca. Ele pode ser percebido unicamente por aqueles que já alcançaram um corpo--ilusório. Consultar *Clara-Luz de Êxtase* e *Solos e Caminhos Tântricos*.

Corpo-vajra Geralmente, o termo refere-se aos canais, gotas e ventos interiores. Mais especificamente, ao corpo-ilusório puro. O corpo de um Buda é conhecido como "o corpo-vajra resultante". Consultar *Clara-Luz de Êxtase*.

Corpo-Verdade O Corpo-Natureza e o Corpo-Verdade-Sabedoria de um Buda. Ver também Corpos de Buda.

Corpos de Buda Um Buda possui quatro corpos: o Corpo-Verdade--Sabedoria, o Corpo-Natureza, o Corpo-de-Deleite e o Corpo-Emanação. O Corpo-Verdade-Sabedoria é a mente onisciente de Buda. O Corpo--Natureza é a vacuidade, ou natureza última, de sua mente. O Corpo-de--Deleite é seu Corpo-Forma sutil. O Corpo-Emanação, a partir do qual cada Buda manifesta um número incontável de corpos, é o Corpo-Forma denso, visível aos seres comuns. O Corpo-Verdade-Sabedoria e o Corpo--Natureza estão, ambos, incluídos no Corpo-Verdade, e o Corpo-de-Deleite e o Corpo-Emanação estão, ambos, incluídos no Corpo-Forma. Consultar *Caminho Alegre da Boa Fortuna*, *Oceano de Néctar* e *Solos e Caminhos Tântricos*.

Dakinis/Dakas O termo "Dakinis" refere-se tanto a Budas tântricos femininos quanto às mulheres que alcançaram a realização da clara-luz--significativa. "Dakas" são os equivalentes masculinos. Consultar *Novo Guia à Terra Dakini*.

Damaru Pequeno tambor de mão utilizado em rituais tântricos. Tocar o damaru simboliza a reunião das Dakinis exteriores em nosso corpo e a manifestação da Dakini interior (a mente de clara-luz) em nossa mente pelo arder do fogo interior. O damaru é também utilizado como uma oferenda de música aos Budas.

Dedicatória A dedicatória é, por natureza, um fator mental virtuoso; é a intenção virtuosa que atua para impedir que a virtude acumulada se degenere, bem como para causar seu aumento. Consultar *Caminho Alegre da Boa Fortuna*.

Deidade "*Yidam*", em tibetano. Um ser iluminado tântrico.

Deidade-Fogo A Deidade para quem fazemos a oferenda ardente; por exemplo, na prática de Heruka. Uma Deidade-Fogo pode ser mundana ou supramundana. Deidades-Fogo mundanas não são seres mundanos reais, mas aparecem no aspecto de seres mundanos.

Delusão Fator mental que surge de atenção imprópria e que atua tornando a mente perturbada e descontrolada. Existem três delusões principais: ignorância, apego desejoso e raiva. Delas surgem todas as demais delusões, como inveja, orgulho e dúvida deludida. Consultar *Como Entender a Mente* e *Caminho Alegre da Boa Fortuna*.

Demônio Ver mara.

Designação, mera (imputação, mera) De acordo com a elevada escola de filosofia budista, a escola Madhyamika-Prasangika, todos os fenômenos são meramente designados, ou imputados, por concepção na dependência de suas bases de designação, ou bases de imputação. Por essa razão, eles são meras designações e não existem do seu próprio lado de modo algum. Consultar *Como Transformar a sua Vida*, *Budismo Moderno*, *Novo Coração de Sabedoria* e *Oceano de Néctar*.

Deus, Deuses "*Deva*", em sânscrito. Um ser do reino dos deuses, o mais elevado dos seis reinos do samsara. Existem muitos tipos diferentes de deuses. Alguns são deuses do reino do desejo, ao passo que outros são deuses do reino da forma ou do reino da sem-forma. Consultar *Caminho Alegre da Boa Fortuna*.

Deusas dos portais As quatro Deusas dos portais são Kakase (literalmente, "a face de corvo"); Ulukase ("a face de coruja"); Shönase ("a face de cachorro"); e Shukarase ("a face de porco"). Embora suas cabeças e orelhas tenham a forma humana, seus nomes refletem as aparências de suas faces, que são semelhantes a um corvo, uma coruja, e assim por diante, como se estivessem usando máscaras.

Dez direções As quatro direções cardeais, as quatro direções intermediárias e as direções para cima e para baixo.

Dez perfeições As seis perfeições e as perfeições de meios habilidosos, prece, força e excelsa percepção. Consultar *Oceano de Néctar*.

Dharma Os ensinamentos de Buda e as realizações interiores obtidas na dependência da prática desses ensinamentos. "Dharma" significa "proteção". Por praticar os ensinamentos de Buda, protegemo-nos de sofrimentos e problemas.

Dharmadhatu A verdade última dos fenômenos.

Dharmakaya Termo sânscrito para designar o Corpo-Verdade de um Buda.

Dorje Shugden Um Protetor do Dharma que é uma emanação do Buda da Sabedoria Manjushri. Suas funções principais são as de evitar os obstáculos interiores e exteriores que impedem os praticantes de obterem realizações espirituais e de providenciar todas as condições necessárias para seu desenvolvimento espiritual. Consultar *Joia-Coração*.

Elementos Terra, água, fogo, vento e espaço. Pode-se dizer que toda matéria é constituída de uma combinação desses elementos. Há cinco elementos interiores (que são aqueles associados com o *continuum* de uma pessoa) e cinco elementos exteriores (que são aqueles que não estão associados com o *continuum* de uma pessoa). Esses elementos não são o mesmo que a terra do chão ou de um campo, a água de um rio e assim por diante. Em vez disso, os elementos terra, água, fogo, vento e espaço designam, em termos amplos, as propriedades de solidez, fluidez, calor, movimento e espaço respectivamente.

Elos dependente-relacionados Ignorância dependente-relacionada, ações de composição dependente-relacionadas, consciência dependente-relacionada, nome e forma dependente-relacionados, seis fontes dependente--relacionadas, contato dependente-relacionado, sensação dependente-relacionada, anseio dependente-relacionado, avidez dependente-relacionada, existência dependente-relacionada, nascimento dependente-relacionado, e envelhecimento e morte dependente-relacionados. Esses doze elos são causas e efeitos que mantêm os seres comuns presos ao samsara. Consultar *Caminho Alegre da Boa Fortuna* e *Novo Coração de Sabedoria*.

Emanação Forma animada ou inanimada manifestada pelos Budas ou elevados Bodhisattvas para o benefício dos outros.

Espíritos famintos Seres do reino dos espíritos famintos, o segundo reino inferior dos seis reinos do samsara (o inferno é o mais inferior de todos). Também conhecidos como "fantasmas famintos". Consultar *Caminho Alegre da Boa Fortuna*.

Estado intermediário "*Bardo*", em tibetano. O estado entre a morte e o renascimento. O estado intermediário começa no momento em que a consciência deixa o corpo, e cessa no momento em que a consciência ingressa no corpo da próxima vida. Consultar *Caminho Alegre da Boa Fortuna* e *Clara-Luz de Êxtase*.

Etapas do caminho "*Lamrim*", em tibetano. Uma organização especial de todos os ensinamentos de Buda, que é fácil de compreender e de ser colocada em prática. O Lamrim revela todas as etapas do caminho à iluminação. Para um comentário completo ao Lamrim, consultar *Caminho Alegre da Boa Fortuna*.

Existência inerente Modo de existência imaginado, no qual os fenômenos são considerados como existindo do seu próprio lado, independentes de outros fenômenos. Na verdade, todos os fenômenos são vazios de existência inerente, pois dependem de outros fenômenos. Consultar *Budismo Moderno*, *Novo Coração de Sabedoria* e *Oceano de Néctar*.

Êxtase incontaminado Uma realização de êxtase associado com a sabedoria que realiza diretamente a vacuidade. Consultar *Novo Guia à Terra Dakini*, *Solos e Caminhos Tântricos* e *Grande Tesouro de Mérito*.

Famílias Búdicas Existem Cinco Famílias Búdicas principais: as famílias Vairochana, Ratnasambhava, Amitabha, Amoghasiddhi e Akshobya. As Cinco Famílias são os cinco agregados purificados (forma, sensação, discriminação, fatores de composição e consciência, respectivamente) e as cinco excelsas sabedorias (excelsa sabedoria semelhante-a-um-espelho, excelsa sabedoria da igualdade, excelsa sabedoria da análise individual, excelsa sabedoria de realizar atividades e excelsa sabedoria do Dharmadhatu, respectivamente). Consultar *Grande Tesouro de Mérito*.

Fé Mente naturalmente virtuosa, que atua principalmente para se opor à percepção de falhas em seu objeto observado. Existem três tipos de fé: fé de acreditar, fé de admirar e fé de almejar. Consultar *Como Transformar a sua Vida*, *Como Entender a Mente* e *Caminho Alegre da Boa Fortuna*.

Fogo interior "*Tummo*", em tibetano. Calor interior localizado no centro da roda-canal do umbigo. Consultar *Clara-Luz de Êxtase*.

Fonte-Fenômenos Fenômeno que aparece somente para a percepção mental. É também o nome dado ao mandala de Buda Vajrayogini, que simboliza a fonte de todos os fenômenos – a vacuidade – e cujo formato é semelhante a um duplo tetraedro. Consultar *Novo Guia à Terra Dakini*.

Gota indestrutível A gota mais sutil, localizada no coração. Ela é formada a partir da essência das gotas branca e vermelha recebidas dos nossos pais na concepção. A gota indestrutível encerra a mente muito sutil e seu vento montado. Essas duas gotas, a vermelha e a branca, não se separam até o momento da morte, quando, então, abrem-se, permitindo que a mente muito sutil e seu vento montado partam para a próxima vida. Consultar *Clara-Luz de Êxtase*, *As Instruções Orais do Mahamudra*, *Mahamudra-Tantra* e *Solos e Caminhos Tântricos*.

Gotas Há dois tipos de gotas no corpo: gotas brancas e gotas vermelhas. Elas são a essência pura do sangue e do esperma. Quando as gotas derretem e fluem pelos canais interiores, elas causam o surgimento de uma experiência de êxtase. Consultar *Clara-Luz de Êxtase*, *As Instruções Orais do Mahamudra* e *Solos e Caminhos Tântricos*.

Grande compaixão Uma mente que deseja proteger todos os seres sencientes do sofrimento. Consultar *Novo Oito Passos para a Felicidade* e *Compaixão Universal*.

Grande êxtase espontâneo Um êxtase especial que é produzido pelas gotas derretendo no canal central. Ele é alcançado por meio de se obter controle sobre os ventos interiores. Consultar *Clara-Luz de Êxtase* e *Solos e Caminhos Tântricos*.

Guhyasamaja Uma Deidade do Tantra Ioga Supremo. Consultar *Grande Tesouro de Mérito*.

Guia Espiritual Vajrayana Guia Espiritual tântrico plenamente qualificado. Consultar *Grande Tesouro de Mérito*.

Guia Preliminar Ao todo, existem nove guias preliminares, que são assim chamados porque, ao nos empenharmos neles, somos guiados aos caminhos espirituais efetivos do Tantra. Os quatro guias preliminares principais são: (1) o guia de buscar refúgio e gerar bodhichitta, (2) o guia da meditação e recitação de Vajrasattva, (3) o guia do Guru-Ioga, e (4) o guia de fazer oferendas de mandala. Consultar *Novo Guia à Terra Dakini*.

Guru-raiz O Guia Espiritual principal de quem recebemos as iniciações, instruções e transmissões orais da nossa prática principal. Consultar *Grande Tesouro de Mérito* e *Joia-Coração*.

Herói e Heroína Um Herói é uma Deidade tântrica masculina, geralmente a corporificação do método. Uma Heroína é uma Deidade tântrica feminina, geralmente a corporificação da sabedoria. Consultar *Novo Guia à Terra Dakini*.

Hinayana Palavra sânscrita para "Pequeno Veículo". A meta hinayana é meramente a conquista, para si próprio, da libertação do sofrimento, obtida pelo completo abandono das delusões. Consultar *Caminho Alegre da Boa Fortuna*.

Ignorância Fator mental que está confuso sobre a natureza última dos fenômenos. Ver também agarramento ao em-si. Consultar *Como Entender a Mente*.

Imagem genérica O objeto aparecedor de uma mente conceitual. Uma imagem genérica, ou imagem mental, de um objeto é como o reflexo desse objeto. Mentes conceituais conhecem seu objeto por meio da aparência de uma imagem genérica do objeto e não porque veem o objeto diretamente. Consultar *Novo Coração de Sabedoria*.

Imputação, base de Ver base de designação.

Imputação, mera Ver designação, mera.

Iniciação ("*empowerment*" em inglês, que, em uma tradução literal significa "empoderamento", "autorização", "permissão") Uma iniciação é a porta de ingresso através da qual entramos no Tantra; ela nos concede bênçãos especiais que curam nosso *continuum* mental e despertam nossa natureza búdica. Quando recebemos uma iniciação tântrica, estamos plantando sementes especiais dos quatros corpos de um Buda em nosso *continuum* mental. Consultar *Mahamudra-Tantra* e *Solos e Caminhos Tântricos*.

Ioga Termo utilizado para várias práticas espirituais que requerem a manutenção de uma visão especial, como as práticas de Guru-Ioga e os iogas de comer, dormir, sonhar e acordar. "Ioga" refere-se também a "união", como a união do tranquilo-permanecer com a visão superior. Consultar *Novo Guia à Terra Dakini*.

Iogue/Ioguine Termos sânscritos normalmente utilizados para se referir a um meditador masculino ou feminino que alcançou a união do tranquilo-permanecer com a visão superior.

Ishvara Um deus que habita a "Terra em que se Controlam Emanações", o estado mais elevado de existência do reino do desejo. Ishvara possui poderes miraculosos contaminados e limitados, que fazem dele o ser mais poderoso dentre os seres do reino do desejo. Se confiarmos em Ishvara, poderemos receber algum benefício temporário nesta vida, como o aumento de nossa saúde ou o crescimento de nossa riqueza ou posses, mas Ishvara irado é inimigo de todos aqueles que buscam libertação, interferindo com seu progresso espiritual. É dito que, por essa razão, Ishvara é um tipo de demônio Devaputra.

Je Phabongkhapa (1878–1941) Grande lama tibetano que foi uma emanação de Heruka. Je Phabongkha Rinpoche foi o detentor de muitas linhagens de Sutra e do Mantra Secreto, e foi também o Guru-raiz de Vajradhara Trijang Rinpoche.

Je Tsongkhapa (1357–1419) Je Tsongkhapa foi uma emanação do Buda da Sabedoria Manjushri. Sua aparição no século XIV como um monge e detentor da linhagem da visão pura e de feitos puros, no Tibete, foi profetizada por Buda. Je Tsongkhapa difundiu um Budadharma muito puro por todo o Tibete, mostrando como combinar as práticas de Sutra e de Tantra e como praticar o puro Dharma durante tempos degenerados. Sua tradição ficou conhecida posteriormente como "Gelug" ou "Tradição Ganden". Consultar *Joia-Coração* e *Grande Tesouro de Mérito*.

Kadampa Termo tibetano, no qual "*Ka*" significa "palavra" e refere-se a todos os ensinamentos de Buda; "*dam*" refere-se às instruções especiais de Lamrim de Atisha, conhecidas como "as etapas do caminho à iluminação"; e "*pa*" refere-se ao seguidor do Budismo Kadampa, que integra em sua prática de Lamrim todos os ensinamentos de Buda que ele conhece. Ver também Budismo Kadampa e Tradição Kadampa. Consultar *Budismo Moderno*.

Khatanga Objeto ritual que simboliza as 62 Deidades de Heruka.

Khedrubje (1385–1438) Um dos principais discípulos de Je Tsongkhapa. Após o falecimento de Je Tsongkhapa, Khedrubje trabalhou muito para promover a tradição iniciada por seu mestre. Consultar *Grande Tesouro de Mérito*.

Lamrim Termo tibetano que significa literalmente "etapas do caminho". O Lamrim é uma organização especial de todos os ensinamentos de Buda, que é fácil de compreender e de ser colocado em prática. Ele revela todas as etapas do caminho à iluminação. Para um comentário completo ao Lamrim, consultar *Caminho Alegre da Boa Fortuna*, *Budismo Moderno* e *Novo Manual de Meditação*.

Letra-semente Letra sagrada a partir da qual uma Deidade é gerada. Cada Deidade possui uma letra-semente específica. Por exemplo, a letra-semente de Manjushri é DHI, a letra-semente de Tara é TAM, a letra-semente de Vajrayogini é BAM, e a letra semente de Heruka é HUM. Para obtermos realizações tântricas, precisamos reconhecer que as Deidades e suas letras-sementes são de mesma natureza.

Linhagem *Continuum* de instruções transmitido de Guia Espiritual para discípulo, em que cada Guia Espiritual da linhagem obteve uma experiência pessoal da instrução antes de passá-la para os outros.

Lojong Termo tibetano que significa literalmente "treino da mente". Uma linhagem especial de instruções que veio de Buda Shakyamuni e transmitida através de Manjushri e Shantideva até chegar a Atisha e os geshes kadampas. O Lojong enfatiza gerar a bodhichitta por meio das práticas de equalizar eu com outros e de trocar eu por outros, em associação com a prática de tomar e dar. Consultar *Novo Oito Passos para a Felicidade* e *Compaixão Universal*.

Mahasiddha Termo sânscrito que significa "Grandemente Realizado". O termo *mahasiddha* é utilizado para se referir a iogues ou ioguines com realizações elevadas.

Mahayana Termo sânscrito para "Grande Veículo", o caminho espiritual à grande iluminação. A meta mahayana é conquistar a Budeidade para o benefício de todos os seres sencientes, por meio do abandono completo das delusões e de suas marcas. Consultar *Caminho Alegre da Boa Fortuna* e *Contemplações Significativas*.

Mandala Em geral, a mansão celestial na qual uma Deidade tântrica reside, ou o ambiente ou Deidades de uma Terra Pura Búdica. Algumas vezes, esse termo é usado para se referir à essência de um elemento, por exemplo, "mandala de vento". Consultar *Novo Guia à Terra Dakini*.

Manjushri A corporificação da sabedoria de todos os Budas. No tempo de Buda Shakyamuni, Manjushri manifestou-se como um discípulo Bodhisattva. Consultar *Grande Tesouro de Mérito* e *Joia-Coração*.

Mantra Termo sânscrito que significa literalmente "proteção da mente". O mantra protege a mente contra aparências e concepções comuns. Existem quatro tipos de mantra: mantras que são mente, mantras que são vento interior, mantras que são som e mantras que são forma. Em geral, existem três tipos de recitação de mantra: recitação verbal, recitação mental e recitação vajra. Consultar *Solos e Caminhos Tântricos*.

Mantra Secreto Sinônimo de Tantra. Os ensinamentos do Mantra Secreto diferem dos ensinamentos de Sutra por revelarem métodos para treinar a mente por meio de trazer o resultado futuro, a Budeidade, para o caminho atual. O Mantra Secreto é o caminho supremo à plena iluminação. O termo "mantra" indica que se trata de uma instrução especial de Buda para proteger a nossa mente das aparências e concepções comuns. Os praticantes do Mantra Secreto superam as aparências e concepções comuns visualizando o seu corpo, ambiente, prazeres e atividades como sendo os de um Buda. O termo "secreto" indica que as práticas devem ser feitas reservadamente e apenas pelos que receberam uma iniciação tântrica. Consultar *Solos e Caminhos Tântricos, Budismo Moderno, Mahamudra-Tantra, Novo Guia à Terra Dakini, Clara-Luz de Êxtase* e *As Instruções Orais do Mahamudra*.

Mara Mara é o termo sânscrito para "demônio", e refere-se a qualquer coisa que obstrua a conquista da libertação ou da iluminação. Existem quatro tipos principais de mara: o mara das delusões, o mara dos agregados contaminados, o mara da morte descontrolada e os maras Devaputra. Dentre os quatro tipos de mara, apenas os maras Devaputra são seres sencientes. O principal mara Devaputra é Ishvara irado, o mais elevado dos deuses do reino do desejo, e que habita a "Terra em que se Controlam Emanações". Um Buda é denominado "Conquistador" porque ele (ou ela) conquistou todos os quatros tipos de mara. Consultar *Novo Coração de Sabedoria*.

Meditação analítica O processo mental de investigar um objeto virtuoso, isto é, analisar sua natureza, como ele atua (ou seja, sua função), características e outros aspectos. Consultar *Caminho Alegre da Boa Fortuna* e *Novo Manual de Meditação*.

Meditação posicionada Concentração estritamente focada em um objeto virtuoso. Consultar *Caminho Alegre da Boa Fortuna* e *Novo Manual de Meditação*.

Mente Aquilo que é clareza e que conhece. A mente é clareza porque ela sempre carece de forma e porque possui o poder efetivo para perceber objetos. A mente conhece porque sua função é conhecer ou perceber objetos. Consultar *Como Entender a Mente, Mahamudra-Tantra* e *Clara-Luz de Êxtase*.

Mente conceitual Pensamento que apreende seu objeto por meio de uma imagem genérica, ou mental. Consultar *Como Entender a Mente*.

Mente válida Ver conhecedor válido/mente válida.

Mérito Boa fortuna criada por ações virtuosas. O mérito é um poder potencial para aumentar nossas boas qualidades e produzir felicidade.

Migrante(s) Ser que está no samsara, migrando de um renascimento descontrolado para outro.

Monte Meru De acordo com a cosmologia budista, uma montanha divina que se ergue no centro do universo. Consultar *Grande Tesouro de Mérito*.

Mudra Em geral, a palavra sânscrita "mudra" significa "selo", como em "Mahamudra", que significa "grande selo". Mais especificamente, o termo "mudra" é utilizado para se referir tanto a um, ou a uma, consorte (como um "mudra-ação" ou "mudra-sabedoria") quanto aos gestos manuais utilizados em rituais tântricos.

Nada Linha de três curvas que aparece na parte superior de algumas letras-sementes.

Naga Ser não humano que, normalmente, não é visível aos humanos. Diz-se que a metade superior de seu corpo tem forma humana e, a metade inferior, de serpente. Os nagas costumam viver nos oceanos, mas, algumas vezes, habitam em terra firme, nas regiões rochosas e em árvores. Eles são muito poderosos – alguns são benevolentes, ao passo que outros são malévolos. Muitas doenças, conhecidas como "doenças naga", são causadas pelos nagas e somente podem ser curadas por meio da execução de rituais naga apropriados.

Natureza búdica A mente-raiz de um ser senciente e a natureza última dessa mente. "Semente búdica", "natureza búdica" e "linhagem búdica" são sinônimos. Todos os seres sencientes possuem a linhagem búdica e, portanto, têm o potencial para alcançar a Budeidade. Consultar *Mahamudra-Tantra*.

Natureza última Todos os fenômenos têm duas naturezas: a natureza convencional e a natureza última. No caso de uma mesa, por exemplo, a mesa ela própria e seu formato, cor e assim por diante são, todos, a natureza convencional da mesa. A natureza última da mesa é a ausência de existência inerente da mesa. A natureza convencional de um fenômeno é uma verdade convencional, e sua natureza última é uma verdade última. Consultar *Budismo Moderno*, *Novo Coração de Sabedoria* e *Oceano de Néctar*.

Nova Tradição Kadampa-União Budista Kadampa Internacional (NKT-IKBU) A união dos Centros Budistas Kadampas, uma associação internacional de centros de estudo e meditação, que seguem a pura tradição do Budismo Mahayana originada do meditador e erudito budista Je Tsongkhapa e introduzida no Ocidente pelo professor budista Venerável Geshe Kelsang Gyatso Rinpoche.

Obstruções à libertação Obstruções que impedem a conquista da libertação. Todas as delusões, como ignorância, apego e raiva, juntamente com suas sementes, são obstruções à libertação. São também denominadas "delusões-obstruções".

Obstruções à onisciência Marcas das delusões, que impedem a realização simultânea e direta de todos os fenômenos. Somente os Budas superaram essas obstruções.

Oferenda tsog Oferenda feita por uma Assembleia de Heróis e Heroínas. Consultar *Novo Guia à Terra Dakini*.

Oito sinais de dissolução Sinais interiores de que os ventos interiores estão se dissolvendo no canal central. Para uma descrição detalhada de cada sinal, consultar *Clara-Luz de Êxtase*.

Percepção mental Todas as mentes estão incluídas nas cinco percepções sensoriais e na percepção mental. A definição de percepção mental é: uma percepção que é desenvolvida na dependência de sua condição dominante incomum – uma faculdade mental. Existem dois tipos de percepção mental: percepção mental conceitual e percepção mental não conceitual. "Percepção mental conceitual" e "mente conceitual" são sinônimos. Consultar *Como Entender a Mente*.

Perfeição de sabedoria Qualquer sabedoria mantida pela motivação de bodhichitta. Consultar *Novo Coração de Sabedoria*, *Caminho Alegre da Boa Fortuna*, *Contemplações Significativas* e *Oceano de Néctar*.

Phabongkhapa, Je Ver Je Phabongkhapa.

Postura vajra Uma postura perfeita para meditação, na qual as pernas estão cruzadas na postura vajra completa, com o pé esquerdo colocado com a sola voltada para cima sobre a coxa direita, e o pé direito com a sola voltada para cima sobre a coxa esquerda. A mão direita é colocada sobre a mão esquerda, com as palmas voltadas para cima, e os dois polegares levantados e tocando-se, na altura do umbigo. As costas ficam retas, e os ombros, nivelados. A boca fica suavemente fechada; a cabeça, ligeiramente inclinada para a frente; e os olhos, nem totalmente abertos nem totalmente fechados, mas ligeiramente abertos ou suavemente fechados. Consultar *Caminho Alegre da Boa Fortuna*.

Protetor do Dharma Uma manifestação de um Buda ou de um Bodhisattva, cuja principal função é eliminar obstáculos e reunir todas as condições necessárias para os praticantes puros de Dharma. Também chamado "Dharmapala", em sânscrito. Consultar *Joia-Coração*.

Quatro alegrias Quatro estágios de êxtase que são gerados nos estágios de geração e de conclusão do Tantra Ioga Supremo. Consultar *Clara-Luz de Êxtase*.

Quatro classes de Tantra Buda ensinou quatro classes de Tantra: Ação ("*Kriya*", em sânscrito); Performance ("*Charya*", em sânscrito), Ioga, e Ioga Supremo ("*Anuttarayoga*", em sânscrito). Cada uma das quatro classes de Tantra contém sua própria técnica especial para transformar êxtase sensual no caminho à iluminação. Ver também Mantra Secreto. Consultar *Solos e Caminhos Tântricos*.

Quatro maneiras de reunir discípulos As quatro maneiras de reunir discípulos, praticadas pelos Bodhisattvas, são: (1) agradar os outros através de dar a eles coisas materiais ou o que quer que necessitem; (2) ensinar Dharma para conduzir os outros à libertação; (3) ajudar os outros na sua prática de Dharma por meio de dar-lhes encorajamento; (4) mostrar aos outros um bom exemplo através de sempre praticar o que ensinamos. Consultar *Caminho Alegre da Boa Fortuna*.

Quatro maras Ver mara.

Reino do desejo Os ambientes dos seres-do-inferno, espíritos famintos, animais, seres humanos, semideuses e dos deuses que desfrutam dos cinco objetos de desejo.

Reino da forma O ambiente dos deuses que possuem forma.

Reino do inferno O reino mais inferior dos seis reinos do samsara. Consultar *Caminho Alegre da Boa Fortuna*.

Renúncia O desejo de se libertar do samsara. Consultar *Caminho Alegre da Boa Fortuna*.

Retiro-aproximador Retiro durante o qual nos empenhamos em nos aproximar de uma Deidade específica. Isso pode ser entendido de duas maneiras: aproximarmo-nos no sentido de desenvolver uma relação especial com um amigo, e aproximarmo-nos no sentido de nos tornarmos cada vez mais parecidos com a Deidade. Um retiro-aproximador de ações é um retiro-aproximador no qual coletamos um determinado número de mantras e o concluímos com um puja do fogo. Consultar *Joia-Coração*, *Novo Guia à Terra Dakini* e *Solos e Caminhos Tântricos*.

Roda-Canal "*Chakra*", em sânscrito. O chakra é um centro focal de onde canais secundários ramificam-se a partir do canal central. Meditar nesses pontos pode fazer com que os ventos interiores entrem no canal central. Consultar *Clara-Luz de Êxtase*, *Mahamudra-Tantra* e *Solos e Caminhos Tântricos*.

Roda do Dharma Uma coleção de ensinamentos de Buda. Algumas vezes, a expressão "Roda do Dharma" é utilizada para referir-se à roda-canal do coração, pois esse é o lugar onde visualizamos o Dharmakaya, que é a fonte da Roda do Dharma.

Roda do Dharma, Três Giradas da Uma coleção de ensinamentos de Buda. Buda deu seus ensinamentos em três fases principais, conhecidas como "as três giradas da Roda do Dharma". Durante a primeira girada da Roda do Dharma, ele ensinou as Quatro Nobres Verdades; durante a segunda girada, ensinou os *Sutras Perfeição de Sabedoria* e revelou a visão Madhyamika--Prasangika; e durante a terceira girada, Buda ensinou a visão Chittamatra. Esses ensinamentos foram dados de acordo com as inclinações e disposições de seus discípulos. A visão final e conclusiva de Buda é a da segunda girada da Roda do Dharma. O Dharma é comparado à preciosa roda, uma das posses de um legendário rei chakravatin. Essa roda podia transportar o rei por grandes distâncias num tempo muito curto, e diz-se que, para onde quer que a preciosa roda viajasse, o rei reinava nesse local. De modo semelhante, quando Buda revelou o caminho à iluminação, ele disse ter "girado a Roda do Dharma" porque, onde quer que esses ensinamentos sejam apresentados, as mentes deludidas são colocadas sob controle.

Samsara O samsara pode ser compreendido de duas maneiras: como renascimento ininterrupto, sem liberdade ou controle, ou como os agregados de um ser que tomou tal renascimento. O samsara, algumas vezes conhecido como "existência cíclica", é caracterizado por sofrimento e insatisfação. Existem seis reinos no samsara. Os reinos do samsara, listados em ordem ascendente de acordo com o tipo de carma que causa o renascimento neles, são: o reino dos seres-do-inferno, o reino dos espíritos famintos, o reino dos animais, o reino dos seres humanos, o reino dos semideuses e o reino dos deuses. Os três primeiros reinos são reinos inferiores, ou migrações infelizes; e os demais três reinos são reinos superiores, ou migrações felizes. Embora o reino dos deuses seja o mais elevado reino no samsara, devido ao carma que causa o renascimento nele, é dito que o reino humano é o reino mais afortunado, pois proporciona as melhores condições para se alcançar a libertação e a iluminação. Consultar *Caminho Alegre da Boa Fortuna*.

Seis perfeições As perfeições de dar, disciplina moral, paciência, esforço, estabilização mental e sabedoria. Elas são chamadas de "perfeições" porque são motivadas pela bodhichitta. Consultar *Caminho Alegre da Boa Fortuna* e *Contemplações Significativas*.

Ser comum Qualquer ser que não realizou diretamente a vacuidade.

Ser senciente Qualquer ser que tenha a mente contaminada pelas delusões ou pelas marcas das delusões. Os termos "ser senciente" e "ser vivo" são utilizados para fazer a distinção entre os seres cujas mentes estão contaminadas por essas duas obstruções (ou por uma delas) e os Budas, cujas mentes são completamente livres dessas duas obstruções.

Ser superior *"Arya"*, em sânscrito. Ser que possui uma realização direta da vacuidade. Existem Hinayanas superiores e Mahayanas superiores.

Sutra Ensinamentos de Buda abertos para a prática de todos, sem necessidade de uma iniciação. Os ensinamentos de Sutra incluem os ensinamentos de Buda das três giradas da Roda do Dharma.

Sutras Vinaya Sutras nos quais Buda explica, principalmente, a prática de disciplina moral e, em particular, a disciplina moral Pratimoksha.

Tantra Ver Mantra Secreto.

Tantra Ioga Supremo O supremo caminho rápido à iluminação. Os ensinamentos sobre o Tantra Ioga Supremo são a intenção última de Buda. Ver também Mantra Secreto e quatro classes de Tantra. Consultar *Clara-Luz de Êxtase, Mahamudra-Tantra, As Instruções Orais do Mahamudra* e *Solos e Caminhos Tântricos*.

Tempos degenerados Período no qual atividades espirituais se degeneram.

Tempos sem início De acordo com a visão de mundo budista, não há um início para a mente e, portanto, não há um início para o tempo. Por esta razão, todos os seres vivos tiveram incontáveis renascimentos.

Terra Dakini A Terra Pura de Heruka e Vajrayogini. É chamada de "Keajra", em sânscrito, e "Dagpa Khacho", em tibetano. Consultar *Novo Guia à Terra Dakini*.

Terra Pura Ambiente puro onde não há verdadeiros sofrimentos. Existem muitas Terras Puras. Por exemplo: Tushita é a Terra Pura de Buda Maitreya; Sukhavati é a Terra Pura de Buda Amitabha; e a Terra Dakini, ou Keajra, é a Terra Pura de Buda Vajrayogini e Buda Heruka. Consultar *Viver Significativamente, Morrer com Alegria*.

Tradição Kadampa A pura tradição do Budismo estabelecido por Atisha. Os seguidores dessa tradição, até a época de Je Tsongkhapa, são conhecidos como "Antigos Kadampas", e os seguidores após a época de Je Tsongkhapa são conhecidos como "Novos Kadampas". Ver também Budismo Kadampa, Kadampa e Nova Tradição Kadampa.

Tranquilo-permanecer Concentração que possui o êxtase especial da maleabilidade física e mental, obtida na dependência da conclusão das nove permanências mentais. Consultar *Caminho Alegre da Boa Fortuna* e *Contemplações Significativas*.

Transferência de consciência "Powa", em tibetano. Uma prática para transferir a consciência para uma Terra Pura no momento da morte. Consultar *Viver Significativamente, Morrer com Alegria*.

Transmissão oral A concessão de bênçãos através de instrução oral. Receber essas bênçãos é essencial para se obter realizações autênticas. Todos os textos-raiz e seus comentários têm sido transmitidos através de uma linhagem pura e ininterrupta, de professor para discípulo, desde o tempo de Buda Shakyamuni até o tempo presente. É costume, ao final de um ensinamento, que o professor recite todas as palavras do texto, da mesma maneira que ele (ou ela) ouviu do seu próprio professor. Para que se considere que um discípulo recebeu um ensinamento, é preciso que ele (ou ela) tenha ouvido todas as palavras da boca de um Guia Espiritual qualificado. Um ensinamento que foi recebido dessa maneira é completamente puro e carrega a bênção de todos os Gurus-linhagem que transmitiram os mesmos ensinamentos no passado.

Treinar a mente Ver Lojong.

Tummo Ver fogo interior.

Vacuidade Ausência de existência inerente, a natureza última dos fenômenos. Consultar *Como Transformar a sua Vida*, *Budismo Moderno*, *Novo Coração de Sabedoria* e *Oceano de Néctar*.

Vajra Em geral, a palavra sânscrita "*vajra*" significa "indestrutível como o diamante e poderoso como o raio". No contexto do Mantra Secreto, pode significar: a indivisibilidade de método e sabedoria; grande sabedoria onisciente; ou o grande êxtase espontâneo. É também o nome dado a um objeto ritual feito de metal. Consultar *Solos e Caminhos Tântricos*.

Vajra e sino Um vajra é um objeto ritual semelhante a um cetro e simboliza grande êxtase. O sino é um sino ritual de mão e simboliza a vacuidade. Consultar *Novo Guia à Terra Dakini* e *Solos e Caminhos Tântricos*.

Vajradhara O fundador do Vajrayana, ou Tantra. Vajradhara é o mesmo *continuum* mental que Buda Shakyamuni, mostrando, porém, um aspecto diferente. Buda Shakyamuni aparece no aspecto de um Corpo-Emanação, ao passo que Conquistador Vajradhara aparece no aspecto de um Corpo--de-Deleite. Consultar *Grande Tesouro de Mérito*.

Vajradhara Trijang Rinpoche (1901–1981) Um lama tibetano especial que viveu no século XX, e que era uma emanação de Buda Shakyamuni, Heruka, Atisha, Amitabha e Je Tsongkhapa. Também conhecido como "Trijang Rinpoche" e "Losang Yeshe".

Vajrasattva Buda Vajrasattva é o agregado consciência de todos os Budas aparecendo no aspecto de uma Deidade de cor branca, com a função específica de purificar a negatividade dos seres vivos. Ele é da mesma natureza que Buda Vajradhara, diferindo apenas no aspecto. A prática de meditação e recitação de Vajrasattva é um método muito poderoso para purificar nossa mente e ações impuras. Consultar *Novo Guia à Terra Dakini* e *As Instruções Orais do Mahamudra*.

Vajrayana O veículo do Mantra Secreto. Ver também Mantra Secreto. Consultar *Solos e Caminhos Tântricos*.

Ventos-energia Ver ventos interiores.

Ventos interiores Ventos sutis especiais relacionados com a mente e que fluem pelos canais do nosso corpo. Nosso corpo e nossa mente não podem funcionar sem esses ventos. Consultar *Clara-Luz de Êxtase*, *Mahamudra--Tantra* e *Solos e Caminhos Tântricos*.

Verdade convencional Qualquer outro fenômeno que não a vacuidade. Verdades convencionais são verdadeiras com respeito às mentes dos seres comuns, mas, em realidade, as verdades convencionais são falsas. Consultar *Novo Coração de Sabedoria* e *Budismo Moderno*.

Vogais e consoantes sânscritas A fonte das três letras OM AH HUM e de todos os mantras em geral são as dezesseis vogais sânscritas e as 34 consoantes sânscritas. As dezesseis vogais são: A, AA, I, II, U, UU, RI, RII, LI, LII, E, AI, O, AU, AM, AH. As 34 consoantes são: KA, KHA, GA, GHA, NGA, CHA, CHHA, JA, JHA, NYA, DA, THA, TA, DHA, NA, DrA, THrA, TrA, DHrA, NA, BA, PHA, PA, BHA, MA, YA, RA, LA, WA, SHA, KA, SA, HA, KYA.

Yidam Ver Deidade.

Bibliografia

Venerável Geshe Kelsang Gyatso Rinpoche é um mestre de meditação e erudito altamente respeitado da tradição do Budismo Mahayana fundada por Je Tsongkhapa. Desde sua chegada ao Ocidente, em 1977, Venerável Geshe Kelsang Gyatso Rinpoche tem trabalhado incansavelmente para estabelecer o puro Budadharma no mundo inteiro. Durante esse tempo, deu extensos ensinamentos sobre as principais escrituras mahayana. Esses ensinamentos proporcionam uma exposição completa das práticas essenciais de Sutra e de Tantra do Budismo Mahayana.

Consulte o *website* da Tharpa Brasil para conferir os títulos disponíveis em língua portuguesa.

Livros

Budismo Moderno *O caminho da compaixão e sabedoria.* (3ª edição, 2015)

Caminho Alegre da Boa Fortuna O completo caminho budista à iluminação. (4ª edição, 2010)

Clara-Luz de Êxtase Um manual de meditação tântrica.

Como Entender a Mente A natureza e o poder da mente. (edição revista pelo autor, 2014. Edição anterior, com o título *Entender a Mente*, 2002)

Como Solucionar Nossos Problemas Humanos As Quatro Nobres Verdades. (4ª edição, 2012)

Como Transformar a sua Vida Uma jornada de êxtase. (edição revista pelo autor, 2017. Edição anterior, com o título *Transforme sua Vida*, 2014)

Compaixão Universal Soluções inspiradoras para tempos difíceis. (3ª edição, 2007)

Contemplações Significativas Como se tornar um amigo do mundo. (2009)

Essência do Vajrayana A prática do Tantra Ioga Supremo do mandala de corpo de Heruka. (2017)

Grande Tesouro de Mérito Como confiar num Guia Espiritual. (2013)

Guia do Estilo de Vida do Bodhisattva Como desfrutar uma vida de grande significado e altruísmo. Uma tradução da famosa obra-prima em versos de Shantideva. (2ª edição, 2009)

Introdução ao Budismo Uma explicação do estilo de vida budista. (6ª edição, 2012)

As Instruções Orais do Mahamudra A verdadeira essência dos ensinamentos, de Sutra e de Tantra, de Buda (2016)

Joia-Coração As práticas essenciais do Budismo Kadampa. (2ª edição, 2016)

Mahamudra-Tantra O supremo néctar da Joia-Coração. (2ª edição, 2014)

Novo Coração de Sabedoria Uma explicação do Sutra Coração. (edição revista pelo autor, 2013. Edição anterior, com o título *Coração de Sabedoria*, 2005)

Novo Guia à Terra Dakini A prática do Tantra Ioga Supremo de Buda Vajrayogini. (edição revista pelo autor, 2015. Edição anterior, com o título *Guia à Terra Dakini*, 2001)

Novo Manual de Meditação Meditações para tornar nossa vida feliz e significativa. (3ª edição, 2016)

Novo Oito Passos para a Felicidade O caminho budista da bondade amorosa. (edição revista pelo autor, 2017. Edições anteriores, como *Oito Passos para a Felicidade*: 2013 – também revista pelo autor – e 2007)

Oceano de Néctar A verdadeira natureza de todas as coisas.

Solos e Caminhos Tântricos Como ingressar, progredir e concluir o Caminho Vajrayana. (2016)

Viver Significativamente, Morrer com Alegria A prática profunda da transferência de consciência. (2007)

O Voto Bodhisattva Um guia prático para ajudar os outros.(2ª edição, 2005)

Sadhanas

Venerável Geshe Kelsang Gyatso Rinpoche também supervisionou a tradução de uma coleção essencial de sadhanas, ou livretos de orações, para aquisições espirituais. Consulte o *website* da Tharpa Brasil para conferir os títulos disponíveis em língua portuguesa.

Caminho de Compaixão para quem Morreu Sadhana de Powa para o benefício dos que morreram.
Caminho de Êxtase A sadhana condensada de autogeração de Vajrayogini.
Caminho Rápido ao Grande Êxtase A sadhana extensa de autogeração de Vajrayogini.
Caminho à Terra Pura Sadhana para o treino em Powa (a transferência de consciência).
As Centenas de Deidades da Terra Alegre de Acordo com o Tantra Ioga Supremo O Guru-Ioga de Je Tsongkhapa como uma Prática Preliminar ao Mahamudra.
Cerimônia de Powa Transferência de consciência de quem morreu.
Cerimônia de Refúgio Mahayana e Cerimônia do Voto Bodhisattva.
A Confissão Bodhisattva das Quedas Morais A prática de purificação do Sutra Mahayana dos Três Montes Superiores.
Essência da Boa Fortuna Preces das seis práticas preparatórias para a meditação sobre as Etapas do Caminho à iluminação.
Essência do Vajrayana Sadhana de autogeração do mandala de corpo de Heruka, de acordo com o sistema de mahasiddha Ghantapa.
Essência do Vajrayana Condensado Sadhana de autogeração do mandala de corpo de Heruka.
O Estilo de Vida Kadampa As práticas essenciais do Lamrim Kadam.
Festa de Grande Êxtase Sadhana de autoiniciação de Vajrayogini.
Gota de Néctar Essencial Uma prática especial de jejum e de purificação em associação com Avalokiteshvara de Onze Faces.
Grande Libertação do Pai Preces preliminares para a meditação no Mahamudra em associação com a prática de Heruka.
Grande Libertação da Mãe Preces preliminares para a meditação no Mahamudra em associação com a prática de Vajrayogini.
A Grande Mãe Um método para superar impedimentos e obstáculos pela recitação do *Sutra Essência da Sabedoria* (o *Sutra Coração*).
O Ioga de Avalokiteshvara de Mil Braços Sadhana de autogeração.
O Ioga de Buda Amitayus Um método especial para aumentar tempo de vida, sabedoria e mérito.
O Ioga de Buda Heruka A sadhana essencial de autogeração do mandala de corpo de Heruka & Ioga Condensado em Seis Sessões.
O Ioga de Buda Maitreya Sadhana de autogeração.

O Ioga de Buda Vajrapani Sadhana de autogeração.
Ioga da Dakini A sadhana mediana de autogeração de Vajrayogini.
O Ioga da Grande Mãe Prajnaparamita Sadhana de autogeração.
O Ioga Incomum da Inconceptibilidade A instrução especial sobre como alcançar a Terra Pura de Keajra com este corpo humano.
O Ioga da Mãe Iluminada Arya Tara Sadhana de autogeração.
O Ioga de Tara Branca, Buda de Longa Vida.
Joia-Coração O Guru-Ioga de Je Tsongkhapa, associado à sadhana condensada de seu Protetor do Dharma.
Joia-que-Satisfaz-os-Desejos O Guru-Ioga de Je Tsongkhapa, associado à sadhana de seu Protetor do Dharma.
Libertação da Dor Preces e pedidos às 21 Taras.
Manual para a Prática Diária dos Votos Bodhisattva e Tântricos.
Meditação e Recitação de Vajrasattva Solitário.
Melodioso Tambor Vitorioso em Todas as Direções O ritual extenso de cumprimento e de renovação de compromissos com o Protetor do Dharma, o grande rei Dorje Shugden, juntamente com Mahakala, Kalarupa, Kalindewi e outros Protetores do Dharma.
Nova Essência do Vajrayana A prática de autogeração do mandala de corpo de Heruka, uma instrução da Linhagem Oral Ganden.
Oferenda ao Guia Espiritual (Lama Chöpa) Uma maneira especial de confiar no Guia Espiritual.
Paraíso de Keajra O comentário essencial à prática do Ioga Incomum da Inconceptibilidade.
Pedido ao Sagrado Guia Espiritual Venerável Geshe Kelsang Gyatso, de seus Fiéis Discípulos.
Prece do Buda da Medicina Um método para beneficiar os outros.
Preces para Meditação Preces preparatórias breves para meditação.
Preces pela Paz Mundial.
Preces Sinceras Preces para o rito funeral em cremações ou enterros.
Sadhana de Avalokiteshvara Preces e pedidos ao Buda da Compaixão.
Sadhana do Buda da Medicina Um método para obter as aquisições do Buda da Medicina.
O Tantra-Raiz de Heruka e Vajrayogini Capítulos Um e Cinquenta e Um do Tantra-Raiz Condensado de Heruka.
O Texto-Raiz: As Oito Estrofes do Treino da Mente

Tesouro de Sabedoria A sadhana do Venerável Manjushri.
União do Não-Mais-Aprender Sadhana de autoiniciação do mandala de corpo de Heruka.
Vida Pura A prática de tomar e manter os Oito Preceitos Mahayana.
Os Votos e Compromissos do Budismo Kadampa.

Os livros e sadhanas de Venerável Geshe Kelsang Gyatso Rinpoche podem ser adquiridos nos Centros Budistas Kadampa e Centros de Meditação Kadampa e suas filiais. Você também pode adquiri-los diretamente pelo *site* da Editora Tharpa Brasil.

Editora Tharpa Brasil
Rua Artur de Azevedo, 1360
Pinheiros
05404-003 São Paulo – SP
Tel: (11) 3476-2328
Web: www.tharpa.com/br
E-mail: contato.br@tharpa.com

Programas de Estudo do Budismo Kadampa

O Budismo Kadampa é uma escola do Budismo Mahayana fundada pelo grande mestre budista indiano Atisha (982–1054). Seus seguidores são conhecidos como "Kadampas": "Ka" significa "palavra" e refere-se aos ensinamentos de Buda, e "dam" refere-se às instruções especiais de Lamrim ensinadas por Atisha, conhecidas como "as Etapas do Caminho à iluminação". Integrando o conhecimento dos ensinamentos de Buda com a prática de Lamrim, e incorporando isso em suas vidas diárias, os budistas kadampas são incentivados a usar os ensinamentos de Buda como métodos práticos para transformar atividades diárias em caminho à iluminação. Os grandes professores kadampas são famosos não apenas por serem grandes eruditos, mas também por serem praticantes espirituais de imensa pureza e sinceridade.

A linhagem desses ensinamentos, tanto sua transmissão oral como suas bênçãos, foi passada de mestre a discípulo e se espalhou por grande parte da Ásia e, agora, por diversos países do mundo ocidental. Os ensinamentos de Buda, conhecidos como "Dharma", são comparados a uma roda que gira, passando de um país a outro segundo as condições e tendências cármicas de seus habitantes. As formas externas de se apresentar o Budismo podem mudar de acordo com as diferentes culturas e sociedades, mas sua autenticidade essencial é assegurada pela continuidade de uma linhagem ininterrupta de praticantes realizados.

O Budismo Kadampa foi introduzido no Ocidente em 1977 pelo renomado mestre budista Venerável Geshe Kelsang Gyatso Rinpoche. Desde então, ele vem trabalhando incansavelmente para expandir o Budismo

Kadampa por todo o mundo, dando extensos ensinamentos, escrevendo textos profundos sobre o Budismo Kadampa e fundando a Nova Tradição Kadampa-União Budista Kadampa Internacional (NKT-IKBU), que hoje congrega mais de mil Centros Budistas e grupos kadampa em todo o mundo. Esses centros oferecem programas de estudo sobre a psicologia e a filosofia budistas, instruções para meditar e retiros para todos os níveis de praticantes. A programação enfatiza a importância de incorporarmos os ensinamentos de Buda na vida diária, de modo que possamos solucionar nossos problemas humanos e propagar paz e felicidade duradouras neste mundo.

O Budismo Kadampa da NKT-IKBU é uma tradição budista totalmente independente e sem filiações políticas. É uma associação de centros budistas e de praticantes que se inspiram no exemplo e nos ensinamentos dos mestres kadampas do passado, conforme a apresentação feita por Venerável Geshe Kelsang Gyatso Rinpoche.

Existem três razões pelas quais precisamos estudar e praticar os ensinamentos de Buda: para desenvolver nossa sabedoria, cultivar um bom coração e manter a paz mental. Se não nos empenharmos em desenvolver nossa sabedoria, sempre permaneceremos ignorantes da verdade última – a verdadeira natureza da realidade. Embora almejemos felicidade, nossa ignorância nos faz cometer ações não virtuosas, a principal causa do nosso sofrimento. Se não cultivarmos um bom coração, nossa motivação egoísta destruirá a harmonia e tudo o que há de bom nos nossos relacionamentos com os outros. Não teremos paz nem chance de obter felicidade pura. Sem paz interior, a paz exterior é impossível. Se não mantivermos um estado mental apaziguado, não conseguiremos ser felizes, mesmo que estejamos desfrutando de condições ideais. Por outro lado, quando nossa mente está em paz, somos felizes ainda que as condições exteriores sejam ruins. Portanto, o desenvolvimento dessas qualidades é da maior importância para nossa felicidade diária.

Venerável Geshe Kelsang Gyatso Rinpoche, ou "Geshe-la", como é carinhosamente chamado por seus discípulos, organizou três programas espirituais especiais para o estudo sistemático e a prática do Budismo Kadampa. Esses programas são especialmente adequados para a vida moderna – o Programa Geral (PG), o Programa Fundamental (PF) e o Programa de Formação de Professores (PFP).

PROGRAMA GERAL

O Programa Geral (PG) oferece uma introdução básica aos ensinamentos, à meditação e à prática budistas, e é ideal para iniciantes. Também inclui alguns ensinamentos e práticas mais avançadas de Sutra e de Tantra.

PROGRAMA FUNDAMENTAL

O Programa Fundamental (PF) oferece uma oportunidade de aprofundar nossa compreensão e experiência do Budismo por meio do estudo sistemático de seis textos:

1. *Caminho Alegre da Boa Fortuna* – um comentário às instruções de Lamrim, as Etapas do Caminho à iluminação, de Atisha.
2. *Compaixão Universal* – um comentário ao *Treino da Mente em Sete Pontos*, do Bodhisattva Chekhawa.
3. *Novo Oito Passos para a Felicidade* – um comentário às *Oito Estrofes do Treino da Mente*, do Bodhisattva Langri Tangpa.
4. *Novo Coração de Sabedoria* – um comentário ao *Sutra Coração*.
5. *Contemplações Significativas* – um comentário ao *Guia do Estilo de Vida do Bodhisattva*, escrito pelo Venerável Shantideva.
6. *Como Entender a Mente* – uma explicação detalhada da mente, com base nos trabalhos dos eruditos budistas Dharmakirti e Dignaga.

Os benefícios de estudar e praticar esses textos são:

(1) *Caminho Alegre da Boa Fortuna* – obtemos a habilidade de colocar em prática todos os ensinamentos de Buda: de Sutra e de Tantra. Podemos facilmente fazer progressos e concluir as etapas do caminho à felicidade suprema da iluminação. Do ponto de vista prático, o Lamrim é o corpo principal dos ensinamentos de Buda, e todos os demais ensinamentos são como seus membros.

(2) *Compaixão Universal* e (3) *Novo Oito Passos para a Felicidade* – obtemos a habilidade de incorporar os ensinamentos de Buda em nossa vida diária e de solucionar todos os nossos problemas humanos.

(4) *Novo Coração de Sabedoria* – obtemos a realização da natureza última da realidade. Por meio dessa realização, podemos eliminar a ignorância do agarramento ao em-si, que é a raiz de todos os nossos sofrimentos.

(5) *Contemplações Significativas* – transformamos nossas atividades diárias no estilo de vida de um Bodhisattva, tornando significativo cada momento de nossa vida humana.

(6) *Como Entender a Mente* – compreendemos a relação entre nossa mente e seus objetos exteriores. Se entendermos que os objetos dependem da mente subjetiva, poderemos mudar a maneira como esses objetos nos aparecem, por meio de mudar nossa própria mente. Aos poucos, vamos adquirir a habilidade de controlar nossa mente e de solucionar todos os nossos problemas.

PROGRAMA DE FORMAÇÃO DE PROFESSORES

O Programa de Formação de Professores (PFP) foi concebido para as pessoas que desejam treinar para se tornarem autênticos professores de Dharma. Além de concluir o estudo de quatorze textos de Sutra e de Tantra (e que incluem os seis textos acima citados), o estudante deve observar alguns compromissos que dizem respeito ao seu comportamento e estilo de vida e concluir um determinado número de retiros de meditação.

Um Programa Especial de Formação de Professores é também mantido pelo KMC London, e pode ser realizado presencialmente ou por correspondência. Esse programa especial de estudo e meditação consiste de seis cursos desenvolvidos ao longo de três anos, fundamentados nos seguintes livros de Venerável Geshe Kelsang Gyatso Rinpoche: *Como Entender a Mente*; *Budismo Moderno*; *Novo Coração de Sabedoria*; *Solos e Caminhos Tântricos*; *Guia do Estilo de Vida do Bodhisattva*, de Shantideva, e seu comentário – *Contemplações Significativas*; e *Oceano de Néctar*.

Todos os Centros Budistas Kadampa são abertos ao público. Anualmente, celebramos festivais nos EUA e Europa, incluindo dois festivais na Inglaterra, nos quais pessoas do mundo inteiro reúnem-se para receber ensinamentos e iniciações especiais e desfrutar de férias espirituais. Por favor, sinta-se à vontade para nos visitar a qualquer momento!

Para mais informações sobre o Budismo Kadampa
e para conhecer o Centro Budista mais próximo de você
por favor, entre em contato com:

Centro de Meditação
Kadampa Brasil
www.budismokadampa.org.br

Centro de Meditação
Kadampa Mahabodhi
www.meditadoresurbanos.org.br

Centro de Meditação
Kadampa Rio de Janeiro
www.meditario.org.br

Centro de Meditação
Kadampa Campinas
www.budismocampinas.org.br

Escritórios da Editora Tharpa no Mundo

Atualmente, os livros da Tharpa são publicados em inglês (americano e britânico), alemão, chinês, espanhol, francês, italiano, japonês e português (do Brasil e de Portugal). Os livros na maioria desses idiomas estão disponíveis em qualquer um dos escritórios da Editora Tharpa listados a seguir.

Inglaterra
Tharpa Publications UK
Conishead Priory
ULVERSTON
Cumbria, LA12 9QQ, UK
Tel: +44 (0)1229-588599
Web: www.tharpa.com/uk
E-mail: info.uk@tharpa.com

Estados Unidos
Tharpa Publications USA
47 Sweeney Road
GLEN SPEY NY 12737, USA
Tel: +1 845-856-5102
Toll-free: 888-741-3475
Fax: +1 845-856-2110
Web: www.tharpa.com/us
E-mail: info.us@tharpa.com

África do Sul
26 Menston Road, Westville
DURBAN, 2629, KZN
REP. OF SOUTH AFRICA
Tel : +27 (0) 31 266 0096
Mobile: +27 (0) 72 551 3429
Web: www.tharpa.com/za
E-mail: info.za@tharpa.com

Alemanha
Tharpa Verlag Deutschland
Chausseestraße 108,
10115 BERLIN, GERMANY
Tel: +49 (030) 430 55 666
Web: www.tharpa.com/de
E-mail: info.de@tharpa.com

Ásia
Tharpa Asia
1st Floor Causeway Tower,
16-22 Causeway Road,
Causeway Bay,
HONG KONG
Tel: +(852) 2507 2237
Web: tharpa.com/hk-en
E-mail: info.asia@tharpa.com

Austrália
Tharpa Publications Australia
25 McCarthy Road
MONBULK, VIC 3793
AUSTRALIA
Tel: +61 (3) 9756-7203
Web: www.tharpa.com/au
E-mail: info.au@tharpa.com

Brasil
Editoria Tharpa Brasil
Rua Artur de Azevedo, 1360
Pinheiros, 05404-003
São Paulo – SP
BRASIL
Tel: +55 (11) 3476-2328
Web: www.tharpa.com/br
E-mail: contato.br@tharpa.com

Canadá
Tharpa Publications Canada
631 Crawford Street
TORONTO ON, M6G 3K1
CANADA
Tel: (+1) 416-762-8710
Toll-free: 866-523-2672
Fax: (+1) 416-762-2267
Web (Eng): www.tharpa.com/ca
Web (Fr): www.tharpa.com/ca-fr
E-mail: info.ca@tharpa.com

Espanha
Editorial Tharpa España
Calle La Fábrica 8, 28221
Majadahonda, MADRID
ESPAÑA
Tel.: +34 911 124 914
Web: www.tharpa.com/es
E-mail: info.es@tharpa.com

França
Editions Tharpa
Château de Segrais
72220 SAINT-MARS-D'OUTILLÉ
FRANCE
Tél /Fax: +33 (0)2 43 87 71 02
Web: www.tharpa.com/fr
E-mail: info.fr@tharpa.com

Japão
Tharpa Japan
KMC TOKYO, JAPAN
Web: kadampa.jp
E-mail: info@kadampa.jp

México
Tharpa México
Enrique Rébsamen Nº 406,
Col. Narvate Poniente
CIUDAD DE MÉXICO, CDMX, C.P.
03020, MÉXICO
Tel: +52 (55) 56 39 61 80
 +52 (55) 56 39 61 86
Web: www.tharpa.com/mx
Email: info.mx@tharpa.com

Portugal
Publicações Tharpa Portugal
Rua Moinho do Gato, 5
Várzea de Sintra
SINTRA, 2710-661
PORTUGAL
Tel.: +351 219 231 064
Web: tharpa.pt
E-mail: info.pt@tharpa.com

Suiça
Tharpa Verlag Schweiz
Mirabellenstrasse 1
CH-8048 ZÜRICH
SWITZERLAND
Tel: +41 44 401 02 20
Fax: +41 44 461 36 88
Web: www.tharpa.com/ch
E-mail: info.ch@tharpa.com

Índice Remissivo
a letra "g" indica entrada para o glossário

A

Abençoar 171, 199
Abençoar o *self* 193, 197, 199–209
  definição 199
Abençoar o *self*-com-semente
  como meditar em 200–204
  meditação propriamente dita 201–204
  práticas preliminares 200–201
  significado 203
Abençoar o *self*-sem-semente
  como meditar 204–209
  significado 205
Abraço-de-união, união 61
Ações não virtuosas g, 22, 24, 30, 31
  causa das ações não virtuosas 572
  definição 34
  quatro efeitos 31–32, 34
Adornar a coroa 119
Afundamento mental e excitamento mental 155
Agarramento ao em-si g, 64, 100, 124, 131, 145
  antídoto ao 102, 156
Agarramento-ao-verdadeiro 163
Agregados contaminados g, 123, 131, 132, 145
  verdadeiramente existentes 151

AH-curto, letra 215–217, 528
Akshobya. *Ver também* Famílias Búdicas, Cinco 211, 215
  compromissos da Família Akshobya 249
Akshobya-Heruka 211
Altar 20, 178
Amitabha. *Ver também* Famílias Búdicas, Cinco 40, 43, 211, 215
  compromissos da Família Amitabha 250
Amoghasiddhi. *Ver também* Famílias Búdicas, Cinco 43, 211, 215
  compromissos da Família Amoghasiddhi 250
Amor 181, 190
Analogias
  artista 79–81, 193
  mágico 153
Animais xvi, xvii, xviii, 31, 94, 95
  renascer como animal 145
Aparência dual g
Aparência equivocada 5
Aparência miragem 202, 206
Aparência e vacuidade não duais 274
Aparências 165, 186–187

Aparências e concepções comuns 86, 95, 100, 140, 152–153, 158, 162, 165
   antídoto 156
   purificar 29, 58, 124, 133, 136, 146
   superá-las 17, 84, 86, 148, 189
Aparências duais 84, 86, 221
   sutis 4, 64, 106, 137
Apego g, 81, 131
   transformar o apego 71, 101
Aquisição subsequente g, 221
Arrependimento, poder do. *Ver também* confiança, poder da 32
Asanga 48
Aspecto irado 4–5, 116, 138, 140
Assembleia de Deidades 103, 105
Assento-vajra 140
Atisha g, 39, 40, 67, 571
   conselho dado a Rinchen Sangpo 9, 118
Ausência do em-si 95
Autoapreço 137
Autogeração 28, 79, 103, 121, 200, 206
   instruções incomuns 106
Autoiniciação 181, 443–485
Avalokiteshvara 10, 67, 138
Avareza 59, 131

B

Bardo. *Ver* estado intermediário comum
BAM, letra 108, 109, 111, 527
Base, caminho e resultado 96, 100, 132
Base de designação g
   para o "eu" 145–146, 151, 199
   para Heruka 85, 143, 146, 150, 152
Behar g, 116
Bênçãos b, 37, 39, 40, 50, 53, 77, 101, 118, 196, 203, 571
   conceder bênçãos xvi
   de Heruka 5, 7, 26
   da iniciação 73

Benzarahi 43, 116, 170
Bhaga g, 173, 210
Bhairawa 41, 98, 99, 100, 137
Bodhichitta. *Ver também* bodhichitta última 16, 29, 58, 95, 168, 179, 190, 200
   aspirativa e de compromisso 25–26, 66
   definição 25
   incomum 25, 26, 27
Bodhichitta última 62, 65, 102
   Sutra 64
Bodhichittas. *Ver também* gotas 63, 74, 164, 195
   brancas 74, 95, 101, 109, 210, 215, 218
   gotejar das bodhichittas 218
   vermelhas 74, 210
Bodhisattva g, 8, 24, 40, 152
Brahma g, 140
Buda. *Ver também* Buda Shakyamuni xvi, xvii, 9, 35, 65, 179
Buda Shakyamuni 5, 20, 24, 119
Budadharma. *Ver também* Dharma 30
Budeidade. *Ver* iluminação
Budismo
   Kadampa g, 571
   Mahayana 571

C

Caminho. *Ver também* caminho incomum; caminhos comuns
   caminhos causais e resultantes 5
Caminho incomum xv, 256
Caminho do meio 12, 163
Caminho profundo g, 23
Caminho rápido xviii, 6, 39, 66
   que conduz ao Corpo-de-Deleite 87
   que conduz ao Corpo-Emanação 90
   que conduz ao Corpo-Verdade 85
Caminho vasto g, 23

Caminhos comuns xv, 29, 58, 66, 196, 200, 256
Caminhos para os três corpos 79, 83
Caminhos para os ventos dos quatro elementos 109-110
Caminhos para os ventos das quatro substâncias de oferenda 110
Campo de Mérito g, 41, 50, 51, 53, 77, 106
Canal central g, 95, 194-195, 209
  meditar no 200
  visualizar 215
Canais. *Ver também* canal central g, 193, 194
  abençoar 6, 7, 103, 114
  canal da vida 194, 200
  direito 194-195
  esquerdo 194-195
  das portas sensoriais 113
  purificar 74, 165
  dos vinte e quatro lugares 43, 111, 114, 165
Carma g, xvi, 8, 82, 147
Carne 123, 126, 131
Chakra. *Ver* roda-canal
Chakrasambara 167
  significado 4, 166
Chamas-sabedoria 88, 96
Changkya Rolpai Dorje 65
Cinco etapas do estágio de conclusão. *Ver também* cada etapa individualmente g, 63, 193, 197, 199
  explicação 199-222
Cinco excelsas sabedorias g, 89-90, 102, 123, 167
Cinco Famílias Búdicas. *Ver* Famílias Búdicas, Cinco
Cinco objetos de desejo 8, 57-59, 115
Círculo de proteção 88, 89, 96
  interior 116, 187

Clara aparência 105, 146, 173
  função 152
  treinar em 102, 147-149
  e vacuidade 156-158
Clara Iluminação de Todos os Significados Ocultos 6
Clara-luz. *Ver também* clara-luz-exemplo última; clara-luz-significativa g, 83, 85, 102, 131, 134, 195, 202
  do Corpo-Verdade 84, 87
  efetiva 164
  de êxtase 50, 85, 164, 202, 206, 210
  imaginada 164, 203
  da morte 87, 186, 265, 266
  plenamente qualificada 209, 213, 218
  do sono 87
  da vacuidade 187
Clara-luz-exemplo. *Ver* clara-luz-exemplo última g
Clara-luz-exemplo última 200, 207, 209, 213, 214, 218, 221
  caminho do Corpo-Verdade 82
Clara-Luz de Êxtase 202, 204
Clara-luz-significativa g, 75, 106, 166, 213, 219, 221
  bodhichitta última 66
Clarividência 209, 211, 212
  meditação para obter vários tipos de clarividência 212
Coleção de mérito g
Coleção de sabedoria g
Comentário ao Tantra de Heruka xviii, 6, 103, 163
  instruções comuns e incomuns 106
  por Je Tsongkhapa 6, 163
Compaixão g, 20, 23, 24, 100, 137, 138, 181
  grande compaixão 100
Compromissos g. *Ver* votos e compromissos

Conceber no útero 146, 151
Concentração. *Ver também* procurar, encontrar, manter, permanecer; tranquilo-permanecer; duas concentrações g, 22–23, 56, 63, 105, 150, 158
  objeto gerado através de concentração 79–81, 157
Concentração semelhante-a-um-vajra do Caminho da Meditação 106, 152, 221
Confiança, poder da. *Ver também* arrependimento, poder do; força oponente, poder da; promessa, poder da; quatro poderes oponentes 32–33
Confiar em uma consorte 219–221
Confissão g, 67
Confusão 131
Conhecedor válido g, 150
Consorte-conhecimento 61, 75, 76
Contínua-lembrança (*mindfulness*) g, xvi, 148
Cordão abençoado 7, 162
Cordão de brâmane g, 99
Corpo
  denso 203
  e mente 5, 7
  muito sutil xvi, 196
Corpo-Deidade. *Ver* corpo-Deidade denso; corpo-divino g
Corpo-Deidade denso 90
  corpo-emanação do caminho 83
Corpo-de-Deleite 73, 75, 83, 87, 100, 275
  base para alcançar o Corpo-de--Deleite 82
  mesclar com o Corpo-de-Deleite durante o estado de vigília 203

Corpo-divino g, 29
  efetivo 207, 219
  imaginado 76
Corpo-Emanação 73, 83, 90, 100, 275
  base para alcançar o Corpo-Emanação 82
  e emanações 275
  e iniciação-vaso 74
  mesclar com o Corpo-Emanação durante o estado de vigília 204
Corpo-Forma. *Ver também* Corpo--de-Deleite; Corpo-Emanação 87, 137, 157, 167, 275
  denso 88
Corpo de Heruka
  efetivo 79
  imaginado 152
  simbolismo 4, 100–102, 137–139
  visualização 98–99
Corpo-ilusório g, 74, 83, 87, 200, 207, 219
  caminho do Corpo-de-Deleite 83
  causa substancial 219
  impuro 219
  puro 106, 164, 221
Corpo-isolado 58, 61
Corpo-Natureza 73, 100
Corpo residente-contínuo 196, 199
  sinônimos 199
Corpo-vajra g, 28, 168, 221
  Família 46–47, 113
Corpo-Verdade g, 75, 82, 83, 85–86, 167, 275
  base para alcançar o Corpo-Verdade 82
Corpo-Verdade-Natureza 73, 100, 166, 184
Corpo-Verdade-Sabedoria 73, 166
Heruka definitivo 139, 166
  mesclar durante o estado da vigília 203

Corpo-Verdade Sabedoria 73, 100
Corpos de Buda. *Ver* Corpo-Forma; Corpo-Verdade g
Corpos-básicos 79, 81–82, 83
Corpos resultantes 83, 95
Cuias de crânio 94, 97, 109, 110

D

Dakini. *Ver também* Vajradakini 109, 119
Dakinis/Dakas g, 55, 61, 184
   mundanos(as) 94, 183
Damaru g, 101, 134
   significado 134
Darikapa 13
Dedicatória g, 53, 65, 67
   preces 50, 189, 197
Deidade-Fogo g, 180, 384
Deidades. *Ver também* assembleia de Deidades; Deidades-ação, Deidades-armadura; Deidades Que-Concedem-Iniciação g, 7, 47, 49–50, 105
   das Cinco Rodas. *Ver também* as Deidades de cada roda 114, 167
   sessenta e duas 5, 6, 47, 109, 114
   trinta e sete 5
Deidades-ação 187, 189
Deidades-armadura 115–117, 169–170, 174, 187
Deidades Que-Concedem-Iniciação 117, 118, 119
Deidades da roda-compromisso. *Ver também* Deidades dos portais 47, 97, 110, 113, 523
   responsabilidade principal 171
Deidades da roda-coração 43–45, 47, 97, 110, 520
   responsabilidade principal 171
Deidades da roda-corpo 46–47, 47, 97, 110, 111, 522
   responsabilidade principal 171
Deidades da roda-fala 45–46, 47, 97, 110, 111, 521
   responsabilidade principal 171
Deidades da roda do grande êxtase 20, 47, 50, 110
Deidades dos portais g. *Ver também* Deidades da roda-compromisso
Delusões g, 82, 116, 131, 137, 140
   cinco 123, 131
   superá-las 68, 72, 101, 164, 169
Delusões-obstruções. *Ver* obstruções à libertação
Demônio. *Ver* mara/demônio
Designação, mera. *Ver também* base de designação g, 163
Detentor da linhagem 107
Deus, deuses g, 54, 140
Deusa-conhecimento 135
Deusas oferecedoras 57–58, 96, 110, 134
Deusas dos portais g
Deusas dos quatro elementos 43, 109
Dez direções g
Dez perfeições g, 95
Dez portas 202
Dharma g, 35, 49, 571
Dharmadhatu g, 90
Dharmakaya. *Ver também* Corpo--Verdade g, 29, 51, 83, 118, 166, 167, 182, 184
Dingkiwa 13
Disciplina moral 34, 56
   efeito cármico de praticá-la 22
Dissolução dos ventos interiores 54, 61, 64, 84–85, 95, 131, 173, 214
   na gota indestrutível 114, 196
   sinais da 202, 203, 206, 210

Distração 64, 175, 498
Doença dos ventos 202
Dois extremos 100
Dö jo 6, 103
Dorje Pagmo 139
Dorje Shugden g, 20, 50
Dormir 64, 203
Doze elos dependente-relacionados 4, 100
Dromtonpa 39, 40
Duas concentrações
    empenhar-se nas duas concentrações 221
Duas verdades 64, 65, 158
DZA HUM BAM HO 51, 119
Dzalandarapa 16
Dzalendhara 214
Dzöladhara 194, 198, 199, 214
    como meditar na etapa de dzöladhara 214-218
    significado 214

E

Elementos. *Ver também* quatro elementos g, 71
    cinco 131
    contaminados 131, 132
    seis 8
Elos dependente-relacionados, doze g, 4, 100
Emanação. *Ver também* Vajrayogini, emanações xvi, 5, 6, 8, 136, 139
e Corpo-Emanação g, 275
Empenhar-se nas duas concentrações 221
Equilibrio meditativo semelhante-ao-espaço 64
Esforço 22
Espaço-Que-Se-Deleita 184
Espírito faminto g, 31

Espíritos. *Ver também* espírito faminto 94, 116, 183, 185, 189
    malévolos 124, 140, 141, 169
    mundanos 118, 185
Essência do Vajrayana (sadhana) 20, 179, 197, 239, 287-345
Estado iluminado de Heruka (*Herukahood*) 101
Estado intermediário comum. *Ver também* trazer o estado intermediário para o caminho g, 81, 86
    corpo 87
Estágio de conclusão. *Ver também* cinco etapas do estágio de conclusão 16, 17, 25, 61, 63, 81, 86
    base, caminho e resultado 131, 132
    introdução 193-196
    iogas 82, 83, 96
    objetos básicos 95, 194
    objetos principais 193
    práticas preliminares 196
    realizações 102, 103
    três purificações 27
Estágio de geração. *Ver também* estágio de geração propriamente dito 16, 17, 20, 25, 81, 86, 102
    denso 154, 155, 156
    fundação para o estágio de conclusão 106, 155
    objeto aparecedor 152
    objetos principais 193
    praticantes, quatro níveis 156
    práticas preliminares 20-77
    realizações 74, 95, 102
    sutil 155-156
Estágio de geração propriamente dito
    definição 79
    iogas do 82
    meditação 143-158

e tranquilo-permanecer 153–155
três purificações 27
Etapa da inconceptibilidade 199
Etapas do caminho. *Ver também*
    Lamrim g, xv, 95, 100, 571
Eu 143–146
   verdadeiramente existente 151
Eu, ou *self*, base para designar 203
Excelsa sabedoria. *Ver também* cinco
    excelsas sabedorias
   significado 202
Existência inerente g, 63
Êxtase. *Ver também* grande êxtase;
    grande êxtase espontâneo 175
   contaminado 217
   incontaminado g, 29, 133
   e vacuidade 101, 102

F

Faculdade sensorial 211–212
Faculdade sensorial da visão 212
Fala
   muito sutil xvi, 196
Fala, raiz de toda a 206
Fala-isolada 61
Fala-vajra 28, 161, 169
   Família 45–46, 113
Familiaridade 136, 146, 151
Famílias Búdicas, Cinco g, 116–117,
    119–121, 123, 132, 170, 218
   compromissos 249–250
   letras-sementes 126–127
Fé g, xviii, 9, 20, 23, 50, 53, 139
   de acreditar 256
   de admirar 256
   de almejar 53, 137, 165, 256
   no Guia Espiritual 17, 20, 40
Felicidade xvi, xvii, 39
   causa da felicidade 572

Fogo interior g. *Ver* tummo
Fonte-fenômenos g, 215
Força oponente, poder da. *Ver também*
    arrependimento, poder do;
    confiança, poder da; promessa,
    poder da; quatro poderes opo-
    nentes 33–34
Forma. *Ver também* forma visual 5, 57
   fonte-forma 81
Forma que é uma fonte-fenômenos
   81, 152
Forma visual. *Ver também* forma 132,
   134, 152, 207

G

Geração-em-frente 103, 183
   instruções comuns 106
Geshe Potowa 39–40
Gestos manuais. *Ver* mudra
Ghantapa 14–16, 39, 40, 49, 77, 202, 219
   comentário 6, 163
   sistema de 6, 107, 193
Gota indestrutível g, 42, 50, 195–196,
    201–202, 210, 211, 215
   meditação na 201
Gotas. *Ver também* bodhichittas; gota
    indestrutível g, 63, 193, 195
   abençoar 6, 7, 103, 114
   brancas e vermelhas 217
   cinco 211, 215, 217–218
   controlar 209–210, 214
   derretimento 204, 217
   purificar 74, 165, 218
   nos vinte e quatro canais 43, 111, 114, 165
Grande compaixão g
Grande êxtase. *Ver também* grande
    êxtase espontâneo; união de
    grande êxtase espontâneo e
    vacuidade 53, 54, 55, 140, 173, 211

de Heruka 158
o que é 204
e o termo "vajra" 204
Grande êxtase espontâneo g, 4, 6, 27, 56, 63, 77, 218
  oferenda secreta 61-62, 135
  e vacuidade 66, 95, 101, 114, 137, 140, 193, 218
  bodhichitta última 62
Grande Mãe 141
Grande selo. *Ver também* mahamudra
  significado 213
Guardião regional 93, 95, 182
Guardiões direcionais 93-94, 95, 182, 183
Guhyasamaja g, 7, 8, 255
  Tantra 8, 62, 68
Guia Espiritual. *Ver também* Guru 17, 20, 37-40, 49, 54, 65, 153
Guia Espiritual Vajrayana g, 213
Guias preliminares g, 71
Gungtang 284
Guru. *Ver também* Guru Heruka; Guru-Ioga; Guia Espiritual
  definição 37
  efetivo 64
Guru Heruka. *Ver* Guru Heruka-base; Guru Heruka do mandala de corpo
Guru Heruka do mandala de corpo 42-46, 77, 201
  três meditações 50
Guru Heruka-base 48
  Heruka-base 105
  meditação de examinar 98-99
  partes densas do corpo, simbolismo 42
  visualizar 41-42
Guru-Ioga 37, 106
Guru-raiz g

Guru Sumati Buda Heruka 509
Gurus-linhagem 7, 16, 39, 48, 49, 55
  pedidos aos Gurus-linhagem 76-77
Gyalwa Ensapa 219

H

HAM, letra 163, 215, 218
Hastes (em forma de pétalas, das três rodas) 110
Heróis e Heroínas g, 29, 43-47, 74, 114-115, 164-165, 212
  responsabilidades 171-172
  significado 184
  dos vinte e quatro lugares 6, 50, 61, 111-113, 165
Heruka. *Ver também* corpo de Heruka; Guru Heruka; Guru Heruka-base; Heruka definitivo 27, 101, 199, 212, 255
  aspecto irado 4-5, 138
  bênçãos 255
  Corpo-de-Deleite 206, 266, 275
  Corpo-Emanação 206, 267, 275
  Corpo-Verdade 206, 265-266, 275
  emanações 256
  forma de Heruka 79
  Heruka interpretativo 4, 136
  letra-semente 203
  manifestação da compaixão 5, 20, 100
  mente de grande êxtase 210, 212
  mente de Heruka 212
  qualidades 3-5, 137-139
  significado 3
  união com Vajravarahi 209
  vinte e quatro lugares sagrados 256
Heruka definitivo 4, 139, 158, 166, 174
  imaginado 166, 174
  kyab dag 64, 136
  manifestação de 47, 50, 189

natureza, do caminho 166
resultante/efetivo 166, 175
Heruka-natureza definitivo do caminho 166
Heruka Pai e Mãe 20, 24, 47, 110, 171
Hinayana g, 11
HUM, letra 109, 111, 113, 201–202, 203, 210, 215, 218, 526
   desenvolvimento 89
   dissolver 84–85

I

Ignorância. *Ver também* agarramento ao em-si g, 49, 56, 138, 139, 141, 151, 164, 265
   escuridão interior da xvi
Iluminação xvi, xvii, xviii, 22, 158
   em uma vida 16, 39, 54
Imagem genérica g, xv, 148, 152
Imaginação 17, 40
   correta 79
Impermanência 95, 150
Inconceptibilidade 194, 198
   como meditar na etapa da 218–221
Indra 140
Indrabodhi 219
Iniciação g, xviii, 8, 16, 25, 90, 119
Iniciação mudra-sabedoria 75, 135, 213, 214
Iniciação da palavra 76
Iniciação secreta 74, 135
Iniciação-vaso 74, 121
   e Corpo-Emanação 74
Intenção 29
Intervalo entre as meditações 158, 175, 189–190, 204, 206
Inveja (ou ciúme) 131
Ioga g
Ioga de acordar 179
Ioga de aprendizagem 193
Ioga de Buda Heruka, O 239–251
Ioga Condensado em Seis Sessões 249–251
Ioga do corpo-vajra 28
Ioga criativo 79, 193
Ioga de dormir 179
Ioga de experimentar néctar 29, 122, 179
Ioga da fala-vajra 28, 161
Ioga da mente-vajra 28
Ioga da profundidade e clareza não duais 156–158
Ioga das três purificações 27, 29
Iogue, ioguine g
Ishvara g, 116, 137

J

Je Phabongkhapa g 6, 7, 212
Je Tsongkhapa g, 20, 40, 65, 67, 71, 121, 202, 212
   comentário 6, 103, 163
Joia Buda 23, 24, 33
Joia-Coração 67, 149
Joia-Coração (sadhana) 179
Joia Dharma 23, 24, 33
Joia Preliminar (sadhana) 179, 365–374
Joia Sangha 23, 24, 33

K

Kadampa g
   Budismo 571
   significado 571
Kalarati 41, 98, 99, 100, 137
Keajra 8, 13, 90, 187, 212
Khandarohi 43, 109, 119, 124, 133, 170, 171
Khatanga g, 102, 129
Khedrubje g, 39, 40, 67, 86
Krishnapada 6, 16
Kyab dag 64, 136

L

Laço-vajra 102
Lama. *Ver também* Vajralama 109, 119
Lamrim g, 37, 39, 65, 179, 190, 571
Letra-semente g, 51, 108, 126–127, 525–532
Letras
  visualizá-las 215
Libertação. *Ver também* nirvana xvii, 7, 82, 149
Linhagem g, 6, 571
Linhagem Oral Ganden 221
Lochana 43, 116, 170
Lojong g, 65, 179
Lótus 108, 163
  de oito pétalas 89, 97
  de sessenta e quatro pétalas 89
Lua, exemplo 150
Luyipa 6, 13
Luz para o Caminho à Iluminação 155

M

Madhyamaka 12
Mahakaruna 15
Mahamudra 212, 213
Mahasiddhas g, 9
Mahayana g, 11, 12, 20, 100
  Budismo Mahayana 571
Mala 172
Mamaki 43, 116, 170
Mandala. *Ver também* mandala; mandala de Heruka; oferenda de mandala g, 8, 105
  denso 115
  exterior 102, 108, 115
  interior 102, 115
  puja do fogo. *Ver também* oferenda ardente 536
  quatro elementos 88, 108, 125
  significado 103
  sutil 115
Mandala de corpo. *Ver também* mandala de corpo de Heruka; mandala de corpo sustentador e sustentado
  base para realizar 105, 108
  do caminho 106
  geração simultânea 107, 109
  imaginado 105, 106, 167
  mandala de corpo de Heruka 103–106, 114–115
  meditação de examinar o mandala de corpo 108
  o que é 105
  qualidade incomum 105, 114, 166
  resultante/efetivo 106, 167
Mandala de corpo de Heruka 103–106, 114–115
Mandala de corpo natureza do caminho 106
Mandala de corpo sustentador e sustentado. *Ver também* mandala de corpo de Heruka 42, 105
  geração simultânea 107, 109
Mandala de Heruka 8
  exterior 6
  interior 6
  meditação de examiná-lo 93–99
Mandala de lua 89
Mandala sustentador e sustentado 90, 103, 171
Manjushri g, 10, 40, 48, 149
Mansão celestial 96, 102, 103, 108, 115
Mansão celestial do mandala de corpo 105, 115
  base para realizá-la 105, 108
Mantra. *Ver também* cada mantra individualmente g, 206–207

abençoar 133
de cem letras 33
mantra-ação 124
mantra-que-emana-das-quatro-faces 187
raiz do mantra 206
sabedoria-descendente 177
significado 162
Mantra de Heruka
  essência 28, 166–167, 173, 174
  essência-aproximador 167, 173, 174, 175
  raiz 162–164, 171, 173
Mantra Secreto g, 121
  essência do Mantra Secreto 61
Mantra Tri-OM 169
Mantra de Vajrayogini
  essência 168, 173, 174, 175
  essência-aproximador 168–169, 173, 174, 175
  raiz 165, 173
Mantras-armadura 116–117, 169–170, 174
Mantras das Deidades da roda--compromisso 171, 174
Mantras das Heroínas 171
Mantras dos Heróis 171
  raiz 164, 184
Mantras das Quatro Ioguines 170, 174
Mara/demônio g, 164, 169
Marcas das delusões 100
Marpa Lotsawa 132
Matar 31
Meditação. *Ver também* meditação analítica; meditação posicionada xv–xvi, 53, 148–149
  efeito cármico de praticá-la 23
  meditação de examinar 93–99, 107–115, 153–154, 158
  quatro etapas 148

Meditação analítica g, 93, 148, 149
Meditação posicionada g, 148, 149, 150
Mensageiro(a) 59, 61
Mente. *Ver também* os diferentes tipos de mente g
  densa 64, 186
  impura 37, 40
  mente-raiz 215
  muito sutil xvi, 63, 196, 199, 203
    realiza a vacuidade 219
    sinônimos 199
    transformá-la na clara-luz de êxtase 203
  pura 40, 50
  raiz 84
Mente de clara-luz 63–64, 87, 131
  oitavo sinal 85
Mente conceitual g, 64, 153
Mente-Deidade 76
Mente-isolada. *Ver também* clara-luz--exemplo última 61
Mente-isolada da clara-luz-exemplo última 207
Mente de iluminação. *Ver* bodhichitta
Mente onisciente 101
Mente residente-contínua 196, 199, 213, 214
  sinônimos 199
Mente válida g
Mente-vajra 28, 169
  Família 43–45, 111
Mérito g, 37, 39, 50, 53, 59, 66, 196
  coleção de g, 56, 157
  de oferendas 58, 115, 121
Mero nome 163
Método 101
Migrante g, 66
Milarepa 96, 256
Monastério de Nalanda 10

Monte Meru g, 70, 88–89, 108, 171
Morada natural 51, 118
Morte comum. *Ver também* trazer a morte para o caminho 22, 37, 49, 81, 86
Morte, estado intermediário e renascimento. *Ver também* estado intermediário comum; morte comum; renascimento comum 22, 82, 151
Motivação xviii, 23, 27, 179, 181, 189
 ao recitar mantras 167
Mudra. *Ver também* mudra-ação; mudra-sabedoria g, 61, 119, 134, 194
 mudra-compromisso 213
 mudra-fenômeno 213
 mudra fulgurante 118
 significado, no contexto da iniciação mudra-sabedoria 75
Mudra-ação 61–62, 207, 209, 212, 213, 217, 219–221
 confiar 213
 duas maneiras de confiar em um mudra-ação 214
Mudra-compromisso 213
Mudra-sabedoria 75, 101, 213, 219
 preliminar para o mudra-ação 213

N

Nada (linha de três curvas) g, 85, 87, 201, 204, 205, 207
 ilustração 268
Naga g, 11, 94, 95
Nagarjuna 9–12
 obras 11–12
 visualização 48
Nascimento. *Ver* renascimento comum

Natureza búdica g, 30
Natureza última g, 136
Néctar 56, 129, 130
Ngulchu Dharmabhabdra 284
Nirvana. *Ver também* libertação xvi, 186
Nós do canal 61, 195
 no coração 61, 195, 202, 206, 207, 213
Nova Essência do Vajrayana 253–285
Nova Tradição Kadampa g, 572
Nove estados de ânimo 98–99, 137

O

Obstruções à libertação g, 63, 152
Obstruções à onisciência g, 63, 152
Odivisha 14, 15
Oferenda ardente 180–181
 implementos 537
 mandala 536
 sadhana 117, 375–441
Oferenda interior 59, 185
 abençoar 122–130
 à autogeração 135
 base da 123, 132, 182
 objeto visual da 123, 132
 significado 130–132
Oferenda de mandala 67–72
 benefícios 71
 grande guia preliminar 71, 72
Oferenda de torma 181–185
 base 123, 132, 182
 ilustrações 534–535
 objeto visual 132
 para convidados mundanos 94, 185
 para convidados supramundanos 183
Oferenda tsog g
 base 123
 objeto visual 132

Oferendas. *Ver também* oferenda ardente; oferenda de mandala; oferenda de torma; oferenda tsog; oferendas à autogeração; oferendas exteriores 20–21, 39, 55–67
  abençoar 122–134
  da prática espiritual 17, 65–67
  secreta 59–62, 214
  da talidade 62–65
Oferendas à autogeração 121–141, 189
  dos cinco objetos de desejo 115
  exterior. *Ver também* oferendas exteriores 134
  interior. *Ver também* oferenda interior, abençoar 135
  secreta e da talidade 135, 214
Oferendas exteriores 21, 55–59, 185
  abençoar 132–134
  atributos 133
  à autogeração 134, 189
  base 123
  benefícios 56
  cinco objetos de desejo 57–59
  manifestações de suas vacuidades 56
  objeto visual 123
Oito sinais de dissolução. *Ver também* dissolução dos ventos interiores g, 61, 84–85, 131
Oito versos de louvor 136–141, 185, 189
OM, letra 205, 209
OM AH HUM, mantra 51, 118, 133, 206, 207
OM SOBHAWA (…), mantra 124
OM YOGA SHUDDHA (…), mantra 186
Oráculo 118
Orgulho deludido 149, 151

Orgulho divino 105, 117, 135, 143, 152, 158, 173, 186, 214
  base de designação 146
  benefícios 151
  conhecedor válido 150
  função 152
  objeto de meditação 150
  de ser o Corpo-de-Deleite 86, 87, 203, 206
  de ser o Corpo-Emanação 87, 204, 206
  de ser o Corpo-Verdade 84, 85, 203, 206, 210
  treinar em 102, 149–153, 189
Ornamentos-mudra 100

P

Palmo 67
Partes do corpo
  densas 42, 105, 107
  sutis 42, 105, 109
Paz xvi, 39, 572
Paz mental 572
Paz solitária 100
Pele de elefante 98, 100, 101
Pele de tigre 100, 101, 139
Pemanarteshvara 172
Percepção errônea 81, 143
Percepção mental g, xv
Percepção sensorial xv
Percepção visual 202, 207, 212
Perfeição de sabedoria g, 139, 141
Perfeições. *Ver* dez perfeiçoes; seis perfeições
Permanências mentais 154–155
  quarta
    que medita na etapa de abençoar o *self*-com-semente 202
  segunda
    que medita na etapa de abençoar o *self*-com-semente 202

Pétalas-canais 109
PHAIM 118
Poder do arrependimento. *Ver* arrependimento, poder do
Poder da confiança. *Ver* confiança, poder da
Poder da força oponente. *Ver* força oponente, poder da
Poder da promessa. *Ver* promessa, poder da
Poderes miraculosos 16, 207
Portas da libertação. *Ver* quatro portas da libertação
Portas sensoriais, oito 50, 113
Postura vajra g
Potenciais
   depositados através de meditação 149
Praticantes de Heruka 6-7, 8-17, 94, 115, 162, 171, 189
   qualificações 16-17
Praticantes Mahayana
   motivação principal 23
Praticantes de Tantra Ioga Supremo. *Ver também* praticantes de Heruka 25, 58
   motivação principal 23
Práticas preliminares. *Ver também* guias preliminares 20-35
   para o estágio de conclusão 196
   para o estágio de geração 20-77
   para um retiro-aproximador 178
Prazeres com elaborações 219
Prazeres sem elaborações 219
Prece Libertadora 235-236
Preciosa vida humana xvii, 22, 31, 54
Preencher com joias 194, 198
   como meditar em 212-214
Procurar, encontrar, manter, permanecer 148, 154

Promessa, poder da. *Ver também* arrependimento, poder do; confiança, poder da; força oponente, poder da; quatro poderes oponentes 34
Prostrações 39, 53-55
Protetor do Dharma g, 24, 50
PU DZA (...), letras dos vinte e quatro lugares 110
Puja do fogo. *Ver* oferenda ardente
Purificar
   equívocos 180, 186
   não virtudes 30-35, 53, 66, 196
   nosso corpo 28, 74, 76
   nossa fala 28, 74, 76, 161
   nossa mente 27, 76
   outros seres, o ambiente e prazeres 29, 90

Q

Quatro alegrias g, 75, 95, 101, 135, 212, 214
Quatro classes de Tantra g, 49-50
Quatro completas purezas 121
Quatro elementos 88
   deusas dos quatro elementos 43, 109
   mandala 88, 108
   transformados 110
   ventos que sustentam os quatro elementos 43, 109, 110
Quatro iniciações 73-76
Quatro Ioguines. *Ver também* cada ioguine individualmente 20, 43, 47, 74, 97
   responsabilidade principal 171
Quatro Mães 119, 170
Quatro maneiras de reunir discípulos g, 95
Quatro mantras preciosos 162

Quatro maras. *Ver também* mara/demônio 100, 131, 137, 138, 139, 184
Quatro poderes oponentes 31–35
Quatro portas da libertação 4, 100, 138

R

Raiva 139
Ratnasambhava. *Ver também* Famílias Búdicas, Cinco 43, 211, 215
 compromissos da Família Ratnasambhava 250
Realizações xvii, xviii, 15, 17, 148–149
Recitação de mantra 105, 149, 173–175
 benefícios 161, 167
 recitação breve 174–175
Recitação vajra 61, 161, 197, 204–209
 duas funções principais 206–207
 em associação com os cinco ventos secundarios 207–209
Refúgio 22–25, 30, 32
 incomum 174
 Mahayana 23
 prece de refúgio 25
 último 22, 32, 174
 visualização 24, 32–33
Refúgio Mahayana 66
Regozijo 66, 67, 77
Rei Ajatashatru 149
Reino do desejo g, 70
Reino da forma g, 70
Reino do inferno g, 31
Reino humano 82
Relação sexual 217
Renascimento comum. *Ver também* trazer o renascimento para o caminho 82, 83, 90
Renascimento inferior 22, 24, 30
 causa do renascimento inferior 30
Renascimento samsárico 22, 23, 56, 82, 137

Renúncia g, 16, 58, 95, 190
Respiração-vaso 217–218
Retiro. *Ver também* retiro-aproximador 175–178
Retiro-aproximador g, 175–178, 277, 284
 de ações 177–180, 181
 grande 181
Rinchen Sangpo 9, 118
Roda-canal g
 do coração 194, 202, 210, 211
 da coroa 194, 211
 da garganta 194, 211
 do lugar secreto 194, 215
 do umbigo 194, 210
Roda do Dharma g, 5, 10, 12, 48, 571
Roda do Dharma, três giradas g
Roda da Vida 139
Rupini 109, 119

S

Sabedoria 572
Sabedoria. *Ver também* cinco excelsas sabedorias; sabedoria onisciente 101
 coleção de g, 86, 157
 excelsa 88, 202
 que realiza a vacuidade 65
Sabedoria onisciente xvi, 102, 164
 manifestação da 5, 106
Sadhana 6, 65, 175
 autoiniciação 181, 443–485
 etimologia 103
 de Heruka 20, 103, 179
 oferenda ardente 117, 375–441
 retiro 179, 365–374
Samsara g, xvi, 95, 100, 147, 149
 impedir renascimento no 267
 natureza última do samsara 186
 raiz do samsara 145, 165

Sangha 35, 50, 179
Saraha 9
Seis perfeições g, 67, 95, 100
Senhor da Morte 164
Sensações 186
Ser-de-compromisso 51, 117, 118–119, 203
Ser comum g
Ser divino
  efetivo 106
Ser humano. *Ver também* preciosa vida humana xvii, 8, 54, 131, 139, 145
Ser iluminado. *Ver* Buda
Ser-de-sabedoria 51, 117–119, 150, 156, 204
  o que é 117
Seraka 99
Seres sencientes g, 5, 106, 152
Ser(es) superior(es) g, 23, 219
Sessenta e quatro artes do amor 62
Sete membros 53–67
  tântricos 65
Sharpu 96
Shawari 12
Sinais de dissolução. *Ver* oito sinais de dissolução
Sino. *Ver também* vajra 134
  significado 101, 102, 134
Sofrimento 82, 162
  causas do 30, 34, 145, 165
Solo coberto com esqueletos 81
Solos e Caminhos Tântricos 209
Solos sepulcrais 93–96, 94–95, 106, 108
Sonho 64, 157, 203
  corpo-sonho 87
Sukhavati 8
Sutra g, 62, 82
Sutra "Ida para Lanka" 9, 12
Sutras Perfeição de Sabedoria 11
Sutras Vinaya g, 30, 81

T

Talidade (*thatness*) 62–65
Tantra g, 7–8
Tantra de Heruka 181
  benefícios 4, 6–9
  essência do 166
  síntese 163
  Tantra-Raiz de Heruka 5–6, 7, 121, 162
  três sistemas 6
Tantra Ioga Supremo. *Ver também* estágio de conclusão; estágio de geração g, xv, 22, 39
  Deidades 49
  essência 66
  grande êxtase segundo o Tantra Ioga Supremo 204
  e outras Terras Puras que não Keajra 8
  porta de ingresso e caminho 25
  secreto 163
Tara 43, 67, 117, 170
Tempos degenerados g, 7, 39, 162, 190, 255
Tempos sem início g, 175, 196
Terra Dakini g. *Ver* Terra Pura, de Heruka
Terra Pura g, 8, 82, 207
  de Heruka. *Ver também* Keajra 86, 88, 136, 149
  Sukhavati 8
Torma 20
  etimologia 181
Tradição Kadampa g
Tranquilo-permanecer g, 153–155
  objeto 153, 154, 157
Transferência de consciência g, 86
Transmissão oral g
Trazer o estado intermediário para o caminho 82, 83, 86–87
  funções 87

Trazer a morte para o caminho 82, 84–86, 186
  funções 86
Trazer o renascimento para o caminho 82, 83, 87–90, 115
  funções 90
Três Joias. *Ver também* Joia Buda; Joia Dharma; Joia Sangha 23–24
Três mesclas (*three mixings*) 203–204, 211
Três reconhecimentos 29
Três trazeres. *Ver também* cada trazer, individualmente 83, 121, 143, 147, 204, 275
Trijang Rinpoche, Vajradhara g, 6, 7, 16, 39, 77, 106
Trinta e sete realizações conducentes à iluminação 5
Tummo 95, 109, 140, 214, 217
  meditação no tummo 217–218
  mudra-fenômeno 213
  símbolo do tummo 102, 130, 131, 134

U

União da clara-luz e vacuidade 206, 221
União da clara-luz-significativa e corpo-ilusório 61, 64, 194, 219, 221
União do Corpo-Forma e Corpo--Verdade 26, 219
União de grande êxtase e vacuidade. *Ver também* grande êxtase espontâneo, e vacuidade 4, 29, 85, 101, 174, 175, 213, 214, 218–219, 265
União-do-Não-Mais-Aprender 61, 76, 181, 194, 219, 221
União-do-Não-Mais-Aprender (sadhana) 443–485
União-que-precisa-aprender 61, 219

União do vento e mente indestrutível 199, 201

V

Vacuidade. *Ver também* união de grande êxtase e vacuidade; verdade última g, 3, 16, 56, 57, 62–64, 65, 85, 101, 136, 150, 175
  e clareza 156–158
  quatro portas 100
  união de grande êxtase e vacuidade 4
  na vacuidade não existem aspectos irados ou pacíficos 4
Vairochana. *Ver também* Famílias Búdicas, Cinco 43, 211, 215
  compromissos da Família Vairochana 249
Vajra g, 101, 134, 163, 173
  de cinco hastes 89
  grande êxtase 140, 168, 169, 204
  mente de grande êxtase de Heruka 212
VAJRA AH RA LI (…), mantra 183–184, 185
Vajra e sino g
Vajra de várias qualidades 193, 198
  como meditar no 209–212
  com semente, como meditar no 209–210
  sem semente, como meditar no 210–212
VAJRA MU 186
Vajra unidentado 210, 212
Vajradakini 43, 170
Vajradhara g, 4, 5, 49, 54, 68, 255
  definitivo 64
Vajradhara Trijang Rinpoche g. Ver Trijang Rinpoche, Vajradhara

Vajradhatu Ishvara 116
Vajralama 43, 170
Vajrapani 5
Vajrarupini 43, 170
Vajrasattva g, 32–34
   prática de 257–259
Vajravarahi 5, 101, 116, 165, 209, 213, 214
   qualidades 139–141
   visualização 41, 99
Vajrayana g, xviii, 4, 65
Vajrayogini 65, 139, 140, 165
   bênçãos 255
   emanações 13, 16, 39, 136, 256
   mandala de corpo 255
Vento e mente indestrutível(is) 196, 199, 203
   meditar no 201–204
Ventos. *Ver* ventos interiores
Ventos-energia. *Ver* ventos interiores
Ventos interiores. *Ver também* dissolução dos ventos interiores; ventos-raiz; ventos secundários g, 6, 7, 193, 201–202
   controlar os ventos interiores 204–207
   entrar, permanecer e dissolver 193, 199, 202, 204, 206, 207, 213
   função 196
   impuros 165
   muito sutil 196, 199, 203, 205, 206
   sinônimos 199
   purificá-los 74, 100, 110, 206
   dos quatro elementos 84, 110
   das quatro substâncias de oferenda 110
   reunir 50, 51, 54, 84, 114, 155
   secundários 207–209
   sinais dos 202
Ventos-raiz 196
   descendente de esvaziamento 61, 95, 130, 131, 217
   de sustentação vital 95, 205, 206, 207
Ventos secundários 196, 207–209
Verdade convencional g, 157, 158
   realização 74
Verdade última. *Ver também* vacuidade 4, 157, 158, 175, 572
   realização 75
Vidas futuras 22
Vidas passadas 145
Vinte e quatro lugares de Heruka 8, 43, 110
Vinte e quatro lugares interiores 43, 110
Visão errônea 100, 180
Visão profunda 58, 95
Visão pura 136
Vogais e consoantes sânscritas g, 89, 129
Votos e compromissos 17, 67, 181, 189, 249–251
   tântricos 73

Y

Yamantaka 7, 8, 255
Yidam. *Ver* Deidades

Leituras Recomendadas

Se você apreciou a leitura deste livro e deseja encontrar mais informações sobre o pensamento e a prática budistas, apresentamos outros livros do Venerável Geshe Kelsang Gyatso Rinpoche que você poderá gostar de ler ou ouvir. Eles estão disponíveis pela Editora Tharpa Brasil.

BUDISMO MODERNO
O Caminho de Compaixão e Sabedoria

Ao desenvolver e manter compaixão e sabedoria na vida diária, podemos transformar nossas vidas, melhorar nossos relacionamentos com os outros e ver além das aparências, enxergando o modo como as coisas realmente existem. Dessa maneira, podemos solucionar todos os nossos problemas diários e realizar o verdadeiro sentido da nossa vida humana. Com compaixão e sabedoria, como as duas asas de um pássaro, podemos alcançar rapidamente o mundo iluminado de um Buda.

Você pode baixar gratuitamente as versões *eBook* ou PDF do livro *Budismo Moderno* no endereço www.budismomoderno.org.br

MAHAMUDRA-TANTRA
Uma Introdução à Meditação Tântrica

O Tantra é muito popular, mas pouquíssimas pessoas compreendem seu verdadeiro significado. Este livro revela como praticar o Mahamudra, a verdadeira essência da meditação tântrica budista. Através de manifestar o nível mais profundo da nossa mente e usar essa mente muito sutil para meditar na verdade última, podemos purificar nossa mente de todas as negatividades até a sua raiz e, assim, alcançar rapidamente o estado da plena iluminação.

AS INSTRUÇÕES ORAIS DO MAHAMUDRA
A Verdadeira Essência dos Ensinamentos, de Sutra e de Tantra, de Buda

Este precioso livro revela a prática incomum do Mahamudra tântrico da Linhagem Oral Ganden, que o autor recebeu diretamente do seu Guia Espiritual, Vajradhara Trijang Rinpoche. Ele explica, clara e conscisamente, todo o caminho espiritual, desde as práticas preliminares iniciais até as etapas de conclusão finais do Tantra Ioga Supremo, que nos permitem alcançar a plena iluminação nesta vida. Também disponível em formato *eBook*.

NOVO GUIA À TERRA DAKINI
A Prática do Tantra Ioga Supremo de Buda Vajrayogini

Este guia abrangente fornece-nos uma explicação detalhada e prática dos dois estágios da prática de Vajrayogini. Ele mostra como podemos integrar essas práticas na nossa vida diária, transformando, assim, cada momento da nossa vida no caminho à iluminação. Um guia – único no gênero – para se tornar um ser iluminado tântrico neste mundo moderno. Também disponível em formato *e-book*.

SOLOS E CAMINHOS TÂNTRICOS
Como Ingressar, Progredir e Concluir o Caminho Vajrayana

Este autêntivo livro de referência fornece-nos uma explicação ampla e detalhada das práticas essenciais das quatro classes de Tantra tal como ensinadas por Buda. A partir da sua própria experiência de muitos anos em retiro tântrico, o autor mostra como pessoas do mundo moderno podem ingressar, progredir e, por fim, concluir o Caminho Vajrayana à iluminação.

CLARA-LUZ DE ÊXTASE
Manual de Meditação Tântrica

De uma maneira clara e precisa, o autor explica passo-a-passo como podemos gerar uma mente concentrada e extasiante e, com essa consciência alegre, manifestar nossa verdadeira natureza e destruir a raiz de todo sofrimento e confusão. Um guia altamente aclamado à meditação tântrica, o método rápido e profundo para alcançar o estado plenamente desperto de um Buda. Também disponível em formato *eBook*

Para encomendar qualquer um de nossos livros ou outros produtos sobre Budismo e meditação, por favor, visite www.tharpa.com/br ou entre em contato com o Centro Kadampa ou Editora Tharpa mais próximos (para uma lista das Editoras Tharpas em todo o mundo, ver páginas 577–578).

Encontre um Centro de Meditação Kadampa Próximo de Você

Para aprofundar sua compreensão deste livro e de outros livros publicados pela Editora Tharpa Brasil, assim como a aplicação desses ensinamentos na vida diária, você pode receber ajuda e inspiração de professores e praticantes qualificados.

As Editoras Tharpa são parte da comunidade espiritual da Nova Tradição Kadampa. Esta tradição tem um número crescente de Centros e filiais em mais de 40 países ao redor do mundo. Cada Centro oferece programas especiais de estudo em Budismo moderno e meditação, ensinados por professores qualificados. Para mais detalhes, consulte Programas de Estudo do Budismo Kadampa (ver páginas 571–574).

Esses programas são fundamentados no estudo dos livros de Venerável Geshe Kelsang Gyatso Rinpoche e foram concebidos para se adequarem confortavelmente ao estilo de vida moderno.

**Para encontrar o seu Centro Kadampa local, visite:
tharpa.com/br/encontre-centro**